영성지도, 심리치료, 목회상담,
그리고 영혼의 돌봄

"너희가 나의 명하는 대로 행하면
곧 나의 친구라"
(요한복음 15장 14절)

영적인 친구 _____에게 드립니다.

　　　　　　년　　　　월　　　　일

　　　　　　　　_____로부타

영성지도, 심리치료, 목회상담, 그리고 영혼의 돌봄

게리 W. 문·데이비드 G. 베너 엮음
신현복 옮김

치유와 돌봄이 있는 희망의 선교동산
아침영성지도연구원

Spiritual Direction
and the
Care of Souls
A Guide to Christian Approaches and Practices

Edited by Gary W. Moon and David G. Benner
Published by InterVarsity Press, 2004
All Rights Reserved

Korean Translation Copyright © 2011
by *Achim Institute for Spiritual Direction*

이 책은 아침영성지도연구원이 *InterVarsity Press*와
독점 계약하여 새롭게 펴낸 것으로,
신저작권법에 따라 한국 안에서 보호를 받는 책이므로
무단전재와 무단복제를 금합니다.

들어가는 말

최근 영성지도에 관한 출판물 숫자를 보면, 영성에 대한 관심이 폭넓은 주목을 받고 있을 뿐만 아니라 현저하게 늘어나고 있음을 알 수 있다. 성직자, 그리스도교 교육자, 청소년교역 전문가, 상담가(정신건강 상담가뿐만 아니라 목회상담가도), 그리고 공식적으로는 영혼의 돌봄 교역에 참여하지 않고 있는 대다수의 그리스도인들 역시 영성지도에 관한 책들을 읽고 영성형성에 관한 대회나 수련회에 참가하고 있다. 대부분의 교회를 생각해볼 때, 최근까지만 하더라도 영성형성이나 영성지도라는 개념을 들어본 적이 있는 교회는 거의 없었다. 하지만 그런 전통을 지닌 대다수 신학대학원이나 신학대학들은 지금 서둘러 그리스도교 교육 부문을 영성형성 프로그램들로 재구성하고 있으며, 성직자와 평신도 역시 영성지도에 관해 배울 수 있는 기회를 찾고 있다.

뿐만 아니라 정신건강 전문가들 사이에서도 영성에 대한 관심이 현저히 급증하고 있다. 지난 백년간 상담가와 심리치료사들은 자기의 역할이 영성지도 전통에서 발달하였다는 사실도 모른 채 영혼의 돌봄 영역에서 특권을 누려왔다. 심지어는 그리스도교 치료사들조차도 전반적으로 영성에 대한 관심이 거의 없이 자신들의 소명을 실천해 왔다. 그리스도교 정신건강 전문가들이 심리학과 신학의 통합을 강조할 때에도, 그들은 신적인 것들의 체험(영성)보다 신적인 것들에 관한 이론(신학)에 더 관심이 있는 것처럼 보였다. 가장 본질적인 통합은 한 사람 안에서 일어나는 통합 — 가장 심오한 신적 경험을 토대로 할 때 가장 잘 이루어지는 통합 — 이라는 사실을 우리는 얼마나 쉽게 잊어버렸던가.

미리암 E와 토드 W. 홀(1997)은 영적인 신앙과 실천을 이미 그 이면에 깃들어 있는 심리치료 과정과 통합하는 과정으로 나아가는 내내 중요한 이정표들을 열거하였다. 특히 그들은 (1) "미국심리학회…(1992)의 윤리강령에서 종교를 인간적인 다양성의 요소에 포함시킨 것," (2) "DSM-Ⅳ에서 영적인 문제들을 Ⅴ-코드에 포함시킨 것"(미국정신의학회, 1994), 그리고 (3) "수많은 주요 출판물들이 종교적 치료에 기여한 것"(워딩턴, 쿠루스, 맥클로우, 그리고 샌디지 1996을 참조하여라)을 지적하였다.

"심리학과 신학의 통합"이라고 알려진 복음주의 운동에 초점을 맞추기 위해서 현미경 배율을 낮추면, 그리스도교의 영성과 그것이 임상적 실제에서 맡은 잠재적 역할에 대한 관심이 증가하고 있음을 확실히 관찰할 수 있다. 『심리치료와 영적 탐구』(베너 1988)는 전문적인 심리학과 영적인 갈망의 틈새를 과감히 헤쳐 나가려는 사람들에게 일종의 허가증과도 같은 책이었다. 1995년 그리스도교심리학연구협회는 "영혼의 돌봄 유산"이라는 깃발 아래 국제대회를 열었다. 토마스 오덴(1995)에 따르면, 이것은 정신건강 전문가나 목회상담가들이 최초로 그리스도교 영성에서 하나의 주제를 채택한 모임이었다. 『심리학과 그리스도교 저널』의 특별한 쟁점 역시 "그리스도교 영성과 정신건강"(문 1995) 연구에 이바지하였다. 1997년 게리 W. 문은 『에덴을 향한 향수병』에서 영성지도의 실제를 심리치료와 확실히 통합하는 문제에 관해 논의하였다. 그리고 그로부터 몇 년 뒤 『심리학과 신학 저널』은 "그리스도교 영성: 이론적 관점과 경험적 관점"(맥민과 홀 2000; 2001)에 대해 두 번이나 관심을 표명하였다.

목회상담가들 역시 영성지도에 관한 관심이 점점 더 커졌다. 이즈라엘 갤린도(1997)는 목회상담과 영성지도가 영적인 욕구와 쟁점들을 논하는 방법을 획기적으로 비교하였으며, J. J. 쉐아(1997)는 목회상담과 영성지도가 각각 신앙 발달에 기여한 방법에 대하여 중요한 논의를 제공하였다. 또한 데이비드 베너는 최근에 영성지도의 관점에서 목회상담을 논의한 바 있으며(2002), 반대로 목회상담의 관점에서 영성지도를 논의하기도 하였다(2003).

그러나 불행하게도, 이렇듯 급증하고 있는 작품들 속에 제시된 영성지도의 모습은 종종 단편적인 데 그치고 말며, 따라서 그리스도교 영성형성과 영성지도의 풍요로운 다양성을 제대로 반영해 주지 못하고 있다. 대체로 어느 교단이나 신학적 전통 하나만의 관점에서 논의하다 보면, 아직도 드러나지 않은 크나큰 전체 중에서 극히 일부분만을 볼 수밖에 없다.

이 책은 그렇게 생략되어 버린 부분들을 언급하기 위하여 그리스도교 교회의 7가지 주요 전통을 대표하는, 영성형성과 영성지도에 관한 논문들을 소개한다. 리저드 포스디(1998)의 분류법을 그대로 빌려왔으며, 이 책의 중심부에서는 7명의 목사,

신부, 또는 신학자들의 목소리를 직접 들을 수 있다. 그들은 저마다 자신의 전통에 입각하여 영성지도의 역사와 과정, 그리고 영성형성의 이해를 설명할 것이다 — 여기에는 정교회, 천주교, 성공회, 종교개혁, 성결, 사회정의, 그리고 은사주의 그리스도교가 포함될 것이다.

독자들이 쉽게 읽고 비교할 수 있도록, 이 7명의 기고자들은 다음의 8가지 주제를 각 단락의 제목으로 삼는 데 동의하였다:

- 영성지도의 정의
- 영성지도의 실제
- 진정한 변화의 과정
- 영성지도자의 역할
- 성숙한 영성의 간접적인 지표
- 영성지도와 심리치료와 목회상담의 관계
- 다른 영혼 돌봄 전문가들에게 위탁하는 문제
- 참고문헌

우리는 영성지도가 목회상담가나 다른 그리스도교 상담가들에게 지대한 관심을 기울이는 영혼 돌봄의 한 형태라는 것을 인정한다. 그러므로 우리는 다음 네 개의 장에서 영성지도와 목회상담과 심리치료를 비교, 대조함과 동시에 이러한 접촉점을 살펴볼 것이다. 이 장들의 초점은 그저 학문적인 구분에 그치지 않고, 영혼 돌봄의 각 표현들이 실제로 서로에게 공헌할 수 있는 데까지 확대된다.

이 책의 장들은 대개가 2003년에 출간된 『심리학과 신학 저널』의 두 가지 특별한 쟁점, 곧 영성지도와 정신건강을 강조한 최초의 논문들을 채택한 것이다. 그리고 나머지 장들은 단순한 심리치료가 아니라 그리스도교 영혼 돌봄과 관련하여 영성지도를 자리매김하기 위해 첨부한 것이다.

  이 책은 그리스도교 공동체 곳곳에 흩어져 있는 영성지도를 재발견하는 데 도움이 되고자 편찬되었다. 영성형성과 영성변화에 대한 우리의 이해가 역사적으로 다양한 모습을 띠고 있는 그리스도교 영성의 풍요로움 속에 제대로 자리매김하는 것도 물론 중요하다. 하지만 거의 백 년간 분리되어 왔던 영혼의 돌봄 지류들을 다시금 통합하는 문제에 현실적으로 직면하는 것 역시 무척이나 중요하다. 그러기 위해서는 우선 학제간 대화와 초교파적 개방성이 필요하다. 바라건대, 이 책이 그러한 분위기를 조성하는 데 일조함으로써, 영혼의 돌봄 과정을 이해하거나 촉진시키고 싶어 하는 모든 이들에게 도움이 되었으면 좋겠다.

참고문헌

American Psychological association. 1992. Ethical principles of psychologists of code of conduct. *American Psychologist* 47:1597−1611

American Psychological association. 1994. *Diagnostic and statistical manual of mental disorders*. 4th ed. Washington, D.C: author.

Benner, David G. 1988. *Psychotherapy and spiritual quest*. Grand Rapids, Mich.: Baker.

Benner, David G. 2002. *Sacred companions: The gift of*

spiritual friendship and direction. Downers Grove, Ill.: InterVarsity Press.

Benner, David G. 2003. *Strategic pastoral counseling.* 2nd ed. Grand Rapids, Mich.: Baker.

Eck, B. E. 2002. An exploration of the therapeutic use of spiritual disciplines in clinical practice. *Journal of Psychology and Christianity* 21 (fall): 266-80.

Foster, Richard J. 1988. *Streams of living water: Celebrating the great traditions of christian faith.* San Francisco: HarperSanFrancisco.

Galindo, Israel. 1997. Spiritual direction and pastoral counseling: addressing the need of the spirit. *Journal of Pastoral Care* 51, no.4:395-402.

Hall, M. E. L., and T. W. Hall. 1997. Integration in the therapy room: An overview of the literature. *Journal of Psychology and Theology* 25:86-101.

Moon, Gary W., guest ed. 1995. *Christian spirituality and mental health.* Special issue of *Journal of Psychology and Christianity* 14:291-373.

Moon, Gary W., guest ed. 1997. *Homesick for Eden.* Ann Arbor, Mich.: Servant.

McMinn, Mark T., and T. W. Hall, guest eds. 2000. *Christian spirituality: Theoretical and empirical perspectives.* Special issue of *Journal of Psychology and Theology* 28:251-320.

McMinn, Mark T., and T. W. Hall, guest eds. 2001.

Christian spirituality: Theoretical and empirical perspectives, pt. 2. Special issue of Journal of Psychology and Theology 29:3-79

Oden, Thomas C. 1995. Our heritage of soul care. Paper presented at Christian Association of Psychological Studies (CAPS) international conference, Our Heritage of Soul Care: Nurturing the Soul in the Clinic, Community, Family and Academy, Virginia Beach, Va.

Shea, J.J. 1997. Adult faith, pastoral counseling and spiritual direction. *Journal of Pastoral Care* 51, no. 3:259-70.

Worthington, Everett L., Jr., T. A. Kurusu, Michael E. McCullough and Stephen J. Sandage. 1996. Empirical research on religion and psychotherapeutic process and outcomes: A ten-year review and research prospectus. *Psychological Bulletin* 119:448-87.

차 례

들어가는 말......5
제1장 영성지도와 그리스도교 영혼의 돌봄......15
    게리 W. 문과 데이비드 W. 베너

제1부: 그리스도교 영성지도의 7가지 주요 전통......49

제2장 정교회 전통의 영성지도......51
    F. 그레고리 로저스
제3장 천주교 전통의 영성지도......97
    진 배럿
제4장 성공회 전통의 영성지도......141
    그레이 템플
제5장 종교개혁 전통의 영성지도......175
    벤 존슨
제6장 웨슬리-성결 전통의 영성지도......213
    웨슬리 D. 트레이시

제7장 사회정의 전통의 영성지도......251

　　　제리 D. 글랫슨

제8장 오순절/은사 전통의 영성지도......279

　　　올리버 맥머헌

제2부: 영혼의 돌봄, 그 세 가지 중요한 목소리......311

제9장 영성지도와 심리치료: 개념적인 쟁점......313

　　　렌 스페리

제10장 영성지도와 심리치료: 윤리적인 쟁점......341

　　　샹-양 탄

제11장 영성지도와 목회상담......375

　　　이즈라엘 갤린도

제12장 화음 셋, 노래 하나: 심리치료사, 영성지도자,
　　　　목회상담가가 바라본 영혼의 돌봄......401

　　　테레사 클레멘트 티즈데일, 캐리 도허링, 베네타 로레인-포이리어

나가는 말......449

주......451

이 책에 기고해 주신 분들......455

제1장
영성지도와 그리스도교 영혼의 돌봄

게리 W. 문과 데이비드 G. 베너

"영성지도"라는 단어는 다소 현대적이고 심지어는 일시적으로 유행하는 것처럼 들릴 수도 있다. 하지만 그 실제는 그리스도교 영혼의 돌봄에서 아주 오래되고 영예로운 자리를 치지하고 있다. 영성지도의 역사는 다음 장들에서 분명히 드러나게 된다. 각 장마다 각각의 신앙 전통 안에서 영성지도의 이해와 실제를 탐구하게 될 것이다. 하지만 그러기에 앞서, 이 장에서는 먼저 검토되어야 할 몇 가지 쟁점들을 소개하고자 한다. 그리고 이를 위해서는, 역사적인 맥락뿐만 아니라 개념적인 맥락에서도 영성지도를 자리매김하는 것이 중요하다.

영성지도가 중요하게 생각하는 개념 한 가지를 대자면 바로 영혼의 돌봄이다. "영혼의 돌봄"이라는 말은 라틴어 *cura animarum*에서 비롯된 것이다. *cura*는 대체로 "돌봄care"으로 번역되지만, 사실은 돌봄care과 치료cure의 개념을 둘 다 내포하고 있다. **돌봄**은 어떤 것 또는 어떤 사람의 건강을 후원하기 위한 행동을 일컫는다. 그리고 **치료**는 잃어버린 건강을 회복하기 위한 행동을 가리킨다. 역사적으로 그리스도교 교회는 *cura*의 두 가지 의미를 모두 포용하였고, 영혼의 돌봄은 치유와 회복뿐만 아니라 양육과 후원까지 내포하는 것으로 이해되었다.

그리스도교 영혼의 돌봄은 교회 역사 전 과정에서 여러 가지 형태를 취해 왔다. 하지만 윌리엄 A. 클렙쉬와 C. R. 재클(1964)은 그리스도교 영혼의 돌봄이 언제나 네 개의 주요 요소 — 치유, 지탱, 화해 그리고 인도 — 를 포함하고 있었다고 주장한다. **치유**Healing는 다른 사람들이 일부 장애를 극복하고 온전함을 향하여 나아가도록 돕는 노력을 의미한다. 이러한 치유적인 노력에는 영적인 치유뿐만 아니라 육체적인 치유까지도 포함될 수 있다. 그러나 초점은 늘 총체적인 인간, 온전하고 거룩한 인간에 있다. **지탱**Sustaining은 상처 입은 사람이 회복이나 만회가 불가능하거나 가망 없어 보이는 상황을 견뎌 내고 초월할 수 있도록 돕기 위한 돌봄의 행위를 가리킨다. 그리고 **화해**Reconciling는 단절된 관계를 회복하기 위한 노력을 의미한다; 돌봄의 이러한 요소는 그리스도교 영혼의 돌봄이 지닌 공동체적 특성을 증명해 준다 — 그저 개인적인 특성에 그치는 것이 아니다. 마지막으로, **인도**Guiding는 사람들이 현명한 선택을 함으로써 영적인 성숙을 이룩하도록 돕는 것을 의미한다.

데이비드 G. 베너(1998)는 돌봄과 치료 중에서 어느 것을 더 강조하느냐에 따라 영혼 돌봄의 현대적 유형들을 분류하였다. 예를 들면, 우리는 그리스도교의 우정이 돌봄을 크게 강조하고 치료를 덜 강조하는 반면에, 심리치료는 이와 정반대로 치료를 크게 강조하고 돌봄을 덜 강조한다는 사실을 확인할 수가 있다. 그런 구조를 가지고 베너는 영성지도가 돌봄과 치료를 둘

다 크게 강조하며, 영적 변화에는 반드시 양육과 치유의 요소가 둘 다 포함된다고 주장한다.

영성지도와 다른 형태의 영혼 돌봄 간의 관계를 이해함으로써 우리는 이것이 그리스도교의 영혼 돌봄과 치유 활동의 스펙트럼에 고유한 방식으로 기여하고 있음을 확인할 수 있다. 영성지도는 영성발달을 위한 양육의 책임을 혼자서 떠맡을 수 없다. 옹호자들의 변명에도 불구하고, 모든 그리스도인들이 공식적인 영성지도의 관계를 맺는다는 것은 지극히 불가능한 일이다. 그렇지만 그리스도인은 모두 영적 우정의 관계를 맺어야 한다. 대부분은 일반적인 목회돌봄의 관계를 맺고, 일부는 목회상담이나 임상적 심리치료와 관계를 맺어야 하는 것이다. 우리가 다음 장들에서 영성지도와 다른 형태의 영혼 돌봄 간의 관계를 살펴보는 것도 다 이런 이유에서다. 그리고 영성지도와 목회상담과 심리치료의 경계선이 거의 불분명하므로, 이 연구는 바로 거기에 초점을 맞출 것이다.

그리스도교 영성지도의 의미와 목적

캐럴린 그래턴은 『영성인도의 기술』 The Art of Spiritual Guidance 이라는 저서의 서문에서 다음과 같은 이야기를 소개한다. 그것은 지혜로운 물고기에 관한 이야기다.

> 한번은 물고기 몇 마리가 물을 찾아 이리저리 헤엄치면서 시간을 보내고 있었다. 근심에 휩싸여 목적지를 찾아가는 동안, 그 물고기들은 헤엄을 치면서 자신의 걱정거리와 혼

란스러운 점들을 서로에게 털어놓았다. 그러던 어느 날 그 물고기들은 어느 지혜로운 물고기를 만나게 되었다. 그리하여 그토록 오랫동안 씨름해 온 문제에 대해 물어보았다: "바다는 어디에 있습니까?" 그러자 지혜로운 물고기는 이렇게 대답하였다: "너희가 그렇게 분주히 헤엄치면서 그토록 근심스럽게 투쟁하기를 멈춘다면, 너희가 이미 바다에 있다는 사실을 깨닫게 될 것이다. 지금 너희가 있는 그곳보다 더 먼 곳을 내다볼 필요가 전혀 없다."(그래턴 2000: 5)

그래턴에게 지혜로운 물고기는 곧 영성지도자를 의미한다. 추구해야 할 것은 하나님 나라에서의 삶이다; 서두름은 마귀의 행동이다.

하나님의 변화적 실재에 대한 인식을 영성지도의 토대로 연마하는 것은 경건신학 서적의 공통된 주제다. 리처드 로어의 말을 빌면, "[영성지도의 일부인 기도의] 출발점은 우리가 이미 그곳에 있다는 것이다. 우리는 하나님의 실재를 획득할 수 없다. 이미 하나님의 실재 안에 온전히 거하고 있기 때문이다. 우리에게 없는 것은 바로 그 사실에 대한 인식이다."(로어 1998: 28)

그래턴과 로어가 제공한 이 이미지들은 궁극적인 영성지도자 예수님의 사명과, 들을 귀 있는 이들 모두를 위한 충고를 떠올리게 만든다: 천천히 해라, 평화롭게 지내라, 내 말을 들어라, 그러면 너희는 "생명수가 흐르는 샘"에서 '수영금지' 팻말이 제거되었다는 사실을 깨닫게 될 것이다(마태복음 6장 25~34절; 요한복음 4장 14절; 10장 10절; 14장 27절).

최근 우리 가운데 한 사람(게리 문)이, 그리스도교의 영성형성에 관한 원탁회의에서, 하나님이 실재하심을 체험하는 방법을 배운다는 단순한 개념에 들어 있는 심오한 사상을 강조하였다. 거기에 참석한 사람들 모두가 다음 두 가지의 공통점을 지니고 있었다: 복음주의 세계와 연루된 오랜 역사, 그리고 영성형성 과정에 대한 최근의 개인적인 관심.

이 두 가지 공통된 요소는 서로 나란히 놓아야 한다. 이들은 오랫동안 정식으로 활동해 온 복음전도 운동 멤버들로서, 그리스도교 연구와 예배에 평생을 바친 사람들이었다. 그러다가 최근 들어서 그리스도교 101, 곧 하나님의 사랑과 실재로 인한 끝없는 기쁨에 등록한 것 같다.

함께 한 시간이 끝나갈 무렵, 그룹 멤버들 가운데 한 사람이 그 토론을 적절히 요약한 것이랄까, 아니면 이 논의의 서두랄까, 아무튼 다음과 같은 말을 내뱉었다: "그저 하나님은 어디에나 계신다는 사실을 인식하고 — 신적인 사랑 안에서 — 그분과 함께 할 수 있는 방법을 익힌다고 해서 그것[영성형성의 과성]이 가능할까요?"

몇 사람이 고개를 끄덕였다. 반대하는 사람은 아무도 없었다.

굳이 복음주의자들을 지명하려는 것은 아니다; 천주교나 정교회 그리스도인들도 얼마든지 토론에 참여할 수 있었다. 중요한 점은 바로 이것이다: 그리스도교 세계에 속한 많은 사람들이 최근 들어서 "그리스도인"이라는 이름표가 곧 영혼을 즐겁게 해주는 하나님과의 친밀하고도 지속적인 관계 체험을 약속해 주는 것은 아니라는 사실을 다시 깨달았으며, 이 많은 사람들이 더 풍성한 삶으로 가는 길로서 영성지도의 실천에 희망을 품기 시작했다는 것이다. 요즘은 교단을 막론하고 하나님과의 친밀한 우정을 체험할 수 있는 방법을 익히는 데 큰 관심이 쏠리고 있으며, 쉽사리 놓쳐 버린 것을 지적해 주는 "현명한 물고기" (영적인 친구, 안내자, 지도자)에 대한 칭송이 자자한 것 같다.

그리스도교의 영성형성 과정을 이해하기란 그리 어려운 일 같지 않다. 적어도 대략적인 차원에서는 별로 안 어려운 것 같다. 간단히 말해서, 그리스도교의 영성형성은 하나님의 뜻에 내적으로 굴복하게 함으로써 대화와 친교, 그리고 궁극적이고 진정한 전 인간의 변화로 이끄는 하나님의 실재에 대한 경험적 인식을 의미한다. 그런데 우리가 이해할 수 없는 것은, 모든 물을 향한 하나님의 신적인 사랑의 바다 체험을 왜 그리도 쉽게 놓쳐 버리는가 하는 것이다.

토마스 머튼은 늘 이런 식으로 진행되는 것은 아니라는 사실을 상기시킴으로써 간접적인 희망을 안겨 준다. 하나님과의 상호작용을 통한 진정한 변화가 목표인 영성지도는 본디 교회생활의 기본적이고도 규범적인 요소였다. "공동체를 구성하는 개인은 공동체 생활에 동참함으로써 '형성'되거나 '지도' 받았으며, 그러한 지도는 가장 먼저 성직자와 장로들을 통하여 이루어졌다. 그 다음으로는 부모와 배우자, 친구, 그리고 동료 그리스도인들의 비공식적인 훈계를 통하여 이루어졌다(머튼 1960: 12).

만일 진정한 변화 — 예수님처럼 되는 것 — 가 그리스도인의 규범적인 삶의 일부라면 어떻게 될까? 만일 존 웨슬리의 "성결"이 하나님의 사랑에 몰두하는 것 — 그리하여 변화되는 것 — 을 의미한다면, 어떻게 해서 그 용어가 맥주나 담배나 연애를 멀리하는 것과 같은 의미를 지니게 되었을까? 다음과 같은 달라스 윌라드의 말이 그토록 많은 사람들에게 진실하게 다가오는 이유는 무엇일까? "그러므로 현재의 복음은 '죄를 처치하기 위한 복음'이 된다. 삶의 변화와 인격의 변화는 결코 구원 메시지의 일부가 **아니다**. 매순간 저 깊은 곳에 있는 인간의 실재는 신앙과 영원한 삶의 영역이 아니다"(윌라드 1998: 41).

영성형성의 중심에 오는 것은, 하나님은 어디에나 계신다는 사실을 인식하는 것, 그리고 그분의 실재를 익히고 변화의 은총에 굴복하는 법을 배우는 것이다. 하지만 이것을 실현하기란 여간 어려운 일이 아니다. 아마도 그 이유는, 적어도 어느 정도는, 교만스러운 저항이 타락한 영혼을 더럽히기 때문일 것이다. 아래에서 진정한 영적 변화에 대한 저항의 세 갈래 길은, 진정한 변화의 과정에서 빠져나오는 출구로 소개된다. 우리는 그 세 갈래 길을 살펴보는 동시에, 영성지도의 의미와 목적을 이해하고자 노력할 것이다.

우리가 누구인지를 금방 잊어버린다.

그래턴에 따르면(2000), 타락 이래로 우리 인간은 자기가 진짜 누구인가를 자꾸만 잊어 버리는 놀라운 성향을 보여주었다. 우리는 본디 에덴이라는 곳에서 살도록 창조되었다. 그 이름은 문자 그대로 "즐거움"이나 "기쁨"을 뜻한다. 우리는 하나님과 사랑을 나누면서, 그리고 서로를 사랑하면서 변성하도록 지어졌다. 삶은 충만하고 풍성하게 만들어졌고, 상호작용은 참되게 지어졌으며, 하나님의 성령의 열매는 우리 인격을 구성하도록 만들어졌다. 파티를 지속하기 위해 필요한 떡 한 가지는, 하나님이 우리에게 깊은 관심을 갖고 계신다는 사실을 믿는 것이다. 하나님이 하나님 되시도록, 우리가 하나님 되지 않도록 해야 한다.

그러나 타락 이후로 인간은 어떻게 살아야 하는지에 대해서 심각한 기억상실증을 앓아온 모양이다. 그리고 깊숙이 자리 잡은 (그리스도를 닮은) 하나님 형상 대신에 "거짓 자기," 곧 가짜 형상을 만들어 낸 것 같다. 이 거짓 자기는 으레 한 인간의 삶을 통제하는 제어판에 올라앉아서, 영성의 신비보다는 종교의 관리능력을 더 선호한다. 머튼(1961)이 주장하듯이, 이런 거짓된 생활방식의 핵심은 어디까지나 하나님의 뜻에 순종하기를 거부한다는 것이다. "참 자기, 그리고 하나님과 변화적 친교를 나누며 살고 싶은 욕구는 아직도 우리 영혼 깊숙이 자리 잡고 있다(그래턴 2000: 67).

진정한 변화에 순종하기란 어려운 일이다. 아담과 이브처럼 우리도 하나님이 되는 쪽, 그리고 결과적으로 거짓된 정체성을 가지고 살아가는 쪽을 선택하기가 쉽기 때문이다. 일단 하나님을 떠나보내고 나면, 거짓 애착 — 우리가 '**소유하고**' '**행하고**' '**통제하는**' 것들 — 이 매력적으로 느껴지고, 우리의 신성에 대한 환상도 커진다. 레오 톨스토이의 말대로, "모든 현대인은 자신의 양심과 생활방식 간의 파렴치하고 끝도 없는 반목 속에서 살아가고 있다"(톨스토이 1936: 136).

그리스도교의 영성형성은 우리가 하나님이라는 꿈에서 깨어나는 것, 우리의 참된 정체성, 곧 "그리스도-안에서-하나님의-사랑을-받는" 존재로서의 정체성을 기억해 내는 것, 그리고 거짓 자기의 고된 수행과 관련된 고통을 기꺼이 받아들이는 것까지 포함한다. 거짓 자기의 지배권을 빼앗는 것은 영성지도의 대들보다 — 거짓 자기는 우리가 "물"을 즐기지 못하도록 방해하는 분주함과 근심 가득한 "헤엄"의 주된 요인이다.

하나님과의 합일은 두려운 제안이다.

어쩌면 가장 자주 인용되는 영성지도의 현대적 정의는 윌리엄 A. 배리와 윌리엄 J. 코널리의 정의일 것이다.

> 우리는 영성지도를 한 그리스도인이 다른 그리스도인에게 제공하는 도움이라고 정의한다. 곧 상대방이 하나님의 개인적인 대화에 주목하고, 이렇게 개인적으로 대화하시는 하나님께 응답하고, 이 하나님과 친밀함 속에서 성장하며, 나아가 관계의 결과를 실천하도록 도와주는 것이다. 이러한 영성지도 유형의 **초점**은 개념이 아니라 체험, 특히 종교적인 체험에 있다. 곧 우리가 하나님이라고 부르는 신비로운 타자에 관한 체험에 상조점이 있는 것이다. (배리와 코널리 1982: 8)

이러한 정의가 중요한 이유는 그 단순함과 광대함 때문이다. 여기에서 영성지도는 하나님과 친밀한 관계를 발전시키는 체험에 토대를 둔다 — 우리가 원한다면 눈에 보이지 않는 친구와 대화를 나눌 수 있다. 우리가 그분과 똑같아질 때까지.

여느 "낭만적인" 관계들과 마찬가지로, 하나님과의 관계를 발전시키는 데에도 많은 시간이 요구된다 — 대화와 친교와 합일을 위한 시간. 배리와 코널리는 관계를 영성지도 정의의 정중앙에 배치한다. 그들이 말하는 "하나님과의 관계"는, "인간이 창조될 때 확립되었고, 인간이 그 존재를 전혀 알아채지 못할 때에도 여전히 존재하는"것이다(배리와 코널리 1982: 32). 그들은 이 주제를 더욱 더 확장시켜서, 영성지도를 "하나님과 더 깊고 친밀하고 상호적인 관계를 맺기 위하여 두 사람이 함께 하는 대인관계의 과정"이라고 정의한다(1982: 155).

산다는 것은 하나님과 관계를 맺는 것이고, 영성형성의 과정에 있는 것이다. 이것은 누구도 피해갈 수 없는, 정해진 호흡이며 의식이다. 그러나 모든 형성이 다 성한 형성은 아니며, 모든 관계가 다 변화의 우정으로 이끄는 것은 아니다.

피지도자가 하나님과 체험적인 관계의 길을 걸어갈 가능성은 늘 분별 있는 영성지도자의 마음가짐에 달려 있다. 머튼이 우리에게 상기시켜 주듯이, 본디 영성지도에서 중요한 것은 "지속적인 형성과 지도 과정이다. 그 과정을 통해서 그리스도인은 **자신의 특별한 소명으로** 인도되고 격려를 받으며, 그리하여 성령의 은혜에 신실하게 응답함으로써 자기 소명의 특별한 목표와 하나님과의 합일을 이룰 수 있다"(머튼 1960: 13).

일부 개신교인들의 경우, 합일을 통해 점점 강화되는 하나님과의 친밀감을 발전시킨다고 하는 이 개념이 불편하게 느껴질 수도 있다. 그러나 바로 이것이 영성지도의 핵심이다. 다시 한 번 머튼의 말을 인용하자면, "하나님과의 이러한 합일은 하늘에 계신 하나님의 모습을 암시할 뿐만 아니라, 카시안이 명시한 것처럼, 이 땅에서도 거룩함을 유지하고 신성한 것들을 희미하게나마 체험하게 해주는, 완벽하게 순결한 마음을 의미하기도 한다."(1960: 13) 이것은 또한 예수님이 제자들에게 말씀하신 졸업식 축사의 핵심이기도 하다. 예수님은 제자들을 세상에 내보내면서 그들을 위하여 이렇게 기도하셨다: "아버지, 아버지께서 내 안에 계시고, 내가 아버지 안에 있는 것과 같이, 그들도 하나가 되어서 우리 안에 있게 하여 주십시오. 그래서 아버지께서 나를 보내셨다는 것을 세상이 믿게 하여 주십시오"(요한복음 17장 21절).

달라스 윌라드는 하나님과 이런 식의 친밀한 관계를 발전시키는 것에 관하여 다음과 같이 말한다.

> 따라서 하나님 — 우리와 함께 하시는 그분의 실재, 그 안에서 우리의 외로움이 사라지고 인간 존재의 의미와 충만한 목적이 실현된다 — 과의 합일은 주로 하나님과의 대화 관계에 존재한다. 그 관계 속에서 우리는 저마다 하늘나라 업무를 함께 보는 하나님의 동료이자 친구로서 지속적으로, 깊숙이 참여하게 된다. 하나님과 개인적인 관계를 맺는 과정은, 어둠 속에서 불안하게 들리는 휘파람소리라기보다는 오히려 구체적이고 상식적인 실재가 된다. (윌라드 1999: 56)

하나님과의 합일을 추구하는 것은 영성지도 과정으로 들어가는 주요 진입로다. 하지만 때로는 그것이 북적거리는 출구가 될 수도 있다. 전능하시고 모든 것을 아시는 하나님과의 합일은 독립적인 삶에 대한 죽음의 위협이다. 그것은 영성형성의 궁극적인 목표인 동시에, 영성형성에 대한 저항의 대표적인 원인이기도 하다.

나누어진 집

앞에서 우리는 영성지도란 우리가 누구인지를 기억하는 것, 그리고 우리의 전 존재가 하나님의 존재와 연합하게 만드는 관계를 맺기로 작정하는 것을 의미한다고 얘기했었다. 하지만 영성형성과 이 과정의 회피를 이해하는 데 중요한 요인이 하나 더 있다. 심리학과 신학의 여러 학파들은 인간의 한두 가지 구성요소에만 관심을 쏟음으로써 결국 전체론적인 이해의 시각을 상실해 버렸다. 이것은 그야말로 최악의 사태다. 진정한 변화는 전인(全人)을 포함하기 때문이다.

배리와 코널리가 주장하듯이, "기도를 통해 우리와 대화하시도록 하나님을 초청하는 것, 기도를 통해 하나님께 응답하고자 노력하는 것은 우리 자아의 **전부**를 포함하려는 경향이 있다. 우리의 느낌, 기분, 생각, 욕구, 소망, 의지, 몸짓과 태도, 행동, 그리고 삶의 방향"(1982: 41). 영성지도는 전인(全人)을 포함해야 한다.

『마음의 혁신: 그리스도의 인격을 덧입기』에서 달라스 윌라드는 인간의 다양한 구성요소를 분석하고, 이 모든 차원들에서 그리스도인의 영성형성이 어떻게 일어나는지를 설명한다. 그림 1.1에서 알 수 있듯이, 윌라드는 인간의 6가지 기본적이고 불가분한 측면들을 가정한다: 생각(이미지, 개념, 판단), 느낌(감각, 정서), 선택(의지, 결단, 인격), 몸(행동), 사회적 상황(하나님이나 다른 사람들과의 관계) 그리고 영혼(한 생명을 형성하기 위하여 모든 차원을 통합하는 요인). 그의 말에 따르면, 그리스도인의 영성형성은 그리스도의 말씀과 영이 자신의 깊은 곳으로 들어가 인간의 모든 구성요소를 그리스도와 닮도록 변화시키기 시작하는 것이다 — 새로운 의지의 지도 아래, 그리고 하나님 은혜의 지속적인 제안으로(윌라드 2002: 42). 윌라드는 그러한 변화가 단순히 인간적인 노력의 결과가 아니라는 사실, 그리고 인간의 직접적인 노력으로는 결코 성취할 수 없다는 사실을 인정한다. 그것은 은총과의 협력 문제이며, 예수님이 나를 통해 사실 수 있기를 바라는 것이다.

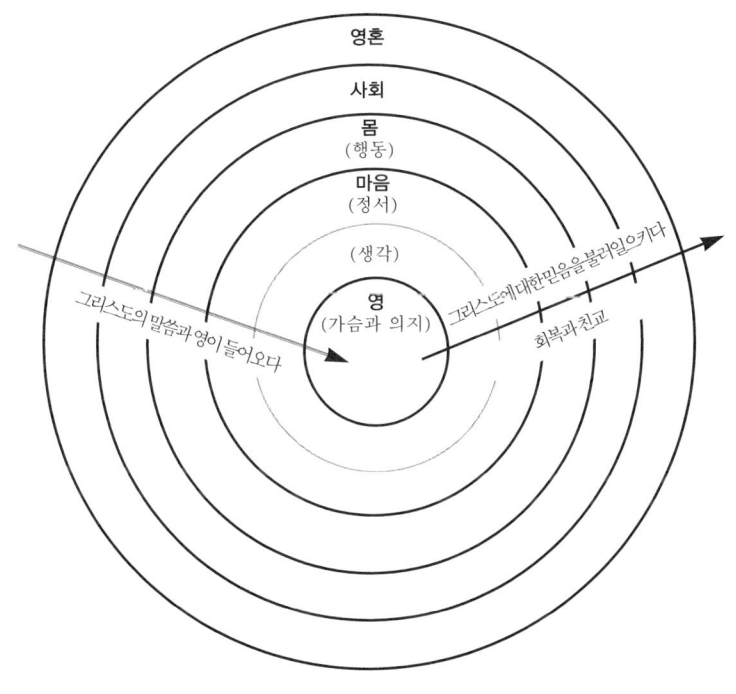

그림 1.1. 인간에 대한 윌라드의 모델

윌라드의 인간 모형을 보고서 일부 독자들은, 최근 들어 전체성보다는 인간의 특별한 구성요소에 좀 더 초점을 맞추게 될 때까지, 심리학의 역사가 과연 어땠는지를 떠올리게 될 것이다. 그리고 보니 여섯 명의 장님이 코끼리를 만나게 되었다는 고대의 비유가 갑자기 생각난다. 심리학 분야에서는 지난 수십 년간 다양한 심리학들이 서로 우위를 다퉈 왔으며, 저마다 감정의 변화를 설명하려고 애씀으로써 윌라드의 인간 모형 중 한 가지 차원(행동, 인지, 관계 등)에 기여하였다. 단 하나의 차원만을 검토함으로써 인간의 복잡성을 이해하려는 노력이 너무도 자주 시도되었다. 그리고 일부 학파들이 작용과 반작용에 관한 좀 더 심오한 설명을 제시하는 동안에, 통합적 영혼이라는 개념의 부재는 심리학 분야를 너무 엄격하게 구분해 버렸다.

영성지도를 얘기할 때는 영혼을 함께 언급해야 한다. 이제는 전체론적인 인간관이야말로 현대 심리학의 엄격한 구분에 대한 신선한 대안이라고 보는 사람들이 많다. 머튼의 표현대로, "치아를 돌봐 달라고 치과의사를 찾아가듯이, 영혼을 돌봐 달라고 영성지도자를 찾아가서는 안 된다. 영성지도자는 전인(全人)과 관련되기 때문이다."(1960: 14)

심리학의 역사는 상을 확대하기 위하여 현미경의 배율을 높일 때 발생하는 것과 똑같은 문제를 안고 있다 — 윌라드에 따르면, 그것은 우리가 인간을 상호 작용하는 전체성 속에서 바라보고자 할 때 어쩔 수 없이 부딪히게 되는 문제다. 진정한 변화는 당연히 전인(全人)을 포함해야 한다. 그렇지 않으면 진정한 변화가 아닌, 변화에 못 미치는 것이 되고 말 것이다.

그리스도교 영성지도의 과정

칼리스토스 웨어는 로마로 순례여행을 떠났던 4세기의 사막 교부 신도니트 성 사라피온에 관해 이야기한다. 로마에 있는 동안 사라피온은 평생을 작은 방에서 지낸 훌륭한 은둔자에 관해 듣게 되었다. 하지만 사리피온은 그 은둔자의 생활방식에 대해 의문을 품었는데, 여행을 많이 하는 자신의 생활방식과 너무도 대조되었기 때문이다. 그는 그 은둔자를 찾아가 이렇게 물었다. "왜 여기에 앉아만 있습니까?" 그러자 그 은둔자가 대답했다. "앉아 있는 게 아닙니다. 나는 지금 여행 중입니다"(웨어 1993: 7).

그리스도인이 된다는 것은 자기가 통치하는 돼지우리에서 나와 사랑 많으신 아버지의 펼쳐진 팔로 여행을 떠나는 것이다. 놀랄 일도 아니지만, 그리스도교에 관한 가장 고대의 이름들 가운데 하나는 바로 "길"이다(웨어 1993:7을 참조하라; 사도행전 19장 23절). 일부 개신교 신도들이 영성지도에 매혹된 이유는, 그리스도인의 변화를 하나의 여정으로 보는 풍요롭고도 특징적인 관점이 자기들 전통에서 사라져 버렸기 때문일 수도 있다. 칼빈 같은 종교개혁자들은 그 여정의 광범위한 3단계 — 전향, 성화, 영화 — 에 관해 논의했다. 하지만 대부분의 현대 개신교 신도들은 변화에 대해 슬로우 쿠커보다는 전자레인지 같은 접근법을 더 기대하는 것 같다.

그레고리 로저스가 이 책에서 주장하는 것처럼, 고대와 현대 그리스도교의 가장 큰 차이점은 구원관과 관련되어 있다. 그레고리의 주장에 따르면, "지나친 단순화의 위기에 처해 있는 개신교는 일반적으로 구원을 법률용어, 재판용어, 또는 법정용어로 정의한다. 그리스도의 죽음은 정확히 인간의 죄에 대한 형벌이다. 우리는 우리를 위해 죽으신 그분의 커다란 희생에 대한 신앙으로 말미암아 구원(죄의 용서)을 받는다." 로저스는 고대 그리스도교의 희생적 구원관을 부인하지 않으면서도, 구원을 변화의 과정, 그리고 인간에게서 하나님의 형상이 완성되어 가는 과정으로 보는 게 더 낫다고 주장한다.

그러니 '하나님의 형상'$^{imago\ Dei}$과 영적인 합일을 회복시켜 줄 변화의 여정에서 그리스도인을 하나님의 사랑하는 자녀가 아니라 "용서받은 죄인"이라고 부르는 것도 별로 놀라운 일은 아닐 것이다. 스스로를 "용서받은 무뢰한"일뿐이라고 여기던 한 사람이 하나님과 연합하여 살도록 개인적인 초청을 받게 되자 기뻐 뛰며 춤을 덩실덩실 추었다는 것 역시 그리 놀랄 만한 일은 아니다.

영성형성을 위한 여정 모티프는 천주교와 정교회 그리스도인들에 따라 채택되었고, 여기에는 정화, 조명, 합일의 3단계가 포함된다.

정화

정화는 한 사람의 인격이 죄의 고백을 통하여, 그리고 세상적인 가치관으로부터 점점 멀어지는 과정을 통하여 깨끗해지는 과정이다. 달라스 윌라드의 인간형을 사용하자면(그림 1.1), 정화의 기본이 되는 것은 회개^{metanoia}다. 곧 하나님을 향하여 인격의 모든 차원(생각, 정서, 의지, 행동, 사회적 상호작용, 영혼의 삶)을 철저히 재정향하는 것이다. 여기서 구도자는 하나님의 은혜에 힘입어, 인간 본성을 파괴하는 격정과 죄의 습관들에 대항하여 싸운다. 탕자의 비유라는 심상 속에서, 정화는 사물들을 충분히 생각함으로써 정신을 번쩍 차리는 — 그리하여 급기야는 돼지우리를 버려두고 집으로 돌아가는 — 여정을 시작하는 단계다.

조명

조명은 하나님의 뜻에 점점 더 굴복하고 싶은 갈망을 느끼면서 하나님의 사랑과 기쁨과 평화를 깊이 체험하는 것이다. 이때에는 하나님 이외의 온갖 것들에 대해서는 냉정해지고, 하나님과 그분의 나라에 대해서는 굉장히 애착을 갖게 된다. 이 단계에서는 하나님과의 대화가 늘어나고, 친교도 더 깊어지며, 마음속 깊은 곳에서 끊임없는 기도가 우러나온다.

그림 1.1을 참조해 볼 때, 조명은 한 사람의 인격이 그리스도를 더 잘 비출 수 있을 때까지 그 사람의 모든 차원에 내재하시는 그리스도의 영의 현존과 열정에 점점 더 굴복하는 것이라고 할 수 있겠다. 탕자에게 이 조명의 시기는 아버지의 눈을 바라본 순간 그분의 사랑이 얼마나 무한하신지를 깨달음으로써 그분의 품에 다시 안기게 되는 때다.

합일

영성지도의 마지막 단계는 하나님과의 합일이다. 이 단계는 하늘 가는 그 날까지 궁극적으로 성취될 수 없을 것이다. 합일은 하나님의 현존과 의지에 내면적으로 완전히 굴복하는 것을 의미한다. 이 단계에 이르면, 신자의 인격과 그리스도의 인격을 구별할 수 있는 것이 아무것도 없다. "내-안에-계신-그리스도"의 신비는 그 사람의 모든 구성요소 — 생각, 정서, 의지, 행동, 관계, 그리고 영혼의 기능 — 가 그리스도의 변화시키시는 현존에 내면적으로 굴복할 때 비로소 실현된다. 탕자에게 합일은 가족의 품으로 돌아가 아버지의 마음을 깨닫게 되는 것, 한때 자신이 살기 위해 돼지우리를 뒤져야만 했던 사실에 대해 깊이 감사하는 것을 의미한다.

윌라드는 영적 변화의 과정을 마음의 혁신으로 묘사한다. 그는 "그리스도인에게 영성형성은 기본적으로 성령에 사로잡혀 인간 자신의 내적 세계를 조형하고, 그런 식으로 그리스도 그분의 내적 존재를 닮아가는 과정을 의미한다"(2002: 22)고 믿는다. 그것은 또한 하나님과의 점진적인 합일을 의미하며, 이 합일은 개인적이고 구체적이고 지속적인 대화적 관계의 형태를 취한다(윌라드 1999: 56).

그리스도교의 영성형성 과정이 결실을 거둘 때에는 다음의 몇 가지가 분명해진다.

1. 피지도자가 자신의 참 정체성을 깨닫고, 하나님의 은혜로, 거짓 자기를 폐위시키기 시작한다.
2. 하나님과의 대화와 친교는 영적인 합일 의식을 증가시키고 심화시킨다.
3. 내재하시는 그리스도의 현존과 사랑 때문에 그 사람의 다양한 차원들이 하나로 합쳐진다.

토마스 머튼(1960)에 따르면, 정말로 중요한 것, 곧 영성형성의 공통적인 실마리는 바로 하나님의 뜻과 그분의 사랑에 굴복하는 여정이다.

그리스도교 영성지도자의 역할

영성지도자의 역할 설명에 많은 불일치가 존재한다는 것은 놀랄 일이 아니다. 이것은 심리치료 분야의 참고문헌들에서 찾아볼 수 있는 심리치료사의 광범위한 역할과 임무 설명과도 비슷한 것 같다. 그러나 유능한 상담가와 영성지도자는 정당하게 건전한 기법을 유지하는 반면, 기법이나 이론적 성향을 초월하는 일단의 개인적 특성을 소유하는 것도 바람직한 것 같다.

이상적인 영성지도자에 관한 설명을 구분하기 위해서는 두 개의 축 곧 권위와 성향의 수준을 고려하는 것이 도움이 될 것이다.[1] 낮은 수준의 권위를 지닌 영성지도자는, 하나님의 길을 찾고 있는 피지도자와 함께 가줄 수 있는 "신실한 친구" 또는 "하나님의 문지기"로 묘사될 수 있다(머튼 1960). 이 영적인 친구가 주는 선물은 바로 자기 자신 — 환대, 현존, 그리고 대화다(베너 2002). 낮은 권위의 자리를 강조하는 이들은, **지도자**director라는 용어 자체가 높은 권위를 함축하고 있기 때문에 사용을 거부할 수도 있고, "지도자"라는 칭호를 아예 재정의하거나 또는 그것 대신 **영적인 친구**spiritual friend나 **안내자**guide 같은 용어를 사용할 수도 있다.

한편 (이 책에 글을 기고한) 로저스 같은 사람들은 긍휼과 관계 기술의 필요성을 강조하는 입장이므로, 영성지도자는 성직자의 역할, 곧 궁극적으로 높은 권위의 자리를 차지한다고 주장한다. 높은 권위에 관한 설명은, 영성지도자가 때때로 고해신부나 영혼의 의사 같은 역할을 수행하도록 요청받는다는 사실에 민감하다.

특정의 영성지도자가 수행하는 역할은 또한 **성향**orientation의 영향을 받을 수도 있다. 심리치료의 실제에서처럼, 영성지도자의 역할에서도, 후원(동행과 우정)이나 가르침(고전적인 헌신 훈련에 초점을 맞춘 교훈적인)이나 개조(변화의 과정에 대한 명백한 강조) 같은 광범위한 성향의 범주들을 고려하는 것이 유용할 수 있다. 그러나 이 세 가지 성향들도 다양한 수준의 권위 연속체와 결합될 경우, 영성지도자가 맡을 수 있는 역할을 아주 광범위하게 제시한다. 예컨대, 칼리스토스 웨어(1990)는 영성지도 실천에서 보편적이라고 할 수 있는 다섯 가지 역할, 곧 의사, 상담가, 중재자, 조정자, 후원자의 역할에 관해 논의한다.

영성지도자가 피지도자와 함께 작업하면서 수행하게 되는 특정 역할은 확실히 우리가 논의한 요소들 — 권위의 수준과 특정 성향 — 에 따라 달라질 것이다. 그 외에도 성격의 가변성이나 관계의 단계, 훈련 수준 같은 매개변수 역시 영성지도자가 피지도자와 작업하면서 수행하게 되는 역할의 본질과 다양성에 기여한다.

경험상, 영성지도자는 (1) 자기 자신의 순례를 포함하여 변화의 여정에 전념하는(베너 2002), (2) 선하고 친절한 경청자(배리와 코널리 1982)다. 또 영성지도자는 (3) 다른 사람이 삶 속에서 은총의 영감을 인정하고 따르도록 돕는 데 헌신하며(머튼 1960), (4) 하나님의 변화시키시는 사랑의 신비에 감동을 받는다(그래튼 2000). 영성지도자는 (5) 자기 삶을 이끄는 성스러운 방식 때문에 — 자기 선언에 따라서가 아니라 — 신도들의 공동체에 따라 발견된다(배리와 코널리 1982).

영성지도와 심리치료와 목회상담

그러면 영성지도, 그리고 그것과 가장 가까운 영혼의 돌봄 관련분야들, 곧 심리치료와 목회상담의 관계 문제로 다시 되돌아가 보자. 이 분야들은 서로 얼마나 다른가? 각 분야에 적합한 이미지들을 모으다 보면, 결국 세 가지의 매우 상이한 요점들을 발견하게 될 것이다.

영성지도에 관한 설명은 길게 한 줄로 나무가 심어져 있는 수도원 입구, 이따금씩 기도에 열중한 수도사의 발자국만이 남아 있는 곳에서 시작할 수 있다. 여러분은 교회 문으로 들어서는 순간 침묵과 양초 냄새 때문에 하나님의 삼켜 버릴 듯한 현존을 예리하게 인식하게 된다. 그러다가 여러분은 어느 수도사와 함께 앉게 된다. 하지만 그의 관심은 온통 어떻게 해야 여러분이 하나님을 경험할 수 있는지에만 쏠려 있음을 깨닫게 된다. 여러분이 말을 끝내는 순간 여러분의 시간은 끝이 난다. 때로는 10분이 될 수도 있고, 또 때로는 한 시간 이상이 될 수도 있다. 수도사는 하나님이 여러분의 삶 속에서 시작하신 일을 직접 끝내 주실 것이라고 확신하는 것 같다.

전문적인 심리치료는 매우 다양한 이미지들 — 사무실 건물, 접수간사, 대기실, 거리감이 느껴지는 온정, 서류, 커다란 책상, 편안한 의자, 눈에 띄는 시계, 상세한 개인사, 수많은 문제들, 부드럽게 이어지는 대화와 기법, 건강보험과 상담료 등 — 을 떠올리게 만든다.

그리고 목회상담은 특유의 조합을 이룬다 — 교회, 책이 죽 꽂혀져 있는 사무실, 벽에 걸린 십자가, 작은 데이블 위에 놓인 성경, 전문적인 훈련 때문에 균형이 잘 잡힌 따스함, 영적인 건강에 대한 뚜렷한 관심, 상실이나 사별에 맞춰진 초점, 가끔씩 행해지는 위로의 접촉, 그리고 신앙적이거나 영적인 성향을 분명히 지니고 있는 사람과의 약속.

하지만 이런 이미지들이 과연 개인적인 조합이 지닌 필연적 차이점이나 단순한 묶음을 의미하는 걸까? 영성지도와 심리치료와 목회상담은 그 목표와 필수과정 때문에 차이가 날까, 아니면 그저 관례의 차이만을 반영할까? 목회상담과 영성지도는 영적 건강과 형성에 관심을 기울인다. C. 스티븐 에반스(1992)의 말대로, 만일 그리스도교 심리치료의 궁극적인 목적이 그리스도인의 인격을 형성하는 것이라면? 마크 맥민과 바렛 맥레이가 주장한 것처럼, "그리스도교 심리치료사는 정신건강을 중립적이거나 객관적인 방법으로 규정할 수 없다. 그리스도교 신앙은 정신건강이 무엇인지에 대해서 명백한 관점을 제시하고 있기 때문이다"(1997: 103). 우리는 여기서 너무 멀리 들어가지 말아야 한다. 물이 흐려져서 심리치료와 목회상담과 영성지도의 이미지가 서로에게 흘러들어가기 전에.

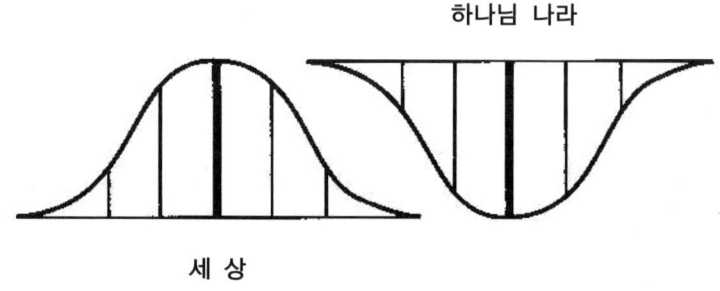

그림 1.2. 정규 곡선

정규 곡선

그림 1.2는 두 개의 정규 곡선을 보여 준다. "세상"이라고 이름 붙인 곡선은 심리치료사의 전형적인 임무를 상기시켜 주는 것이다. 대체로 사람들은 자기 삶의 일부가 중용에서 벗어나 비정상이 되었을 때 심리치료사를 찾는다. 우울증, 불안, 분노, 관계 문제, 또는 약물 남용은 비정상적인 수준의 깊이나 기간 중에 전형적으로 나타난다. 심리치료사의 임무는 그 사람이 정규 곡선의 중심을 향해 여행할 수 있도록, 응용심리학으로부터 일반적으로 인정받은 훈련 방법들을 적용하는 것이다. 심리치료는 **정상적인 발전과정**normal making과 관련된 것이다.

그러나 영성지도는 **비정상적인 발전과정**abnormal making과 관련된다. 대체로 영성지도자들은, 이미 정규 곡선의 중심부 가까이에 살고 있으면서도 비정상이 되기를 원하는 ― 비정상적으로 사랑이 많고, 평화롭고, 기쁨이 가득하고, 하나님과 그분의 사랑 많으신 현존을 비정상적으로 의식하는 ― 사람들과 함께 작업한다. 영성지도의 목표는 성상적인 천국생활을 향해 여행하고 있는 ― 세상의 정규 곡선 중심부로부터 멀리 떨어진 채 ― 피지도자들과 함께 동행해 주는 것이다.

목회상담은 아주 다양한 형태를 취하지만, 보통은 두 개의 정규 곡선에 속한다고 볼 수 있다. 심리치료사처럼 목회상담가도 만남의 이유가 된 삶의 문제들을 진지하게 다룬다. 목회상담의 목표는 (영성지도처럼) 영적인 성장과 변화를 돕고, 나아가 당면한 문제들을 해결하도록 도울 수 있는 방법을 찾아내는 것이다. 따라서 어떻게 보면 목회상담가야말로 가장 어려운 직업이라고 할 수 있다. 목회상담가는 이 두 개의 곡선에 가랑이를 벌리고 서서, 도움을 구하는 사람이 덜 고민하고 더 만족스러워하며 살 수 있도록 하되(정상적인 발전과정), 영적인 변화를 향한 그들의 여정을 함께 해주는 동반자 역할까지 겸한다(비정상적인 발전과정).

유사점

하지만 이 세 가지 형태의 영혼 돌봄을 너무 멀리 떨어뜨려 놓거나 너무 단순하게 구별하지 않도록 조심해야 한다. 비정상적인 수준의 우울증과 불안, 분노 등을 경험하는 사람이라고 해서 자동적으로 영성지도 과정에서 제외시켜서는 안 된다. 요즘에는 심리치료도 행복이나 정규 곡선의 "긍정적인 면"을 강조하는 경향이 점점 커지고 있다.

이 세 가지 영혼의 돌봄 형태는 모두 인간의 동일한 영역, 곧 베너(1998)가 전인(全人)이라고 불렀던 것에 초점을 맞춘다. 그리고 그 중에서도 특히 내적인 자아에 관심을 기울인다. 따라서 그 세 분야가 공통된 도구를 많이 사용한다 하더라도 놀라서는 안 된다. 영성지도자와 심리치료사와 목회상담가는 모두 곁에서 세심한 관심을 기울인다. 각 분야의 전문의들은 정서적으로 잘 알고 가까이 다가갈 수 있기를 원한다. 그들은 자기가 듣고 있는 이야기에 관해 생각해 보고 도움이 될 수 있도록 대답해 준다. 그들은 모두 명상 같은 기법들을 사용하여, 경험이나 감정의 탐구, 기도, 꿈에 관한 논의, 또는 침묵에 대한 견해를 재구성해 줄 수 있다. 그들 모두는 종종 공통된 인간 문제와 경험에 관하여 듣게 된다. 그들은 모두 온전히 의식적이지 않은 체험의 측면에 관여한다. 그리고 그들 모두는 한 사람의 역사가 내적인 삶과 외적인 행동에 미친 영향을 다룬다. 그러므로 영혼의 돌봄 전문가들은 모두 내적인 삶의 심리적 영역과 영적 영역을 둘 다 잘 알고 있어야 한다. 그리고 그보다 훨씬 더 중요한 것은, 그들 모두가 이러한 존재의 영역들을 통합해 주는 건강과 성숙을 향해 개인적인 여행을 하고 있다는 사실이다. 다시 말하자면, 그들 모두가 평생에 걸쳐 온전함을 향한 여정에 전념해야 한다고 말할 수 있겠다.

차이점

심리치료와 영성지도 사이의 차이점을 논하는 것이, 목회상담과 심리치료, 또는 목회상담과 영성지도의 차이점을 논하는 것보다 조금 더 쉽다. 이 차이점들에 대해서는 다음 장들에서 훨씬 더 자세히 살펴볼 것이다. 일단 여기에서는 심리치료와 영성지도의 가장 큰 차이점들을 간단히 살펴보기로 하자.

심리치료사는 내담자와 공감하면서 내면세계에 접근한다. 심리치료사의 초점은 바로 그 내면세계에 있다. 한편 영성지도자는 자기가 만나는 사람 못지않게 성령에도 몰두한다. 내담자와 공감하면서 그 사람의 내면세계에 접근할 때에는 늘 그 사람 안에서 역사하시는 하나님의 성령에도 똑같은 관심을 기울여야 한다(베너 2002). 진 바렛은 (이 책에서) 영성지도가 심리치료의 **지금 여기**here and now라는 강조점을 공유하기는 하지만 결코 거기에만 머무는 것은 아니라고 주장한다; 영성지도는 **거기 언제나**then and always의 관점도 결코 놓치지 않으려 든다. 이것은 그 둘의 강조점이 아주 다르다는 사실을 증명해 준다.

심리치료사는 내면세계를 이해함으로써 자기가 돕고 싶은 사람의 성장에 방해가 되는 요소들을 경감시키고자 한다. 그리고 바로 이것이 심리치료사의 임상적 또는 치료적 초점을 구성한다. 이와 반대로, 영성지도자는 문제 해결에만 매달리지 않는다.

영성지도자의 최고 임무는 피지도자가 하나님께 전념하고 응답할 수 있도록 돕는 것이다. 만물 속에서, 심지어는 현재의 경험에서조차 하나님을 추구함으로써, 피지도자는 마침내 존 A. 벨트리가 "의미의 치유"라고 부르는 것을 발견하게 된다. 존 벨트리에 따르면, 의미의 치유는 "자신의 삶의 이야기를 털어 놓고, 그 이야기를 복음의 빛에서 재구성하며, 나아가 하나님의 성령과의 친교와 영향력을 통해서 신비를 자기 삶 속으로 받아들일 수 있도록 자기를 여는 방법을 익히는 것"과 관련되어 있다(벨트리 1998: 520). 따라서 영성지도자의 초점은 결코 그 사람 자신이나 그 사람의 갈등에만 맞추어져서는 안 된다. 영성지도자의 초점은 늘 그 사람의 하나님 체험, 하나님과의 관계, 다른 사람들과의 관계, 세상과의 관계, 그리고 자기 자신과의 관계에 맞추어져야 한다.

그레이 템플은 (이 책에서) 케네스 리치를 인용하면서, 심리치료는 하나님이 계신 자리에서 두 사람이 만나 성장이라는 인간적 목표를 추구하는 것이고, 반면에 영성지도는 다른 사람 앞에서 하나님과 인간이 만나 신적인 것들과의 관계를 형성하는 것이라고 주장한다. 바렛은 한 걸음 더 나아가, 영성지도란 인간이 궁극적인 실재 — 다시 말해서, 예수님의 유월절 신비 — 와 접촉할 수 있도록 도와주는 것이라고 덧붙인다. 이것은 "성금요일이–변하여–부활절이–되는"(바렛, 이 책) 것이다. 이것은 예측 불가능한 삶에 직면하여 온갖 차이점을 자아내는 그리스도교의 희망이다. 이것이 바로 영성지도자가 자기에게 도움을 청하러 온 사람에게 제시하고자 하는 실재다.

배리와 코널리에 따르면, "영성지도는 개인이 하나님과 개인적인 관계를 맺고 발전시킬 수 있도록 직접적으로 도와준다는 점에서 여느 도덕적 지도나, 심리학적 상담, 고해성사의 실제, 설교 또는 치유사역과 (비록 유사점이 있기는 하지만) 차이가 난다"(1982: ix). 하지만 여기에서 배리와 코널리가 언급하지 않은 게 있다. 그것은 바로 내담자/상담자 요인의 적절한 협력만 이루어진다면 하나님과의 체험적 관계를 발전시키는 것이야말로 전문적인 상담목표를 달성하기 위한 최선의 방책이라는 점이다(맥민과 맥크레이 1997).

렌 스페리(2001)는 영성지도와 세속적인 심리치료의 유용한 구분법을 제공해 주는 한편, 자칭 "영적으로-조율된 심리치료와 상담"이라고 부르는 중간 범주가 필요하다고 지적한다. 그는 이 분야들을 네 가지 변수, 곧 내담자, 목표, 치료자나 지도자와의 관계, 그리고 개입방법에 따라 비교분석한다.

스페리에 따르면, 전통적인 심리치료사는 "증상 그리고/또는 장애를 감소시키고, 성격의 변화 그리고/또는 성취를 이끌어내기"(목표) 위해 "장애를 지닌 내담자나 증상을 지닌 환자"(내담자)와 함께 작업하면서, "다양한 심리치료적 개입방법"(개입)을 곧잘 적용한다. 반면에 영성지도자는 "영적 성장"(목표)을 이루기 위해 "상대적으로 건강한 영적 추구자"(내담자)와 함께 작업하면서, "기도와 그 밖의 영성훈련을 동원하여 경청하고 가르치는"(개입) 방법을 더 좋아하는 것 같다. 스페리의 모델에서, 영적으로-조율된 심리치료사는 훨씬 더 자유롭고 융통성 있게 치료적인 목표와 기법을 적용할 수가 있다.

결론적으로, 상담은 문제 중심인 반면에, 영성지도는 성령 중심이고, 목회상담은 그 두 가지 초점을 공유하고 있다고 말할 수 있겠다. 영성시도의 목표는 단순히 문제를 해결하는 것이 아니라, 개인이 하나님과의 관계 속에서 성장하도록 돕는 것이다.

하지만 하나님은 삶의 한가운데서 경험해야만 한다. 바로 그 때문에 영성지도가 삶의 문제를 적절히 공유하게 되는 것이다. 심지어는 삶의 문제야말로 하나님의 임재를 분별하는 과정의 필수적인 부분이라고 할 수 있다. 따라서 영성지도는 영적 성장과 변화에 대한 목회상담의 초점뿐만 아니라 삶의 문제에 대한 심리치료의 초점까지 공유한 셈이다.

비판적인 쟁점

대화냐 적대적 매수냐

심리치료와 목회상담과 영성지도 전문가들이 그리스도교 공동체 안에서 나누는 현 단계의 대화는 매우 흥미롭다. 각 분야는 나머지 분야들을 훈련하고 강화할 수 있는 아이디어와 방법론을 제시해 준다. 희망적인 것은, 각 분야들의 대화가 앞으로도 계속될 것이고, 그 넓이와 깊이가 더해 갈 것이며, 서로를 풍요롭게 하는 쪽으로 점점 성장해 갈 것이라는 점이다. 심리영적 변화의 과정과 심리영적 손상의 본질을 포함하여, 각 분야가 영혼의 원동력 이해에 추가할 만한 것들이 아주 많다. 하지만 겉으로는 이해하면서 실제로는 잘못 사용할 수도 있는 수많은 자원들에 개입하지 못하도록 막으려면 매우 조심해야 한다. 이 세 가지 형태의 영혼 돌봄은 모두 합법적이다. 서로에게서 배우려는 이러한 노력이 자칫 다른 분야의 합법성이나 실천을 손상시키려는 제국주의적 시도가 되지 않도록 주의해야 한다.

좀 더 훈련해야 한다

그렇다고 해서 그리스도교 심리치료사나 목회상담가가 영성지도의 영역 밖에만 머물러 있어야 한다는 것은 아니다. 심리치료와 목회상담, 영성지도의 대화를 심화시키고 삼중 언어적 실천 문제에 집중하기 위해서는 훈련의 기회를 절대적으로 늘려야만 한다. 그렇지만 여기서 주목해야 할 점은, 그리스도교 심리치료사들이 종종 내담자에게 영성훈련법을 사용하는 데 반하여(문, 윌리스, 베일리, 그리고 쾌스니 1993), 대학원 임상 프로그램에서는 영성훈련을 사용할 수 있는 교육이 전혀 안 이루어지고 있다는 사실이다(문, 베일리, 쾌스니, 그리고 윌리스, 1991). 이렇게 볼 때, 영성지도와 목회상담을 동시에 훈련하는 것이 더 나은 방법일 수 있다. 둘 다 심리학 관련 분야에 상당한 기초지식을 갖고 있기 때문이다. 하지만 목회상담가와 영성지도자를 위한 훈련의 특성과 본질은 전혀 다르다.

세 가지 형태의 영혼 돌봄 훈련 프로그램은 내담자의 심리적-영적 온전함을 향한 개인적 여정을 도와주고 또 내담자가 다른 사람들의 여정을 촉진시킬 수 있도록 도와주어야 한다. 영성지도자와 목회상담가, 그리고 심리치료사가 내적인 삶의 심리적 영역과 영적 영역을 둘 다 잘 알 수 있도록 도우려면 앞으로도 여러 해가 걸릴 것이다.

윤리적인 지침

마지막으로, 목회상담, 심리치료, 영성지도와 관련된 실천 유형들을 통합할만한 윤리적 지침을 완성하기 위해서는 앞으로도 훨씬 더 많은 노력을 기울여야만 한다. 샹-양 탄이 (이 책에서) 주장하듯이, 그리스도교 상담이나 심리치료의 궁극적인 목표는

― 그저 증상의 완화나 문제의 해결에 그치지 않고 ― 영적인 성장의 촉진까지 나아가는 경우가 많다. 따라서 영성지도나 그 밖의 종교적 자원을 사용하는 것이 종종 그러한 종교-지향적 상담의 통전적인 부분으로 여겨지기도 한다. 탄은 심리치료에 영성훈련을 응용하기 위한 윤리적 지침과 관련된 문헌들을 열거하고 그 지침의 목록을 작성한다. 폭넓은 주제들이 P. 스캇 리처즈와 앨런 E. 버긴(1997)의 주제들을 반영하는 광범위한 주제들 가운데에는 이중적인 관계를 피해야 할 필요성, 종교적인 권위를 제거해야 할 필요성, 내담자에게 종교적인 가치관을 강요하지 말아야 할 필요성, 작업의 경계선을 침범하지 말아야 할 필요성, 그리고 능력의 범위를 벗어난 일은 하지 말아야 할 필요성이 포함되어 있다.

브라이언 에크(2002)도 임상적 실제에서 영성훈련을 사용할 때 윤리적으로 고려해야 할 사항에 관해 도움이 될 만한 의견을 제시한 바 있다. 다른 많은 의견들과 더불어 그는 치료사들이 자신의 종교적 관심과 일치하는, 자신의 종교적 관심을 존중해 주는 훈련법을 채택해야 한다고 주장한다. 또 그는 치료사들이 영적 분별의 문제에 민감해야 하고, 영성훈련을 현재의 치료 모델들과 좀 더 제대로 통합하기 위해 노력해야 한다고 주장한다.

만일 그리스도교 심리치료사가 통전성과 전문성을 가지고 실천해야 할 경우라면, 윤리적인 실천지침을 세우는 일에 좀 더 매달려야 한다. 또한 서로에게서 또는 심리치료로부터 기법을 응용하고자 애쓰는 목회상담가와 영성지도자들을 위해서도 유사한 지침들이 세워져야만 한다.

요약

여기에서 우리가 바라는 것은, 영성지도의 상황과 의미와 범위, 그리고 영성지도와 심리치료, 목회상담의 관계에 대한 이같은 개관을 통해서 진정한 변화의 여정을 이해하고 좀 더 체험할 수 있도록 여러분에게 영감을 불어넣는 것이다. 또 우리는 점점 증가하고 있는 학제간 대화의 무대를 제공함으로써 영혼 형성의 과정에 서로가 유익을 끼칠 수 있기를 바란다.

앞으로 여러분은 그리스도교 영성의 7가지 주요 전통을 특별히 파헤친 장들을 읽게 될 것이다. 그리고 여러분은 영성지도의 접근법과 실천에 관한 각 전통의 주요 차이점들을 알게 될 것이다. 영성지도자에게 주어진 권위의 수준에 비추어 볼 때, 어떤 전통(예를 들면, 정교회)은 다른 것들(예를 들면, 사회정의)보다 권력의 높은 수준을 강조할 것이다. 여러분은 또 영성지도자의 성향(후원 또는 교육 또는 개조)에 따라 여러 전통들 사이에 미묘한 차이가 있음을 알게 될 것이다. 그리고 좀 더 가까이 들여다보면, 어떤 전통이 인간의 어떤 측면(생각, 느낌, 선택, 행동, 사회화)에 좀 더 민감한지를 관찰할 수 있을 것이다.

하지만 아무리 그렇다 해도, 각 전통들의 차이점보다는 유사점이 좀 더 뚜렷하게 나타난다. 각 전통은 변화의 여정에 동반자가 반드시 필요하다는 사실을 강조한다; 또한 참된 영성지도자는 바로 성령이시라는 사실을 모든 전통들이 다 알고 있다; 그리고 각 전통이 밝히는 그리스도교 영성형성의 목표는 바로 그리스도의 삶과 인격을 점점 더 닮아가는 것이다.

영성지도는 그리스노교 영성형성에서 고유하고도 중요한 역할을 담당한다. 하지만 그 역할을 가장 잘 수행하려면 다른 형태의 영혼 돌봄 때문에 보완되어야만 한다. 그러므로 일단은 그리스도교의 7가지 주요 전통에서 영혼의 돌봄이 차지하는 자리와 이해부터 살펴봐야만 한다. 그런 다음에는 영혼의 돌봄과 가장 밀접하게 연관되어 있는 두 가지 형태, 곧 목회상담, 심리치료와의 관계에 대해서 자세히 살펴보겠다.

참고문헌

Barry, William A., and William J. Connolly. 1982. *The practice of spiritual direction.* New York: Seabury.

Benner, David G. 1998. *Care of souls.* Grand Rapids, Mich.: Baker.

Benner, David G. 2002. *Sacred companions: The gift of spiritual friendship and direction.* Downers Grove, Ill.: InterVarsity Press.

Clebsch, William A., and C. R. Jackle. 1964. *Pastoral care in historical perspective.* New York: Aronson

Eck, Brian. 2002. An exploration of the therapeutic use of spiritual disciplines in clinical practice. *Journal of psychology and Christianity* 21 (fall):266-80.

Evans, C. Stephen. 1992. Christian counselling as character formation. Paper presented at the 2nd International Congress on Christian Counselling, Atlanta.

Goehring, Marty: 1985. Analysis of a model for assessing client therapeutic role preferences. Ph. D.

diss., Fuller Theological seminary.

Gratton, Carolyn. 2000. *The art of spiritual guidance.* New York: Crossroad.McMinn, Mark R., and Barrett W. McRay. 1997. Spiritual disciplines and the practice of integration: Possibilities and challenges for Christian Psychologists. *Journal of Psychology and Theology* 25:102-10.

Metron, Thomas. 1960. *Spiritual Direction and Meditation.* Collegeville, Minn.: Liturgical.

Metron, Thomas. 1961. *New seeds of contemplation.* New York: New Directions.

Moon, Gary W., Judy Bailey, John Kwasny and dale Willis. 1991. Training in the use of christian disciplines as counseling techniques whitin explicity christian graduate training programs. *Journal of Psychology and Christianity* 10, no. 2:154-65.

Moon, Gary W., Judy Bailey, John Kwasny and dale Willis. 1993. Self-reported use of christian guidances techniques by Christian psychotherapists, pastoral counselors and spiritual directors. *Journal of Psychology and Christianity* 10, no. 1:24-37.

Richards, P. Scott, and Allen E. Bergin, eds. 2000. *Handbook of psychotherapy and religious diversity.* Washington, D.C.: American Psychological Association.

Rohr, Richard. 1999. *Everything belongs: The gift of contemplative prayer.* New York: Crossroad.

Sperry, Len. 2002. *Spirituality in clinical practice: Incorporating the spiritual dimension in psychotherapy and counseling.* Philadelphia: Brunner-Rutledge.

Tolstoy, Leo. 1936. *The Kingdom of God is within you.* Trans. Aylmer Maude. London: Oxford University Press.

Tan, Siang-Yang. 1996. Practicing the presence of God: The work of Richard J. Foster and its application to psychotherapeutic practice. *Journal of Psychology Christianity* 15:17-18.

Veltri, John., S.J. 1998. *Orientations, vol. 2: For those who accompany others on the inward journey.* Guelph, Ontario: Guelph centre for Spirituality.

Ware, Kallistos. 1979. *The orthodox way.* Crestwood, N.Y.: St. Vladimir's Seminary Press.

Willard, Dallas. 1988. *The spirit of the discipline: Understanding how God changes lives.* San Francisco: Harper & Row.

Willard, Dallas. 1998. *The divine conspiracy: Rediscovering our hidden life in God.* San Francisco: HarperSanFrancisco.

Willard, Dallas. 1999. *Hearing God: Developing a conversational relationship with God.* Downers Grove, ill.: InterVarsity Press.

Willard, Dallas. 2002. *Renovation of the heart: Putting on the character of Christ.* colorado Springs, Colo.: NavPress.

제1부

그리스도교 영성지도의 7가지 주요 전통

제2장
정교회 전통의 영성지도

F. 그레고리 로저스

"기도는 모든 것의 시험이다; 또한 기도는 모든 것의 근원이다; 기도는 모든 것의 추진력이다; 기도는 또한 모든 것의 지도자다. 기도가 옳으면 모든 것이 옳다. 기도는 그 어떤 것도 잘못되는 것을 허락하지 않을 것이기에"(은둔사 네오판, Chariton에서 인용, 1966: 51).

정교회 그리스도인의 삶에서 중심이 되는 것은 하나님과의 사귐이다. 그리고 하나님과 함께 사는 삶의 본질적인 특징은 바로 기도다. 하지만 어떻게 기도하는 방법을 배울 수 있을까? 예수님의 제자들이 바로 이 질문을 드렸을 때, 예수님은 우리가 지금 주의 기도라고 부르는 형태의 기도를 가르쳐 주셨다. 지난 수세기 동안 그리스도인들은 하나님을 추구해 왔다. 그리고 그들은 "태워 없애는 불"(히브리서 12장 29절) 가까이 나아갔던 이들을 통해서 하나님을 발견하는 법을 배웠다.

여기에서 나는 정교회 그리스도교 전통의 영성지도 실천, 제자를 하나님께 인도하는 것에 대해 살펴볼 것이다. 특히 정교회 영성지도의 역사, 신학, 그리고 실천을 상세히 검토할 것이다. 또한 나는 현대의 심리치료 방법과 정교회 전통의 전통적인 영성지도 개념의 관계를 간단히 훑어볼 것이다. 그리고 정교회 영성지도자가 영성추구자를 정신건강 전문가에게 위탁하게 되는 상황도 살펴볼 것이다. 마지막으로, 나는 좀 더 심오한 연구를 위하여 두 권의 책을 추천할 것이다.

정교회 영성지도의 정의

정교회 영성의 중심이 되는 것은 영혼의 치유, 인격 안에서 하나님의 형상과 유사성을 회복하고 성취하는 것이다. 그 과정에서 그 사람은 하나님과 관계를 맺게 되는데, 이 관계는 궁극적으로 너무나도 친밀하기에 **합일**union이라고밖에 묘사할 수 없다. 따라서 정교회 전통의 영성지도는 마음을 치유하는 과정을 통해서 하나님과 훨씬 더 깊은 관계로 이끌어 주는 것이다. 이런 과정은 영성지도자와의 개인적인 일대일 관계뿐만 아니라 성례전적이고 공동체적인 상황에서도 발생한다.

현대인들은 영성을 순전히 개인적인 관심사로 치부하기가 쉽다. 초월적인 실재를 어느 정도 의식하게 해주는 실천, 고차원적인 윤리의식과 실천, 또는 사랑과 형제애의 울타리를 확장하는 뉴에이지 신비체험으로 이끌어 주는 하나의 실천도 영적이라고 말할 수 있다. 그것은 자신의 배경과 관련된 상처 또는 자신의 환경에 대한 심리학적 적응이라는 관점에서 규정되기도 한다.

정교회 전통에서 개인적인 하나님 체험이 확실히 추구되기는 하지만, 그것은 어디까지나 교회의 성례전적이고 공동체적인 생활을 토대로 한다. 정교회는 그리스도의 몸 안에서 이루어지는 그리스도인들의 신비로운 연합을 진지하게 받아들이며, 성례전이 곧 영성생활의 토대라고 본다. 따라서 정교회 전통에서는 한 사람의 영성발달이 세례와 함께 시작되고, 성만찬 친교를 체험함으로써 지속되며, 고해성사를 통해 발전하고 새로워진다. 또 경험이 많은 영성지도자의 특별한 안내를 받아 더더욱 발전하게 된다. 영성발달은 공동체적인 예전 체험을 통하여 촉진되고 양성되며, 교회력의 금식과 축제의 절기를 통하여 형성된다. 그리고 전통적인 정교회 경건에 관한 일반적인 금욕훈련을 통하여 확립된다. 최초의 영성지도자는 정교회 그리스도인에게 성례전과 교회의 가르침을 경험하게 해주는 사제다.

사제는 또한 정교회 그리스도인을 위한 최초의 개인 지도자도 된다. 이것은 고해성사에서 가장 두드러지게 나타난다. 고백은 용서의 은혜를 새롭게 하고, 신자들이 쉽사리 빠지고 마는 열정과 죄를 극복하기 위하여 참회자가 영성지도를 추구하도록 기회를 제공해 주는, 절대 없어서는 안 될 도구로 여겨진다. 여기에서 강조점은 죄의 법적인 측면이 아니라, 죄 때문에 손상된 마음을 치유하는 데 있다. 야고보는 다음과 같이 말한다: "그러므로 여러분은 서로 죄를 자백하고, 서로를 위해 기도하십시오. 그래서 여러분이 나음을 받게 하십시오."(야고보서 5장 16절) 고백을 들어주는 사제는 곧 영혼의 치유를 돕는 사람이다.

그러나 영성지도는 성례전의 한계를 뛰어넘어 평신도에 따라 이루어질 수도 있다. 중요한 것은 영성지도자가 하나님의 성령에 따라 교화된 사람이냐 아니냐다. 하나님을 알게 된 사람, 열정과 씨름하여 미덕을 갖추게 된 사람만이 영성지도를 제대로 해줄 수 있다.

정교회 전통에서 영성지도자는 **아버지**father, 곧 영적인 자녀 속에 성령의 생명을 탄생시켜 주는 사람으로 간주되었다. 수사나 수녀에게, 이것은 자기가 가고 싶은 길을 이미 지나온 사람에게 복종하고 순종하는 것을 뜻한다. 이것은 마음 속 깊은 곳에 있는 것을 누군가에게 드러내고, 자기 영혼을 구원하기 위하여 그 사람의 교정과 훈련을 받아들이는 것을 뜻한다. 평신도의 경우도 마찬가지다. 우리 모두는 기도하도록, 그리스도를 닮는 쪽으로 변화하도록 부름 받는다. 그리고 사로브의 성 세라핌이 말한 대로 "성령을 받도록"(Fedotov 1948: 267) 부름 받는다. 그러므로 정교회 그리스도인은 길을 가르쳐 줄 수 있는 고해신부, 훈련된 교사를 찾도록 격려를 받게 된다. 두 사람의 관계는 개인적이어서, 저마다의 고유성과 영성발달 단계를 얼마든지 반영할 수가 있다.

다른 그리스도교 전통들과 달리, 전통적인 정교회의 영성지도에는 사실 평등주의적 특성이 존재하지 않는다. 영적인 아버지가 진실로 "친구"가 되어 줄 수는 있겠지만, 대체로 영성지도는 영적인 제자에게 상담과 조언, 교정, 가르침을 제공해 주는 연장자에 따라 이루어진다. 물론 경험이 풍부한 지도자가 전혀 없는 곳은 예외다. 그런 경우에 형제들(또는 자매들)은 서로에게 순종하고, 아집을 굽히며, 기도에 전념하고, 성서에 열중해야 한다. 또 교회의 예전적인 전통에 완전히 흡수되고, 교회 교부들의 영성서적들을 부지런히 연구해야 한다. 그러면 하나님께서 직접 그들의 영성지도자가 되어 주실 것이다.

마지막으로 짚고 넘어가야 할 것은, **아버지**라는 용어를 사용한다고 해서 여성들을 영성지도자에서 제외시키는 것은 결코 아니라는 사실이다. 사막 교부들 중에도 탁월한 **교모들**^{ammas} (어머니들)이 여럿 있었다. 영성지도자가 갖춰야 할 기본적인 자질은 바로 하나님에 관한 지식이다.

정교회 영성지도 실천의 역사

영성지도 실천의 초기 역사는 신약성서에 기록되어 있다. 세례 요한은 나중에 수도원 생활을 시작한 사람들의 모델이 되었다. 그는 사막으로 물러나 금욕생활을 하면서 사람들에게 회개하라고 외쳤다. 또 그는 경건하게 사는 법을 가르쳤고, 겸손하게 행동하였으며, 그리스도가 이 세상에 하나님을 현존케 하시는 분이라고 했다. 이 모든 것들이 그리스도교 영성지도의 요소를 보여 준다. 영성지도를 베푸는 사람은 다른 사람을 이끌기 전에 우선 자기부터 그 길을 걸어 봐야만 한다.

세례 요한은 기도와 금욕적인 자기훈련 속에서 여러 해를 보냄으로써, 자신이 선포한 메시지에 정당성을 부여했다. 그는 겸손한 사람이어서, 자신은 길을 가리키는 하나님의 종에 불과하다고 생각했다. 따라서 참 주인이 오시면 자기는 뒤로 물러나겠다고 작정하였다. 바로 이런 미덕이 영성지도자에게도 요구된다. 자기를 찾아온 사람들을 하나님께로 이끄는 것이 목표인 영성지도자는 세례 요한과 같은 겸손을 지녀야만 한다. 세례 요한을 찾아온 사람들은 자신의 죄를 고백하였고, 마음으로부터 회개했음을 입증하기 위하여 세례를 받았다(마태복음 3장 6절; 마가복음 1장 5절). 누가복음의 기사를 보면, 세례 요한을 찾아온 사람들이 자신의 고백과 회개에 걸맞은 삶을 살 수 있도록 특별한 가르침을 달라고 요청하자, 그는 군인이나 세리나 보통 사람이나 할 것 없이 저마다 자신의 삶의 자리에서 실천할 수 있는 특별한 지침들을 제공해 주었다(누가복음 3장 10~14절).

사도 바울 역시 영성지도자(영적인 아버지)와 영적인 자녀들 간의 독특한 관계를 보여 준다. "그리스도 안에서 여러분에게 만 명의 스승이 있을지 몰라도, 아버지는 여럿이 있을 수 없습니다. 나는 그리스도 예수 안에서 복음으로 여러분을 낳았습니다. 그러므로 내가 여러분에게 권합니다. 여러분은 나를 본받는 사람이 되십시오."(고린도전서 4장 15~16) 여기서 관계는 단지 복음의 가르침에 그치는 것이 아니다. 영적인 아버지의 삶과 특징을 모방하는 것까지 모두 관계에 포함된다.

사도 바울은 이것을 다음과 같이 확장시킨다: "내가 그리스도를 본받는 사람인 것과 같이, 여러분은 나를 본받는 사람이 되십시오. 여러분이 모든 일에서 나를 기억하고, 또 내가 여러분에게 전해 준 대로 전통을 지키고 있으므로, 나는 여러분을 칭찬합니다."(고린도전서 11장 1~2절). 영적인 아버지는 그리스도를 알고 따라야 한다; 제자(또는 영적인 자녀)는 영적인 아버지의 모범과 가르침을 통해서 그리스도를 알 수 있다. 히브리서 저자는 이 주제를 그대로 되풀이한다. 그는 신자들에게 지도자들의 행동을 기억하고 복종하라고 부탁한다. 지도자들이 그들의 영혼을 위하여 하나님께 보고드릴 것임을 알기 때문이다(히브리서 13장 7, 17절). 또한 사도 베드로는 영적인 장로들에게 자진해서 양떼들의 모범이 되어 이끌어 달라고 권면한다. 그들이 '목자장'에게 해명할 의무가 있다는 것을 알고 있기 때문이다(베드로전서 5장 2~4절).

사도시대 이후에는 영성지도가 고백이나 참회의 상황에서 가장 빈번히 이루어졌다. 보통 그것은 공식적이었고, 대중적인 상황에서 실시되었다. 죄는 개인이 교회와 함께 성만찬을 나눌 수 없도록 분리시키는 것으로 여겨졌다; 회복은 다시 성만찬 공동체에 들어가도록 허가를 받는 것, 하나님과 그리고 교회와 화해하는 것이었다. 헤르마스 목자와 터툴리안을 위시한 몇몇 초기 스승들은, 이 공식적인 화해가 반복 불가능한 두 번째 세례와 같다고 주장한다(Sparks 1978: 187~88; Jurgens 1970: 130~31). 추측컨대, 그렇게 공적인 고백을 권유하고 혼자만의 회개를 금지한 것은 심각한 죄, 그러니까 제명시키는 것이 당연한 죄에 해당되는 경우였을 것이다. 터툴리안은 공적인 통회에는 엎드려 절하기, 금식, 기도, 눈물, 삼베옷과 재, 고백, 그리고 공적으로 용서를 구하는 것 등이 포함된다고 주장한다. 그리고 고백의 행위는 공동체 전체가 아니라 공동체를 대표하는 사제 앞에서 실시하였다. 그러면 사제는 적합한 알맞은 참회 방법을 처방하였고, 교회와의 공식적인 화해는 주교에 따라 공식적으로 이루어졌다.

그리스도교가 생겨나고 처음 300년 동안에는, 순교와 박해의 심각한 가능성과 더불어 교회훈련의 잠재적 엄격성 때문에, 상대적으로 높은 수준의 공동체 도덕규범을 유지하였다. 313년 콘스탄티누스가 공포한 관용 칙령 이후로, 교회는 구성원들의 쇄도와 제국 안에서의 지위 때문에 눈에 띄게 규범이 느슨해진 것을 경험하였다. 순교라는 궁극적 희생을 택하고 싶었던 욕구가 이제는 금욕과 자기훈련 속에서 "자기 피를 내어주는" 쪽으로 변경되었다. 따라서 수많은 진지한 그리스도교 추구자들이 하나님을 찾기 위하여, 그리고 거룩해지고자 노력하기 위하여 사막으로 물러났다. 바로 이 수도원적인 맥락에서 정교회의 영성지도 방법들이 꽃을 피웠고, 영적 성장과 발달의 본질에 대한 정교회 이해도 더더욱 심화되었다.

사막의 영성지도는 비범한 통솔력이었다. 거룩함을 추구하는 사람은 하나님께로 이끌어 줄만한 경험 많은 영성지도자를 찾기 위하여 사막으로 들어갔다. 추구자는 영적인 아버지(**교부**abba)나 어머니(**교모**amma)와 개인적인 관계를 맺었으며, 그들의 가르침과 지도에 순종하였다. 은둔적인(고독한) 수도사 지도자의 전형은 바로 성 안토니(356년 사망)다.『사막교부들의 금언』Sayings of the Desert Fathers에서 안토니는 영성지도가 영혼의 건강에 반드시 필요한 요소라고 설명한다:

> 아득한 옛날을 회상하여 보아라. 조상 대대로 내려온 세대를 생각하여 보아라. 너희의 아버지에게 물어 보아라. 그가 일러줄 것이다. 어른들에게 물어 보아라. 그들이 너희에게 말해 줄 것이다. (신명기 32장 7절)
>
> 그리고 그는 이렇게 말했다. "할 수만 있다면, 수사는 장로들에게 확실히 말해야 한다. 그것에 관해 잘못을 저지를 경우 얼마나 많은 단계를 밟아야 하는지, 그리고 독방에서 얼마나 많은 물방울을 마셔야 하는지." (『사막교부들의 금언』 8~9)

수사는 영적인 아버지께 복종함으로써 교만과 아집을 물리쳤으며, 주님께서 명령하신 곳으로만 발걸음을 (거의 문자적으로) 옮길 수 있었다.

종종 영적인 제자가 지도를 요청함으로써 영성지도가 시작되기도 했다. 이 지도는 아주 간단하고, 통렬하고, 개인적으로 적용되는 말이었다. 수사는 이런 말들이 생명력 있는 지도, 하나님으로부터 비롯된 지도라고 믿었다. 그것은 대화나 논쟁의 기회가 아니었다. 그 지도를 마음에 새겨야만 거룩한 삶과 하나님과의 교제라는 바람직한 결과를 가져올 수 있었다. 그 지도의 주제는 미덕의 수련, 열정의 타파, 기도생활의 확립이었다.

의사소통의 유형은 영적인 아버지와 제자의 관계에 따라 모두 달랐다. 때로는 대화가 자주 오가기도 했고, 때로는 대화가 드물었으며, 또 때로는 여러 해 동안 간간이 이어지기도 했다. 하지만 그 목표는 늘 수사의 변화였고, 그가 하나님의 역사에 동참하게 만드는 것이었다.

> 영성지도자 롯이 영성지도자 요셉을 찾아가 이렇게 말했다. "저는 할 수 있는 한 열심히 소성무일과를 외우고, 금식도 조금씩 하며, 기도와 묵상도 합니다. 또 할 수 있는 한 평안히 지내고, 제 생각을 정화시킵니다. 그 밖에 무슨 일을 할 수 있을까요?" 그러자 그 노인이 일어서서 두 손을 하늘로 뻗었다. 그의 손가락이 열 개의 등잔불처럼 보였다. 그가 이렇게 말했다. "그대가 원하면 모두 불타오르게 할 수도 있지." (『사막교부들의 금언』, 103)

수도원 체험의 또 다른 형태는 **수사생활**cenobitic이었다. 이것은 다른 수사들과 함께 공동체 터전 속에서 금욕생활을 하도록 부름 받은 수사를 위한 것이었다. 다른 사람들과 더불어 일상생활을 해야 할 경우, 수사의 아집이 꺾이고 남을 사랑할 줄 알게 되며, 남을 판단하지도 않고 열정을 제어하게 될 것이라는 믿음이 있었다. 수도원의 총책임자인 대수도원장이나 **수도원장**^hegumen은 수사들의 영성지도자로 활동하곤 했다. 일부 수도원에서는 대수도원장이 매일 시간을 따로 정해서, 때로는 예배시간에, 수사들이 자기를 찾아와 자신들의 생각과 유혹, 투쟁을 털어놓게 하였다. 그런 다음 그들의 영적인 욕구에 알맞은 지도를 제공해 주곤 하였다.

수도원의 공동생활에 관한 고전적 영성지도서는 사다리의 성 요한이 쓴 수필 『목자에게』^To the Shepherd 인데, 이것은 때로 『거룩한 등정의 사다리』^Ladder of Divine Ascent (클리마쿠스 1991)의 31번째 계단으로 출판되기도 하였다. 사다리의 성 요한(서구에서는 존 클리마쿠스라는 이름으로 알려져 있다)은 7세기에 시내산의 수도원에서 생활하였다. 성 요한의 주장에 따르면, 영성지도자는 본인이 직접 하나님의 실재를 체험하고 성령으로 말미암아 변화된 사람이어야 한다.

> 진정한 스승은 하나님이 거룩한 손가락으로 쓰신 영적 지식의 서판을 하나님으로부터 직접 받은 사람이다. 진정한 스승은 하나님이 그 서판을 통해 직접 깨우쳐 주시므로 다른 책이 전혀 필요 없다. 교사가 다른 사람들의 책을 보고 가르치는 것은 좋지 않다. 그것은 마치 화가가 다른 사람들의 작품을 보고 영감을 얻는 것이나 마찬가지다. (클리마쿠스 1991: 231)

둘째로, 경험이 많은 지도자는 자신이 책임진 사람들 저마다의 능력과 발전단계, 그리고 욕구를 알아야 한다. 한 가지 약이 만병통치약이 될 수는 없다. 성 요한은 교회 한가운데서 자기 양떼를 저마다의 욕구에 맞게 지도하는 선한 수도원장에 대해 다음과 같이 묘사한다.

> 밤 기도를 끝마친 뒤에는 마치 왕처럼 왕좌(외적으로는 나뭇가지를 엮어서 만든 모양이고, 내적으로는 영적인 은사의 모습을 띤 의자)에 올라앉은 그 위대한 사람을 볼 수가 있었다. 모든 사람들이 마치 벌떼처럼 그를 둘러싸고서, 마치 하나님의 말씀과 명령이라도 되는 것처럼 그의 말과 명령에 귀를 기울였다. 그는 잠자리에 들기 전 마음속으로 시편을 암송하라고 지시했다. 어떤 사람은 50편을, 어떤 사람은 30편을, 어떤 사람은 100편을 암송해야 했으며, 또 어떤 사람은 아주 여러 번 엎드려 절하기를 해야만 했다. 그는 어떤 사람에게는 앉아서 자라고 지시했고, 어떤 사람에게는 얼마동안 독서를 하라고 지시했으며, 또 어떤 사람에게는 기도하는 일정시간 동안 서 있으라고 지시했다...더욱이 그 위대한 사람은 저마다 다른 식사 규칙을 지정해 주었다. 음식물도 모두 다르거나 또는 비슷하게 정해 주었다. 저마다의 상태에 맞게 그는 적합한 것을 골라 주었다...그런데 이상한 것은 아무도 이 지시에 불평 한 마디 하지 않고 순종했다는 것이다. 마치 하나님의 입에서 나온 명령이라도 되는 것처럼 말이다. (클리마쿠스 1991: 245~46)

지금까지 우리는 수도원 상황의 영성지도를 살펴보았다. 하지만 영적인 성장과 체험은 그런 상황에만 국한되지 않았다. 일반사람들도 수도사처럼 이 세상 삶의 일부인 한계와 유혹을 초월할 수 있다는 믿음이 존재했다. 비수도원적 영성지도의 목표 역시 수도원 상황의 영성지도와 똑같았다. 사람들을 미덕과 하나님에 관한 지식으로 인도하는 것이었다. 수도원에서 영적인 아버지가 맡았던 기능을 사제가 담당했다. 하지만 그들의 관계는 강렬하지가 못했다. 평신도들은 가난, 자선, 순종의 서약을 강요받지도 않았고, 기도와 금욕적인 노동에 모든 시간과 노력을 쏟아 부으라는 명령도 받지 않았다. 하지만 모든 그리스도인들은 자기 능력과 삶의 상황에 맞게 발전을 이룩해야만 했다. 그리고 사제의 역할은 그러한 치유 과정을 촉진시키는 것이었다.

영성발달의 원칙을 평신도에게 적용시키기 위한 주요 방법들 중 하나는 바로 고해성사였다. 때때로 참회자는 수도원을 찾아가 영적인 아버지께 고백을 했으며, 또 때로는 교구 사제를 찾아가 고백을 하기도 했다. 10세기경 교회에서 사용하기 위한 고백의 규칙이 책으로 출판되었다. 이 규칙에는 준비기도와 시편 51편(70인 역 성서에서는 시편 50편) 낭송, 그리고 사제가 참회자에게 특정 질문을 던지는 양심과 기회의 검토가 포함되었다. 그 질문은 개인적이고 특별한 것으로서, 성령의 인도하심, 그리고 사제의 지식과 경험에 입각한 것이었다. 고해성사의 강조점은 법적인 측면이나 그저 죄의 용서 또는 참회의 장점만이 아니었다. 고해성사의 강조점은 사제의 기도와 성령의 은총을 통한 영혼의 치유였다. 참회자는 내면에 있는 자신의 죄를 들여다봄으로써 하나님을 쳐다볼 수 있도록 인도되었다. 사제는 심판관이 아니라 똑같은 죄인으로서, 자신의 영적인 자녀와 함께 고독 속에서 하나님께로 나아갔다.

그 다음 몇 세기 동안은 수도원이 영적인 지혜의 풍성한 출처로 자리매김하였다. 성 그레고리 팔라마스(14세기)의 저서와 더불어 수많은 영성서적들이 등장하였는데, 이 책은 신격화의 교리와 헤시카스트적 기도방법 — 예수기도를 둘러싼 전통 — 에 초점을 맞춘 것이었다. 팔라마스의 가르침은 현대 정교회의 영성을 확립해 준다. 비잔틴시대에는 평신도와 수사들 간에 서신왕래가 있었다는 기록이 약간 있지만, 자세한 것은 하나도 없다.

정교회 영성의 역사에서 가장 중요한 문학작품들 가운데 하나는 1782년에 출판된 『필로칼리아』 The Philokalia 로서, 영성생활에 관한 교부들의 글을 한 데 모아 편집한 다섯 권짜리 작품이다. 이 책들은 거룩한 산의 성 니코디모스와 고린도의 성 마카리오스가 편집하였으며, 처음에는 그리스어로 출간되었는데, 나중에 성 파시우스 벨리코프스키가 슬라브어와 러시아어로 번역하였다. (이 중 네 권은 현재 영어로도 번역되어 있다.) 이 책들은 정교회에 속한 평신도와 수사들의 영성 강화에 많은 도움을 주는 자료가 되었다. 19세기 중반에 한 러시아 농부의 영적 여정을 묘사한 작자 미상의 책 『순례자의 길』 The Way of a Pilgrim 에서도 이 『필로칼리아』가 특별히 언급된다.

18세기와 19세기에는 러시아 정교회의 수도원 영성이 꽃을 피웠다. 자돈스크의 성 티콘(1724~1783)은 최초의 위대한 러시아 **스타레츠** staretz (장로)였다. 그의 전설은 옵티나 수도원의 장로들을 통해 수백 년 동안이나 영향을 미쳤다. **스타레츠**는 공식적인 지위를 가리키는 말이 아니라, 장로 자신의 경험으로부터 우러난 영적 권위를 가리키는 말이다. 이것은 수여받는 것이 아니라 인정받는 것이다. 장로를 찾아오는 사람들은 그를 통해 하나님을 보게 될 것이라고 믿는다. 사로프의 성 세라핌

(1759~1833)이라고 하는 위대한 스타레츠는 러시아 숲에서 홀로 30년 동안이나 기도생활을 한 다음, 자기를 찾아오는 모든 이들에게 영성지도를 제공하기 위하여 수도원으로 돌아왔다. 니콜라스 모토빌로프와 나눈 대화에서, 세라핌은 그리스도인의 생활 목표를 다음과 같이 설명하였다. "기도와 금식, 철야, 그 밖에도 그리스도인의 온갖 행위들이 그리스도인의 생활 목표에 도달하기 위해 반드시 필요한 수단인 것은 틀림없다. 하지만 그런 행위들이 제아무리 선하다 할지라도, 그것만으로는 결코 그리스도인의 생활 목표를 이룰 수 없다. 우리 그리스도인들의 진정한 생활 목표는 하나님의 성령을 받는 것이다."(페도토프 1948: 267에서 인용함) 대화가 끝나갈 무렵, 성령을 받는다는 세라핌의 말을 제대로 이해하기 위해 고군분투하고 있던 모토빌로프는, 세라핌을 직접 볼 수 없다는 사실을 깨닫게 되었다.

> 그러자 아버지 세라핌께서 내 어깨를 꽉 붙잡더니 이렇게 말씀하셨다: "아들아, 우리는 둘 다 하나님의 성령 안에 함께 거하고 있다! 그런데 어째서 너는 나를 바라보지 않느냐?" 내가 대답했다: "아버지, 아버지 눈에서 비치는 밝은 빛 때문에 보이지가 않습니다. 아버지 얼굴이 태양보다 더 밝아서 제 눈이 너무나도 고통스럽습니다!" 아버지 세라핌이 이렇게 말씀하셨다: "두려워 말아라, 내 아들아; 너도 나만큼 밝아졌다. 이제 너도 하나님의 성령을 충만히 받게 되었다; 그렇지 않으면 지금의 나를 바라볼 수도 없었을 테니까." (페도토프 1948: 274)

그렇게 해서 위대한 은둔자이자 수도사인 세라핌은 빛을 내었고, 영적인 아들이자 평신도인 모토빌로프 역시 터득하게 되었다.

지난 200년 동안 수많은 정교회 신자들이 이 성령을 추구하기 위하여 영성지도자를 찾게 되었다. 현존하는 영성지도 서신들 가운데 영감을 불러일으키는 중요한 서신을 몇 가지 예로 들자면, 은둔자 성 테오판(1815~1894)이 영성추구자들에게 보낸 지도 서신이 있다(은둔자 성 테오판 1995). 일부 추구자들은 수도원으로 들어가기도 했지만, 대부분의 추구자들은 성 세라핌처럼 변화된 삶으로 가는 길을 가르쳐 줄만한 사람을 찾아갔다. 어쩌면 기대한 만큼 엄청난 변화를 이룰 수 없을지도 모른다; 세라핌 같은 사람은 그리 많지 않을 것이다. 하지만 하나님의 성령이 아직도 하나님의 백성 안에 머물러 계신다. 그분의 음성이 아직도 겸손한 종들을 통하여 말씀하고 계신다. 그리고 하나님이 직접 그들을 이끌고 계신다.

영적 변화의 과정

정교회와 대부분의 서구 그리스도교 간의 가장 놀라운 차이점들 가운데 하나는 바로 구원론과 관련되어 있다. 지나친 단순화의 위기에 처해 있는 개신교는 일반적으로 구원을 법률용어, 재판용어, 또는 법정용어로 정의한다. 그리스도의 죽음은 정확히 인간의 죄에 대한 형벌이다. 우리는 우리를 위해 죽으신 그분의 커다란 희생에 대한 신앙으로 말미암아 구원(죄의 용서)을 받는다. 정교회는 구원의 희생적인 측면을 부인하시 않으면서도, 구원을 인간 속의 하나님 형상이 변화, 완성되는 것이라고 본다. 교회 교부들이 이 과정을 가리키기 위해 사용한 용어는 **테오시스**theosis, 또는 신격화였다.

성서는 처음부터 인간이 하나님의 형상대로 하나님을 닮게 창조되었다고 주장한다(창세기 1장 26~27절). 그런데 아담과 이브의 타락으로 말미암아 하나님과 인간의 본질적인 친교가 끊어지고 말았다. 정교회에 따르면, 타락은 법이나 규칙을 어긴 데 대한 법적 사형을 가져왔을 뿐만 아니라, 진정한 영적 죽음까지도 초래하였다. 인간과 생명의 근원과의 연합이 끊어져 버렸기 때문이다. 인간의 **누스**nous 또는 "가슴"heart은 어두워지고 말았다. 여기에서 **누스**nous는 단순히 "마음"mind만 뜻하는 것이 아니다. 그것은 인간 성격의 중심적인 조직 능력으로서, 추론적인 이유와 감정적인(정서적인) 본성을 모두 초월하는 것이다. 결국 인간의 중요한 핵심이 하나님과의 본질적인 합일로부터 분리되었으며, 그로써 본래의 창조 목적을 달성할 수 없게 된 것이다.

만일 인간이 하나님께서 본래 창조하신 존재로 되돌아가려면, 하나님과의 친교를 회복하고 타락한 인성을 다시금 하나님의 형상대로 하나님과 닮은 완전한 존재로 변화시켜야 한다. 하나님의 말씀이 성육신한 것은 인간 속에 내재한 하나님의 형상을 회복시키는 궁극적인 행위였다. 리용의 성 이레니우스는 독자들을 다음과 같이 격려한다. "오직 한 분뿐인 진실하시고 믿음직하신 스승, 하나님의 말씀, 우리 주 예수 그리스도를 따르십시오. 그분은 크신 사랑 때문에 우리가 되셨습니다. 우리를 그분 자신과 같은 존재로 이끌어 주시려고."(율겐스 1970: 248에서 인용함) 더 나아가, 성 아타나시우스는 대범하게도 다음과 같이 주장한다. "우리가 하나님이 되게 하시려고 그분은 인간이 되셨습니다."(율겐스 1970: 248에서 인용함) 그리스도 안에서 우리는 본래의 하나님(요한복음 14장 9절; 골로새서 1장 15절)과 하나님이 의도하셨던 인간을 보게 된다. 그리스도의 죽음과 부활은 최후의 적, 곧 죽음을 이겨 냄으로써 인간의 본성을 크게 회복시켜 준다. 그리스도 안에서 인간의 본성은 하나님과 영원한 친교를 누릴 수 있도록 회복된다.

정교회 그리스도인들은 이러한 인간 본성의 변화는 그리스도를 믿는 신자들이 세례를 받을 때 가능해진다고 믿는다. 그리스도께로 세례를 받은 사람들은 "그리스도의 옷을 입었으며"(갈라디아서 3장 27절), 그분의 죽음과 부활을 닮음으로써 그분과 하나가 되었다(로마서 6장 3~6절). 또한 그들은 물과 성령을 통해서 "다시 태어났다"(요한복음 3장 5절). 우리는 세례를 통하여 신성하게 그리스도와 존재론적 합일을 이루게 되었다. 성육신하신 하나님의 아들이 성부로부터 생명을 얻은 것처럼, 그분과 합일을 이룬 사람들 역시 생명을 주시는 그분의 능력에 동참하게 된다(요한복음 15장 1~8절).

이러한 합일은 특히 성만찬예식을 통해 강화된다. 예수님은 이렇게 말씀하신다. "내 살을 먹고 내 피를 마시는 사람은 내 안에 있고, 나도 그 사람 안에 있다."(요한복음 6장 56절). 정교회 그리스도인들은 성만찬예식의 신비 속에서 우리가 그리스도의 영화로운 인간적 본성을 먹이게 된다고 믿는다. 따라서 그것을 먹는 우리 역시 변형되고 변화되는 것이다.

하지만 이러한 변화는 즉각적인 효과를 보이지도 않으며, 우리의 지속적인 노력 없이 저절로 일어나지도 않는다. 우리는 날마다 새로워져야 한다. 너무도 쉽게 우리를 에워싸는 죄들을 날마다 벗어던져야만 한다. 그리고 우리가 본디 부름 받은 소명에 알맞은 미덕으로 갈아입어야 한다. 무엇보다도 중요한 것은, 우리가 성령을 마셔야 한다는 것이다. 성령은 우리가 "마음을 새롭게 함으로 변화를 받게" 해주며, 하나님과 같은 모습으로 변화하게 해준다(로마서 12장 2절; 고린도후서 3장 18절).

정교회 교사들은 변화의 과정이 세 단계로 이루어져 있다고 주장하였다. 신학자마다 이 세 단계에 각각 다른 이름을 붙이기는 하지만, 이 영성발달의 세 단계에서 무슨 일이 벌어지는지에 대해서는 대체로 똑같은 이해를 갖고 있다(블라코스 1994b). 여기에서 나는 이 세 단계에 저마다 **정화**purification, **조명**illumination, 그리고 **합일**union이라는 용어를 붙일 것이다.

우선 여기에서 꼭 짚고 넘어가야 할 것이 두 가지 있다. 첫째, 내가 비록 **단계들**stages이라는 용어를 사용하고는 있지만, 하나의 단계를 성취한 다음 다른 단계로 넘어가서 다시는 전 단계로 되돌아가지 않는 식으로 이 단계들이 순서적으로 일어난다고 생각해서는 안 된다. 우리는 각 단계를 통과한 다음에도 다시금 전 단계로 되돌아갈 수가 있다. 하나님과의 친교와 미덕의 단계를 성취한 다음에도, 우리는 죄에 빠지거나 용서받을 수 있고, 또 미덕을 통해서 미래로 나아갈 수도 있다. 우리 호흡이 끊기는 그 순간까지도 투쟁은 계속된다. 그 과정은 상승하는 나선과도 같다고 생각할 수 있다. 대체로 "이 영광에서 저 영광으로" 움직이며, 더 높은 단계에서도 똑같은 곳으로 돌아갈 수가 있는 것이다(고린도후서 3장 18절).

둘째는 이 세 단계 중 어느 것도 인간의 노력만으로는 이룰 수 없다는 것이다. 모든 것은 하나님의 은총으로 이루어진다. 사실 전 과정의 목표는 하나님의 은총으로 말미암아 완전히 변화되는 것, 곧 그레고리 팔라마스의 기념비적인 표현에 따르면,

본성 그 자체가 은총이신 분에 따라 완전히 변화되는 것이다(메엔드로프1974: 175). 사막 교부 중 한 사람인 롱기누스가 말한 것처럼, "피를 바치고, 성령을 받아라."(『사막 교부들의 금언』 123)

정화

첫 번째 단계인 정화는 **메타노이아**(회개)와 함께 시작된다. 회개는 그저 죄를 뉘우치는 것보다 훨씬 더한 것이다. 회개는 마음의 변화이며, 온 삶을 하나님께로 철저히 돌이키는 것이다. 하나님의 은총으로 말미암아 추구자는 열정과 맞서 싸우고, 인간의 본성을 파괴하는 육체와 영혼 속의 죄 형태와 투쟁을 벌인다.

일부 작가들, 특히 에바그리우스와 대부분의 그리스 작가들은 열정이 영혼 속의 "질병," 분노나 질투나 정욕처럼 혼란스러운 충동이라고 생각한다. 한편 사다리의 성 요한이나 그레고리 팔라마스 같은 사람들은, 열정이 본디 하나님이 창소해 주신 충동이나 본능인데, 인간이 그것을 잘못 사용한 것이라고 생각한다. 전자의 경우, 열정은 신자가 냉정(에바그리우스는 이것을 **아파테이아**apatheia라고 부른다)의 상태에 도달할 때까지 억제하고 맞서 싸워야 하는 대상이다. 하지만 후자의 경우, 열정은 하나님을 섬기는 데 집중될 수 있고 얼마든지 변화될 수 있다. 추구자는 열정에 대한 통제력을 얻기 위하여 하나님의 은총과 연합할 수 있는 금욕 훈련을 실시해야 한다. 이러한 금욕 훈련에는 금식, 기도, 영성지도자에 대한 순종, 그리고 자선 행위가 포함된다. 냉정은 단순히 부정적인 상태, 감성의 반대로만 생각되지 않는다. 냉정은 "우리의 사악한 욕망을, 하나님으로부터 비롯된 새롭고 더 나은 에너지로 대체시켜 주는 것이다. 냉정은 재통합과 영적 자유의 상태다."(웨어 1989: 398) 우리는 탐욕과 같은 열정으로부터 자유로워짐으로써, 자유롭게 사랑하고, 하나님의 충만하신 능력을 자유롭게 표출할 수 있다.

마음의 정화가 갖고 있는 또 하나의 측면은, 결국은 열정으로 발전되고 마는 **생각들**(로기스모이^{logismoi})과 맞서 싸우는 것이다. 이 투쟁은 그런 생각들이 처음 의식 속에 나타났을 때, 외적인 행동으로 표출되고 열정으로서 뿌리를 내리기 전에, 즉각 시작되어야 한다. 의식의 형태는 다음과 같다:

- 사악한 생각(지성의 일시적인 침해)
- (그것을 행동에 옮기고 싶다는) 생각과의 "결합"
- 찬성
- 행동
- 사악한 열정의 발달

이 과정의 초기에 해당할수록 생각을 통제하기가 더 쉽다. 에바그리우스는 다음과 같은 8가지 기본적인 악의를 지적하였다: 식탐, 정욕, 탐욕, 낙담, 분노, 의기소침 또는 무기력, 허영, 그리고 교만. 우리는 자기 마음을 지킴으로써 경계심과 분별력을 얻게 된다. 우리는 생각을 간파할 수 있으며, 선한 생각과 악한 생각을 구별할 수 있고, 악한 생각을 거부함으로써 마음을 지킬 수가 있다. 이러한 투쟁은 우리 죄에 대한 비탄과 슬픔, 그리고 눈물의 은사를 통해 이루어야만 한다(웨어 1989; 클리마쿠스 1991).

정화에는 긍정적인 측면도 있다. 미덕을 입고 하나님과의 친교를 강화시키는 것이다. 향상시켜야 할 기본적인 덕목은 믿음, 희망, 사랑, 그리고 겸손이다. 믿음으로 우리는 하나님께 가까이 나아가고, 고통과 괴로움을 참아내며, 그리스도의 명령과 영성 지도자의 지시에 순종한다. 희망은 구원의 전 과정이 완성되는 것을 바라보게 만들며, 실망하지 않는다(로마서 5장 5절). 몇몇 교부들(예를 들면, 고백자 막시무스와 신^{New}신학자 성 시므온)에 따르면, 사랑은 가장 고귀한 덕목이며 하나님과의 합일을 표명하는 것이다. "하나님은 사랑이십니다. 사랑 안에 있는 사람은 하나님 안에 있고, 하나님도 그 사람 안에 계십니다."(요한일서 4장 16절). 마음의 정화는 하나님을 향한 사랑이 넘치게 해주며, 하나님의 창조세계와 다른 사람들을 향한 사랑도 풍성하게 만들어 준다. 겸손은 다른 미덕들의 샘으로 간주된다. "온갖 열정들의 치료법은…겸손이다. 그 덕목을 갖춘 사람들은 모든 싸움에서 승리하였다."(클리마쿠스 1982: 236). 겸손이 없이는 우리 죄를 볼 수도 없고, 회개할 수도 없으며, 따라서 정화될 수도, 조명될 수도, 신격화될 수도 없다. 겸손은 우리 자신의 의지를 부인하고 영적인 아버지의 지도에 순종함으로써 갖추게 된다. "겸손은 순종을 실천할 수 있을 때에야 비로소 갖출 수 있는 덕목이다. 인간이 혼자서 습득한 기술이 있다면, 자칫 자신이 고귀한 존재라는 생각을 품게 될 것이다."(클리마쿠스 1982: 239)

조명

영성발달의 두 번째 단계는 조명이다. 냉정을 경험하기 시작하면서부터 우리는 이 세계에 드러난 하나님의 신비를 묵상함으로써 점점 성장하기 시작한다. 우리는 "모든 만물 속에서 하나님을 보고, 하나님 속에서 모든 만물을 보기 시작한다 — 각각의 피조물 속에서, 그리고 그것을 통해서, 그 안에, 그리고 그 너머에 하나님이 임재하심을 분별하게 되는 것이다."(웨어 1989: 398) 그러므로 우리는 자연 속에서 하나님의 영광을 묵상하고, 마음속에서 성서의 의미를 묵상하며 기도를 연마한다.

정교회 전통에서 이 단계의 중심 실천은 마음속에서 지속적이고 끊임없는 기도를 발전시키는 것이다. 가장 일반적인 방법은 예수기도를 훈련하는 것이다. 이것은 하루 종일 몇 번이고 되풀이해서 외우는 짤막한 기도다. 일반적인 형태의 기도는 "하나님의 아들, 주 예수 그리스도시여, 저를 불쌍히 여기소서." 때로는 기도의 끝에 "죄인"이라는 말을 덧붙이기도 한다. 이것은 한두 가지 형태로 기도할 수 있다. 하나는 마음과 관심을 집중시켜서 다른 행동을 모두 그만두고 마음속으로 기도를 암송하는 것이다. 수도원 생활을 하는 사람들의 경우 이 기도의 시간은 더 연장될 수도 있다. 하지만 일상생활의 의무를 수행해야 하는 사람들의 경우에는 이것이 실행 불가능할 수도 있다. 따라서 가능한 한 자주 그 기도를 암송하되, 이상적으로는 부단한 내적 기도 상태를 유지한다.

합일

영성발달의 마지막 단계는 하나님과의 합일이다. 궁극적으로 이 상태는 하늘나라의 모든 신자들이 체험해야 할 단계이다(요한일서 3장 2절). 신비로운 합일의 상태에서는 기도 행위의 의식과 심지어는 언어 자체의 의식도 사라져 버린다. 남아 있는 것은 오로지 하나님과 신격화된 인간 영혼 간의 사랑의 합일뿐이다. 시리아의 성 이삭은 이렇게 말했다. "우리는 사랑에 도달하는 순간 하나님께 도달하게 되며, 그 순간 우리의 여정은 끝나게 된다."(웨어 1989: 402) 산 위의 그리스도에게서 볼 수 있었던 변화의 빛을 이제는 우리도 공유하게 된다.

신신학자 성 시므온의 제자, 성 니키타스 스티타토스는 이것을 다음과 같이 자세히 설명한다:

> 이 세상 삶에서의 신격화는, 말로 표현할 수 없는 지혜의 로고스가 그분 자신을 거룩한 제사로 만들어, 스스로 준비해 온 사람들에게 가능한 한 그분 자신을 바치는, 영적이고도 진실로 성스러운 의식이다…이런 식으로 그들 모두가 사랑의 합일 안에서 하나가 되었으며, 하나님 한 분과 영원히 연합을 이루었다; 그리고 하나님은…신들 한가운데 머무신다(시편 82편 1절과 비교). 입양에 따라 신이 된 존재들 한가운데 본디 하나님이신 분으로. (스티타토스 1995: 148)

이러한 체험은 절대로 끝나지 않는다. 비록 땅 위에서는 오직 한 번만 지속된다 할지라도 말이다.

정교회의 영성은 수도사와 평신도의 근본적인 차이점이 전혀 없다고 본다. 적어도 구원 과정의 본질이라는 차원에서는 말이다. 모든 인간은 정화와 조명과 하나님과의 궁극적인 합일을 이루도록 부름 받았다. 모든 인간은 변화되도록, 성령을 받도록, 신적인 본성의 동반자로 부름 받았다. 모든 인간은 기도하도록 부름 받았다. 삶의 장소는 서로 다를지라도, 또 당면한 문제가 서로 다를지라도, 그 목표는 하나다: 영혼의 치유, 그리고 인간 속에서 하나님 형상의 완성을 회복하는 것이다.

정교회 영성지도자의 역할

수도원 상황에서는 영적인 아버지보다 중요한 역할이 거의 없었다. 스투디트 성 테오도르는 이렇게 묻는다. "진실한 아버지 ― 하나님 안에서의 아버지 ― 보다 더 간절히 바라는 게 뭐가 있겠는가?"(웨어 1990: vii에서 인용함) 신신학자 성 시므온은 청취자들에게 다음과 같이 촉구한다. "형제여, 계속해서 하나님을 부르짖으십시오. 그러면 그분이 여러분에게 여러분을 잘 인도해 줄 수 있는 사람, 마치 하나님 그분인 것처럼 여러분이 순종해야 할 사람을 보여 주실 것입니다. 여러분은 그 사람의 가르침을 망설이지 말고 실행해야 합니다. 비록 그 사람이 여러분 생각에 모순되고 해로운 것을 명한다 할지라도 말입니다."(신신학자 시므온 1980: 232)

영적인 아버지나 어머니는 영적인 자녀에게 어떤 역할을 수행하는가? 칼리스토스 웨어 주교(1990)는 영적인 아버지의 다섯 가지 주요 역할을 지적한다: 의사, 상담가, 중보자, 중재자, 그리고 후원자.

첫째, 영적인 아버지는 의사다. 죄 때문에 하나님으로부터 분리됨으로써 상하고 아팠던 영혼을 치유해 주는 의사다. 사다리의 성 요한은, 목자는 자기가 책임지고 있는 영혼들을 치유하는 데 필요한 영적인 약과 도구를 획득해야만 한다고 말한다. "반창고는 눈에 보이는 상처, 곧 육체의 열정을 치유한다. 먹는 약은 내적인 열정을 치유하고 보이지 않는 불결을 씻어준다…안약은 치유의 속도를 높여주는 혹독한 징벌이다."(클리마쿠스 1991: 232) 영성지도자는 제자들의 영적인 질병을 정확히 진단할 수 있어야 하며, 그 질병을 고칠 수 있는 치료법을 제대로 처방해야 한다. 치유를 받을 수 있는 가장 중요한 방법 중 하나는 바로 영성지도자에게 자기 죄를 고백하는 것이다 — 그리고 대개는 "새로 생긴 쓰라린 상처가 오래도록 무시해서 곪아 버린 상처, 포괄적인 치료와 수술과 붕대와 뜸질이 요구되는 상처보다 치료하기가 더 쉽다. 오래도록 무시해 온 상처는 거의 치료가 불가능하다. 그렇지만 하나님이라면 뭐든지 가능하다."(클리마쿠스 1982: 130)

고백은 법적으로 죄를 설명하는 것도 아니고, 단순히 해결책을 추구하는 것도 아니다. 고백은 하나님께 변화와 부활을 간구하는 것이다. 정교회 전통에서 고백은 성례전적이기도 하고(성직안수의 은총 때문에 참회자를 위해 기도하고 회복시켜 줄 수 있는 사제 앞에서 이루어진다) 개인적이기도 하다. 신신학자 성 시므온에 따르면, 고해신부는 평신도여도 상관없다. 삶 속에서 성령의 은총을 직접 체험한 사람이기만 하면 된다. 일반적으로 성직자가 아닌 고해신부는 참회자에게 성례전을 베풀 수 있는 사제를 소개해 준다.

영적인 아버지는 상담가이기도 하다 — 하지만 판단도 하지 않고 지시도 하지 않고 그저 경청만 하는 현대적인 의미의 상담이 아니다. 영성지도자는 가르치고, 충고하고, 특별한 질문들에 대답하고, 또 삶을 어떻게 살아야 하는지 특별한 지도도 제공해야 한다. 가르침은 말로도 줄 수 있고("아버지, 저에게 한 마디 말씀해 주십시오.") 침묵 가운데 줄 수도 있으며, 그저 모범을 보임으로써 줄 수도 있다.

이 상담의 또 다른 측면은 생각의 폐쇄와 관련이 있다. 앞에서 언급한 것처럼, 열정의 지배와 정신의 정화는, 선한 생각이든 악한 생각이든, 생각을 인식하고 통제해야만 한다. 이 과정을 좀 더 심화시키기 위하여, 수사는 영적인 아버지에게 마음속 모든 것들을 다 털어 놓도록 격려 받았다. "사실 여러분은 가능하면 매 시간마다 마음속 생각을 영적인 아버지께 고백해야만 합니다. 하지만 그게 불가능하다면, 저녁까지 기다리지 말고, 오전 성무일과를 마친 뒤에 자신을 돌아보고, 자기에게 일어난 모든 일들을 다 고백하십시오."(신신학자 시므온 1980: 283) 이런 식으로 젊은 수도자들은 자기를 아는 법, 자기 생각의 본질을 분별하고 그 생각을 통제하는 법을 익혔으며, 진실한 기도에 꼭 필요한 영의 고요함을 발달시켰다. 이것은 억지로 시킨다고 되는 게 아니었다. 상호 신뢰와 믿음의 분위기 속에서만 이루어질 수 있는 것이었다.

영적인 아버지의 가장 중요한 역할들 가운데 하나는 바로 중보자의 역할이다. 자기가 책임진 사람들을 하나님께로 이끌려면 그들을 위해 기도해야만 한다. 사다리의 성 요한은 이렇게 말한다. "목자는 성실과 열의와 **기도**로 자신의 잃어 버린 양, 이성적인 양을 찾아내어 제자리로 데려올 수 있는 탁월한 능력을 지녔다."(클리마쿠스 1991: 231) 이 과정은 그리스도인들이 서로를 위해 기도해야만 한다는 보편적인 명령으로부터 발전한다. 하지만 영적인 아버지는 영적인 자녀의 삶에 하나님의 은총이 임하시게 하는 일에 특별히 더 관심이 많다. 중보기도는 하나님의 능력이 영적인 자녀들에게 임하기를 직접적으로 기원하는 것이다.

제자는 영성지도자에게 조언을 구할 때 종종 자기를 위해 기도해 달라고 부탁하기도 한다. 아버지의 기도는 제자들이 어디에 있든 따라다니며, 제자들을 해로운 유혹으로부터 보호해 준다. 영성지도자의 기도는 힘이 있다. 성 시므온은 자신의 영적 성취를 모두 영적인 아버지의 기도 덕분으로 돌린다(신신학자 성 시므온 1980: 245~46). 하지만 그렇다고 해서 추구자 자신이 직접 기도하지 말라는 것은 결코 아니다. 제자의 게으름은 영성지도자의 기도 효능을 약화시킬 수도 있다. 영성지도자의 기도는, 성인들과의 친교를 통해서 죽음 이후에도 계속 이어질 수 있다.

영성지도자는 또한 하나님과 추구자 사이의 중재자이기도 하다. 물론 궁극적인 의미에서 하나님과 인간 사이에는 중재자 **한 분**이 이미 계신다. 바로 성육신하신 하나님의 말씀, 그리스도 그분이시다. 하지만 교부들은 하나님께로 나아가는 방법을 배우려면, 하나님을 알고 우리에게 길을 보여 줄 수 있는 사람이 필요하다고 믿었다.

『거룩한 등정의 사다리』는 이런 면에서 매우 교훈적이다:

> 이집트로부터 벗어나길 원하고, 바로에게서 도망치길 원하는 우리에게는 모세 같은 사람, 우리와 하나님의 중새자가 되어 줄 사람, 행동과 묵상 사이에 서서 두 팔을 하나님께 뻗칠 사람이 필요하다. 모세의 지도를 받는 사람들은 죄의 바다를 건너 정욕의 아말렉 땅으로 도망칠 수 있었다. 자신을 하나님께 바쳤지만 지도자 없이도 얼마든지 앞으로 나아갈 수 있다고 생각했던 사람들은 확실히 스스로를 속이고 있었다. (클리마쿠스 1982: 75)

중재자가 된다는 것은 우선 영성지도자가 하나님을 알고 직섭 체험했나는 것을 의미한다. 이것은 영성지도자의 가정 중요한 자질을 가리킨다: 성령의 영감을 받는 것. 성 시므온은 다음과 같이 말한다. "너 자신이 성령으로 충만해지기 전에는 절대로 다른 사람의 중재자가 되려고 하지 마라. 그리고 네 영혼의 의식적인 체험을 통해서 만물의 왕을 알게 되기 전에는 결코 다른 사람의 중재자가 되지 마라."(웨어 1990: xix~xx) 영성지도자는 금욕훈련을 수행해야 하며, 열정을 통제해야 하고, 또 하나님의 비전을 향해 나아가야만 한다. 그래야만 영성지도자가 영적인 자녀를 고귀한 관계로 이끌 수 있게 된다.

영성지도자는 또 영적인 자녀들을 위한 후원자이기도 하다. **후원자**sponsor라는 단어는 정교회에서 세례를 주던 사람들의 실천을 떠올리게 만든다. 후원자는 하나님 앞에서 새롭게 조명된 사람들에 대한 책임을 떠맡는다. 그는 영성생활에서 이루어지는 과정을 확실히 하는 데 전력을 기울인다. 영성지도자는 후원자로서 영적인 자녀에 대한 책임을 진다. 나아가 영성지도자는 추구자가 영적인 짐을 지고 갈 수 있도록 도와준다. 이것은 여러 가지 형태를 띨 수 있다. 영성지도자는 아무리 부담스럽더라도 제자의 투쟁을 끈기 있게 들어주고, 조언을 해주고, 후원과 교정도 해준다. 심지어는 자기 혼자서 죄의 참회를 담당할 수도 있다. 신학자 성 그레고리에 따르면, "모든 영성지도의 규범은 언제나 다른 사람들의 유익을 위하여 자기 자신의 이득을 무시하는 것이다."(하우세르 1990: 142) 영성지도자는 제자들에게 그리스도의 희생적인 사랑을 명시해 주기 위해 부름 받았다. 제자들의 짐을 함께 나누고, "친구들을 위해 자기의 삶을 내려놓도록" 부름 받은 것이다(요한복음 15장 13절).

이 부분은 수도원 상황의 영성지도 실천에 초점을 맞춘 것이었다. 삶의 무대와 일상적인 평신도의 영역 간에 차이점이 존재하는가? 세상에서 사는 것과 구원을 찾으려 애쓰는 것 간에 차이점이 존재하는가? 본질적으로 정교회의 이해에는 오로지 영적인 생활만이 존재한다. 이것은 정화와 조명과 합일의 단계를 거쳐서 영혼의 치유로 이끌어 준다. 만일 영성지도가 수도원의 소명에 필수적이라면, 어느 단계에서는 모두에게 필요하다고 해도 과언이 아닐 것이다.

현대의 정교회 상황에서는 평신도가 자기 삶에 적합한 영성지도를 받기 위하여 수도원을 찾아갈 수도 있다. 물론 그것은 생생하고 순수한 수도원 생활이 있을 수 있다는 전제, 자신이 지도할 사람들의 삶을 정말로 변화시켰던 수도원 생활이 존재한다는 전제를 갖고 있다. 영성지도의 첫 번째 단계는 어디까지나 사제와 고해신부와 성례전 제공자다. 이상적으로 그들은 구원의 길에서 참회자를 가르칠 수가 있다. 믿음과 하나님의 은총으로 말미암아, 우리 모두는 하늘로 올라가는 길을 가르쳐 줄만한 사람을 발견할 수 있을 것이다. 비록 이상과는 거리가 멀다 할지라도, 우리는 길 위에서 우리보다 한두 단계 앞선 사람들을 통해서도 얼마든지 배울 수가 있다. 교회 아버지들의 우물에서 물을 길어 마시고 성령이 우리를 인도해 주시리라고 믿음으로써 말이다.

성숙한 영성의 지표

영적 성숙이란 무엇일까? 사도 바울은 목표를 아주 높게 세운다: 온전한 사람이 되어서, "그리스도의 충만하심의 경지에까지" 다다르는 것(에베소서 4장 13절), 은종으로 말미암아 본래의 존재가 되는 것이다. 성 니키타스 스티타토스는 "온전함의 표시"는 "하나님에 관한 정확한 지식"이며, 이 지식으로부터 뛰어난 지혜와 선견지명, 비전, 그리고 지식이 흘러나온다고 말한다. 하나님에 관한 지식으로부터 마음의 황홀경과 하나님의 비전에 대한 갈망이 생겨난다(하우세르 1990: 43). 그리스도 안에서의 성장 과정은 끝이 없다. 우리는 마지막 숨을 거두는 순간까지, 아니 사실은 영원토록, 그분이 우리에게 원하시는 대로 충만해지기 위해 노력해야만 한다. 우리가 이 영광에서 저 영광으로 성장할 때, 우리 마음과 삶 속에 몇 가지 지표들이 나타난다.

정교회 전통에서 영적인 성숙의 주요 표지들 가운데 하나는 바로 **냉정**dispassion이다. 사다리의 성 요한에 따르면, 냉정은 "영혼의 건강"이다. 냉정한 사람은 열정을 극복한 사람이며, 열정을 하나님의 사랑과 능력의 도구로 변화시킨 사람이다. "무감각은 영혼의 열정적인 부분을 억제하는 것이 아니다. 무감각은 영혼의 열정적인 부분을 악에서 선으로 옮기고, 그 에너지를 신적인 것들로 향하게 만드는 것이다…그리고 무감각한 사람은 더 이상 사악한 기질을 갖고 있지 않으며, 선한 기질을 풍부하게 갖고 있는 사람이다. 열정적인 사람은 사악한 기쁨이 특징이지만, 무감각한 사람은 미덕이 특징이다."(팔라마스 1983: 54) 냉정은 관상과 기도를 통해 마음(**누스**)을 하나님께 합일시키는 것이다. 냉정은 조명된 마음을 영혼의 통제자로 삼는 것이다. 육욕적인 부분(욕망)은 사랑을 품고, 분개하는 부분(감정)은 인내를 실천함으로써 말이다. 냉정에 가까운 사람은 이 세상의 물질적인 것들에 대한 집착에서 자유롭다. "그리고 하나님의 영적인 것들에 완전히 흡수된다."(니키타스 스티타토스, 블라코스 1994a: 302에서 인용함)

미덕의 성장 역시 성숙한 영성의 지표다. 나는 앞에서 겸손과 믿음과 희망과 사랑이 조명된 마음의 특징이라고 설명하였다. 이 덕목들이 활짝 피어나는 것, 그것이 영적인 성숙의 지표다. 물론 이 덕목들 중에서 가장 위대한 것은 사랑이다. 우리가 사랑이신 하나님께로 가까이 다가가면 갈수록, 우리 마음은 하나님과 우리 이웃을 향한 사랑으로 가득 차게 된다. 진심으로 사랑하는 사람은 자기 형제자매를 판단하지 않으며, 정의로운 사람이나 죄인이나 똑같은 하나님의 사랑으로 사랑하고, 연약한 사람들을 불쌍히 여긴다. 진심으로 사랑하는 사람은 자기에게 해를 끼친 사람에게도 원한을 품지 않으며, 자기 이웃을 위해 함께 고통 받고 기도한다. 진심으로 사랑하는 사람은 가난하고 부족한 사람들을 위해 있는 힘껏 물질적인 것들을 제공하고, 다른 사람들의 유익을 위하여 자신의 이익을 희생한다.

성숙한 영성의 또 다른 지표는 바로 고통을 참아내는 것이다. 고통은 이 세상 삶에 대한 보증과도 같다. 은둔자 성 테오판은 이렇게 말한다. "하나님의 나라로 가는 길은 오직 하나뿐이다 — 자발적이든 강제적이든, 십자가를 메는 것이다."(Igumen Chariton of Valaam 1966: 231) 이 십자가는 우리 의지를 훈련시켜서, 우리 마음과 삶을 사랑이 많으신 하나님의 손에 바칠 수 있도록 해준다. 사도 바울의 주장(로마서 5장 3절)에 따르면, 고통을 끈기 있게, 심지어는 기쁘게 참아내는 사람은 성령에 따라 훈련을 받는다. 은둔자 성 테오판은 믿음으로 고통을 견뎌내는 것이 영성지도를 받는 것만큼이나 겸손을 쌓는 데 효과적일 수 있다고 믿었다. "그런 경우에는 하나님이 직접 지도자가 되시며, 하나님은 인간보다 확실히 지혜로우시기 때문이다."(Igumen Chariton of Valaam 1966: 231)

영적인 성숙의 마지막 지표는 내적인 평화다. 열정을 극복한 사람, 그리스도를 믿는 사람, 환난 가운데 기뻐하는 사람, 신적인 슬픔과 회개로 가득한 사람은 하나님의 용서를 잘 알고 있으며, 그 사람의 마음은 기도 중에 계속해서 하나님께로 들어올려져 평화를 누리게 된다. "온갖 이해를 능가하는 평화를." 사로프의 성 세라핌은 이렇게 말했다. "평화의 영을 받아라. 그러면 네 주변의 수천 명이 구원을 찾게 될 것이다."(무어 1994: 126에서 인용함) 이 평화는 주변에 소란스러운 일이 전혀 없는 게 아니다; 이 평화는 내면의 고요함과 침착함이다. "너희는 잠깐 손을 멈추고 내가 하나님인 줄 알아라."(시편 46편 10절) 고요한 사람, 열정의 폭풍우를 잠재운 사람, 내적으로 하나님과 친교를 갖는 사람, 성숙한 사람, 이 사람은 평화를 잘 안다.

전통적인 심리치료 및 목회상담과의 대조

정교회의 영성지도는 전통적인 심리치료와 상당히 다르다. 처음부터 정교회의 가르침은 현대 심리학자들이 사용하는 여러 가지 관점들과 다른 토대를 지니고 있었다. 지나친 단순화의 위기에서 심리학은 인간중심이지만, 정교회의 영성지도는 하나님 중심이다. 이 둘은 목표도 서로 다르고, 근본적인 문제에 대한 시각도 서로 다르며, 방법론 역시 서로 다르다.

우선은 목표부터 살펴보자. 치료의 목표는, 심리학적 사상학파들과 환자들이 제기한 문제를 토대로 하여, 환자가 삶의 상황에 적응할 수 있도록 돕는 것, 죄책감으로부터 해방될 수 있도록 돕는 것, 감정이나 성격의 심리적 장애를 제거할 수 있도록 돕는 것, 행동을 수정할 수 있도록 돕는 것, 또는 환자가 사랑과 가치와 목적의식을 느낄 수 있도록 돕는 것이다.

이것들은 물론 가치 있는 직접적 목표라고 할 수 있다. 하지만 정교회 영성지도가 치료과정의 성공적 결과라고 생각하는 것에는 한참 못 미친다. 정교회 치료과정의 목표는 신격화, 인간이 하나님의 형상대로 하나님을 닮은 충만함을 향해 — 피조물에게 허락된 만큼 — 변화하는 것이다. 정교회 사상에서 영혼은 병들었다. 하나님과의 분리 때문에 어두워졌기 때문이다. 치유는 회개와 금욕훈련과 하나님의 은총을 통해서 영혼을 타락으로부터 정화시키는 데서 비롯된다.

일부 심리학적 사상학파들(예를 들면, 프로이트학파와 스키너학파)은 하나님과의 관계로 돌아가기 위해 노력해야 한다는 생각을 간단히 거부해 버릴 것이다. "과도한 종교적 헌신"이나 "지나치게 발달한 초자아"에 따른 죄책감은 사실 개인이 투쟁하고 있는 심리학적 문제들의 뿌리라고 볼 수 있다.

이것은 기본적인 인간 문제에 관한 심리학석 이해와 정교회 신학적 이해의 차이점을 그대로 보여준다. 정교회 그리스도교의 경우, 문제는 사실상 죄다. 단순히 하나님의 "율법"이나 사회의 도덕적 개념을 어긴 데 대한 죄책감이 아니라, 하나님으로부터 분리됨으로써 영혼을 어둡게 하거나 타락시킨 죄인 것이다. 일부 심리학 학파의 경우, 죄책감은 거부해야만 하는 거짓 감정에 불과하다. 법은 사회에 따라 만들어졌고 인간의 자유를 억압할 수가 있다. 이 이데올로기에는 도덕적 절대원리가 전혀 존재하지 않는다. 그저 삶의 환경에 좀 더 잘 적응하거나 잘못 적응하는 것뿐이다. 하지만 정교회의 경우, 죄는 사실적인 것이다. 따라서 치료는 죄가 존재하지 않는 척하지 않는 것, 죄를 그저 신경증으로 치부하지 않는 것이다. 치료는 우리의 행동과 하나님으로부터의 분리에 대해 회개하고 슬퍼하는 것이다. 이것은 우리가 방종에서 벗어나 하나님께로 삶의 방향을 완전히 틀게 만든다.

심리학자들은 또 문제를 삶의 외상 경험에 대한 반응이라는 측면에서 바라본다. 이런 경우 치료는 문제의 원인을 인식하고 과거에 발생한 일과 타협하는 것, 그리고 해소되지 않은 과거의 갈등에 지배당하지 않도록 삶을 조정하고 확립하는 것이다. 치료사는 환자가 현재의 갈등의 뿌리를 발견할 수 있도록 외상 경험들을 회상하게 만든다. 일단 환자가 문제의 원인을 이해하고 나면, 그 문제가 환자의 감정을 지배하고 있는 것도 해결할 수가 있으며, 이 세상의 삶에 좀 더 잘 적응하도록 만들어 줄 수도 있다. 이것은 매우 유용할 수 있다. 하지만 영성지도의 관점에서 보자면, 여기에 덧붙여야 할 게 있다. 바로 하나님의 치유의 은총과 회개, 용서, 그리고 영적인 힘이다. 나아가 영성지도는 개인이 외상 경험을 하나님의 사랑이라는 맥락과 그리스도를 본받아 신적인 특성을 발달시킨다는 맥락에서 바라볼 수 있도록 도와준다. 그리스도인들에게, "우리의 슬픔을 당하신" 하나님과의 합일과, "하나님을 사랑하는 이들과 모든 것이 합력하여 선을 이루게 하시는" 분에 대한 믿음은 굉장한 치유를 불러일으킨다. 지혜로운 영성지도자는 추구자에게 이 길을 보여 줄 수 있다.

전통적인 심리학자들이 사용하는 치료방법 역시 정교회 영성지도자들이 사용하는 치료방법과 차이가 난다. 심리학자는 환자에게 질문을 하고 귀 기울여 듣는다. 그리고는 환자가 문제를 인식할 수 있게 암시하고 자극하며, 심리적으로 성장할 수 있는 방법을 제시한다. 행동치료에서는 행동을 수정하기 위한 수단으로서 보상과 처벌이 주어질 수도 있다. 현실치료사들은 환자가 사랑과 자기존중에 대한 욕구를 책임감 있게 충족시킬 수 있는 계획을 수립하도록 도와준다. 이 모두가 굉장히 중요한 일이라고 볼 수 있다. 파괴적인 행동방식을 극복하고 새로운 행동방식을 확립하도록 도와주는 것은 너무나도 훌륭한 일이다. 한편 정교회 영성지도자들은 문제를 **마음**nous의 어두움에서 찾으며, 추구자의 특별한 투쟁을 진단하고, 정화(열정을 조절하고, 생각을 경계하고, 회개하고, 미덕을 쌓는 것), 조명(관상과 기도), 그리고 하나님과의 합일이라는 과정을 통해 추구자를 지도한다. 정교회 영성지도자의 방법론은 적절한 영성훈련을 짜주고, 교회의 성례전적 신비에 동참하도록 격려해 주는 것이다.

마지막으로 한 가지 차이점만 더 지적하겠다: 전통적인 심리학자는 때때로 영적인 세계의 실재를 부인하거나, 최소한 그것이 치료과정과는 무관하다고 본다. 하지만 정교회 관점에서 보면, 하나님이 백성의 삶 속에 역사하시며, 마귀들 역시 사람들 속에서 활동한다. 경험이 풍부한 영성지도자는 하나님의 역사와 마귀의 역사를 알아챌 수 있으며, 추구자가 마귀를 거부하고 하나님께 순종할 수 있도록 도와준다.

표 2.1은 위의 차이점들을 요약한 것이다.

그렇지만 모든 상담이 다 세속적인 것은 아니다. 지난 몇십 년간 그리스도교 목사들과 상담가들은 심리학계의 다양한 통찰과 방법론을 받아들여 목회적 상황에 적용하였다. 이것이 세속적 상담과 가장 크게 다른 점은 목회상담가와 내담자의 신앙 전통에 기초한 부가적 자원을 사용한다는 것이다. 정교회의 그리스도교적 관점에서 볼 때, 이것은 세속적 심리치료보다 더 나은

표 2.1. 정교회 영성지도, 세속적 심리치료, 목회상담의 차이점

차 원	영성지도	심리치료	목회상담
당면문제	죄; 열정(분노, 절망, 욕정, 교만, 탐욕 등); 하나님을 알고 싶은 욕구; 미덕을 발달시키고 싶은 욕구	외상; 정서적 욕구; 정신적 질병; 문제행동; 죄책감; 우울증; 알코올/약물 의존 등	정서적인 고통과 관련
목표	특정의 열정들을 극복하기; 냉정을 획득하기; 죄를 극복하기; 미덕(믿음, 소망, 사랑, 겸손)을 쌓기; 하나님을 아는 법 익히기	환경에 적응하기; 행동을 수정하기; 책임을 완수하기; 질병을 극복하기	특별한 감정적 위기를 극복하기. 변화가 목표가 될 경우에는 목회상담이 영성지도를 포함해야 한다.
절차	추구자의 말을 경청하기; 고백을 들어주기; 특정의 욕구를 진단하기; 적합한 훈련(금식, 기도 등)을 처방하기; 필요한 지도를 제공하기	경청하기; 공동의 행동계획을 수립하기; 행동을 수정하기 등	경청하기; 감정적 고통을 덜어주기, 현대의 상담 관련 서적이나 고전적인 목회적 지혜로부터 자원을 끌어오기
자 원	영성서적(성서, 성인들의 삶, 영감을 주는 책들, 기도서); 예전적이고 성례전적인 교회생활; 수도원; 영성수련 등	책과 논문; 의료 전문가; 세미나; 후원집단 등	책과 문헌; 영성서적(성서, 성인들의 삶, 영감을 주는 책들, 기도서); 목회상담 훈련

방법으로서 매우 유용하게 적용한 것이다. 하지만 목회상담의 접근법과 정교회 영성지도 간에는 여전히 중요한 차이점들이 존재한다.

케네스 리치(1977)는 영성지도와 목회상담을 비교하는 과정에서, 다음의 세 가지 주요 차이점들을 지적한다. 첫째, 목회상담가는 주로 정서적 고통에 관련된다. 어떤 상태나 사건은 내담자가 특별한 상황에서 도움을 청하게 만든다. 상담가는 전통

의 자원을 사용함으로써, 내담자가 위기를 극복할 수 있도록 도와준다. 반면 정교회 영성지도에서는, 추구자와 지도자 간의 만남이 반드시 위기의 순간과 관련되지는 않는다. 목표는 개인을 그리스도와 닮도록 변화시키는 것이며, 그 과정은 점진적이고 평생에 걸친 과정이다. 발달은 극적이고 중대한 순간에 이루어질 수도 있고, 아니면 한 번에 한 단계씩 천천히 이루어질 수도 있다. 지도는 일상생활 속에서 주고받을 수 있다. 갑작스러운 요인 때문에 정서적 질병이나 불안정을 겪지 않을 때라도 말이다. 더욱이 기도와 하나님과의 관계는 언제라도 풍성해질 수가 있다. 정서적으로 건강한 사람들과 성자들 역시 여전히 지도를 필요로 한다. 따라서 영성지도자와 추구자의 관계는 장기적이고, 위기상황과는 관계가 덜하다.

둘째, 리치는 목회상담이 종종 공동체나 교회에 기초하지 않고 임상이나 연구에 기초한다는 사실을 지적한다. 일반적으로 정교회 영성지도자는 교회생활의 상호작용을 통해서 추구자를 알게 되며, 일상생활의 날줄과 씨줄로 얽혀 있다. 특히 추구자의 사제가 영성지도자이기도 한 경우에는 더더욱 그러하다. 정교회의 영성지도에서, 신자는 교회의 성례전적 삶의 맥락에 속해 있다. 지도는 정규적으로 예배와 고백, 친교에 참여하는 것을 전제로 한다.

리치(1977)는 또한 목회상담이 개인에게만 지나치게 초점을 맞춤으로써 사회와의 광범위한 연결점을 놓쳐 버렸다고 주장한다. 그의 주장에 따르면, 단지 한 영혼의 평화만을 추구하는 것은 다른 사람들과의 관계를 놓쳐 버리고, 나아가 세계의 성의를 무시하는 것이나. 정교회의 영성은 이런 짐에서 미묘한 차이를 지닌다. 정교회의 경우, 기도는 다른 사람들과 전혀 무

관한 것이 아니라 하나님 안에서 다른 사람들과 연합하는 것이다. 중보기도는 사랑의 가장 고귀한 표현에 속한다. 더욱이 하나님과의 평화, 하나님과의 신격화된 합일 체험은 다른 사람들을 위한 봉사로 이어지며, 심지어는 다른 사람들을 하나님께로 인도하는 기폭제가 되기도 한다. 정교회 영성지도자는 그래도 늘 이웃 사랑을 강조할 것이다.

정교회 전통의 영성지도 추천도서

역사적인 관점에서 볼 때 정교회 영성지도에 관한 최고의 작품은 바로 이레네 하우세르의 『초기 동방 그리스도교의 영성지도』*Spiritual Direction in the Early Christian East* (1990)다. 하우세르는 정교회 세계의 영성지도 실천, 특히 초기 그리스도교 시대의 수도원 상황을 아주 자세히 검토한다.

영적 성장과 발달에 관한 최근의 정교회 서적들 중에서 가장 완벽한 작품은 히에로테오스 블라코스 수도원장(지금의 주교)이 쓰고 에스더 윌리엄스가 번역한 『정교회 심리치료: 교부들의 학문』*Orthodox Psychotherapy: the Science of the Fathers* (1994)이다. 그리스 수사이자 신학자인 블라코스는 정교회 전통에서 영혼의 치유 과정을 매우 상세히 분석한다.

이 점은 사막 교부들에 관한 다음 이야기를 통해서 증명된다. "한 형제가 노인에게 이렇게 질문하였다. '여기 두 형제가 있습니다. 한 사람은 일주일에 엿새씩 홀로 생활하면서 스스로에게

엄청난 고통을 가하고, 다른 한 사람은 병든 사람들을 돌봅니다. 누구의 행동이 하나님께 좀 더 훌륭하다고 인정받을까요?' 그러자 노인이 대답했다. '비록 엿새씩이나 물러나서 홀로 지낸다 할지라도, 병자들을 돌보는 사람과 같아질 수는 없다.' (작자 미상, 앨런 1986: 173에서 인용함) 정교회의 영성지도는 개인을 하나님을 향한 사랑, 변화로 이끌어 준다. 그리고 변화의 가장 높은 단계는 하나님이 사랑이신 것처럼 우리도 사랑이 되는 것이다.

정교회의 관점에서 보자면, 목회상담은 다음의 두 가지 잘못을 저지르지 말아야 한다. 곧 영성생활의 목표를 개인이 제기하는 문제를 해결하는 것으로 축소시키지 말아야 하며, 일상생활의 상황에 은혜를 가져다주지 않는 신학이나 영성훈련에만 너무 배타적으로 초점을 맞추지 말아야 한다.

정신건강 전문가에게 위탁해야 할 상황

바로 앞에서 살펴본 것처럼, 정교회의 영성지도와 전통적인 심리치료 간에는 상당한 차이점이 존재한다. 그렇지만 때로는 영성지도를 위해 찾아온 사람에게 정신건강 전문가가 더 적합할 수도 있다. 사실 심리치료의 좀 더 제한적이고 직접적인 목표를 성취하는 것이, 영성추구자가 영적 성숙을 이룩하는 데 좀 더 근본적인 도움을 줄 수도 있다.

그러면 어떤 상황에 처했을 때 정교회의 영성지도자가 위탁을 고려해야 할까? 첫째, 영성지도를 받으러 온 사람이 심각한 심리적 문제점을 드러낼 경우에는 위탁을 고려해야 한다. 이 문제들은 외상 사건(학대, 슬픔, 상처 같은 것)에 뿌리를 둔 것일 수도 있고, 생화학적 요인을 지니고 있을 수도 있다. 예를 들면, 정신분열증이나 조울증 또는 강박장애를 겪고 있는 사람은 일상적인 삶의 문제들을 해결할 수 있는 곳을 찾아가도록 도와줘야만 한다. 일단은 기능을 수행할 수 있는 능력부터 회복시킨 다음에 하나님께로 향한 길을 보여줘야 한다. 종종 이런 문제들은 정신건강 전문가의 도움을 받을 수 있으며, 때로는 점점 더 유용해지고 있는 약물치료법을 사용할 수도 있다.

최근 몇 년 동안 약물치료가 그리스도교 신자들, 특히 우울증 환자들을 치료하는 데 적합한가 아닌가를 놓고 많은 논의가 이루어졌다. 어떤 이들은 이 질병이 영적인 연약함의 증거이기 때문에 오로지 상담과 기도를 통해서만 치료할 수 있다고 주장한다. 하지만 내 생각은 좀 다르다. 만일 정신병이 생화학적 장애에서 비롯된 것이어서 약물치료로 얼마든지 고칠 수 있는 것이라면, 그렇게 하는 게 적합하다. 신체 일부의 생화학적 질병(예를 들면, 암이나 전염병)을 약물로 치료하는 것이나, 뇌의 생물학적 상태를 약물로 치료하는 것이나, 본질적인 차이점은 거의 없다. 때로는 약물치료가 남용되거나, 필요도 없는데 약물처방이 내려지기도 한다. 하지만 심각한 정신적 질병을 앓고 있는 사람이라면 약물치료 과정이 일상적인 수준의 기능과 사고력을 회복하는 데 매우 효과적일 수 있다.

위탁을 해야 할 두 번째 상황은, 영성지도자에게 그 사람을 도와줄만한 힘이나 지식이 부족할 때다. 이런 경우는 다음의 두 가지가 있을 수 있다. 첫째는 너무 복잡한 문제를 해결해야만 해서 영성지도자가 제공할 수 있는 것보다 더 많은 시간과 에너지가 요구되는 경우다. 이런 경우 정신건강 전문가에게 위탁을 하면, 영성지도자에게 과도한 짐을 부과하지 않고서도 얼마든지 그 사람이 지닌 기본적이고도 인간적인 문제들을 해결할 수가 있다. 문제가 해결된 다음에는 영성지도자가 나서서 하나님과의 관계를 심화시키도록 도와줄 수 있다. 두 번째는 영성지도자의 지식과 경험, 능력으로 해결할 수 없는 문제들일 경우다. 일부 지도자들의 경우, 심각한 정신적 질병이나 아동 학대, 성희롱, 알코올 중독자나 약물 중독자의 갱생이 이런 상황에 해당한다. 이런 상황들도 물론 하나님의 치유의 손길이 필요하다. 그런 점에서는 영성지도자가 도움을 줄 수도 있다. 하지만 완전한 치유는 경험이 풍부한 전문가에게 맡겨야 한다.

위탁을 해야만 하는 세 번째 상황은, 추구자가 정교회의 신앙을 받아들이고 정교회 성례전 공동체의 일원이 되는 것을 원치 않거나 또는 내키지 않아할 경우다. 그런 경우 정교회 영성지도자는 효과적인 치료를 위하여 공통의 신학적, 영성적 토대에서 출발해야 한다.

물론 정교회 영성지도자의 선자리에서 볼 때, 무조건 정신건강 전문가에게 위탁하는 것이 추구자의 영혼 치유에 전적으로 효과적이라고 할 수는 없다. 정교회의 관점에서 볼 때, 하나님과의 친교가 없다면, 제아무리 균형적이고 기능적이고 순응적인 사람이라 할지라도, 그 내면에 공허함이 남아있을 수밖에 없으며, 우리 마음의 진정한 고향인 에덴동산을 향한 노스탤지어의 갈망이 남아있을 수밖에 없다. 그러므로 정교회 영성지도자는 심리학적인 균형뿐만 아니라 삶의 충만함 — 오직 하나님 안에서만 찾을 수 있는 충만함 — 까지 추구한다.

요약

동방정교회의 가르침은 인간의 삶의 목표를 우리 안에 있는 하나님의 형상을 완성하고 하나님을 닮아가는 것, 은혜로 말미암아 "신성의 동반자"가 되는 것이라고 본다. 정교회의 영성지도자는 추구자를 정화와 조명, 그리고 하나님과의 궁극적인 합일의 길로 인도한다. 추구자는 영성지도자의 도움을 받아 열정을 통제하는 법, 미덕을 생활화하고 발전시키는 법, 그리고 무엇보다 중요한 기도 방법을 익힌다.

여기에서 나는 정교회 영성지도의 역사와 실천을 점검하고, 그것을 심리치료와 목회상담의 전통적인 방법론과 비교하였다. 그리고 정신건강 전문가에게 위탁해야만 하는 상황들도 살펴보았다. 또한 나는 정교회 전통의 영적 성숙과 관련된 특징들, 특히 냉정의 획득과 미덕의 발달에 관하여 설명하였다. 하나님과의 친교, 기도, 그리고 그것이 일으키는 변화는 이 글의 지속적인 주제였다. 동방정교회 전통에서는 이것이야말로 영혼을 위한 진정한 치유다.

참고문헌

Allen, Joseph J. 1986. *The ministry of the church: the image if pastoral care.* Crestwood, N.Y.: St. Vladimir's Seminary Press.

Chariton, Igumen of Valamo. 1996. *The art of prayer: An orthodox anthology.* Ed. Timothy Ware. Trans. E.

Kadloubovsky and E. M. Palmer. London: Faber & Faber.

Chryssavigs, John. 1990. *Repentance and confession in the orthodox church*. Bookline, Mass.: Holy Cross Orthodox.

Climacus, John. 1982. *The ladder of divine ascent*. Trans. Colm Luibheid and Norman Russell. New York: Paulist.

Climacus, John. 1991. *The ladder of divine ascent*. Trans. Lazarus Moore. Boston: Holy Transfiguration Monastery.

Fedotov., George P. 1948. *A treasury of Russian spirituality*. New York: Sheed and Ward

Hausherr, Irenee. 1990. *Spiritual direction in the early christian East*. Kalamazoo, Mich.: Cistercian.

Jurgens, William A. 1970. *The faith of early fathers*. vol. 1. Collegevill, Minn.: Liturgical.

Jurgens, William A. 1979. *The faith of the early fathers*. vol. 3. Collegeville, Minn.: Liturgical.

Leech, Kenneth. 1977. *Soul friend: The practice of christian spirituality*. San Francisco: Harper & Row.

Meyendorff, John. 1974. *A study of Gregory Palamas*. Trans. George Lawrence. New York: St. Vladimir's Seminary Press.

Moore, Lazarus. 1994. *St. Seraphim of Sarov: A spiritual biography*. Blano, Tex.: New Sarov.

Nazianzen, Gregory. 1978. In defense of his flight to

Pontus. In *A select library of Nicene and post-nicene fathers of the christian church,* 2nd ser. edited by Plillip Schaff and Henry Wace, 7:204-27. Grand Rapids, Mich.: Eerdmans.

Nikodimos of the Holy Mountain and Makarios of Corinth, eds. 1995. *The Philokalia: The complete Text.* vol. 4. Trans. and ed. G. E. H. Palmer, Philip Sherrard and Kallistos Ware. London: Faber & Faber.

Palamas, Gregory. 1983. *The triads.* Ed. John Meyendorff, trans. Nicholas Gendle. New York: Paulist.

Saying of the desert fathers, The. 1984. Trans. Benedicta Ward. Kalamazoo, Mich.: Cistercian.

Sparks, Jack, ed. 1978. *The apostolic fathers.* Nashville: Thomas Nelson.

Symeon the New Theologian. 1980. *The discourses.* Trans. C. J. deCatanzaro. New York: Paulist.

Theophan the Reclause. 1995. *The Spiritual life and how to be attuned to it.* Trans. Alexandra Dockham. Platina, Calif.: St. Herman of Alask Brotherhood.

Vlachos, Hierotheos. 1993. *The illness and cure of the soul in the orthodox tradition.* Trans. Effie Mavromichali. Lervadia, Greece: Birth of Theotokos Monastery.

Vlachos, Hierotheos. 1994a. *Orthodox psychotherapy: the science of the fathers.* Trans. Esther Williams. Le vadia, Greece: Birth of Theotokos Monastery.

Vlachos, Hierotheos. 1994b. *Orthodox spirituality: A*

brief introduction. Trans. Effie Mavromichali. Levadia, Greece: Birth of the Theotokos Monastery.

Ware, Kallistos. 1989. Ways of prayer and contemplation: Eastern. In *Christian spirituality. Origins to the twelfth century,* ed. Bernard McGinn, John Meyendorff and Jacques LeClercq, pp. 395−414. New York: Crossroad.

Ware, Kallistos. 1990. The spiritual father in Saint John Climacus and Saint Simeon the new theologian. In *Spiritual direction in the early Christian East,* ed. Irenee Hausherr, pp. VII−xxxiii. Kalamzoo, Mich.: Cistercian.

The way of a pilgrim and The pilgrim continues his way. 1965. Trans. R. M. French. New York: Seabury.

제3장
천주교 전통의 영성지도

진 배럿

천주교 전통의 영성지도를 추적하는 일은, 생산량 측정이 거의 불가능할 정도로 풍요로운 들판에서, 수세기 동안 뿌려진 성령의 은사가 맺은 은혜의 열매를 수확하려는 것과도 같다. 그것은 만만찮은 임무지만, 주요 산물뿐만 아니라 때로는 별난 얼매를 맺게도 하시는 주님을 우리가 기뻐하고 찬미하게 해주는 임무이기도 하다. 다양성을 두려워하지도 않고 깜짝 놀라지도 않는 사람은 복이 있다. 기꺼이 수확에 뛰어들어 즐겁게 먹고 마실 사람, 또 그럴 수 있는 사람은 복이 있다. 이 글은 천주교 영성지도 전통을 한 데 묶고 공유하기 위한 노력의 일환이다.

천주교 영성지도의 정의와 설명

그리스도교 영성지도는, 하나님과의 사랑 넘치는 관계를 통하여 성장하는 과정에서 일정 기간 동안 한 사람(피지도자)이 원하고 다른 한 사람(지도자)이 베푸는 도움이나 지도라고 정의할 수 있다. 이 과정은 성령의 지속적인 충동과 영감, 그리고 역사를 통해서 드러난다. 그러므로 영성지도는 피지도자, 지도자, 그리고 성령, 이렇게 3자관계로 이루어진다.

효과적인 그리스도교 영성지도는 (1) 우리들 저마다를 부르시고 계속해서 상호작용하시는 하나님과의 독특한 관계를 이해하고 실천할 수 있도록 도와주고, (2) 그리스도의 마음과 정신을 입음으로써, 예수 그리스도의 제자가 되어 이 관계를 유지하게끔 도와주며, (3) 기도나 묵상, 금욕생활처럼 이 관계를 양성하고 강화하기 위한 방법들을 제대로 파악하고 사용할 수 있게 도와준다. 또한 효과적인 그리스도교 영성지도는 (4) 이 관계를 축소하거나 파괴하는 사악한 태도와 행동들, 또는 안팎의 요인들을 모두 인정하고 무력화 또는 제거할 수 있도록 도와주며, (5) 일상생활 속에서 증언하고 선교하라는 예수님의 복음 명령에 응답함으로써 이 관계의 힘과 열매를 경험하도록 도와준다. 영성지도는 제자직을 변화라는 삶의 여정으로 바꾸기 위한 인간과 신의 상호원조. 제자가 되라는 부르심을 받은 우리는 사도가 되라고 보내심을 받았다: 이것은 모든 세례 그리스도인들의 근본적인 소명이다. 이 변화 과정은 늘 다른 사람들의 영성지도 덕을 보아왔다.

그리스도교 영성지도는, 천주교의 성서 이해에 따라 실시되고 또 천주교의 성례전과 연결될 경우, 그리고 수백 년이 넘는 교회역사에서 다양한 영성을 지키고 길러온 가르침과 지침에 의존할 경우, 특별히 천주교적인 특징을 띠게 된다. 그것은 신비주의/금욕주의 신학을 터득하는 것을 목표로 하는 프로그램이나 활동이 아니다. 또 영성이나 영적 성장에 관한 이론을 탐구하는 것도 아니고, 가치관의 실천이나 도덕적 훈련을 쌓는 것도 아니다.

영성지도는 이 특정 피지도자 안에서 역사하시는 성령께 주의를 기울이고 응답하도록 촉진시켜 주는 것은 무엇이고 방해하는 것은 무엇인지를 밝혀내는 데 집중한다. 이것은 거룩함이나 좀 더 심오한 영성생활을 성취하기 위하여 정밀하게 짜놓은 기술과 전략을 그저 단순히 응용하는 것이 아니다. 물론 영성지도에 관한 안내서나 교재를 몇 권만 읽으면 된다고 쉽게 생각하는 사람도 있기는 하겠지만 말이다. 영성지도는 사변적인 모험이 아니라, 한 사람과 하나님의 생생한 관계에 집중된 **경험적인 과정**이다. 영성지도는 신적인 체험을 토대로 한다.

윌리엄 배리와 윌리엄 코널리가 설명한 것처럼, "영성지도에서 종교적 체험은 요리를 하기 위한 식재료와도 같다. 식재료가 없으면 요리를 할 수 없다. 종교적 체험이 없으면 영성지도도 있을 수 없다."(배리와 코널리 1982: 8) "영성지도는 실새를 논리적으로 분석하려고 애쓰는 현실도피적 공상이 아니다. 영성지도는 우리 존재의 모든 단계에서 하나님이 우리에게 나타나시는 임재의 복잡성 가운데 하나님을 인정하려는 끈기 있는 노력이다."(칼슨 1996: 73) 이해와 관련된 신학은 "눈썹을 치켜올리는" 과정이다; 신앙 가운데 사랑이 넘치는 응답과 관련된 영성지도는 그야말로 "눈썹을 내리뜨는" 과정이다.

진정한 영성지도에 반드시 필요한 것은 삼위일체께서 **지금 여기**, 이 세상과 우리들 저마다 속에서 역사하고 계신다는 믿음과 신뢰다. 영성지노자는 피시도사가 성령의 임새와 변화를 향한 끝없는 초대에 주의를 기울이고, 개방적인 태도를 취하며,

잘 반응할 수 있도록 도와준다. 영성지도는 이 자기-전달적인 하나님께 개인적으로 응답하는 새로운 방법을 가르쳐 줌으로써, 우리가 새롭게 관찰하고 감지하는 방법을 습득하도록 도와준다.

다양하고 복합적인 영성은 천주교 유산, 수많은 그리스도인들과 함께 공유하고 있는 유산에서 찾아볼 수 있다. 이렇게 영적인 생활방식은 성령으로부터 영감과 은사와 은총을 받은 사람들에게서 비롯된 경우가 많다. 이러한 영성으로부터 ― 그리스도의 삶이나 메시지의 특별한 측면을 강조하고, 상이한 신학적 관점을 강조하며, 역사적, 문화적, 철학적 사고방식뿐만 아니라 인간이해의 학문과 기술 발달에 관해서도 성찰하는 ― 학파와 운동과 종교공동체가 생겨났다. 영성지도는 종종 이렇게 다양한 영성에 비추어 구체화되었다. 천주교의 영성지도에서 모두에게 똑같이 적용되는 접근법이나 기술은 한 번도 존재하지 않았으며, 앞으로도 결코 없을 것이다. 하지만 모든 타당한 그리스도교 영성지도는 성서적인 근거를 갖고 있다.

천주교 영성지도의 역사

성서의 영성지도

영성지도는 성서적인가? 주저 없이 그렇다고 대답할 수 있다! 성서는 예수 시대와 초기 그리스도교 공동체의 영성지도에 대한 증거를 제공해 준다. 당시 사람들은 길에 관해 가르침을 받은 게 아니다; 그들은 그 길을 실천하도록 도움을 받았다.

예수님이 니고데모와 함께 하셨던 밤은 영성지도의 시간이었다. 예수님은 니고데모를 "다시 나는"(요한복음 3장) 신비로 이끌어 주셨다. 또한 예수님이 제자들에게 "나를 따르는" **방법**을 서서히 드러내기 시작하시면서 "따로 있는" 시간을 어떻게 설명하시는가? 바울이 맹목적인 통찰을 완전히 새로운 존재방식과 행동방식으로 변화시킬 수 있게 돕기 위해서 아나니아가 했던 일은 **영성지도**spiritual direction라는 용어를 사용하여 설명할 수 있다(사도행전 9장 10~19절). 바울 역시 "이제 살고 있는 것은 내가 아닙니다. 그리스도께서 내 안에 살고 계십니다."(갈라디아서 2장 20절)라고 선포하게 만들었던 자신의 강렬한 체험을 토대로 하여 영성지도자가 되었다. 예수님을 우리 주 구세주로 발견하고 선포하는 것, 물로 세례를 받고 성령으로 기름부음을 받는 것, 특별한 그리스도교 교단에 소속되는 것은 오로지 길을 **삶 속에서 실천**하기 위한 시작, 출발점일 뿐이다.

빌레몬과 디모데, 디도에게 보내는 바울의 목회서신은 수신인을 책임감 있는 성숙한 신앙으로 이끌어 주는 영적인 조언으로 가득 차 있다. "바울의 모든 것, 그러니까 죄와 본성에 관한 그의 설명과 논술부터, 그의 도덕적 가르침, 그리고 가족과 교회와 공동체 내에서의 그리스도교 훈련에 관한 그의 교육까지, 그 모든 것이, 예수님이 사역에서 사용하셨던 것과 똑같은 **과정**, 우리 모두가 좀 더 좁은 형태의 영성지도라고 부르는 **과정**에 대한 그의 이해를 보여준다."(슈뢰더와 마이어스 1996: 43) "그러므로 형제자매 여러분, 끝으로 우리는 주 예수 안에서 여러분에게 부탁하며 권면합니다. 여러분은 어떻게 살아야 하며, 어떻게 하나님을 기쁘게 해드려야 할 것인지를, 우리에게서 배운 대로 하고 있으니, 더욱 그렇게 하십시오."(데살로니가전서 4장 1절) 바울에게 그것은 그리스도의 이미지로 변화되는 것,

"주 예수 그리스도로 옷을 입는 것"(로마서 13장 14절; 갈라디아서 3장 27절)이었다.

복음전도자 요한은 하나님을 딱 두 마디로 정의한다: 하나님은 사랑이시다(요한복음 4장 8절). 그 두 마디의 여운은 이제껏 한 번도 중단되지 않고 인간의 마음과 세상을 움직여 왔다. 그리고 앞으로도 계속 그럴 것이다. 요한의 편지는 이 진리가 삶에 미친 영향을 상세히 설명한다. 믿음과 행동의 필연적인 통합과 상호작용을 주장하는 야고보의 서신은 그리스도를 따르는 이들에게 늘 믿음에서 실천으로 나아가라고 촉구한다(야고보서 1장 23~25절; 2장 14~17절). 영성지도는 한 사람이 왕좌에 앉으신 분에 따라 선포된 — "보아라, 내가 모든 것을 새롭게 한다!"(요한계시록 21장 5절) — 희망 가득한 선물의 실재를 믿고, 납득하고, 자기 것으로 만들 수 있게 도와주는 아름다운 과정이다. 그리하여 성서적 토대를 지닌 실천이 그리스도 공동체의 삶 속에 전해졌던 것이다.

초기의 실천

신약성서와 초대교회 역사, 그리고 사도들과 교부들의 지시를 읽으면 알 수 있듯이, 영성지도와 발달은 분명히 모든 그리스도인들을 위한 규범이었다. 교인들을 위해 영적인 음식과 지도를 제공하는 것은 사도와 사제와 목사들의 임무였다(슈뢰더와 마이어스 1996). 교인들은 공동체의 성례전과 예전적 삶에 참여함으로써, 그리고 공동기도와 교화, 징계를 통해서 "형성되고" "지도를 받았다."(로시 1996) 공동체 사람들은 그리스도 안에서의 성장 경험과 성령의 인도 경험을 공유함으로써 동기를 부여받고 영감을 얻었다. 형성의 일부는 "부모와 배우자, 친구, 동료 그리스도인들에 따른 비공식적 훈계"(머튼 1960: 11~12)도 포함되었다.

4세기에 들어서 교회의 핍박과 순교가 막을 내렸다. 그리스도교는 콘스탄티누스 황제에 따라 인정과 허가를 받았다. 하지만 이러한 인정은 그리스도인들에게서, 그리스도에 대한 신앙 때문에 고난을 받거나 죽임을 당함으로써 하나님께 자신을 완전한 선물로 바칠 수 있는 극적인 기회를 빼앗아 버렸다. 많은 사람들이 여전히 그리스도를 향한 자신의 헌신을 증명할만한 강력하고도 생생한 증거를 제시하고 싶어 했다. 그들은 세상에서의 삶이 진정한 그리스도인의 삶과 맞지 않아서 세상에 등을 돌렸노라고(*fuga mundi* — 세상으로부터 도망치다), 그리고 그런 의미에서 죽었노라고 생각했다. 그들은 내적인 기도와 참회의 금욕적인 삶을 살기 시작했다.

많은 사람들이 그리스도께서 그들을 위해 이루신 구원을 지속적인 토대에서 받아들이려면 그러한 자기-소외가 반드시 필요하다고 믿었다. 그들은 또한 하나님이 그들을 붙들고 계시는 힘에 대해 증언하고 싶어 했다. 극단적인 형태의 삶을 추구하기 위하여, 많은 사람들이 사막으로 몰려들었다. 특히 이집트와 시리아에서 사막생활을 하였다. 어떤 이들은 은둔자처럼 생활했고, 또 어떤 이들은 소규모 모임이나 공동체를 이루어 서로 가까이 생활하였다. 바로 여기가 교회의 수도원 운동이 시작된 곳이다. 미래의 종교생활을 위한 씨앗이, 자신의 의지와 소유와 생식력을 하나님께 바쳐야만 한다는 이들의 불타는 욕망 속에서 자라고 있었다. 이러한 총체적 자기희생은 가난과 자선과 순종에 관한 송교적 서약의 수도 서원으로 발전하였다.

이들 중 일부는 거룩함 때문에 명성을 얻으면서부터, 많은 사람들이 영성지도를 받기 위해 그들을 찾아왔다. 그들에게 영적인 아버지나 어머니가 되어 달라고 부탁하러 온 것이다. 그런 경우 이 거룩한 사람들은, 본디 그 사람들의 영성지도자였던 주교나 장로 역할을 어느 정도 대신하였다. 이집트와 시리아 사막의 위대한 영적 인물들은 대부분 사제가 아니었고, 때로는 여성도 포함되었다. 이 두드러진 평신도 운동은 성령이 강력하게 역사하시는, 그러면서도 교회의 가부장적 구조와는 거리가 먼, 교회의 은사적 차원을 표명해 주는 것이었다.

이러한 사막 체험에서 태어난 영성은 금욕생활과 순전함이 그 특징이다. 한 사람의 영적 삶에 작용한다는 것은 곧 영혼을 가로채서 그리스도로부터 멀리 끌고 가려고 애쓰는 악마들과 싸우는 것을 의미했다. 이 악마들은 사막뿐만 아니라 그 사람의 집, 상상이나 마음속에서도 만날 수 있었다. 이렇게 악마들과 싸우는 작업에서 가장 필요한 영적 기술이나 은사는 바로 **분별력**discernment이었다. 선한 영과 거짓 영을 분별할 수 있는 능력 말이다. 요한은 첫 번째 서신에서 우리에게 이 임무를 맡긴다(요한일서 4장 1~6절). 이것을 혼자서 해낸다는 것은 거의 있을 수 없는 일이었다. 따라서 그들은 영적 경험이 풍부한 사람들로부터 도움과 지도를 받고자 하였다.

사막의 교부와 교모는 초심자들에게, 자기 안에서 역사하시는 영을 분별하고 효과적으로 응답하기 위하여 필요한 기도와 금식, 노동, 훈련, 미덕, 그리고 그 밖의 기술과 실천들에 집중하라고 조언하였다. 그들의 지시는 종종 짤막한 문장이었다. 그리고 이 자료가 그 유명한 "사막의 지혜"가 되었다. 이 사막의 지도자와 추구자 간의 상호작용은 다소 권위주의적일 때가 많았는데, 그것이 그리스도교 전통에서 가장 보편적으로 인정받게 되면서부터 영성지도의 모습을 띠게 되었다. 이 시기의 주목할 만한 이름들을 몇 개 대자면, 이집트의 성 안토니(356년), 존 카시안(435년), 에바그리오스 폰티쿠스(400년) 등이 있다.

영성은 늘 상황적이다

계속해서 영성과 영성지도를 탐구하기 전에 먼저 영성은 늘 상황적이라는 사실을 이해하는 것이 중요하다. 영성은 신학적, 철학적, 문화적, 역사적 편견을 반영한다. 또 하나의 상황은 바로 **장소**^{locus}다: 이 영성이 수도원 운동과 연결되었는가, 종교적 삶과 연결되었는가, 아니면 평신도와 연결되었는가? 몇 가지 상황이 오늘까지도 천주교의 영성에 영향을 미치고 있다.

영혼이 몸에 따라 감금되어 있다고 하는 플라톤적 영혼관은 초대교회의 여러 작품에서 찾아볼 수 있다. 예를 들면, 성 어거스틴의 경우, 이 그리스적 영향력이 뚜렷하게 나타난다. 우리 모두가 아담의 죄를 공유하고 있다는 바울의 가르침에 의지함으로써, 어거스틴은 자신의 "원죄" 신학을 발선시켰다. 모든 인간에게서 발견되는 기본적인 무질서, 곧 **욕망**^{concupiscence}은 바로 이 원죄에서 비롯되는 것이다: 몸과 몸의 욕구, 본능과 열정은 보통 영혼과 교전 중인 것으로 여겨졌다.

이것들을 마구 뒤섞은 것은 마니교와 영지주의, 나중에 교회로부터 이단이라고 비판받게 된 세계관과 종교관이었다. 이 철학들은 이원론적인 언어로 삶을 묘사하였다: 물질적인 것들은 사악하고, 영적인 것들은 선하다. 따라서 삶은 그 둘 사이의 갈등과 투쟁으로 이루어진다.

"세상"에 관한 요한복음의 신술과, "육체" 안에서의 삶과 "영" 안에서의 삶을 대조적으로 표현한 바울의 주장을 살펴보면, 어느 부분은 이러한 이원론적 구분을 지지하고 있는 것처럼 보이기도 한다. 이런 관점에서, 영성생활의 초점은 몸과 영혼, 육체와 영 사이에서 저마다가 벌이는 시민전쟁이 되어 버렸다. 그리고 16, 17세기 프랑스의 얀센주의에서 볼 수 있듯이, 그와 같은 작용은 수 세기 동안 시시때때로 되풀이되었다.

하지만 성서신학은 그런 이분법을 다루지 않는다. 성서신학은 인간을 하나로 본다. 분리는 본질적으로 인간이나 세상에서 생기는 게 아니라, 인간이나 세상의 태도, 방향, 또는 목표에서 생긴다. 건전한 영성은 다음과 같은 창세기의 주장에 토대를 둔다. "하나님 보시기에 좋았다."(창세기 1장 4, 10, 12, 18, 21, 25절) "하나님이 손수 만드신 모든 것을 보시니, 보시기에 참 좋았다."(창세기 1장 31절) 어떤 사람들에게는 이것이 억지소리처럼 들리겠지만, 그래도 건전한 영성은 다음을 명심한다. "하나님이 짝지어주신 것을 사람이 갈라놓아서는 안 된다."(마태복음 19장 6절)

몸은 악하고 영혼은 선하다는 견해에 따르면, 영성발달은 대부분 영혼과 관련된다. 성실한 영성 추구자는 몸을 무시하고, 더럽히고, 심지어는 파괴하기 위해 온갖 방법을 다 동원하였다. 따라서 대부분의 영성지도는 몸의 충동이나 욕망을 극복하는 일에 집중되었다. 그리고 그 결과 영성지도에서 금욕생활과 고행이 크게 강조되었다.

금욕주의는 영혼이 영적이지 않은 온갖 요인들을 정복하고 통제할 수 있도록 사람들을 단련시키는 것을 목표로 한 신체적, 영적 훈련을 의미한다. 내적인 금욕 훈련은 다음과 같다: 생각의 통제, 과식, 정욕, 탐욕, 분노, 권태, 허영, 교만, **나태**[acedia](영적 가치에 대한 헌신 부족), 무기력, 무관심, 우울과의 투쟁. 그리고 외적인 금욕 훈련에는 다음과 같은 것들이 포함된다: 정해진 기도 시간, 금식, 신체적 고행(무토 2000), 철야, 합법적인 기쁨과 즐거움의 포기, 눈 관리$^{custody\ of\ the\ eyes}$(오늘의 이미지-과잉 문화에서 무시할 수 없는 가치), 그리고 신체적 욕구와 욕망, 성벽을 제지하는 것을 목표로 하는 그 밖의 활동들. 이러한 접근법은 초기의 사막 교부와 교모들의 가르침, 그리고 수도원생활이나 종교생활을 위한 규칙에 반영되었다. 하지만 그런 부정적 영성은, 어떤 사람이 귀신 하나를 몰아내자 그 집에 다른 귀신 일곱이 쳐들어왔다는 복음서의 비유(마태복음 12장 43~45절; 누가복음 11장 24~26절)와 똑같은 위험을 초래할 수도 있다.

만일 신학적 초점이 행위에 맞춰진다면, 그러니까 그리스도에 따라 구원을 얻는 게 아니라 행위 때문에 구원을 획득하는 것에 초점을 모은다면, 영성 역시 왜곡될 것이다. 초점은 "영혼을 구원하는 것"이 될 것이며, 그 결과 여러 가지 영적 활동과 헌신과 노력을 기울여야 한다는 부담이 따를 것이다. 심지어 이것은 수도원생활이나 종교생활, 교회의 소그룹이나 동호회에서 늘 낯설지만은 않았던 영적 경쟁을 불러일으킬 수도 있다. 우리 안에서 역사하시는 성령이 아니라 우리의 노력에만 초점을 맞추는 영성지도는 우리를 잘못된 방향으로 몰아간다. 자칫하다가는 영성생활에 반^{semi}-펠라기우스학파의 "우리는 더욱더 노력한다"는 정신을 적용할 수도 있는 위험이 도사리고 있다(월레스 1996).

고전적인 수도원규칙과 종교규칙은 수많은 영성지도의 토대를 마련해 주었다. 이것들 중에는 서양에서 가장 오래된 종교규칙인 성 어거스틴의 규칙, 그리고 성 베네딕트의 규칙이 있다. 베네딕트는 서구 수도원 운동의 아버지로 여겨지며, 그의 규칙은 트라피스트회와 카르멜회를 비롯하여 수많은 수도원 공동체들의 토대가 된다.

중세에는 신학이 사변적인 학문처럼 되었다. 영성생활 역시 학문적인 음미의 대상이 되었다. 그에 따라, 금욕주의 신학이나 신비주의 신학의 입문서와 "성인들의 학문"에 관한 책들이 등장하게 되었다. 영성생활이 분석되었다. 영성생활의 "지도"와 "단계"가 발달되었고, 불행히도 영성지도자들은 그것을 너무 획일적인 방식으로 사용하였다.

교회에는 언제나 반작용 주머니^{reactive pockets}가 달려 있다. 그리고 지나치게 추상적이고 사변적인 내용의 신학과 영성에 대항하기 위하여, 하나님과 예수님과 성령의 경험에 초점을 맞춘 신비주의 운동이 일어났다. 신비주의 작품들은 신적인 사랑의 경험으로 터질 것 같은 마음에서 흘러나왔다. 하나님의 임재와 사랑에 대한 황홀한 경험과, 하나님의 부재와 침묵 때문에 거의 죽을 것 같은 느낌은, 둘 다 영적인 작품의 주제가 되었다.

영성지도자는 종종 영적 체험을 이해하기 위해 이러한 작품들로 눈을 돌리기도 한다. 이 작품들은 추구자를 하나님의 신비에 대한 관상적이고도 감정적인 복종으로 이끌게 도와줄 수 있었다. 하지만 제도적 교회는 신비주의자와 그들의 작품을 의심의 눈으로 신중하게 바라보았다. 신비주의자는 사변적인 신학자처럼 억제하거나 통제할 수 있는 대상이 아니었기 때문이다. 14~16세기의 주목할 만한 신비주의 작가들을 열거하자면, 노위치의 줄리안(『보여줌』*Showings* 또는 『신적인 사랑의 계시』*Revelations of Divine Love*), 월터 힐튼(『완전에 이르는 계단』*The Stairway of Perfection*), 십자가의 성 요한(『영혼의 어두운 밤』*The Dark Night of the Soul*, 『영적 찬가』*The Spiritual Canticle*, 『타오르는 사랑의 불길』*The Living Flame of*

Love), 아빌라의 성 테레사(『완전에 이르는 길』The Way of Perfection, 『내면의 성』The Interior Castle), 그리고 『무지의 구름』The Cloud of Unknowing을 쓴 무명작가를 들 수 있다.

영성의 초점뿐만 아니라 영성의 장소 역시 상당한 영향력을 지닌다. 수 세기 동안 "영적인 사람들"은 수도원생활이나 종교생활, 또는 사제직에 속한 사람들에 대한 지배권을 지닌 것처럼 보였다. 그러므로 영성지도는 영적 엘리트에게 적합한 것이었다. 이것은 거룩함을 증진시키기 위한 방법에도 상당한 영향을 미쳤다. 대부분의 영성훈련이나 활동은 수도회의 서약집단과 공동체생활에 연관된 것이었다. 부부생활이나 독신생활에 관련된 것은 거의 없었다. 거의 언제나 기도는 정확히 주기적으로 찾아오는 "혼자만의 시간"으로 여겨졌으며, 수도원생활이나 은둔생활에서 성무일과서나 시편을 암송하는 것과 종종 연결되었다.

그러나 종교생활 자체는 결국 수도원에서 무대를 옮겨 좀 더 사도다운 것이 되었다. 종교적인 사람들은 세상 속에서 평범한 삶을 살고 있는 평신도들의 욕구에 응답하기 시작하였다. 따라서 영성지도는 좀 더 개방적이고 그리스도인의 일상생활과 연관된 것이 되었다. 다수의 영성지도자들이 사도와 평신도 영성의 강력한 촉진제로서 등장하였다:

- 프란체스코회의 설립자인 아시시의 성 프란시스, 그리고 도미니크회의 설립자인 성 도미니크는, 평신도에게 그리스도를 선포하는 것, 특히 그 시대의 위험스런 가르침들에 대항하여 영혼의 돌봄을 위해 일하는 것이 목회직 임무인 탁발수도회를 설립하였다.

- 토마스 아 켐피스의 고전적인 작품 『그리스도를 본받아』^{The} $^{Imitation\ of\ Christ}$는 일반적인 사람들의 영적인 여정을 돕기 위해 쓰인 책이며, 성서 다음으로 가장 널리 읽히고 있는 영성서적으로 간주된다. 토마스는 1,300년대와 1,400년대의 새로운 신심운동$^{Devotio\ Moderna\ movement}$에 참여하였는데, 그 운동은 평신도의 신비로운 삶과 기도, 묵상, 그리고 경건을 장려하였으며, 그 시대의 지나치게 인본주의적인 가치관과 맞서 싸우려고 하였다.
- 예수회의 설립자인 로욜라의 성 이냐시오는 『영성훈련』 $^{Spritual\ Exercises}$의 저자다. 이 책은 가장 통찰력 있는 영성지도 지침서들 가운데 하나로서, 특히 영의 분별에 관한 책이다. 이냐시오의 훈련은 아직까지도 매우 강력하고 대중적인 형태의 영성수련이다. 그것은 8일 영성수련이나 매일 영성수련을 토대로 하여 30일이 넘도록 지속할 수 있다.
- 법률가이자, 제노바 주교에, 유명한 영성지도자였던 성 프란시스 드 살레는 『경건한 삶에 대한 소개』$^{Introduction\ to\ the\ Devout\ Life}$와 『하나님의 사랑에 대한 보고서』$^{Treatise\ on\ the\ Love\ of\ God}$를 썼다. 『경건한 삶에 대한 소개』에서 그는 이렇게 말한다. "내 목적은 도시에서, 가족들 속에서, 또는 궁정이나 법정에서 사는 사람들, 그리고 생활여건 때문에 평범한 삶을 살 수밖에 없는 사람들을 교육하는 것이다." 그는 이렇게 주장하기도 했다. "사랑의 척도는 측량하지 않고 사랑하는 것이다." (무토 2000: 81에서 인용함)

여기에서 명심해야 할 것은, 이 모든 영성이 주로 그리스도와, 우리 안에 계시는 그리스도의 신비를 실천하는 방법에 초점을 모았다는 것이다. 때때로 마리아와 성인들에 대한 헌신도 특별한 영성의 일부분이 되긴 했지만, 그들의 진정성은 언제나 예수님과의 궁극적인 관계에 따라 평가되었다.

현대에 들어와서 철학사상의 변화 때문에 새로운 세계관이 등장하였다. 고전적이고, 그리스적이고, 정적인 삶의 이해로부터, 과학과 그 밖의 경험적 관찰들은 유동적이고 진화적인 세계를 열어 주었다. 삶과 우주는 이제 과정의 차원에서 이해되기 시작했다. 그리고 이것은 순례와 여정이라는 성서적 의미의 역사와 영성에 더 잘 들어맞았다. 20세기 역시 심리학과 사회학, 인류학이 영향을 미쳤다. 과학은 상상조차 못했던 새로운 첨단 분야들을 창조해 냈고, 그것들을 너무나도 재빨리 가로질렀다. 공산주의, 사회주의, 실존주의, 자본주의, 세속주의, 여성해방주의, 그리고 그 밖의 새로운 "주의"들이 모두 영향을 미쳤다. 신앙과 종교와 영성도 자연히 그 모든 것들의 영향을 받았다. 일부는 탐구적이고, 수용적이고, 순응적인 반응을 보였고, 공통된 토대를 찾고자 하였다; 또 일부는 보수적인 태도로 비난하고, 거부하고, 적대시하였다. 어떤 신앙과 종교는 앞장을 섰는가 하면, 어떤 신앙과 종교는 새로운 게토 지역을 차단하였다.

천주교에 가장 큰 변화가 일어난 것은 1960년대 초반이었다. 그 당시 교황 요한 23세는 전 세계의 천주교 주교들을 한 자리에 불러모아 에큐메니칼 공의회를 소집하였다. 1962년에서 1965년까지 3분기에 걸쳐 그들은 로마에서 모였다. 이 사건은 제2차 바티칸공의회로 잘 알려져 있다. 제1차 바티칸공의회는 1869~1870년에 열렸다. 교황 요한 23세는 교회의 창문을 열고 신선한 공기를 마시고 싶어했으며, 교회와 현대세계 간에 진정한, 사랑이 깃든, 개방적인 대화와 상호작용을 이루고 싶어

했다. 성령의 인도하심으로 교황은 교회에서 성령이 새롭게 넘쳐나기를 희망했다. 그는 "새로운 성령강림절"을 원했다. **아조르나멘토**^{aggiornamento}는 "개혁"이나 "쇄신"을 뜻하는 전문용어였다. 교회의 뿌리까지 쇄신의 물결이 밀려들었다: 성서, 예전, 교회 교육, 그리고 특히 성령의 능력과 지도.

그 공의회와 이후 시기의 특징은 천주교가 다시 성령을 강력하게 전용하게 된 것이다. 심지어는 명칭까지도 바뀌었다. 삼위일체의 3번째 인격은 이제 더 이상 "성신"^{Holy Ghost}이라고 불리지 않게 되었다; 이제 그 이름은 생명, 힘, 활기, 호흡, 영감, 동기, 그리고 변화라는 성서적인 여운을 모두 담은 "성령"^{Holy Spirit}이 되었다.

천주교 전통에서는 한 번도 성령을 거부하지 않았다. 늘 천주교 교인들은 세례를 통해 성령을 받고, 견진성사를 통해 성령의 임재가 강화된다고 믿었다. 또 그들은 성서(이사야 11장 2절; 고린도전서 12장 8~11절)에 묘사된 성령의 은사를 믿으며, 자기 안에서 이 능력이 펼쳐지기를 종종 기도한다. 역사를 통틀어 진리의 영이 교회 안에 내재하였다(요한복음 14장 26절; 15장 26절). 이 영은 드러난 진리를 잘못으로부터 지켜주며, 그 진리에 신조와 전통의 명확한 표현이 주입되고 성서의 정경이 확립되도록 만든다. 또 이 영은 영감을 받아 교회를 이끌고 개혁하고 종교공동체를 확립할 사람들을 일으켜 세운다. 성령이 교회의 중심에 계신다는 것은 틀림없는 사실이다.

제2차 바티칸공의회의 주요 공헌은 다음과 같다:

1. 교회가 계급조직이 아니라, 영적인 이익을 위해 모인 "하나님의 백성"으로 정의된다.

2. "거룩함을 향한 보편적인 소명의식"이 존재한다. 성직안수를 받은 사람, 평신도보다 종교적으로 전문적인 사람을 위한 "좀 더 고귀한" 영성은 더 이상 존재하지 않는다.
3. 예전은 교회생활과 성스러움의 정점이자 근원이다. 따라서 예전은 라틴어 대신 자국어를 사용함으로써 평신도가 좀 더 충만하게 참여할 수 있도록 개방되었다.
4. 예전의 개혁은 말씀 예전의 중요성을 회복시켜 주었고, 따라서 성서가 새롭게 부각되었다.
5. 이제는 제단이 신도들을 마주보게 되었다. 이것은 사제와 신도가 **다함께** 미사를 드린다는 사실, 그리고 세례에서 받았던 "신자들의 사제직"을 강조하는 것이었다.
6. 평신도는 이제 세례를 통해 받은 자신의 직무를 제대로 수행할 수가 있게 되었다. 성령이 **모두**에게 부어주신 온갖 다양한 은사와 선물들을 사용할 수 있게 된 것이다(고린도전서 12장 4~11절).

제2차 바티칸공의회는 다른 종교와 신앙, 심지어는 비그리스도교적 종교와 신앙에 있는 은총의 증거까지도 인정할 수 있도록 장려하였다. 다른 신앙의 그릇된 점이나 위험한 점을 무작정 두려워하고 비난하는 대신, 옳은 것을 찾아보고, 그것을 확인하고, 우리와 공통된 것을 인정하고, 그리고 가능하다면 그것을 널리 알리도록 격려하였다. 영성지도자는 상이한 영적 전통들 속에서 은총을 캐낼 수 있는 능력과 상당한 개방성을 지니고 있어야 한다.

제2차 바티칸공의회 때문에 변경된 시야가 천주교의 영성시도에 미친 영향을 과소평가해서는 안 된다. 새롭게 해주시는 성령의 역동적인 힘과, 바로 그 성령이 다양한 세계종교의 "영성들" 속에서 역사하신다는 사실을 인정한다면, 이론적이고 전형적인 접근법은 결코 적절하지가 못하다. 천주교의 경우 영성지도를 위한 "경기장"은 이제 거의 "경계가 없어졌다."

진정한 변화의 과정

수 세기 동안 영성지도의 주요 무대가 되어왔던 것들 중 하나는 고백과 참회와 화해의 성례전이다. 고백성사에서 참회자는 사제의 화해선언을 통하여 하나님의 용서를 확신하게 된다. 또한 사제는 어떻게 죄악을 피할 수 있는지도 알려준다. 5세기와 6세기의 아일랜드 수도사들은 "고해예식서"를 만들었다. 그 책에는 죄를 구제해 주는 방법들이 가득했다. 따라서 고해자들은 그 책을 영혼의 돌봄을 위한 지침서로 삼았다. 이렇게 성례전적인 상황 때문에 대부분의 영성지도는 도덕적 삶에 집중되었다.

하지만 그리스도교 영성지도의 궁극적 목표는 "주 예수 그리스도를 덧입는 것"(로마서 13장 14절)이다. 그리스도교 영성지도의 목표는 피지도자가 "하나님의 임재에 민감해지고, 그리스도와의 개인적인 관계를 심화시키며, 자기 삶 속에서 역사하시는 성령께 귀 기울일 수 있도록" 도와주는 것이다(맥크레디 1996: 113). 그런 목표에 도움이 되는 것이라면 뭐든지 영성지도의 과정에 포함된다.

영성지도는 지도자와 피지도자의 일대일 상황에서 가장 자주 이루어진다. 이 과정의 첫 번째 단계는 영성지도를 원하는 사람의 욕구와 동기를 파악하는 것이다. 현재의 위기나 문제를 해결하기 위해서 도움을 바라고 있는가, 아니면 장기적인 삶의 순례를 위해서 지도를 구하고 있는가? 복음에 따른 생활방식을 어떻게 이해하고 있는가? 영성생활을 어떻게 정의하는가? 현재의 영적인 목표는 무엇인가? 기도생활을 하고 있는가? 기도 중에 하나님을 경험하고 있는가?

천주교 영성지도에 관한 추천도서

내가 판단하기에, 천주교 전통의 영성지도와 관련된 책들 가운데 가장 도움이 될 만한 책 두 권을 꼽는다면, 윌리엄 A. 배리와 윌리엄 J. 코널리의 『영성지도의 실천』*The Practice of Spiritual Direction*(1982), 그리고 데이비드 플레밍이 *Review for Religious*의 논문들을 한 데 모아 편집한 『그리스도교 영성지도 교역』*The Christian Ministry of Spiritual Direction: The Best of the Review 3*(1996)을 들 수 있을 것이다.

고전적으로 영성발달은 세 가지 단계로 설명되어 왔다: 정화, 조명, 합일의 단계. 천주교 안에는 이 고전적 범주들의 의미, 그리고 그것들이 영적 성숙을 위한 여정에서 차지하는 위치에 관련된 역사가 매우 풍부하다. 하지만 각 단계를 이미 앞의 두 장에서 논의하였기에, 여기서 또다시 반복하지는 않겠다.

그렇지만 제2차 바티칸공의회와 현대 심리학의 맥락에서 영성과 영성지도에 대한 "통전적" 접근이 점점 강조되고 있다는 사실은 짚고 넘어가는 것이 중요하다. 그리스도교의 전체론적 영성의 목표는 삶의 **모든** 부분을 그리스도교의 소명과 응답에 합일시키는 것이다. "전체론적인 영성은 그리스도인이 영혼과 육체, 뇌와 심장 사이의 치명적인 분열증을 극복할 수 있도록 도와주며, 따라서 좀 더 전체적인 존재가 될 수 있게 해준다." (Au와 Wilki 1993: 490)

전체론적인 영성은 육체를 영혼과 맞서게 하고, 성스러운 것들을 세속적인 것들과 맞서게 하고, "이 세상"을 "저 세상"과 맞서게 하고, 영적인 것들을 물질적인 것들과 맞서게 하는 것과 완전히 반대된다. 전체론적인 영성은 수 세기 동안 서구 그리스도교의 영성을 괴롭혀 온 이원론에 반대한다(Au 1993). 전체론적인 영성은 모든 실재 속에 임하시는 하나님의 충만한 임재에 대한 성육신 신앙에 근거한다. 우리는 신적인 환경에서 살고 있다(Au 1993). 우리의 하나님은 지역적인 규범imperatives의 하나님이 아니라 **그 어디나 다** "집"인 하나님이시다. 물론 죄와 그 영향력을 부인하지는 않겠다. 하지만 이 초점에서는 "원복"original blessings 사상이 "원죄"original sin의 주장보다 바람직하다.

전체론적인 영성은 존재의 전체성, 다른 사람들과의 관계, 자기 직업과의 관계, 그리고 물질세계와의 관계를 포용한다. 전체론적인 영성은 모든 인간적 관심사들이 서로 관련되어 있다고 본다. "거룩함은 창조질서의 기본적인 선을 흐릿하게 만드는 비현실성이 아니다...거룩한 사람은 하나님이 창조하고자 하신 그대로 존재하는 사람, 그리고 성령 안에서 재탄생한 사람이다" (McBrien 1994: 104). 완전한 것은 곧 전체적인 것이고, 전체적인 것은 곧 거룩한 것이다.

여기에 어울리는 종교적 질문은, 하나님이 어떻게 내 삶의 모든 측면들 속에서 나를 인도하시고 사랑하시는가 하는 것이다. 영성지도는 "어둠의 순간에도, 세속적으로 무의미하거나 '일회적인' 삶의 경험 속에서도 개인적인 하나님을 발견할 수 있도록 도와준다…좀 더 문자적으로 말하자면, 하나님은 내 **모든 삶**의 하나님으로 받아들여진다."(플레밍 1996: 8) 하나님의 숨결이 닿지 않는 곳은 한 군데도 없다.

영성의 모든 단계에서 이용할 수 있는 강력한 도구는 "의식의 점검"이다. 하루 동안 여러 시간대에 2분씩 할애하여, 지나간 서너 시간 — 사람, 장소, 사건, 생각 — 을 되돌아본다. 그리고 그저 다음과 같이 질문한다. "주님, 그 순간들에 어디 계셨습니까? 제가 주님께 어떤 식으로 반응하였습니까?" 그러한 하나님-의식을 통하여 우리는 "기회가 있을 때마다 기도하라"(에베소서 6장 18절; 골로새서 4장 2절)는 바울의 명령을 진정으로 지킬 수 있게 된다. 그리고 결과적으로 진정한 변화는 가장 근본적인 "영적 행동"으로 이끌어 준다. "하나님이 일하시도록 모는 걸 내려놓는 것"letting go and letting God 말이다. 이것을 좀 더 일반적으로 표현하자면, "주님의 뜻이 이루어지이다"가 된다.

천주교 영성지도자의 역할

영성지도자는 살아계시고 내재하시는 하나님의 성령과 의식적으로 동맹을 맺어야 한다. 이 내재하시는 영이야말로, 하나님과의 합일과 생활방식에서 "좀 더 많은 것들"을 바라는 피지도자의 강렬한 욕구의 근원이기 때문이다(배리와 코널리 1982). 최대한 가까이 하나님께 다가가고 성령께 완전히 문을 열어놓음으로써, 영성지도자는 무의식적으로 영성지도 추구자를 사랑해야 하고 그 사람의 고유한 자유를 존중해야 한다(맥도웰 1996). 토마스 머튼은 다음과 같이 설명한다. "영성지도자는 사건을 해결하고 온갖 호소와 간구 너머에 있는 하나님의 거룩한 뜻을 선포하는 마술장치처럼 여겨져서는 안 된다. 영성지도자는 신실한 친구처럼 여겨져야 한다. 호의적인 이해의 분위기 속에서, 우리가 성령의 은총에 응답하려는 망설임의 노력을 좀 더 강화할 수 있도록 도와주는 친구 말이다. 오직 성령만이 가장 완전한 의미의 진실한 지도자시다."(머튼 1960: 6)

영성지도자의 주요 기능은 **명료화**와 **분별**이다. 하나님이 그 사람의 삶에서 원하시는 것을 분명히 밝히고, 그 사람의 정서적, 영적 삶에서 변화를 일으키는 선한 영과 사악한 영을 분별하는 것이다. 좀 더 시적으로 표현하자면, 영성지도자는 "그 사람이 성령의 숨결을 읽을 수 있도록...영혼의 벽에 쓰인 것을 읽을 수 있도록 도와주어야 한다."(칼슨 1974: 89) 분별은 이런 능력을 부여해 준다.

사막의 교부와 교모 시대부터 이미 분별은 영성지도의 주요 임무들 가운데 하나로 인정을 받았다. 분별은 성령의 움직임뿐만 아니라 성령의 역사를 방해하는 "원수"의 존재까지도 분별하는 것을 포함한다. 성 이냐시오의 『영성훈련』은 분별의 규칙에 관한 고전적 출처다. 그 훈련들은 "하나님은 대화를 통해 만날 수 있고, 또 그러길 원하신다는 확신"에 기초한 것이었다(배리와 코널리 1982: 27). 분별은 나에게 말하는 존재가 누군지를 알 수 있도록 도와준다.

이냐시오는 두 가지 종류의 분별 규칙을 제시한다. 하나는 모든 사람들의 영성생활 가운데 일부인 실망^{desolation}과 위로^{consolation}

를 이해하고, 해석하고, 처리하도록 도와주는 것이다. 다른 하나는 하나님의 계시를 받은 생각과 행동을, 악마에게서 비롯된 것들과 구별하도록 도와주는 것이다. 결정을 하려면 분별력이 있어야 한다: 선과 악 중에서 하나를 선택하고, 두 가지 선 가운데 하나를 선택해야 하는 것이다. 대화를 통해 사랑 많으신 하나님을 경험하는 것에 대한 이냐시오의 강조는, 중세기 말엽 영성에 큰 영향을 주었던 하나님에 관한 이성적 지식 강조를 완전히 벗어난 것이었다(배리와 코널리 1982).

영성지도는 스승-제자의 관계가 아니라 자유로운 관계를 맺는 것이다. 영성지도자는 순례의 동반자로서 지도를 제공해준다. 하지만 영성지도자는 순례의 영적 자유를 존중해야 한다. 의존을 장려해서는 안 된다. 삶의 순례의 지도자는 바로 주님이시기 때문이다(맥크레디 1996).

천주교 영성지도자는 성서와 교회의 신앙과 현대 신학에 정통하고 해박해야 한다. 영성지도의 첫 작업은 보통 그릇된 하나님상을 고치거나 수정하는 것이기 때문이다. 영성시도사는 현대 심리학과 다양한 그리스도교적 종교 경험을 잘 알고 있어야 하며, 나아가 비그리스도교적 종교 경험에도 호의적인 인식을 갖고 있어야 한다(배리와 코널리 1982). 전체론적인 영성을 좀 더 강조하고 있는 오늘에는, 영성지도자가 인간의 다각적 측면에 대한 지식과 이해를 갖는 것이 훨씬 더 중요해졌다.

영성지도자는 사랑이 많은 사람이어야 한다. 또한 영성지도자는 폭넓은 인간적, 영적 경험을 지닌 사람이어야 하며, 능력과 기도, 통찰, 비전, 균형, 사려, 공손, 인내, 연민, 신실, 신중, 공감, 성실, 온정, 단순, 격려, 그리고 **수많은 상식**을 갖춘 사람이어야 한다. 영성지도자는 힘 있고 "상처 입은 치유자"가 될 수 있다. 투쟁과 수난, 갈등, 영적인 어두움과 빛에 관한 삶의 경험들을 지니고 있기 때문이다.

추구자의 영적 성장을 위해 하나님의 시간표를 존중해야만 하는 인내심은 영성지도자에게 아주 중요한 덕목이다. 지도자는 그저 인간의 시간, 크로노스가 아니라 하나님의 시간, 카이로스 속에서 살아가는 방법을 잘 알아야 한다. "자신을 은총의 속도보다 빠르게 몰아가고"(무토 2000: 153) 싶은 유혹이 언제나 도사리고 있다. "하나님의 임재의 온갖 복잡성 속에서, 그리고 우리 존재의 모든 단계에서 하나님을 인정하려면 끈기 있는 노력이 필요하다."(칼슨 1996: 73) 어떤 사람들은 영성지도자가 베푸는 것들 가운데 가장 도움이 되는 것은 바로 격려라고 주장하기도 한다(칼슨 1996).

영성지도자에게 또 중요한 것은, 각 개인의 거룩함이 지니는 독특한 형태에 대해서 건전한 존경심을 갖는 것이다. 각 사람은 저마다 다른 신체적 DNA를 갖고 있듯이, 저마다 독특한 영적 DNA를 지니고 있다. 에니어그램이나 MBTI 검사, 또는 그 밖의 심리검사들은 한 사람의 성격 유형을 파악하고, 이 내적인 구조가 그 사람의 기도와 묵상 방법, 발달 경험, 그리고 사도직에 미치는 영향을 알아내는 데 도움을 줄 수 있다.

때때로 영성지도자의 권위가 지나치게 강조되는 것을 막기 위하여, 오늘의 영성지도자는 다음과 같이 덜 권위적인 이미지로 묘사된다:

- 하나님이 오시는 것, 하나님의 임재를 알아차리는 하나님의 청지기(월레스 1996: 82)
- "인간의 마음속에 하나님이 탄생하셨다"는 교부학의 중심

주제와 연결된 산파(칼슨 1996: 83)
- "하나의 예술작품에 몰두하는, 우리를 그리스도의 이미지로 변화시켜 줄 수 있는" 뛰어난 예술가이신 성령의 도구(쉬츠 1996: 57)
- 영혼의 친구(리치 2001)
- 목양 — 영혼의 돌봄$^{cura\ animarum}$ — 을 실천하는 영혼의 의사

영성지도자의 또 다른 역할은 자주 언급되지 않는 역할이다: "밤의 중재자" 역할. 고요한 기도 시간에 영성지도자는 피지도자를 위해 의식적으로 기도한다(맥도웰 1996).

마지막으로 살펴볼 것은, 어쩌면 영성지도 교역과 관련된 사람들을 당황스럽게 만들 수도 있는 것이다. 바로 영성지도자는 모본처럼 보여야 한다는 것. "이상적으로, 영성지도자를 찾아 나선 추구자는 영적인 삶을 좀 더 충만하게 만드는 방법이 무엇인지를 이해하고 있다. 영성지도자의 내적인 기쁨과 평화, 이동의 편이함, 강력한 실재, 그리고 역동적이고 효과적인 행동방식은, 피지도자가 영적인 길을 여행하는 동안 놓치지 말아야 할 희망과 결단력을 제공할 수 있다."(맥도웰 1996: 211)

영적 성숙의 지표

영적 성숙은 인간적, 심리적, 감정적 성숙을 바탕으로 하지만, 일반적으로 성숙이라고 볼 수 있는 것의 한계를 넘어선다. 그리스도교의 영적 성숙은 성시, 특히 그리스도의 역설적인 가르침에서 그 기준을 발견한다.

사도 바울은 그리스도로 옷을 입은 사람의 몇 가지 특징을 열거한다(로마서 13장 14절). 그 사람은 자기 안에 성령이 거하심을 알아차린다(고린도전서 3장 16, 19절). 영적으로 성숙한 사람은 "이 시대의 풍조를 본받지 않고," "마음을 새롭게 함으로 변화를 받아서, 하나님의 선하시고 기뻐하시고 완전하신 뜻이 무엇인지를 분별할 수 있다."(로마서 12장 2절) 또 그 사람은 망상과 그릇된 욕망을 끊어 버리고, 새롭고 영적인 사고방식을 보여줄 수 있다(에베소서 4장 22~24절). 이로써 그 사람은 따로 떨어져 반문화적인 countercultural 사람이 된다.

그리스도인의 성숙은 "법과 예배"에 따라 좀 더 생생해진다. 성숙한 거룩함은 서기관과 바리새인의 거룩함을 뛰어넘어야 한다(마태복음 5장 20절). 성숙한 거룩함은 하나님이 원하시는 것은 제사가 아니라 자비라는(마태복음 12장 7절) 확신과, "안식일이 사람을 위하여 생긴 것이지, 사람이 안식일을 위하여 생긴 것이 아니라"(마가복음 2장 27절)는 확신에 담겨 있다.

성숙한 영성은 "하나님의 나라가 먹는 일과 마시는 일이 아니라, 성령 안에서 누리는 의와 평화와 기쁨"(로마서 14장 17절)이라는 사실을 잘 안다. 성숙한 영적 그리스도인은 결코 예수님의 핵심적인 계명을 잊어 버리지 않는다: "내가 너희를 사랑한 것과 같이, 너희도 서로 사랑하여라."(요한복음 15장 12절; 마태복음 22장 34~40절과 로마서 12장 8~9절도 참고하라.)

성숙한 그리스도인의 영성은 "그리스도께서 사랑하셨던 것처럼, 사랑으로 살아가며,"(에베소서 5장 2절) "말이나 혀로 사랑하지 않고, 행동과 진실함으로 사랑한다."(요한일서 3장 18절) 이 사랑은 예수님 자신이 말씀하신 그대로 실현된다: 주린이에게 먹을 것을 주고, 목마른 이에게 마실 것을 주고, 헐벗은 이에게 입을 것을 주고, 병든 이나 감옥에 갇힌 이를 찾아간다(마태복음 25장 31~46절). "내가 너희를 사랑한 것과 같이" 서로 사랑하라는 명령은 성숙한 이들을 희생적인 사랑, 남을 위하여 자기 목숨을 내놓는 사랑(요한복음 15장 13절)으로 이끌며, 원수까지도 사랑하고 용서하게 만든다(마태복음 5장 43~45절). 이 사랑은 불쌍히 여기며 서로 용서하는 것이다(에베소서 4장 32절). 그리고 모든 선과 의와 진실을 추구하는 것이다(에베소서 5장 9절). 이 사랑에는 두려움이 없다. 이 사랑은 두려움을 내쫓는다(요한일서 4장 18절). 믿음이 필요한 순간에는 두려움이 쓸모없기 때문이다(누가복음 8장 50절). 또한 성숙한 그리스도인은 "모든 일이 서로 협력해서 선을 이룬다"(로마서 8장 28절)는 사실을 잘 알기 때문에 두려움이 사라져 버린다.

성숙한 그리스도인의 영성은 유월절의 신비를 선회한다. 성숙한 영성은 예수님을 따라 죽으나 해도 결코 사라지지 않는다. 성숙한 영성은 십자가를 부인하거나 회피하려 들지 않는다. 성숙한 영성은, 우리가 살기 위해서는 반드시 죽어야 한다는 것, 십자가를 져야만 한다는 것, 그리고 목숨을 잃어야만 살아날 수 있다는 것을 잘 안다(마태복음 16장 24~25절). 비록 영혼이 "나의 하나님, 나의 하나님, 어찌하여 나를 버리셨습니까?"(마태복음 27장 46절)라고 부르짖을 때에도, 성숙한 영성은 좌절하거나 괴로워하지 않는다. 부활이, 새 생명이, 새로운 시작이 따라온다는 것을 잘 알기 때문이다. 성숙한 그리스도인의 영성은 삶 속에서 성금요일과 부활절의 리듬을 받아들이고 기대하며, 따라서 괴로움 한가운데서도 의미를 발견한다.

성숙한 그리스도인의 영성은 또한 성령의 은사와 열매를 자기 삶 속에 드러내는 사람들에게서도 발견된다: 그들의 사랑에는 거짓이 없다. 그들은 악한 것을 미워하고 선한 것을 굳게 잡는다. 그들은 열심을 내어서 부지런히 일하며, 성령으로 뜨거워진 마음을 가지고 주님을 섬긴다. 그들은 소망을 품고 즐거워하며, 환난을 당할 때에 참고, 기도를 꾸준히 한다. 그들은 손님 대접하기를 힘쓰며, 기뻐하는 사람들과 함께 기뻐하고, 우는 사람들과 함께 운다. 또한 그들은 모든 사람과 더불어 화평하게 지낸다(로마서 12장 9~18절). 그들은 성령의 능력으로 소망이 차고 넘친다(로마서 15장 13절). 그들의 사랑은 큰일들을 통해서 드러날 뿐만 아니라, 일상생활의 온갖 사소한 선택과 태도들을 통해서도 드러난다. 그들의 사랑은 오래 참고 친절하며, 시기하지 않으며, 뽐내지 않으며, 교만하지 않으며, 무례하지 않으며, 자기의 이익을 구하지 않으며, 성을 내지 않으며, 원한을 품지 않으며, 불의를 기뻐하지 않으며, 진리와 함께 기뻐한다(고린도전서 13장 4~7절). 성숙한 그리스도인은 자기의 신념을 꿋꿋이 지킨다(누가복음 9장 62절). 따라서 죄가 더 이상 그 사람을 다스릴 수 없다(로마서 6장 14절). 그런 사람은 성령의 열매를 맺는다: 사랑, 기쁨, 화평, 인내, 친절, 선함, 충성, 온유, 그리고 절제(갈라디아서 5장 22~24절). 성숙한 그리스도인의 영성을 판단하는 기본적인 기준은 바로 복음의 척도다: "그들의 열매를 보고서 여러분은 그들을 알아볼 것입니다." 그리고 "그리스도의 옷을 입은" 사람의 열매는 바로 그리스도의 품성이다.

영성지도와 목회상담과 심리치료

20세기 초, 학문의 지위를 요구하고, 신앙과 영성의 문제를 노골적으로 무시하든가 아니면 그 문제들에 도전하려 드는 심리학이 등장한 이후로, 종교와 심리학은 그리 좋은 관계를 맺지 못했다. 때로는 신앙이 그저 무시당하는 게 아니라 매우 위험스러운 것으로 여겨지기까지 했으며, 따라서 신앙은 수많은 심리학적 문제들의 출처가 되었다. 당연히 종교도 이에 대응하고 나섰다. 종교는 심리학이 성적 망상에 사로잡힌 병든 학문으로서, 신앙을 파괴하고, 자유의지와 개인적 책임을 부인하며, 가족과 사회의 건강에 치명적인 것이라고 비난하였다.

그러나 그 학문은 점점 더 발전하였다. 정서적 문제와 심리적 문제들을 진단하고 분류하였으며, 치료방법도 더 발달시키고 응용하였다. 그에 대해 일부 교회는 모든 질병과 모든 불안과 모든 위기와 모든 문제에 대한 하나님의 응답이 실려 있는 성서본문의 목록을 작성했다. 수많은 본문들이 악마와 귀신들림에 연결되었다. 이 본문들을 읽고, 기도하고, 반복해라: 그것만이 해결책이다.

또 일부 교회들은 특정의 심리학적, 치료적 접근법에 세례를 주었다. 특히 "잠재력의 실현"에 초점을 둔 인본주의적 이론들에게 세례를 베풀었다. 그들은 이 운동을 통해서 궁극적인 목표를 달성하고자 했다. 주말 워크숍과 영성수련도 거의 의식화하였다.

좀 더 중도적인 교회는 목회상담, 특별한 형태의 목회돌봄을 발전시켰다. 목회상담은 심리학과 행동과학의 통찰을 받아들이며, 그것을 신학과 신앙 전통에 비추어 탐구하고 이해한다. 또 대체로 위기상황에서, 생명을 부여하고 강화시켜 주는 해결책에 도달하기 위하여, 그것을 개인이나 집단 또는 공동체의 욕구에 적용시킨다. 그것은 목회적이다. 복음의 영 안에서 행하신, 그리고 **회개**^{metanoia} 또는 전향으로 이끌어 주신 그리스도의 직무와 연결되어 있기 때문이다. 영성지도와 마찬가지로, 목회상담은 사람들이 서로 협력하여 하나님의 은총 ― 그들의 현재, 특정 상황에서 역사하시는 성령 ― 에 응답할 수 있도록 도와주려 애쓴다(언더우드 1985; 블란쳇 1985; 콘 1985; 웍스 1993을 참고하여라).

대부분의 사람들은 목회상담과 영성지도의 차이점을 발견할 것이다. 앞에서 살펴본 바와 같이, 하나님과의 관계, 그리스도의 옷을 입고, 자신의 경험 속에 역사하시는 성령께 주의를 기울이는 것은, 영성지도의 중심 요소다. 반면에 목회상담이 강조하는 것은 부부간의 문제나 가정폭력, 중독 유형, 성적 폭력이나 정서적 폭력, 직업의 판별, 슬픔의 진행처럼 바로 눈앞에 닥친 문제들이다. 이것은 신앙 안에서, 신앙을 선용하여, "전략적으로 문제를 해결하는" 것이다(로시 1996). 영성지도도 역시 '지금 여기에' 초점을 맞출 수는 있겠지만, 그래도 '항상 거기에'라는 통찰은 잃어 버리지 않는다.

영성지도는 목회상담보다 더 영구적이고 지속적인 활동이다. 여기에서 우리는 가브리엘 마르셀의 유명한 통찰을 적용할 수가 있다: 삶은 해결해야 할 문제가 아니라, 실천해야 할 신비다. 영성지도는 삶의 신비로운 측면에 좀 더 적합한 반면, 목회상담은 문제해결 측면에 좀 더 적합한 것으로 구분하는 것도 유익한 방법이다.

영성지도와 목회상담은 둘 다 인간적 성숙을 향한 심리학적 발달 과정에 토대를 둔다. 하지만 이 둘은 심리치료보다 좀 더 심오한 과정을 지닌다. 심리치료의 소재와 목표는 자기와 타인과 세상과의 건전한 관계다. 반면에 영성지도와 목회상담의 소재와 목표는 궁극적으로 저 위에 계신 분들과의 관계, 하나님과의 관계, 그리스도와의 관계, 성령과의 관계다. 인간적 성숙의

표 3.1. 영성지도, 목회상담, 심리치료의 차이점

차 원	영성지도	심리치료	목회상담
당면문제	진실하게 지도하고 자극해주실 주님과 경험적이고도 진심 어린 관계를 맺고 싶은 욕구	중독이나 부적응의 행동과 사고방식, 정서적 기능을 극복하고 싶은 욕구	특별한 삶의 위기, 성서와 전통의 지혜를 제공받고 싶은 욕구
목 표	추상적인 신앙을 절실한 신앙으로, "눈썹을 치켜올리는" 신앙을 "눈썹을 내리뜨는" 신앙으로, 이 특별하고 고유한 개인의 모든 측면에 스며드는 신앙으로 옮기기	부적응 유형을 통해 충족시키려 드는 결핍 또는 상실 또는 부족에 관한 이해를 향상시키기; 삶 속에서 통제력과 자유를 얻을 수 있는 전략을 발달시키기	위기의 영향력을 줄이고 하나님과 좀 더 조화로운 삶을 살 수 있도록, 성서와 전통으로부터 지혜를 얻기
절 차	신앙의 요지를 받아들이고, 각 진술이 끝날 때마다 다음과 같이 간단하게 질문한다. "무엇이 다른가요?" 또는 "그래서요?" 기도 상황에서, 하나님과의 대화 상황에서 질문하고, 피지도자의 감정에 유의한다. "의식의 점검"을 익히고 실천한다.	행동을 점검하고 관련된 감정을 검토한다. 문제의 구체적인 인생 결과에 주의를 기울인다. 의학적 평가와 좀 더 전문적인 상담 또는 치료가 필요할 수도 있다.	문제 영역의 탐구를 촉진시키고 통찰력을 향상시켜주는 기술을 동원한다. 성스러운 지혜를 채택하도록 지도한다. 상담을 이용할 수 있는 특정 문제, 슬픔 같은 절차에 의존한다.
자 원	신앙 진리의 성서적 상황; 이냐시오의 성서묵상 유형; 신앙 추구자들의 자서전; 전체론적인 그리스도교 영성작가들	치료법 선택에 관한 참고문헌들	신앙을 강화시키라는 격려, 교회의 후원체계; 훈련 단계에 적합한 영성지도와 심리치료의 자원

과정에서 획득한 자유는 하나님께 귀 기울이고 응답하는 데 사용된다. 그것은 보통 사람보다 더 넓은 영역에서 응답할 수 있는 능력이다. 심리치료와 영성지도와 목회상담의 가장 큰 차이점은, 영성지도와 목회상담은 단순한 인간적 상식의 영역을 초월한 실재와 접촉하게 해준다는 것이다. 그 실재는 바로 예수님의 유월절 신비다. 그리스도인은 이 유월절의 신비 속에서 살아가며, 영성지도자 또는 목회상담가는 그리스도인이 그 리듬을 받아들일 수 있도록 도와주려고 애쓴다.

예수님의 가르침에는 역설이 가득하다. 특히 살기 위해서는 죽어야만 한다는 십자가의 핵심 지혜가 그렇고, 용서하라는 예수님의 명령(마태복음 6장 15절, 8장 21~22, 35절)도 그렇다 — 필립 얀시는 이것을 "부자연스런 행동"이라고 부른다(1997). 또한 원수를 사랑하라는 예수님의 명령(마태복음 5장 43~4절)에도 역설이 가득하다. 영성지도와 목회상담은 이러한 그리스도교 원리들과 씨름해야만 한다. 이 원리들은 대부분의 심리치료 접근법이 닿지 않는 영역에 속한다.

로버트 로시는 영성지도/목회상담과 심리치료의 근본적인 차이점을 다음과 같이 지적한다. "영성지도자가 인간의 감정과 상호작용에 관하여 알고 있는 것보다는, 예수 그리스도와 성부와 성령에 관하여 알고 있는 것이 점점 더 중요해진다. 비록 두 개의 지식 분야가 완전히 분리될 수는 없지만 말이다."(로시 1996: 14) 여러분이 그 스펙트럼 — 심리치료, 목회상담, 영성지도 — 을 통과할 때, 한 사람의 삶 속에서 역사하시는 삼위일체의 중요성은 점점 더 증가하게 된다. 표 3.1은 이 차이점들을 확인하는 데 도움이 될 것이다.

앤 벨포드 율라노프와 배리 율라노프의 다음과 같은 주장은

목회상담과 연관된 것이지만, 영성지도에도 똑같이 적용시킬 수가 있다:

> 가장 급한 일은, 영이 실제로 우리의 삶 속에서 얼마나 강력하게 역사하는가를 진지하게 인정하는 것, 그리고 특히 과학적인 근거에서, 얼마나 많은 인간적 본성이 신비로운 것들의 몸짓과 자세에 영향을 받고, 그것을 강조하고, 그것에 접근하는지를 밝히는 것이다…그리스도는 여전히 마구간에서 — 지금은 그곳이 상담실처럼 보이지만 — 태어나신다. 거름더미 속에서, 강박적인 콤플렉스와 끈질긴 불안, 그리고 우리의 증오와 수동성이 얼마나 우리를 우회하게 만드는지를 깨닫는 고통 속에서. (율라노프와 율라노프 1985: 18~19)

목회상담은 비록 개신교에서 시작되어 주로 그 속에서 성장하였지만, 지난 몇십 년 동안 천주교 속에서도 상당히 중요한 자리를 차지하게 되었다. 천주교 전통의 많은 지도자들이, 심리학의 발달과 발견을 존중하고 나아가 건전한 성서적, 교회적, 신학적, 영적 인간 이해와도 창의적인 대화를 나눌 수 있는 영성지도 방법을 발전시켜 나가려고 굉장한 노력을 기울였다. 대표적인 천주교 대학교와 천주교 심리학, 영성, 목회상담 센터와 기구들에는 평판 높은 심리학 분야가 매우 많이 존재한다.

오늘 영성지도와 목회교역 분야에서 일하고 있는 사람들은 자기가 심리학의 결과물을 무시하고 있는지 아닌지에 무관심하다. 자신이 하나님 말씀의 핵심과 부관한 교역을 수행하려고 하는지 안 하는지도 전혀 관심이 없다(슈뢰더와 마이어스 1996).

정신건강 전문가에게 위탁하기

　천주교 영성지도자는 강력한 심리적, 정서적 침해의 증거를 귀신들림의 탓으로 돌리기를 주저한다. 물론 천주교는 귀신축출의 전통과 교역을 지니고 있다. 하지만 이것은 거의 사용되지 않는다. 오늘의 영성지도자는 한 사람의 정신적, 감정적 상태와 행동이 영성지도자의 능력을 벗어나 전문적인 심리학의 도움을 필요로 하는 순간이 언제인지를 충분히 알 수 있을 정도로 많은 지혜와 지식을 갖고 있다.

　다음은 그런 사례들에 속한다고 볼 수 있다: (1) 뚜렷한 이유가 없는, 또는 명백한 원인과 균형이 맞지 않는 병적인 불안, (2) 합당한 이유가 없는 고통스럽거나 참기 힘든 슬픔, 곧 우울증, (3) 정상적인 적응력의 상실, 예를 들면, 공부를 할 수 없는 학생이나, 자녀에게 관심을 쏟을 수가 없는 어머니, (4) 극심한 두통이나 국부적인 마비증상, 무감각, 실신, 구역질 같은 심신 장애, (5) 강박-신경증적 행동, (6) 자살 징조(로시 1996). 영성지도자는 그리스도교의 영적 가치를 받아들이고 이해하는 정신건강 전문가, 또는 적어도 거기에 적대적이지 않은 정신건강 전문가를 잘 알고 있어야 한다.

　천주교는 하나님이 때때로 직접 간섭하실 수 있으며 또 그렇게 하신다는 사실을 부인하지 않는다. 하지만 우리는 또한 삶의 성례전적 차원에 대한 강한 믿음을 갖고 있으며, 하나님이 권능과 역사로 자주 중재해 주신다는 것을 믿는다. 치료사와 상담가와 약물치료는 하나님의 기적 같은 역사의 통로이자 도구다. 그 모두가 인정과 존중을 받을 가치가 있으며, 사용할 만한 가치가 있다.

요약

오늘 천주교의 영성지도는 제2차 바티칸공의회의 신학적 관점과 교회에서 성령이 차지하는 역할 재강조에 크게 영향을 받았다. 성령의 은사 재발견과 경험, 그리고 이 은사로부터 비롯된 평신도 교역은 영성지도 교역에 실질적인 변화를 불러일으켰다. 예전에는 사제와 종교 지도자들의 지배를 받았던 영성지도가 이제는 평신도 훈련의 장이 되었다. 목회상담은 그 영역을 크게 확장시켰다. 하지만 목회상담이 영성지도와 똑같이 여겨진다면, 자칫 영성지도의 초점을 약화시킬 위험도 있다. 최근의 발달은 각 분야의 특별한 목표와 목적을 명시할 필요가 있다.

천주교에서는 현재 이 직무가 굉장히 부흥하고 있다. 미국만 하더라도 무려 300개가 넘는 센터가 영성지도자들을 훈련시키기 위해 설립되었으며, 거의 대부분의 참가자들이 평신도다. 이 프로그램의 명칭들을 보면, 영성지도에서 성령의 역할을 새롭게 강조하고 있다는 점을 알 수 있다. 애틀랜타의 내주교 관구에는 영성지도를 위한 형성프로그램이 있는데, 그 명칭이 성령, 하나님의 숨결을 뜻하는 히브리어 루아흐$^{Ru'ah}$다. 올랜도에는 아우디레^{Audire}라는 프로그램이 있는데, 이것은 영성지도의 주요 임무들 가운데 하나인 경청 — 성령의 역사에 귀 기울이고 분별하는 것 — 을 뜻한다.

영성지도의 핵심은 기도를 통해서 탐색되는 하나님 경험이다. 영성지도자는 개인이 기도 중에 자기의 감정을 분별할 수 있도록 도와주며, 자기 삶의 모든 측면을 하나님과의 대화로 가셔올 수 있도록 격려해 준다. 그런 신적인 것들과의 진정한 만남은 변화를 일으킨다. 그리고 추구자가 "그리스도의 옷을 입도록" 도와준다. 이제 비해 목회상담은 보통 특정한 상황을 다루지만, 궁극적으로는 둘 다 똑같은 은총의 결과로 이끌어 준다.

참고문헌

Au, Wilkie, 1993, Holistic spirituality. In *New dictionary of Catholic spirituality*, ed. Michael Downey, pp. 488-91. Collegeville, Minn.: Liturgical.

Barry, William A., and William J. Connolly. 1982. *The practice of spiritual direction*. New York: Seabury.

Birmingham, Madeline, and William J. Connolly. 1994. *Witnessing to the fire*. Kansas City, Mo.: Sheed and Ward.

Blais, Madeleine. 1971a. Seeking the will of God and permanent nuturing of one's vocation. In *Spiritual counseling*, ed. Canadian Religious Conference, pp. 22-28. Ottawa: Canadian Religious Conference.

Blais, Madeleine. 1971b. A sense of values in one's personal life. In *Spiritual counseling*, ed. Canadian Religious Conference. pp. 29-32. Ottawa: Canadian Religious Conference.

Blanchette, Melvin C. 1985. A philosophical foundation for professional and ethical issues in pastoral counseling. In *Clinical handbook of pastoral counseling*, exp. ed., Robert J. Wicks, Richard D. Parsons and Donald Capps,

1:614-31. Mahwah, N.J.: Paulist.

Blastic, Michael. 1993. Franciscan spirituality. In *New dictionary of Catholic spirituality*, ed. Michael Downey, pp. 408-18.

Buckley, Michael J. 1993. Discernment of spirits. In *New dictionary of Catholic spirituality*, ed. Michael Downey, pp. 274-81. Collegeville, Minn.: Liturgical.

Caliguri, Angleo M. 1996. Spirituality and ordinary human experience. In *The Christian ministry of spiritual direction*, ed. David Fleming, pp. 12-18. St. Louis, Mo.: Review for Religious.

Carlson, Gregory. 1996. *Spiritual direction and Paschal mystery*. In The Christian ministry of spiritual direction, ed. David Fleming, pp. 72-81. St. Louis, Mo.: Review for Religious.

Chorpening, Joseph F. 1993. Salesian spirituality. In *New dictionary of Catholic spirituality*, ed. Michael Downey, pp. 850-54. Collegeville, Minn.: Liturgical.

Cloud of unknowing, The. 1973. New York: Doubleday-Image.

Conn, Joann Wolski. 1985. Spirituality and personal maturity. In *Clinical handbook of pastoral counseling*, exp. ed., ed. Robert J. Wicks, Richard D. Parsons and Donald Capps, 1:37-57. Mahwah, N.J.: Paulist.

Cusson, Gilles. 1971. The Christian spiritual man of today. In *Spiritual counseling*, ed. Canadian Religious

Conference, pp. 40-46. Ottawa: Canadian Religious Conference.

Doley, Chales Hugo. 1956. *Guidance in spiritual direction.* Ridgefield, Conn.: Roger A. McCaffery.

Eagen, Harvey D. 1993. Ignatian spirituality. In *New dictionary of Catholic spirituality*, ed. Michael Downey, pp. 521-29. Collegeville, Minn.: Liturgical.

Eagen, keith J. 1993. Carmelite spirituality. In *New dictionary of Catholic spirituality*, ed. Michael Downey, pp. 117-25. Collegeville, Minn.: Liturgical.

Edwards, Tilden. 1980. *Spiritual friend.* New York: Paulist.

Edwards, Tilden. 2001. *Spiritual director, spiritual companion.* New York: Paulist.

Empereur, James. 1997. *The enneagram and spiritual direction.* New York: Continuum.

Flannery, Austin, ed. 1992. *Vatican Council II: The conciliar and post conciliar documents*, vol. 1. Grand Rapids, Mich.: Eerdmans.

Fleming, David L. 1993a. Reconciliation and spiritual direction. In *New dictionary of Catholic spirituality,* ed. Michael Downey, pp. 1037-39. Collegeville, Minn.: Liturgical.

Fleming, David L. 1993b. Spiritual direction and liturgy. In *New dictionary of Catholic spirituality,* ed. Michael Downey, pp. 1220-24. Collegeville, Minn.:

Liturgical.

Fleming, David. 1996a. Models of spiritual direction. In *The Christian ministry of spiritual direction*, ed. David Fleming, pp. 106–12. St. Louis, Mo.: Review for Religious.

Fleming, David. 1996b. Spiritual direction: Charism and ministry. In *The Christian ministry of spiritual direction*, ed. David Fleming, pp. 3–9. St. Louis, Mo.: Review for Religious.

Fortier, William. 1993. American spirituality. In *New dictionary of Catholic spirituality*, ed. Michael Downey, pp. 34–38. Collegeville, Minn.: Liturgical.

Francis de Sales. 1962. *Treatise on the love of God.* Trans. Henry B. Mackey. Westminster, Md. Newman.

Francis de Sales. 1972. *Introduction to the devout life.* Trans. John K. Ryan. New York: Doubleday–Image.

Ganss, George E. 1993. Discretion. In *New dictionary of Catholic spirituality*, ed. Michael Downey, pp. 284–85. Collegeville, Minn.: Liturgical.

Glendon, Lowell M.1993. French school of spirituality. In *New dictionary of Catholic spirituality*, ed. Michael Downey, pp. 420–23. Collegeville, Minn.: Liturgical.

Goldbrunner, Josef. 1964. *Holiness is wholeness and other essays.* Notre Dame, Ind.: University of Notre Dame Press.

Gratton, Carolyn. 1993. Spiritual Direction. In *New*

dictionary of Catholic spirituality, ed. Michael Downey, pp. 911-17. Collegeville, Minn.: Liturgical.

Groeschel, Benedict. 1980. *Spiritual passages: The psychology of spiritual development.* New York: Crossroad.

Hilton, Walter. 1979. *The stairway of perfection.* Garden City, N.Y.: Image.

Hunter, David. 1993. Patristic spirituality. In *New dictionary of Catholic spirituality,* ed. Michael Downey, pp. 723-32. Collegeville, Minn.: Liturgical.

Ignatius of Loyola. 1951. *The spiritual exercise of St. Ignatius.* Trans. Louis J. Puhl. Chicago: Loyola University press.

Jette, Fernand. 1971a. Spiritual direction today. In *Spiritual counseling,* ed. Canadian Religious Conference, pp. 22-28. Ottawa: Canadian Religious Conference.

John of the Cross. 1991. *Collected works.* Trans. Kieran Kavanaugh, ed. Otilio Rodriguez. Washington, D.C.: Institute of Carmelite Studies.

Julian of Norwich.1978. *Showings.* In The classics of Western spirituality. trans. Edmund Coledge. New York: Paulist.

Kardong,Terrence G. 1993. Benedictine spirituality. In *New dictionary of Catholic spirituality*, ed. Michael Downey, pp. 84-91. Collegeville, Minn.: Liturgical.

Kinerk, Edward. 1996. Toward a method for the study

of spirituality. In *The Christian ministry of spiritual direction*, ed. David Fleming, pp. 19-35. St. Louis, Mo.: Review for Religious.

Komonchak, Joseph A., Mary Collins and Dermont A. Lane, eds. 1991. *The new dictionary of theology*, ed. Collegeville, Minn.: Liturgical.

Leech, Kenneth. 2001. *Soul Friend: An invitation to spiritual direction.* Harrisburg, Penn.: Morehouse.

Lonergan, Bernard. 1972. *Method in theology.* New York: Herder and Herder.

May, Gerald. 1982. *Care of mind, care of spirit.* New York: Hapder & Row.

McBrien, Richard P. 1994. *Catholicism.* San Francisco: HaroerSanFracisco.

McCready, Hames. 1996. Spiritual direction as pilgrim and companion. In *The Christian ministry of spiritual direction*, ed. David Fleming, pp. 113-21. St. Louis, Mo.: Review for Religious.

McDowell, Alice. 1996. The three dimensions of spiritual direction. In *The Christian ministry of spiritual direction,* ed. David Fleming, pp. 95-105. St. Louis, Mo.: Review for Religious.

Merton, Thomas. 1960. *Spiritual direction and meditation.* Collegevill,Minn.: Liturgical.

Milligan, Mary.1993. Apostolic spirituality. In *New dictionary of Catholic spirituality*, ed. Michael Downey, pp. 51-56. Collegeville, Minn.: Liturgical.

Muto, Susan. 2000. *Catholic spirituality from A to Z*. Ann Arbor, Mich.: Servant.

Neuman, Matthias. 1996. Am I growing spiritually? In *The Christian ministry of spiritual direction*, ed. David Fleming, pp. 36-47. St. Louis, Mo.: Review for Religious.

Nuth, Joan M.1993. English Mystical Tradition. In *New dictionary of Catholic spirituality*, ed. Michael Downey, pp. 337-47. Collegeville, Minn.: Liturgical.

Pennigton, Basil. 1993. Monastic spirituality. In *New dictionary of Catholic spirituality*, ed. Michael Downey, pp. 931-38. Collegeville, Minn.: Liturgical.

Principe, Walter. 1993. spirituality, Christian. In *New dictionary of Catholic spirituality*, ed. Michael Downey, pp. 931-38. Collegeville, Minn.: Liturgical.

Rossi, Robert. 1996. The distinction between psychological and religious counseling. In *The Christian ministry of spiritual direction*, ed. David Fleming, pp. 123-47. St. Louis, Mo.: Review for Religious.

Ruffing, Janet K. 2000. *Spiritual Direction: Beyond the beginnings*. New York: Paulist.

Russell, Kenneth. 1993a. Anglo-Catholic spirituality. In *New dictionary of Catholic spirituality*, ed. Michael Downey, pp. 41-45. Collegeville, Minn.: Liturgical.

Russell, Kenneth. 1993b. Ascetical theology. In *New dictionary of Catholic spirituality*, ed. Michael Downey, p.638. Collegeville, Minn.: Liturgical.

Russell, Kenneth. 1993c. Asceticism. In *New dictionary of Catholic spirituality*, ed. Michael Downey, pp.63-65. Collegeville, Minn.: Liturgical.

Schroeder, Frederich, and Craig Meyers. 1996. *Spiritual direction for today's Catholics*. New Jersey: Catholic Book.

Sheet, John R. 1996. Spiritual direction in the church. In *The Christian ministry of spiritual direction*, ed. David Fleming, pp. 54-71. St. Louis, Mo.: Review for Religious.

St. Michael, Vianney. 1971. Of values and mentalities. In *Spiritual counseling*, ed. Canadian Religious Conference, pp. 33-39. Ottawa: Canadian Religious Conference.

Stinissen, Wilfred. 1999. *The gift of spiritual direction*. Liguori, Mo.: Liguori.

Studzinsky, Raymond. 1993. Feelings. In *New dictionary of Catholic spirituality*, ed. Michael Downey, pp. 392-94. Collegeville, Minn.: Liturgical.

Teresa of Ávila. 1980. *The collected works*. Trans. Kieran Kavanaugh, ed. Otilio Rodriguez. Washington, D.C.: Institute of Carmelite Studies.

Thomas a Kempis. 1989. *The imitation of Christ*. Notre Dame, Ind.: Ave Maria.

Tickerhoof, Bernard. 1991. *Conversion and the enneagram*. Denville, N.J.: Dimension.

Ulanov, Ann Belford, and Barry Ulanov. 1993. Reaching to the unknown: Religion and the psyche. In *Clinical handbook of pastoral counseling*, exp. ed., Robert J. Wicks, Richard D. Parsons and Donald Capps, 1:614-31. Mahwah, N.J.: Paulist.

Underwood, Ralph. 1985. Pastoral counseling in the parish setting. In *Clinical handbook of pastoral counseling,* exp. ed., ed. Robert J. Wicks, Richard D. Parsons and Donald Capps, 1:614-31. Mahwah, N.J.:Paulist.

Wallace, Franck. 1996. spiritual direction. In *The Christian ministry of spiritual direction*, ed. David Fleming, pp. 82-94. St. Louis, Mo.: Review for Religious.

Wicks, Robert J. 1993. Introduction. In *Clinical handbook of pastoral counseling*, exp. ed., ed. Robert J. Wicks, Richard D. Parsons and Donald Capps, 1:614-31. Mahwah, N.J.: Paulist.

Woods, Richard. 1993. Spirituality, Christian (Catholic), history of. In *New dictionary of Catholic spirituality,* ed. Michael Downey, pp. 938-46. Collegeville, Minn.: Liturgical.

Yancey, Philip J. 1993. *What's So Amazing About Grace?* Grand Rapids, Mich.: Zondervan.

Zwailla, Ronald J. 1993. Dominican spiriruallity. In *New dictionary of Catholic spirituality*, ed. Michael Downey, pp. 286-94. Collegeville, Minn.: Liturgical.

제4장
성공회 전통의 영성지도

그레이 템플

서품받은 성직자들에게 기대하고 있는 영성지도는 영국국교회주의가 시작되는 바로 그 지점까지 거슬러 올라간다. 수 세기 동안 사제 서품예식에 사용된 전통적인 표현에는 다음과 같은 사제의 임무 설명이 포함되있다:

> 형제들이여, 여러분은 개인적인 검토뿐만 아니라, 지금 여러분에게 주어진 권고, 그리고 복음서와 사도들의 글에서 얻은 거룩한 교훈을 통하여, 여러분이 부름 받은 이 직무가 얼마나 위엄 있고 얼마나 중요한가를 알았습니다. 이제 우리 주 예수 그리스도의 이름으로 다시 한 번 여러분에게 권합니다. 여러분이 부름 받은 이 직무와 책임이 얼마나 존엄하고 얼마나 중대한 것인지를 기억하십시오: 다시 말해서, 주님의 사자, 파수꾼, 청지기가 되는 것; 주님의 가족을 **가르치고, 미리 경고하고,** 먹이고, 부양하는 것; 널리 흩어진

그리스도의 양들을 찾고, 이 음란한 세상 한가운데서 그리스도의 자녀를 찾아서, 그들이 그리스도를 통해 영원히 구원받을 수 있게 해주는 것.

...그러므로 여러분이 하나님의 자녀를 위한, 그리스도의 몸과 배우자를 위한 성직자의 임무를 맡았다고 생각하십시오; 그리고 여러분에게 주어진 이 모든 일을 끝마칠 때까지 절대로 노력을 멈추지 마십시오. 여러분이 맡은 임무에 따라, **돌봄과 부지런함을 절대로 그만두지 마십시오. 그 모든 것들이 여러분의 책임 아래 있거나 또는 그래야 하며, 하나님에 대한 신앙과 지식에 합치해야 합니다. 그리고 그리스도 안에서 성숙함과 완전함에 도달해야 합니다.** 여러분 가운데 종교적인 실수나 삶의 사악함을 위한 여지를 남겨두어서는 안 됩니다. (공동기도서 1928)

영성지도 교역은 이 섬김 속에 완전히 함축되어 있다.

제레미 테일러 주교는 『영국국교회로 새롭게 전향한 사람들에게 보내는 편지』에서 자기도 의식하지 못한 사이에 영성지도자의 역할을 이야기하였다. "자주, 그리고 효율적으로 기도하십시오; 나는 여러분이 오래 기도하기보다는 자주 기도해야 한다고 생각합니다."(무어와 크로스 1951: 615에서 인용). 그는 이것이 자신의 의무라고 생각했다. 허락을 받으려는 게 아니었다.

지난 세기는 영성지도에 몇 가지 중요한 공헌을 하였는데, 나는 그 중 일부에 대해서 자세히 살펴보고자 한다. 최근의 발달은 자질이 있는 평신도를 영성지도자로 인정하는 데까지 이르렀다. 영성지도, 목회상담, 그리고 심리치료의 경계선에 관한 협의는 최근에 많은 관심을 얻고 있다. 페미니즘은 성공회의 영성지도에 뚜렷하고 유익한 영향을 미쳤다. 특히 내담자들이 자신의 지배욕이나 지배 받고 싶은 욕구에 대해 검토해 보도록 격려해 주었다. 성공회의 켈트 영성에 대한 재이해는 최근에 기분 좋은 발전을 이룩하였으며, 때로는 이단 지도자 펠라기우스의 이웃에 접하기도 했다(4세기 후반부터 5세기 초반까지). 다른 사람들을 위한 봉사와 지구를 돌보는 행동을 통해서 그리스도에 대한 우리의 사랑을 표현하는 것은 훨씬 더 최근에 강조되기 시작하였다. 이러한 진전은 교육적 요소, 특히 기도훈련 때문에 이미 특별해진 성공회 전통의 풍미를 더해 주었다.

성공회 영성지도의 정의

성공회에서 영성지도는 두(때로는 더 많은) 그리스도인의 목적이 있는, 훈련된 관계다. 영성지도는 한 쪽 또는 양쪽 참가자 모두가 자신의 개인적인 삶을 하나님과 연결시키는 훈련법을 알아내고 연마하는 것을 목표로 한다. 영성지도는 복음전도 다음 단계로 생각될 수도 있다. 다시 말해서, 일단 영혼이 예수 그리스도 안에서 하나님의 구원의 은총을 경험함으로써 즐거워하게 되면, 그 다음으로는 영적인 성장을 추구해야만 하는 것이다. 이전에는 세속적이었던 영혼이 이제는 거룩해져야 한다. 영성지도는 영혼이 그 거룩함을 추구할 수 있도록 도와준다.

거룩함 속에서 성장하는 것은 예술과 비교할 수 있다. 보통 거기에는 여러 가지 요소가 포함된다.

정직하고 용감하게 자기를 드러내야 한다.

자기-방어는 이류의 예술작품을 만들어 낸다. 자기-기만은 영적인 자기-방어와도 같아서, 영적인 성장을 철저히 방해한다. 예술에서 자기-방어는 예술가 지망생을 계속해서 조심스럽고 모방적인 상태로 유지시킨다. 영적 성장을 시도할 때 자기-기만은 영혼을 가벼운 대답과 인간 조건에 대한 얕은 이해로 이끄는 경향이 있다. 영성지도자들은 우리를 정직하게 유지시켜 준다 — 또는 그러려고 노력한다. 현명한 영성지도자는 단순한 열의와 실천적인 정직함의 차이점을 파악할 수 있다 — 그리고 율법주의가 하나님을 향한 우리의 사랑보다도 심연에 대한 두려움을 키운다는 사실을 잘 안다.

지도에 순종해야 한다.

뛰어난 예술가들의 비판적인 음미를 거치지 않고 발전을 이루는 예술가는 거의 없다. 이것은 고통스럽지만 꼭 필요한 과정이다. 성장하는 예술가는 자신의 작품을 마치 다른 사람의 작품처럼 객관적으로 볼 수 있어야 한다. 이와 마찬가지로, 영적인 성장을 시도하는 영혼은 자신만의 독특함이 나타나기를 바라기 전에 우선 자신의 **평범함**부터 포용해야 한다. 하나님의 길을 잘 알고 우리보다 더 "우리...마음의 생각과 욕구"를 잘 아는 영성지도자들이 있다. 그런 사람들과 함께 할 때 우리는 좀 더 빨리 "하나님께 정직해질" 수 있다. 그들은 우리의 영적 성장을 도와준다. 우리 안에 또 다른 객관적 견해를 심어준다. 예술 교사들이 다양한 염색 방법을 알고 있듯이, 영성지도자는 다양한 기도 방법들에 대해 잘 알고 있다.

엄청난 지루함과 싸워야 한다.

회화, 조각, 음악, 시와 싸워본 적이 있는 사람이라면 누구나 본디 비전이 더 이상 가능하거나 흥미롭게 느껴지지 않는 순간을 잘 알 것이다. 그런 순간에 사람들은 넌더리나는 창작활동에서 벗어나고 싶은, 또는 그것을 망가뜨리고 싶은 유혹을 느끼게 된다. 동료 예술가는 종종 "우리의 첫사랑을 한 번 떠올려봐" 하고 예술적으로 말할 수도 있다. 바로 그런 지루함이 때로는 예수 그리스도와의 삶에서도 느껴진다. 권태감뿐만 아니라 실천적인 구역질의 공격까지 받는 순간이 다가온다. 그런 공격은 단순한 악마 이상의 원인이 있으며, 단순히 죄의 열매라기보다는 좀 더 복잡하다. 예수님과 우리의 관계는 마치 우리의 결혼생활과도 같다 — 모든 것들이 그러하듯이 여기에도 성쇠가 존재한다. 현명한 영성지도자는 단순한 악마적 또는 인간적 악을 초월하여 심오하고 복잡한 관계의 원동력을 이해한다. 예를 들어서, 현명한 영성지도자는 예수님에 따라 억제되거나 따분해진 영혼의 존재감은 사실 우리 수님이 그 사람의 삶 속에서 점점 더 중요해지자 그만 겁을 먹은 증거임을 금방 알아차린다. 때로는 영적인 순례를 가로막기도 하는 이 지루함 더미를 깨끗이 치우려면, 자기 삶이나 다른 사람의 삶에 그런 지루함 더미를 쌓아올린 사람들과 즐겁게 지내는(또는 참아내는) 게 상당히 큰 도움이 된다.

더 크고 새롭게 태어난 것처럼 느끼게 해준다.

진정한 예술적 성공은 삶 전반에 걸친 우리의 인지력과 분별력을 크게 향상시켜 준다. 그것은 다른 예술가들과의 경쟁을 없애주고, 예전의 경쟁자들과도 협력의식을 느끼게 해준다. 이와 마찬가지로, 성령의 열매는 "사랑과 기쁨과 평화…"(갈라디아서 5장 22~23절)다. 그것은 혼란의 한가운데서도 우리에게 기쁨과 평화를 안겨준다; 그것은 우리가 겸손하게 자기를 인정하고 또 다른 사람들을 인정하게 해준다. 다시 말해서, 영성지도는 우리가 이 내적 현상의 실재를 믿지 못하고 머뭇거리는 순간 그것에 집중할 수 있도록 도와준다.

다른 이들에게 생명과 희망을 전한다.
　진정한 예술작품은 우리 수용자들이 주변세계를 지각하는 방법을 확대, 심화시켜 준다. 우리의 삶 속에 진정한 성인이 존재하는 것 역시 똑같은 변화의 힘을 갖고 있다. 성인은 자기-노출, 뛰어난 비평가들의 지도, 관계적 강화의 지루함과 좌절, 그리고 재탄생의 공포를 모두 다 이겨낸 사람이라고 볼 수 있다. 우리들 중에는 영성공동체로부터의 고립을 통해 거룩함을 성취할 수 있는 키에르케고르가 거의 없다. 우리들 대부분은 예리한 동료를 필요로 한다. 영성지도는 우리가 사용할 수 있는 가장 강력한 형태의 친교에 속한다. 그것은 결코 여자 같은 남자들을 위한 게 아니다.
　영성지도는 대체로 주기적인 만남의 형태를 취한다. 이것은 목회상담의 주기적인 만남 ― 한 사무실에서 지도자와 함께 한 시간씩 만남 ― 과 유사할 수도 있고 연달아 며칠씩 함께 영성수련에 참여할 수도 있다. 우리가 몰라서 그렇지, 요즘은 많은 영성지도가 이메일을 통해 이루어지기도 하는데, 이것은 우편 서비스를 자주 이용했던 바이런 프리드리히 폰 헤겔이나 이블린 언더힐을 생각하면 그리 놀라운 일도 아니다.
　전형적인 만남의 구성요소에는 성례전적인 고백; 영성 일기나 꿈 일지 재검토; "삶의 규칙" 형성, 검토, 조정; 다양한 형태의 기도 지침과 실천; 영적 독서 과정을 제안하고 지도하기; 피지도자가 자신의 이야기를 복음의 이야기와 연결 짓고 그것을 지도자와 공유할 수 있도록 격려해 주는 비공식적 대화 등이 속한다. 그것은 일대일 관계에서 생겨날 수도 있고 목적에 헌신적인 집단 속에서 생겨날 수도 있다.

성공회의 영성지도에는 강력한 교육적 요소가 한 가지 존재한다. 우리들 대부분은 악몽을 일으키기에 충분한 하나님상과 개념, 좀 더 제한적인 교회 상황에서 어린 시절을 보내는 동안 심어진 이미지를 좇아서 교회로 왔다. 신을 두려워하고 원망하면서 그 신을 사랑하기는 힘들다. 따라서 지도자는 우선 피지도자에게 예수 그리스도의 하나님을 가르치는 데 시간을 많이 쏟아야 할 것이다.

성공회에 속한 많은 사람들이 기도생활의 풍성함이나 다양성 같은 개념을 안 갖고 있다; 그들의 기도상은 하나님께 이야기하는 것뿐이지, 하나님의 말씀을 **경청하는** 경험은 선혀 포함되지 않는다. 많은 이들에게 성서는 그저 그리스도교 신앙과 도덕을 적어놓은 요약서일 뿐이다; 그들은 친밀한 기도의 발판이라는 성서 개념을 전혀 모른다.

그러므로 영성지도자는 교사의 역할을 담당해야만 한다. 교육은 기도 부분에 관한 피지도자의 독서를 감독하는 형태를 취할 수도 있고, 아니면 다양한 방법의 코칭이나 모델링 형태를 취할 수도 있다.

성공회의 일부 영성지도 전문가들은 내가 **지도**direction와 **지도자**director라는 용어를 사용하는 것에 반대할지도 모른다. 그들은 두 그리스도인 간에 가장 영양가 있는 영적 개입은 동반자적인,

그리고 권위적으로 "수평적인" 것이라고 (대체로) 주장할 것이다. 내 친구가 한 번은 이런 말을 했다. "영적 성숙의 사다리가 있다네. 그리고 우리는 저마다 그 사다리의 한 단을 차지하고 있지; 그 사다리는 하나님 앞에서 땅 위에 평평하게 뻗어 있어."

또 일부는 좀 더 전통적인 관계, 본질적으로 수직적이고 반semi-직업적인 관계로부터 커다란 열매를 보고할 것이다. 성공회에서는 이것이나 저것이나 별로 다를 바가 없다 — 만일 여러분이 어느 것을 더 선호한다면 처음부터 요구하는 게 현명한 행동일 것이다.

이 양극성은 성공회의 영성추구와 심리치료의 밀접한 관계를 반영한다. 칼 로저스와 결합된 간접 상담법은 1950년대와 1960년대의 영성지도에 관한 우리 논의로 이어졌고, 10년이 넘도록 굉장히 유행하였다. 이것은 이전의 틀에 박힌 이미지, 책상 너머에서 영성과제를 내주는 준엄하고도 고상한 사제 이미지와 완전히 대조되었다. 불을 보는 뻔한 얘기지만, 그 논의는 이리저리 흔들렸다; 오늘 미국성공회의 영성 멘토들은 양 극단 사이에서 특별히 영국성공회적인 중도를 찾고 있는 추세다.

하나님의 나라에서 훈련을 받은 서기관처럼(마태복음 13장 52절), 성공회의 영성지도자는 옛 보물과 새로운 보물 — 성서만큼 오래된 보물과 (어쩌면) 현재의 뇌 연구만큼이나 새로운 보물 — 을 여러분과 함께 나눌 것이다. 영성지도자는 자신의 일을 심리치료와 구분하지만, 그래도 일부는 상황에 따라 두 가지 모자를 다 쓰기도 한다. 그리고 대부분의 경우 심리치료에 매우 익숙하다. 치료사로서 또는 소비자로서 말이다. 영성지도자는 임상적으로 아주 예민하여, 심리치료가 나타날 경우 금방 알아채고 환자를 적합한 임상의에게 소개해 줄 수 있을 것이다.

성공회 영성지도의 역사

성공회의 영성지도는 여러 방면에서 덕을 본다. 성공회 영성지도의 가장 중요한 토대는 바로 공동기도서일 것이다. 성공회 교인들이 사용하는 현재의 기도서(1979)는 1549년 처음 출판된 이후로 11번째 재판되었다. 그 기도서들은 공통적으로 성례전(몇 가지는 영국의 영원한 튜더왕조 때 나타남), 성무일과(수도원 시대에 생겨난, 성서읽기에 초점을 맞춘 경건예식), 시편모음집, 목양 업무(예를 들면, 병자들을 위한 교역), 성공회 업무(예를 들면, 성직안수), 온갖 상황에 맞게 훌륭한 언어로 표현된 기도와 감사, 교리문답과 역사적 자료(예를 들면, 아타나시오스 신경, 성공회 39개 신조)를 공유하고 있다. 성공회 영성지도자의 주요 임무 가운데 하나는 피지도자에게 이 기도서가 주는 풍요로움을 알려주는 것이다.

종교개혁 이후 로마에서 독립한 천주교의 한 지류로서, 우리의 수도원 전통이 그대로 살아 있는 성공회는, 선동적인 천주교 영성훈련의 보물을 차저한다. 우리는 이그나티우스 영성에 친밀하고 익숙한 성공회 영성지도자를 보더라도 놀라지 말아야 한다. 우리는 대부분 성 프란시스 드 살레를 아주 좋아한다. 그의 저서 『경건한 삶에 대한 소개』 *Introduction to the Devout Life* (2000년에 번역됨)는 어느 평신도 여성에게 쓴 책이었다. 그는 그 여성에게 "세속적인" 삶의 소재들 속에서도 수녀원에서 발견한 것과 똑같은 정화를 발견할 수 있다고 격려해 주었다. 이 책은 우리들 대부분이 영성지도의 목표라고 생각하는 것에 대한 매우 묘사적인 프로젝트다. 우리는 영성지도자의 책꽂이에서 아빌라의 테레사와 십자가의 성 요한이 쓴 책이나 『무지의 구름』 *The Cloud of*

^{Unknowing}(14세기), 로렌스 형제의 『하나님의 임재 연습』$^{Practice\ of\ the}$ $^{Presence\ of\ God}$(1958년에 번역됨), 그리고 그 밖의 온갖 위대한 영적 고전들을 발견하게 되더라도 전혀 놀랄 필요가 없다. 노위치의 줄리안을 소중히 여기는 것은 비단 페미니스트뿐만이 아니다. 우리 영성지도자들이 여러분에게 가르칠 수 있는, 특별히 성공회적인 형태의 묵주가 있다.

영성지도는 처음부터 성공회 사제/신부가 갖추어야 할 모든 것 가운데 일부였다. 시인이자 사제인 존 돈(1571~1631)과 조지 허버트(1593~1633)를 포함한 이른바 성공회 성직자들은 영성지도 교역을 과정의 문제로 받아들였으며, 우리가 오늘까지도 사용하는 것들을 많이 남겨 주었다. 우리가 로마에 대한 복종으로부터 막 벗어났던 16, 17세기의 이 신학 작가들은 책을 통해서 성공회가 그 목소리를 찾을 수 있도록 도와주었다. 처음부터 성공회는 그 자체만의 독특한 **영혼의 돌봄**$^{Seelsorge\ 1)}$ 전통을 갖고 있었다. 사실 1549~1979년에 계속해서 쓰인 공동기도서는 개인적인 기도생활을 하고 있는 개인과 가족뿐만 아니라 대규모 회중을 위해서도 만들어졌다.

종교개혁 시기에 로마교황의 감독으로부터 벗어난 영국국교회는, 특별한 사상과 실천을 주장하는 두 개의 단체를 포함하게 되었다. 예전적인 교회는 교회가 예배와 교회법, 훈련과 교리 속에 천주교의 본질을 담고 있어야 한다고 강조하는 경향이 있었다. 교리적으로 예전적인 교회는 성육신의 신비에 집중하는 편이다. 한편 비예전적인 교회(사실상 청교도에서 발전함)는 대륙 종교개혁으로부터, 특히 제네바로부터 가져올 수 있는 것들을 기꺼이 받아들였다. 교리적으로 비예전적인 교회는 속죄의 신비에 집중하는 경향이 있다. 이 두 가지 강조점은 오늘 우리들 가운데서도 찾아볼 수 있다. 심지어는 영성지도를 훈련하는 방법에서도 차이가 난다. 성육신에 기초한 영성지도는 명상과 묵상을 강조하며, 삶에 대해 편협한 판단을 하지 않고 감사의 태도를 취한다. 반면에 속죄에 토대를 둔 영성지도는 삶의 질서를 확립하는 데 집중한다.

미국성공회/영국성공회 교단의 확고한 표현은 19세기 영국의 옥스퍼드운동에서 탄생한 영국국교회-천주교파^{Anglo-Catholicism}라는 이름으로 알려진다. 영성지도와 수도원운동은 우리 교회의 이 부문에 늘 익숙한 요소였다. 영국국교회-천주교파는 성공회 영성지도의 근본적인 토대를 형성한다.

영국에서는 ― 유감스럽게도 미국에서는 그렇지 못했다 ― 교회의 복음주의 (비예전적인 교회) 세력이 영성지도의 실천과 이론에 특별한 기여를 하였다. 예를 들면, 웨슬리운동도 이와 관련된다. 복음운동은 성공회의 가장 확고한 외국선교 활동이었으며, 인간과 하나님의 화목에 관한 그들의 관심이 낳은 결과였다.

1980년대 초반에 앨런 존스가 뉴욕 제너럴신학교에 그리스도교영성센터를 설립하면서부터 영성지도는 성공회에서 학문적인 위상을 얻게 되었다. 그리고 다른 신학교들도 재빨리 그 센터를 본뜨게 되었다.

1970년대와 1980년대에는 천주교의 꾸르실료 운동이 성공회로 전수되면서, 신자들의 영성생활이 무척이나 풍요로워졌다. 수천 명의 성공회 교인들이 삶을 변화시키는 주말캠프로부터 자신의 교구로 되돌아왔다. 그들은 교구목사에게 "이 '영성지도'란 것이 과연 무엇입니까?"라고 물었다.

묘한 이야기지만, 성공회 은사운동은 영성지도 실천에 별다른 영향을 미치지 못했다. 은사주의의 영향력은 좀 더 유동적인 예배와 좀 더 힘 있는 복음운동에서도 찾아볼 수 있고, 최근의 찬송가학에서도 느낄 수 있다. 하지만 은사운동은 영적 성장에 대한 지도자들의 평균적인 접근법을 만들어 내지는 않았다.

이렇게 등한시한 데에는 두 가지 이유가 있는 것 같다. 첫째는 은사운동이 (내가 잘 모르는 이유들 때문에) 모더니즘 이전의 신학적, 해석학적 인식론을 무비판적으로 포용하는 경향이 있다는 것이다. 그 결과 은사운동은 뭔가 이름을 붙일만한 새로운 신학이나 성서학을 전혀 만들어 내지 못했다. (내 생각에, 한 가지 다행스런 예외가 있다면 Suurmond 1994라고 할 수 있겠다.) 성공회 교인들은 몇 세기 전의 정신적 준거기준에 따라 살아가려 애쓰는 것은 별로 좋지 않다고 생각하는 경향이 있다. 영적 성숙에는 오늘의 현실과 몇 가지 조약을 맺는 것이 수반된다. 우리 자신의 지적 표현 속에서 하나님의 실재를 분별할 수 있는 능력을 향상시키는 것도 여기에 포함된다.

둘째는 성공회 교인들이 우리 구원의 바위를 화성암이 아니라 퇴적암으로 생각하는 경향이 있다는 것이다. 성공회 교인에게 언제 구원받았냐고 물어보면 아마도 이렇게 대답할 것이다. "2천 년 전에요." 전향의 극적인 경험은 그대로 유지하기가 힘든 것으로 유명하다. (이 어려움에 관한 논의를 충분히 살펴보려면, 템플 2001을 참고하여라.) 고전적인 영성 작가들은 극적인 영적 돌파구에서 너무 많은 위안을 찾지 말라고 경고한다. 성공회 영성지도자들은 성숙한 영성이 단지 "새롭게 태어난" 사람뿐 아니라 모두의 손이 미치는 곳에 있다고 생각한다. 그러므로 그들은 극적인 전향 경험에 대하여 의심과 편견을 갖고 있다.

> ## 성공회 전통의 영성지도 추천도서
>
> F. P. 하튼의 『영성생활의 요소』$^{The\ Elements\ of\ the\ Spiritual\ Life}$ (1950)는 영국국교회-천주교파의 고전이다. 어떤 이들은 그것의 범주가 소중하다고 보기도 하지만, 내가 알기론 그것은 전체적으로 서구 천주교 전통의 고전적인 영적 지혜를 요약해 놓은 것이다.
>
> 나는 또 내 오랜 친구인 고 어번 T. 홈즈 3세의 『그리스도교 영성의 역사』$^{A\ History\ of\ Christian\ Spirituality}$ (1980)를 추천하고 싶다. 그의 친구들과 학생들은 그를 테리라고 불렀다. 테리는 성공회 교인들이 영성 전통에서 가장 자랑스럽게 생각하는 것들을 예시하고 나아가 소개하였다. 그 얇은 책을 통해서 여러분은 인간의 정신에 관한 심오한 지식의 무대로부터, 하나님과 함께 하는 우리의 삶을 너무나도 진지하게 받아들였던 그의 마음자세를 읽게 될 것이다.

나는 개인적으로 그와 같은 공백을 유감스럽게 생각한다. 이런 경솔함 대신에 은사운동은 가장 멋지고 빠른 "접속 소프트웨어"를 발달시켰다. 우리는 하나님과 강렬한 관계를 맺기 위하여 이것을 지닌다. 우리의 교육 없이 그것에 이르는 길을 발견한 사람들도 많다. 그들이 우리에게 자신의 체험을 말해 줄 때 매우 들떠 있다는 사실을 우리는 알아야 한다. 영성시도를 받기 위한 자기 노력의 반응을 살피는, 새롭게 "다시 태어난" 성공회 교인들의 보고를 자칫 잘못 이해하는 경우가 상당히 많다.

성공회의 영성지도 실천에서 또 하나의 중요한 지류는 바로 심리치료였다. 의료적 실천과 목회적 돌봄의 이와 같은 결합은, 좀 더 보수적인 교단들보다도 몇십 년 일찍, 성공회 교인들 사이에서 정착하게 되었다. 심리치료가 한 사람의 개인적인 성장에서 적절한 역할을 담당한다는 사실은 이미 모두가 인정하고 있다. 성공회 교인들이 심리치료의 언어와 절차에 익숙한 것은 전문가적 자질이라기보다는 오히려 문화적 기대에 가깝다.

여기에서 반드시 언급해야 할 것은, 수많은 성공회 교인들이 C. G. 융의 심리학을 특별히 매력적이라고 생각한다는 점이다. 성공회의 교인들 가운데는 숙련된 평신도 분석가들이 상당히 많다. 그들이 융에게 매력을 느끼는 것은 다른 사람들이 영성지도에만 흥미를 느끼는 것과 똑같은 수준이다. 성공회 영성지도자는 MBTI 성격유형검사 (또는 적어도 케어시-베이츠 버전)에 매우 익숙하며, 그것을 영적인 자기-카탈로그 임무를 수행하는 데 효과적으로 사용할 수가 있다. 모튼 켈시의 이름은 성공회의 이러한 강조점에서 우뚝 솟아 있다. 하지만 존 샌포드의 이름 역시 꼭 언급해야만 한다.

가장 뛰어난 영성지도자들 중 일부 — 특히 샬렘연구소의 설립자인 틸든 에드워즈 — 는 아시아 영성 전통에 대해 아주 오랫동안 연구한 끝에 현재의 훈련 방법들을 고안해 냈다. 이슬람 내의 수피^{Sufi} 전통도 몇몇 영성지도자들의 지도를 풍성하게 만들어 주었고, 선^{Zen} 역시 마찬가지였다. 카발라^{Kabbalah}가 영양가 있는 원천임을 발견한 미국성공회 영성지도자들도 있다. 도교의 수용적이고 복종적인 감수성 역시 일부 지도 과정에서 어울리는 장소를 찾아냈다.

아시아의 금욕주의 훈련이 그리스도교 영성을 풍성하게 해주었다는 주장에도 우리는 별로 놀랄 이유가 없다. 초기 동방 정교회의 신비적 수도원 운동에는 요가와 비슷한 훈련의 증거가 남아 있다. 실은, 일전에 어떤 친구가, 내가 도저히 증명할 수 없었던 것을 설명해 준 적이 있었다 — 그러니 다음의 제안은 **에누리해서** 듣길 바란다. 그 친구는 요가가 5세기 네스토리우스 소속 그리스도교 선교사들에 따라 인도에서 중국으로 전달되었다고 말했다. 그리고 계속해서 말하기를, 5세기 이전의 아시아에는 이런 실천의 증거가 거의 없다고 했다. 이것은 우리가 불교나 힌두교와 연결 짓고 있는 실천의 일부들이 그리스도교에 그 뿌리를 두고 있다는 의미를 내포하고 있다.

물론 아시아가 성공회 영성지도에 기여한 것들이 모두 이단적인 종교에서 비롯된 것은 아니다. 일부 성공회 영성지도자들은 그리스정교회의 필로칼리아^{Philokalia}와 러시아정교회의 "마음기도"$^{Prayer\ of\ the\ Heart}$ 또는 "호흡기도"$^{breath\ prayer}$를 소중히 여긴다. 내가 막 시작했을 무렵, 내 영성지도사는 내게 러시아정교회의 보물인 안토니 블룸의 『기도를 시작하는 법』$^{Beginning\ to\ Pray}$(1970)을 읽으라고 주었다.

나는 우리 비예전적인 교회의 복음주의 분파인 미국성공회가 영성지도에 가장 차가운 반응을 보였다는 사실을 인정해야만 한다. 이러한 긴장은 영국적이라기보다는 오히려 미국적, 호주적이다. 복음운동은, 영성으로나 사회정의로나, 영국교회 내의 긍정적인 힘이다. 그 뿌리가 되는 제도는 종교개혁 초기로까지 거슬러 올라간다. 영국의 복음주의자들은 영국국교회-천주교파 동료들과 함께 영성지도 테이블에 앉아 있다. 마치 그들이 빈민굴에서 서로 어깨를 맞대고 일하는 것처럼 말이다. 하지만 불행히도 미국에서는 그런 일이 벌어지지 않았다. 왜일까?

그 이유는 그저 성공회의 영국국교회-천주교파 교인들과 복음주의자들 간에 늘 존재해 온 당파적 긴장에 불과한 것이 결코 아니다. 북아메리카의 복음운동은 특별히 칼빈주의의 특성을 띠며, 때로는 근본주의로 흐르기도 한다. 그 결과 (미국) 성공회의 복음운동은 그리스도가 십자가 위에서 이루신 속죄의 행위, 우리를 하나님 앞에서 정화시켜 주신 속죄 행위에 절대적인 중요성을 부여한다. 따라서 그들에게는 우리의 신비적 성향을 발전시킴으로써 하나님께 다가가는 것이 마치 십자가를 회피하는 것과도 같을 것이다. 마치 죄인이 맹렬한 자기-연마만으로 하나님과 친밀한 관계를 이룰 수 있을 것처럼 말이다. 조나단 에드워즈는(수많은 복음주의 성공회 교인들이 그의 신학에 동의한다) 종교적 감정에 관한 뛰어난 학술논문에서, 자칫 환상과 감정적 황홀경 때문에 잘못된 길로 인도될 수 있다고 경고했다(에드워즈 1997을 참고하여라). 영성지도는 그런 위험에도 일시적인 관심을 지닌 것처럼 보일 수 있다.

그러한 반대에 대한 영국국교회-천주교파의 반응은 두 가지 형태를 취하는 경향이 있다. 첫째, 예전적인 교회(영국국교회-천주교파)는 다음과 같은 신학적 주장을 펼친다. 속죄는 창조가 시작될 때부터 이미 현실이다; 아타나시우스의 말로 바꾸어 말하자면, "말씀이 없었던 때는 한 순간도 없었다." 예전적인 교회는 이어서 이렇게 말할 것이다. "**속죄**가 없었던 적은 단 한 번도 없었다." 다시 말해서, 십자가는 속죄에 영향을 미치는 게 아니라, 그것을 감사함으로 명확히 받아들이게 하는 것이다. 영국국교회-천주교파 교인들과 심지어는 광교회파(영국국교회-천주교파와 복음주의의 중간 집단)의 경우에도, 성육신은 그 안에 속죄를 내포한다. 둘째, 영성지도의 옹호자들은 개인적인 경험을 토대로 하여, 정화라는 힘든 작업은 결코 십자가를 회피하는 게 아니라고 주장할 것이다; 사실 그 노력의 힘든 점은 우리가 십자가를 꽉 붙들고 있어야 한다는 데 있다.

영성지도가 고전적인 자유주의 성공회 교인들을 다룰 때가 가장 힘들었다는 점 역시 언급하고 넘어가야 할 것이다. 그들은 영성지도를 수상쩍고 비현실적인 것으로 여겼으며, 그 결과 지금 여기에서의 정의에 대한 요구를 얼버무리고 말았다.

우리의 영성지도 공동체는 그런 의심에 맞서서, 정의를 향한 헌신, 특히 가난한 사람들을 위한 희생적 헌신이 "삶의 규칙"을 강화하는 데 없어서는 안 될 요소라고 주장해야 한다(그리고 최선을 다해 그것을 증명해야 한다). 정의는 경건의 라이벌이 아니다. 정의는 경건의 **열매**다.

진성한 변화의 과정

무엇이 피지도자를 변화시킬까? 거룩함의 성장은 어떻게 이루어질까? 물론 성령의 역사를 통해서 이루어진다. 하지만 그 사실 자체가 완전한 대답은 아니다. 우리는 오로지 바람이 나뭇잎과 먼지에 미치는 영향, 그리고 우리 뺨의 온도를 통해서 바람을 알아챈다. 그와 마찬가지로 우리는 오직 우리 몸 안에서만 성령의 존재를 알아채게 된다. 영성지도가 영혼을 위한 변화에 효과적인 이유가 딱 하나 있다면, 그것은 바로 다음과 같다: 영성지도는 하나님이 그리스도 안에서 우리를 바라보시는 것처럼 우리가 자신을 바라볼 수 있도록 충분히 오랫동안 **우리의 수치**

심을 붙들고 있다.

우리가 수치심을 피하기 위한 수단으로서 그것을 원하는 게 아니라면, 자기-기만에 쉽게 빠지지도 않을 것이다. 영성지도자는 혐오감 없이 피지도자의 가장 걱정스러운 (또는 정말로 무서운) 비밀 이야기를 들음으로써, 하나님 임재의 실질적인 상징이 된다. 따라서 피지도자는 스스로를 "판단하지 말라"는 우리 주님의 명령을 적용할 필요가 있다. 그 열매는 좀 더 솔직한 자기-대면, 그리고 그 결과 좀 더 빨라진 영적 성장이다.

개인적 수치심의 쓰나미에 대한 그런 도랑같은 반응은 성공회의 영성지도에서 다양한 형태를 취한다. 고해성사(속죄나 화해의 성례전)의 정기적 실행은 그 사람을 차근차근 변화시킨다.

내 첫 고백은 아마도 최악이었던 것 같다. 그 때 나는 하나님과 다른 사람들 앞에서 가장 심하게 수치심을 느끼는 요소를 완전히 치워 버리고, 자비와 이해와 용서를 얻게 되었다. 그리고 최고는 두 번째로 공식적인 고백을 한 순간이었다. 첫 번째 고백 이후로 별다른 악행을 저지를 시간적인 여유가 없었기에, 이번에는 죄 목록이 더 미묘하고, 더 통찰력이 있고, 더 "영적인" 것들이었다. 다시 한 번 나는 자비와 이해와 용서를 얻었다. 세 번째, 네 번째, 다섯 번째 고백은 사실 최악이었다 — 전부 두 번째 고백과 똑같았기 때문이다. 나는 아무런 발전도 이루지 못했다; 그 사실을 나도 알고, 고해신부도 알고, 하나님도 아신다.

내가 아무리 고리타분한 것들을 고백한다 할지라도 여전히 나는 자비와 이해와 용서를 얻는다. 그리고 결국 나는 하나님의 자비를 다 쓸 수 없다; 고해신부의 인내심을 닳아 없앨 수도 없다. 나의 일상생활은 미묘한 차이를 느끼는 것으로 시작된다. 나는 매순간마다 내가 용서받음으로부터 와서 용서받음을 향해 나아가고 있음을 깨닫는다. 그리고 놀랍게도 나는 잡담을 덜 하게 된다; 나는 더 이상 쉽게 분노하지 않는다; 나는 점점 향상되는 분별력으로 참고 견디며, 내 주변의 것들을 즐긴다. 나는 변화한다.

아니면 거룩함의 성장은, 판단하지 않고 경청해 주는 사람 — 내 **편에** 서 있는 사람 — 에게 내 삶의 이야기를 자세히 이야기할 때 일어날 수도 있다. 나는 내 영성지도자를 사랑하고 그분의 판단을 신뢰하기 때문에, 개인적으로 사랑받을 수 있는 가능성을 느끼게 된다. 우리 모두는 때때로, 자기를 있는 그대로 보여줄 경우 버림받고 말 것이라는 공포심을 품기도 한다. 영성지도는 그런 공포심이 거짓된 것임을 증명해 준다.

내가 관상적인 무념적apophatic 2) 영성 타입이 아니라는 사실을 깨닫게 되는 순간에도 거룩함의 성장이 발생할 수 있다. 그러니까 나에게 가장 잘 맞는 기도 형태는 헤시키아의 hesychastic 3) 고요함 속에 포함된 무언의 이미지가 아니라, 그저 흔한 음성기도일 뿐이다! 이 얼마나 굴욕적인가. 내 영성지도자가 예수님의 기도는 유념적이고kataphatic 4) (수다스럽고) 자기-지시적이라는 사실을 지적해 줄 때까지 너무나도 굴욕적이었다.

이런저런 형태들 속에서도 그런 발견을 하게 될 것이다 — 그리고 나는 변화할 것이다. 하나님이 나를 인정해 주신 것, 그것이 내 속 깊은 곳에 있는 것들을 편안하게 해줄 것이다. 그리고 클레르보의 성 베르나르가 예측한 것처럼, 내 기나긴 정죄의 시간이 끝나고, 긴 조명의 시간, 하나님과 동료들을 위한 섬김의 시간이 도래할 것이다 — 하나님, 그리고 완성을 기다리고 있는 모든 피조물들과의 무한한 합일을 약속해 주는 시간이.

바로 이 점에서 성공회 영성지도자는 다른 교단들에는 없는 이점을 지니고 있다. 다시 말해서, 성공회 교인은 모두 똑같은 죄에 기초한$^{\text{one-size-fits-all sin-based}}$ 인간관을 여러분에게 부과할 가능성이 거의 없는 것이다. 실질적인 영성지도는 죄책감을 부추기는 부흥회보다 더 깊은 곳으로 여러분을 이끌어 준다. 하나님의 사랑은 용서 하나뿐이 아니라 다른 기능들 — 훨씬 심오한 기능들 — 도 갖고 있다.

우리의 하나님 개념이, 너무도 많은 사람들이 사랑하는 척하고 있는, 끔찍하게 화를 내는 부모에 한정되어 있다면, 하나님의 사랑을 단지 우리를 향한 관대한 용서나 다른 사람들을 향한 노골적인 편애 이상의 것으로 상상하기가 무척 힘들 것이다. 하지만 우리가 예수 그리스도의 아버지 하나님을 만나게 될 때, 하나님의 사랑은 멋지고 즐겁고 다양한 그림이 끊임없이 펼쳐지는 만화경처럼 보인다. 그리고 여러분의 죄는 사실적이기는 하지만, 그래도 여러분과 관련된 것들 중에서 가장 중요하거나 흥미로운 건 아니라는 사실이 밝혀진다. 하나님의 용서를 받는 것만큼이나 중요한 것은 바로 하나님이 여러분에게 여러분을 설명하시도록 만드는 것이다.

여러분이 도덕적 또는 영적 완전함에 이르기 전에도 하나님은 기꺼이 여러분의 예배를 받으시리라는 사실, 이것은 용서받은 이들의 안도감보다 더 황홀한 기분을 느끼게 해준다. 성육신을 토대로 한 신학과 영성은 여러분을 오직 속죄에만 한정된 신학이나 영성보다 더 깊고, 높고, 넓은 곳 — 진정한 변화가 일어나는 곳 — 으로 이끌어 줄 게 틀림없다.[5]

성공회 영성지도자의 역할

성공회 단체들 간에는 영성지도의 정확한 학술용어 ― 더 나아가, 적절하거나 가장 유용한 관계 ― 에 관한 의견이 일치하지 않는다. 동료관계와 동반자적 과정을 지지하는 견해가 상당히 강력하다. 위에서 살펴본 바와 같이, 이러한 감수성은 한때 칼 로저스의 치료절차에서 강조되었다. 스스로를 "지도자"로 승진시키는 것은 거만한 권력 과시인 것처럼 들릴 수도 있다. 내가 관찰한 바에 따르면, 자신을 **지도자**라고 소개할만한 성공회 교인들은 다음의 두 가지 형태로 나뉜다. 물론 그 중 하나는, 자기-의식과 실패에 대한 두려움 때문에 그 어떤 도움도 받아들일 수가 없는 신경질적인 초보자다. 그리고 다른 하나는, 여러분이 영성지도를 무엇이라고 부르든지 별로 영향을 받지 않는다는 점 ― 그리고 결국 명칭은 전혀 중요한 문제가 아니라는 사실 ― 을 알만한 경력자다.

동반자 같은 **"영적인 친구"** spiritual friend를 옹호하는 이들은 확실히 한 가지 장점을 지니고 있다: 하나님 앞에서 우리가 똑같이 소중하다는 것. 우리를 통제할만한 힘을 지니고 있으면서도 우리와 친밀감을 형성하기 위하여 그 힘을 포기하리라고 기대되는 훌륭한 인물을 찾는다는 것은 무척이나 감동적인 일이다. 하지만 그것은 범주의 혼동으로 이어질 수가 있다: 하나님께 똑같이 소중하다고 해서 늘 성령의 사람 속에서 똑같은 일들을 똑같이 경험할 수는 없는 것이다. 노골적으로 우월한 사람을 상담하는 것은 시간을 아낄 수 있다. 하지만 거짓으로 솔직한 체하고 겸손한 척하는 사람들은 시간을 낭비한다. 내가 숨기고 싶었던 권력투쟁이나 경쟁의 충동을 아직 억제하지 못했던 시절에는,

때때로 나는 **지도자**라는 명칭으로 알려지기를 거부하고, "동반자"companion로 알려지고 싶어 했다. 그런 경우에 동반자적 모델에 관한 내 주장은, 자신이 가르칠 수 있는 가치를 좀 더 명확히 알고 있는 다른 영성지도자보다 우월하다는 뜻이 아니었다.

영성지도와 동반자적 모델의 차이점은 또한 "방송시간"이라고 부를 수 있는 것과 관계가 있다. 고전적인 영성지도에서는 피지도자가 늘 지도자의 관심을 독차지한다. 하지만 동반자적인 관계에서는 추구자에게 관심이 덜 쏠린다. 두 쪽 모두 불편 없이 잘 지내려면 상당한 성숙이 이루어져야 한다. 진정한 "동반자"가 되기로 결심한 영성지도자는 자기 삶의 요소들을 복음과 혼동할 수가 있다 — 그리하여 그 요소들을 불쾌할 정도로 오래 공유할 수가 있다.

영적인 성숙의 지표

성공회에서는 영적인 성숙을 어떻게 생각하는가? 나는 우리의 분별이 다른 교단들의 분별과 얼마나 다른지 잘 모른다. 주로 자기-사랑과 자기-연마에만 집중하는 "영성"의 세속적 버전(의도적으로 교회와 구분되는)에 직면한 대부분의 경건한 그리스도인들은, 그러한 접근법에 가려진 기본적인 사실을 이해한다. 우리 주님은 네 이웃을 네 몸과 같이 사랑하라고 말씀하셨다 — 우리가 만일 자기 자신을 경멸한다면 이것은 아주 모호한 명령이 될 것이다. 경건한 그리스도인들 역시 이 "세속적" 접근의 한계점을 파악하고 있다: 개인적인 희생의 회피, 다른 사람을 위해 자기 자신의 십자가를 지고 가라는 명령으로부터의 도피, 그리고 가끔씩 나타나는 개인적 도덕성에 대한 무관심. 도덕적 "자유거래"에서 (바라건대, 무심코) 거래되는 — 환경이나 고기 소비에 대한 고뇌를 공유하지 하지 않는 사람들은 멸시해도 된다는 허락 — 대중적인 형태의 영성이 존재한다.

참된 영적 성숙은 이것을 심리학적 성숙과 함께 공유한다: 둘 다 성장을 위해서는 불편을 감수하고 또 그래야만 한다고 생각한다. 다시 말하지만, 나는 영적 성숙에 대한 그 같은 이해가 이 책에 소개된 모든 전통들 안에서도 발견될 것이라고 생각한다.

나는 불완전할 수밖에 없는(적어도 내가 보기엔 겉핥기뿐인) 영적 성숙에 대한 분석을 제공하느니, 차라리 명백한 사실을 제안하겠다. 우리는 예수 그리스도 안에서 인간적인 형태의 영적 성숙을 발견하게 된다. 우리의 삶이 그분의 삶을 닮아갈 정도로, 그분과의 유사점이 좀 더 눈에 띌 정도로, 그 정도로 영적인 성숙을 말이다.

거듭 말하지만, 그것이 비록 정확한 대답일지라도 그렇게 간단한 일은 아니다. 우리가 예수님을 영직 싱숙의 모델로 바라보기 어렵게 만드는 것은, 예수님의 인성을 은폐하는 왜곡된 이미지와 가르침이 너무나도 두껍게 자리하고 있다는 것이다. 복음에 나타난 대로 그분을 이해하기 위해서는, 그분이 때때로 분노를 터뜨리기도 하셨고, 때로는 무례하게 행동하셨으며, 또 관습이 정의와 상충될 때는 기꺼이 그것을 무시하셨다는 사실을 인정해야만 한다. 그 모든 개인적 특징들은 예수님이 골고다 언덕에 오르시기 훨씬 전부터 자신의 죽음을 받아들이셨다는 사실에서 비롯되었다. 그래서 예수님은 우리에게 자기에 대한 죽음 — 세상에 대한 죽음과 세상 속에서의 지위에 대한 죽음 — 을 말씀하실 수 있었던 것이다.

하나님의 성령이 예수님을 확실히 설득할 때까지 — 하나님이 그분을 사랑하신다고 — 그분은 그 어떤 것도 성취하실 수 없었다. 우리 역시 마찬가지다. 전체적이고 한없는 은총을 접하게 될 때까지 우리는 감히 자기에 대한 죽음, 세상에 대한 죽음, 온갖 것들에 대한 죽음을 완성할 수 없다. 하나님이 내 삶을 사랑하신다는 사실을 깨닫는 순간에야 비로소 나는 위험을 감수할 생각, 좀 더 느슨하게 움켜쥘 생각을 할 수 있게 된다. 성육신을 토대로 한 영성지도자는, 예수님의 실제 **삶**도 그분의 죽음만큼이나 중요하고 흥미롭다는 사복음서에 동의한다.

그게 만일 사실이라면, 영적 성숙을 향한 성장에는 시간이 걸린다 — 많은 시간이. 앞에서 나는 영성지도자(더 나아가서는 하나님의)의 사랑과 인정이 "인정을 받을"(accept acceptance. 폴 틸리히의 불후의 명언) 수 있는 우리 능력에 미치는 점진적 효과에 대해 이야기했었다. 대부분의 경우, 우리는 그런 상태에 도달하는 것이 마치 목표인 것처럼 생각한다. 하지만 이 목표를 달성하는 것은, 문자 그대로, 우리의 진정한 영적 여정의 **시작**이라는 사실을 어떻게 해야 깨달을 수 있을까? 우리가 말할 수 있는 것은 이것뿐이다. "시간을 주세요 — 많은 시간을."

한번은 어떤 영성지도자가 이런 말을 했다. "누군가에게 20년지기 친구 같은 우정을 원한다면 그 사람에게 20년을 투자하십시오." 우리를 "더 이상 종이 아니라 친구"라고 부르시는 분으로부터 더 적은 요구를 기대하는 것은, 하나님께 고지식한 소비자중심주의 정신을 강요하는 것이다. 하나님이 우리에게 그렇게 낮은 가격을 부르실 수밖에 없다는 증거는 거의 없다.

전통적인 심리치료 및 목회상담과의 대조

영성지도를 전통적인 심리치료와 어떻게 대조해야 할지 판단하기가 참 어렵다. 문제는 심리치료가 꿈틀거리는 표적, 가만히 있을 수 없는 표적이라는 점이다. 심리치료적 상황에서 실제로 무슨 일이 벌어질지, 늘 확실한 것은 아니다. 분별력 있는 대화자와의 실천적인 대화가 될 것인가, 아니면 고의적으로 아무런 반응도 보이지 않는 분석가 앞에서, 떠오르는 대로 뭐든지 두서없이 이야기해 달라는 요청을 받게 될 것인가? 빈 의자에 대고, 마치 거기에 엄마가 앉아 있는 것처럼 이야기하라는 말을 듣게 될 것인가, 아니면 최면에 걸리거나, 움직이는 치료사의 손가락을 눈으로 좇으라는 부탁을 받게 될 것인가? 의사의 진료 때문에 생기는 거의 정신병에 가까운 퇴행 때문에 내가 울부짖을 때, 집단치료 동료들이 나를 강제적으로 억누를까? "치료"에 약물 복용이 추가되고, 한 달 뒤에는 그 약물의 부작용이 보고될까? 나는 손가락 그림을 그려야 할까?

지난 몇십 년간 심리치료의 여러 대표적 인물들이, 심리학적인("영혼의"soulish) 범주로 축소할 수 있는 요소만이 유일하게 논의할만한 가치가 있는 영성의 요소라는 듯이, 치료 전문가 공동체를 "새로운 사제직"이라고 부른 것은 전혀 도움이 안 된다. 일부 심리치료사들은 염치없게도 영성이 자신의 고유 영역에 속하는 것이라고 생각하기도 한다; 융 분석이나 초개인심리학이 이것과 관련되어 있다고 보는 것이다. 하지만 심리치료의 변덕스러운 특성에 비하면, 영성지도는 지극히 획일적이다.

영국국교회 안팎에서 영성지도의 선구자로 활동하고 있는 케네스 리치는, 심리치료나 목회상담은 인간적인 목표(자신, 타인, 세상과의 더 나은 관계)를 추구하기 위해 하나님 앞에서 두 사람이 만나는 것이고, 영성지도는 신적인 목표(하나님과의 관계를 확고히 다짐)를 위해 다른 사람 앞에서 인간과 하나님이 만나는 것이라고 주장한다. 그와 같은 이해는 성공회 영성지도자들 사이에 널리 포용되고 있다.

거기에다가 나는 다음의 세 가지 요소를 추가하고 싶다. 첫째, 심리치료는 대체로 보수를 주고받는 가운데 실시된다. 그러나 영성지도는 **더 큰 하나님의 영광을 위하여** ad maiorum Dei gloriam 제공되는 경향이 있다 ― 성공회 교인들은 이것을 "공짜"라고 표현한다.

둘째, 여러 형태의 심리치료는, 의식적으로는 도달하기 힘든 내담자의 정신지대에 접근할 수 있도록 다양한 도구를 사용함으로써 그 사람의 무의식적인 정신과정을 변화시키는 것을 목표로 한다. 그러나 영성지도는 내담자의 의지에 취약한 의식적 소재에 초점을 맞춘다.

셋째, 영성지도자의 임무는 내담자의 삶을 **영원의 관점에서** sub specie aeternitatis ― 하나님의 임재라는 빛에서 ― 샅샅이 검토하는 것이다. 하지만 심리치료사는 그런 관점이 도움이 될 정도로 근거 있다는 생각을 못 할 수도 있다.

나는 목회자이면서 유능한 심리치료사인 사람을 한 명 알고 있다. 나는 그에게 자기의 일을 어떤 식으로 구분하느냐고 물었다. 그랬더니 그는 알쏭달쏭하게 대답했다. "반어적, 역설적으로 재미있게 일하고 있는 자신을 발견하게 되면, 그때는 내가 심리치료를 하고 있다는 증거입니다; 반면에 다른 사람이 말하는 것에 대해 역설적으로 반응할 필요 없이, 그저 자발적으로 진지하고 주의 깊게 경청한다면, 그때는 영성지도를 하고 있는 것이지요."

영성지도자는 처음에 보통 심리치료를 받을 것인지 여부를 물을 것이다 — 그리고 보통은 호의적인 긍정의 대답을 들을 것

표 4.1. 영성지도, 심리치료, 그리고 목회상담의 비교

차 원	영성지도	심리치료	목회상담
당면문제	하나님과의 관계에서 성장하고 싶은 욕구	감정적 고통, 비정상적인 사고과정, 또는 자신이나 다른 사람들과의 관계적 불화로부터 벗어나고 싶은 욕구	삶의 문제들에 대해서 도움을 받고 싶은 욕구, 그리고 하나님과의 관계에서 성장하고 싶은 욕구
목표	피지도자가 예수님의 공동체와 좀 더 친밀하게 살아가기 위하여 그리스도교 신앙의 자원을 자기 생활에 적용할 수 있도록 돕기	내담자가 좀 더 잘 적응하고 좀 더 만족스러운 삶으로 이끌어줄 새로운 방법을 가지고 자기 삶의 정황을 검토할 수 있도록 돕기	신앙의 출처에 비추어 삶의 정황에 직면하고, 그리하여 좀 더 잘 적응하고 좀 더 큰 만족을 누리도록 돕기
절 차	기도, 교육, 음성 상담, 지도에 따른 독서와 글쓰기 프로젝트 등	집중 대화, "재구성", 약물치료와 여러 가지 부가적 기술 추천	정규적으로 계획된 개인 상담과 집단상담
자 원	방대한 영성문헌, 영성수련 시설, 영성공동체	의료적 후원, 전문적 지도감독, 방대한 전문적 문헌들	내담자의 신앙헌신에 의지하여 영성지도와 심리치료의 자원을 결합시킴

이다. 경험에 따르면, 심리치료는 정확한 기도 계획을 세우는 데 아주 효과적인 방법이다.

표 4.1은 심리치료와 영성지도의 차이짐을 몇 가지 요약한 것이다.[6]

심리치료와 영성지도 사이 어딘가에서 우리는 목회상담이라는 기능이－뒤바뀐－전문직을 검토해야만 한다. 그 분야의 명칭이 암시해 주듯이, 목회상담은 성직자가 회중의 상황 속에서 교인들을 상담해 주던 실천에서 비롯되었다. 대부분의 성공회 목회상담가들은 "교역에 대한 소명" 같은 것에서 교구사제로서의 흥미를 발견하였다. 하나님은 사람들을 수직적인 게 아니라 수평적인 성공회 사제직으로 부르신다. 다시 말해서, 하나님은 우리 모두를 똑같이 제자로 부르신다; 우리들 가운데 일부는 계속해서 "성직자가 되겠다는 생각을 해본 적 있어요?"라고 묻는 교인들 때문에 성직안수에 대한 소명의식을 갖게 되었다. 그러다가 결국은 하나님이 우리를 부르시고 있다는 사실을 깨닫게 된 것이다. 이와 마찬가지로, 성직자는 내담자 교인들이 "목사님은 이 일을 정말 잘 하시군요"라고 말할 때 목회상담 직업으로 이동하게 된다.

일부는 상담학 학위를 취득하기 위해 대학원에 진학하기도 하고, 또 일부는 심리치료를 공부하기도 한다. 또 수많은 사람들이 미국부부가족치료협회를 통해 자격을 취득하였다. 목회상담가는 대규모 교회나 성당에서 운영하는 상담센터의 직원이 될 수도 있다. 아니면 사설 치료기관에 소속될 수도 있다. 대도시에는 성직안수를 받은 상담가를 보증하고 배치하는 목회상담협회가 한 개 이상 있을 수도 있다.

목회상담가는 의식적으로 유용한 자료와 출처에 관심을 기울임으로써 내담자의 문제 해결을 돕는다. 성공회 그리스도인의 가치체계는 내담자에게 자아－동질적인 것으로 여겨지며, 상담가는 그 가치체계를 어느 정도 의존하게 된다.

정신건강 전문가에게 위탁하기

영성지도자는 어떤 경우에 내담자를 심리치료사에게 위탁해 주는가? 한 친구는 자기가 위탁을 하게 된 계기는, 내담자를 "고쳐 보려고" 애쓰고 있는 자신을 발견하게 된 순간이라고 말한다. 그것은 상담가가 자신과 내담자의 대화가 아니라 내담자와 하나님 사이의 대화에 개입하고 있음을 보여주는 증거다.

아주 명백한 계기가 두 가지 있다. 첫째, 만일 내담자가 자기 자신이나 다른 사람들에게 위협이 된다는 사실을 털어놓을 경우, 영성지도자는 규칙에 따라, 민감하고 적합한 의료인이나 법집행인에게 권한을 위임하게 된다. 만일 그런 비밀 공개가 성직 안수를 받은 고해신부에게 고해성사를 하는 도중에 이루어질 경우, 그런 대화는 법적 특권을 지니지 않는다. 미성년자나 중장년층에 대한 신체적 폭력이나 성폭력 사건을 고발하기 위하여 적합한 권위자에게 권한을 위임하는 것은 이 첫 번째 계기와 관계가 있다. 심시어는 고해성사 도중에 이런 정보가 공개되었다 할지라도, 대부분의 성직자들은 자기-보고와 배상이 참회자의 고해성사에 속한다고 주장할 것이다.

어떤 사람이 기괴한 행동을 털어놓는다면, 그것은 위탁을 할 만한 명백한 계기가 된다. 내담자가 환상이나 음성, 축복을 영적인 경험이라고 털어놓을 경우, 영성지도자가 보기에 그것이 신약성서에 나타난 그리스도의 신앙과 교회의 가르침에 부합되지 않는다고 여겨진다면, 그것도 위탁을 해야 할 계기가 된다. 영성지도는 긴급 업무인 경우가 거의 없다. 성공회에서는 대부분의 성식자들이 적어도 한 학기 정도는 목회임상교육^{CPE}을 이수하게 된다; 그러한 교육은 종종 영적 현상들 때문에 생긴 정신병리를 구분하기에 충분할 정도로 그들의 이해를 넓혀 준다.

요약

영성지도는 최소한 내담자가 하나님과 더 충만한 관계를 맺을 수 있도록 돕기 위하여 관계를 훈련하는 것이라고 말할 수 있다. 영국성공회에서 영성지도는 늘 교구사제의 역할에 속하는 것이었다. 미국성공회에서 영성지도는 가르침(특히 기도와 좀 더 다정하신 하나님상)에 편안히 정착하며, 심리치료와 목회상담에도 완전히 정통해 있다. 내담자의 변화는 내담자의 수치심을 극복하게 해주는 동맹관계로부터 비롯된다. 미국성공회 교인들은 얼마나 그리스도를 닮아 가느냐에 따라 영적인 성숙을 평가한다. 전통적인 심리치료와 목회상담으로부터 영성지도를 구별하는 것은, 심리치료와 목회상담의 유동적인 실천의 관점에서 볼 때, 다소 까다로운 작업이다. 민감한 영성지도자는 심리치료나 약물치료, 회계나 법률 같은 다른 분야에 대한 내담자의 욕구를 잘 알아챌 수 있다.

미국성공회의 영성지도는 독특성을 주장할 수 있을 정도로 특별히 성공회적인 보물들을 너무 많이 끌어왔다. 따라서 나는 이 출처들이 모두 결합하여 결국은 독특한 하나의 분야가 된다고 확신한다.

첫째, 영국성공회/미국성공회 영성지도는 우리 교단의 역사 속에 깊이 뿌리내리고 있다. 오랜 성공회 교인이라면 이러한 출처를 알게 되더라도, 아니 그 용어를 처음 듣는다 할지라도 전혀 놀라지 않을 것이다. 우리들 사이에서 그것은 독특한 정통성을 지니고 있기 때문이다.

둘째, 미국성공회 영성지도자는, 예수님의 하늘나라 서기관처럼, "창고에서 오래된 보물과 새로운 보물을 동시에 꺼내온다." 그리하여 천주교와 대륙 경건주의, 그 밖의 신앙전통과 심리치료의 고전적 요소들이 전부 한 데 결합된다.

셋째, 미국성공회 영성지도자들은 다른 지식분야에 개방적인 편이며, 많은 것들이 피지도자의 영적 성장과 밀접한 관계가 있다고 본다. 우리 지도자들은 행동과학에서 비롯된 통찰들에 특별히 더 개방적인 경향이 있다. 어쩌면 양자물리학에 대한 호기심도 경탄과 숭배에 결합될지 모른다. 또 예술은 영적 성장의 라이벌이 아니라 협력자로서 받아들여질 것이다.

넷째, 주요 교리들을 구별하는 게 말이 될 정도로, 미국성공회의 영성지도는 속죄가 아니라 우리 주님의 성육신에 좀 더 강조점을 둔다. 지나친 일반화의 위험에 봉착한 미국성공회 신학사상은 속죄를 성육신 속에 포함시키는 경향이 있다. 속죄가 이미 성육신 안에 내포되어 있는 것처럼 말이다. 그 결과 하나님 앞에서의 영혼 상태에 대한 접근은, 하나님이 정말로 우리 **편**이시라는 생각이다.

참고문헌

Bloom, Anthony. 1970. *Beginning to pray*. Mahwah, N.J.:Paulist.

Book of Commom Prayer, The. 1979. New York: Church Hymnal Corporation.

Cloud of unknowing, The. 1978. Trans. Clifton Wolters London: Penguin.

Donne, John. 1959. *Devotions upon emergent occasions; together with Death's duel.* Ann Arbor: University of Michigan Press.

Edwards, Jonathan. 1997. *The religious affections.* Carlisle: Banner of Truth Trust.

Francis de Sales. 2000. *Introduction to the devout life.* Trans. and ed. John K. Ryan. London. J. M. Dent and Sons.

Harton, F. P. 1950. *The elements of the spiritual life: A study in ascetical theology.* London. SPCK.

Herbert, George. 1981. *The country parson, the temple.* New York: Missionary Society of St. Paul.

Holmes, Urban T., Ⅲ. 1980. *A history of Christian spirituality.* New York: Seabury.

John of the Cross. 1901. *The works of John of the Cross oh the Order of Our lady of Carmel.* Trans. David Lewis. London: Thomas Baker.

Julian of Norwich. 1952. *Revelation of divine love,* recorded by Julian, Anchoress at E. Norwich Anno Domini 1371. London: Methuen.

Kelsey, Morton. 1972. *Encounter with God.* Minneapolis: Bethany Fellowship.

Lawrence, Brother. 1958. *The practice of the presence of God.* Westwood, N.J.: Fleming H. Revell.

More, Paul Elmer, and Frank Leslie Cross. 1951. *Anglicanism: The Thought and practice of the church of England, illustrated from the religious literature of the seventeenth century.* London: Society for the Promulgation of Christian Knowledge.

Philokalia. 1995. Trans. G.E.H. Palmer, Philip Sherrard and kalistos Ware. London: Faber&Faber.

Sanford, John. 1970. *The Kingdom within.* Philadelphia: J. B. Lippincott.

Suurmond, Jean-Jacques. 1994. *Word and Spirit at play: Towards a charismatic theology.* London: SCM Press.

Temple, Gray. 2001. *The molten soul: Danger and opportunities in religious conversion.* New York: Church Publishing.

Teresa of Ávila. 1964. *The Way of perfection.* Trans. E. Allison Peers. New York; Doubleday/Image.

Teresa of Ávila. 1979. *The interior castle.* Trans. Kieran Kavanaugh, N.J.: Paulist.

제5장
종교개혁 전통의 영성지도

벤 존슨

종교개혁 전통과 거기 속한 교단들 가운데 하나인 미국장로교Presbyterian Church USA는 분명히 영성에 대해 깊은 관심을 갖고 있다. 비록 그 용어를 거의 사용하지는 않지만 말이다. 존 A. 맥케이는 이러한 관심을 가장 열정적으로 확언한다.

> 가장 참되고 가장 고전적인 형태의 칼빈주의와 장로제도의 깊은 곳에는 돈독한 신앙심, 곧 하나님에 대한 심오한 헌신과 결합된 열정적인 하나님 체험이 자리하고 있다…이런 의미에서 신앙심은 교회가 업무를 수행하고 그리스도교를 삶에 완전히 적용시키는 데 꼭 필요한 원동력이다. (맥케이 1960: 9)

이 전통에서는 신앙심의 양성과 성실한 신앙 실천이 하나님에 대한 태도에서 비롯된다. 신앙심을 키우는 데 자주 사용된 방법은 설교와 교육, 목회돌봄, 그리고 성례전을 베푸는 것이었다.

우리는 종교개혁가들의 계획에서 영성지도가 생략된 경위에 대해 그저 추측만 할 수 있을 뿐이다. 어쩌면 그들은 "오직 은혜로만"과 "오직 믿음으로만"의 정화가 가져다주는 새로운 자유 때문에 이 문제를 논의하지 못하고 넘어갔는지도 모른다. 성장과 변화를 향한 체계적인 노력은 아마도 "정의로운 행동"의 기미가 풍겼을 것이다. 또 어쩌면 15세기에 교회에 달라붙은 온갖 조개류들을 떼어내기 위해, 이 오래된 실천의 문제는 무시해 버렸는지도 모른다. 그것이 성서적 가르침의 중심을 차지하는 것은 아니니까 말이다. 하지만 또 다른 가능성도 간과할 수 없다. 어쩌면 그들은 만인사제직이라는 교리 때문에, 한 사람의 삶을 다른 사람 — 특히 사제 — 에게 복종시키는 훈련에서 성직자의 권위라는 기미를 맡았는지도 모른다. 그러나 영성지도가 강조되지 않는 동안에도 완전히 사라지지는 않았다: 동시대의 다른 인물이 그것에 대해 깊이 생각하고 있었던 것이다.

칼빈이 『그리스도교 강요』 Institutes of the Christian Religion 을 집필하고 있는 동안, 로욜라의 이그나티우스는 『영성훈련』 Spiritual Exercises 을 구상하고 있었다. 이 훈련은 성서를 읽고 상상력이 풍부하게 그리스도의 삶에 동참함으로써 그리스도를 묵상할 수 있도록 돕기 위한 것이었다. 따라서 이 훈련은 그리스도를 향한 깊은 애정과 자기의 심오한 발견을 일깨울 수 있을 정도로 무척 강력했다. 그 훈련은 참가자들에게 너무나도 강력한 영향을 미쳤기에, 그들에게는 지도자가 필요했다.

요즘 시대에는 종교개혁 전통 내의 이러한 영성 강조를 되찾으려는 사람이 많이 있다. 예를 들면, 하워드 라이스는 『종교개혁 전통의 영성』*Spirituality in the Reformed Tradition*이라는 저서에서 영성지도에 특별한 관심을 표명하였다. "상담"이라는 제목 아래 그는 12가지 형태의 지도에 관해 언급하였다. 그는 여기에서 목회돌봄, 편지쓰기와 개인지도에 관해 설명함으로써 현대적인 의미의 영성지도에 가장 가까이 다가선다(라이스 1991: 120~50). 그 전통에 속한 다른 사람들도 지도에 관한 논의에 공헌하려고 노력하였다. 유진 피터슨은 목회자들에게 영성지도를 열심히 권했다. 그는 영성지도자가 되는 것, 영성지도자를 모시는 것, 그리고 영성지도를 실시하는 것에 관하여 이야기한다(피터슨 1987: 130~31). 앤드류 드레이처와 나는 영성 지도력에 관한 최근의 저서에 영적 친교에 관한 장을 포함시켰다(캠벨과 드레이처 2001: 81~98). 또한 나는 다른 저서에서도 영성지도에 관한 글을 두 편 실었다(존슨 1987: 78~91; 1988: 103~15).

종교개혁 전통의 영성지도란 무엇인가?

영성은 21세기 초 부흥운동의 바람을 타고 불기 시작한다. 하지만 영성지도의 의미는 더 나중의 영성 맥락에서 이야기해야 한다. 어반 홈즈는 영성의 정의를 다음과 같이 제시한다:

> 나는 영성이란 의식 현상을 초월하는 것과 관계를 맺을 수 있는 인간의 능력이라고 정의한다; 주체는 이 관계를 확대되거나 강화된 의식, 주체의 노력과 무관하고, 역사적 상황을 바탕으로 하며, 세상의 창조적 행동에서 드러나는 의식으로 받아들인다. (홈즈 1982: 12)

이 책의 목적을 위해, 홈즈의 포괄적인 정의를 특별히 그리스도교적인 것으로 바꾸어 다음과 같이 강화시킬 수 있다: **영성은 성령을 통해 예수 그리스도 안에서 계시된 하나님과 관계를 맺을 수 있는 인간의 능력이다.**

영성은 신이 섭리에 대한 인간의 신실한 응답이다. 하나님은 모든 만물의 창조주시며 유지자시다. 하나님의 주도권과 임재 없이는 어떤 일도 발생할 수 없다. 신의 임재에 대한 이해와 응답은 모든 영성의 원동력을 암시한다. 이같은 신과의 상호작용이 지니는 본질은 의미와 지속적인 영향력을 지닌 것이어야 한다.

영성 spirituality과 유사한 용어는 **영성형성** spiritual formation이다. 영성형성은 신과 인간의 상호작용을 위한 무대를 제공해 줄 뿐만 아니라 그리스도 안에서 성장할 수 있도록 성령의 역동적인 삶을 만들어 주기도 하는 영성훈련을 총망라한다.

기도와 성서공부, 묵상, 관상, 일기쓰기, 그리고 지도자가 딸린 성찰 등의 실천은 영성훈련의 실례가 된다. 성서연구나 성서읽기를 통해서 우리는 본문 속에서, 그리고 본문을 초월하여 우리에게 말씀하시는 하나님의 음성에 귀 기울이게 된다. 묵상 meditation은 본문에 대해 깊이 생각해 보고, 자신의 이미지와 하나님의 이미지, 그리고 그 둘의 차이점을 엄밀히 살펴보는 것을 뜻한다. 관상 contemplation은 우리 자신의 노력을 중지하고 신의 임재 가운데 조용히 기다릴 것을 요구한다. 이 임재는 때로 자연스럽게, 놀라운 이미지로 나타나기도 하고, 또 때로는 지도와 확신의 언어로 나타나기도 한다. 심지어는 전혀 알아차릴 수 없는 경우도 많다. 일기쓰기는 사건들을 연대기적으로 나열하는 게 아니라, 하나님과의 기교적인 대화다. 일기는 하나님과의 대화에서 우리의 파트너가 되기도 하고, 나아가 계시의 기록이 되기도 한다. 그리고 일기는 우리 삶에 좀 더 많은 신적 개입을 초청하는 훈련이다.

이런 개인적인 형성 훈련 외에, 공동체 훈련도 영성형성에 도움을 준다. 나이를 초월한 공동훈련에는 공동체 예배, 소그룹 공동생활, 무료급식소나 식품저장실 합동봉사, 단기 선교 등이 포함된다. 개인훈련과 공동훈련을 통한 영성형성은 의식적으로나 무의식적으로 사람을 형성하고 변화시킨다.

영성형성과 영성은 둘이 합쳐서 하나가 된다. 영성형성 없이는 영성에 초점이 없어질 것이다. 또 성령의 힘을 간직할만한 형태가 없다면, 무의미한 활동들로 낭비하고 말 것이다 — 아니면 설상가상으로 자기에만 집중하게 될지도 모른다. 영성형성의 원동력은 예배, 개인훈련 등이다.

영성형성 시기에는 영성지도를 통해 큰 도움을 받을 수 있다. 여기에서 내가 말하고자 하는 영성지도는 한 사람이 다른 사람을 위해 섬기는 것이다. 기노와 경청, 분별을 통해, 그리고 그 사람의 삶 속에 계시는 하나님의 임재에 응답함으로써 말이다. 그 사람이 그리스도를 본받아 성장할 수 있도록. 이러한 관계는 목표와 역할, 시간, 책임감, 그리고 방식에 관해 명확히 협의할 수 있다.

종교개혁 영성지도의 실천

지난 몇십 년에 걸쳐 종교개혁 선동의 한 표현인 미국장로교에서 영성지도 실천의 중요성이 크게 부각되었다. 이러한 관심

증가를 뒷받침해 줄 증거는 영성지도자를 찾았던 성직자와 평신도의 숫자, 영성지도 학위과정이나 자격증과정을 커리큘럼에 포함시킨 신학교의 숫자, 그리고 지도를 추구한 성직자와 영성지도의 기술 훈련을 추구한 성직자의 숫자가 점점 더 늘고 있다는 것이다. 20세기의 마지막 20년 이전에는, 이런 현장들에서 그 용어가 거의 인정을 받지 못했었다. 하지만 그 이후로 영성지도는 미국장로교의 다양한 현장에서 소개되고 실시되었다.

영성지도 예비과정

대회, 영성수련, 협의회 같은 여러 가지 상황에서 참가자들에게 단기적인 영성지도의 기회가 주어졌다. 일반적으로 그 훈련은 1~2회 정도 참가자에게 설명, 제공되었다. 그 결과 많은 사람들이 영성지도를 좀 더 오래 연장시키고자 하였으며, 어떤 사람들은 영성지도자가 되기 위한 훈련과정에 등록하기도 했다.

제도적인 영성지도

미국장로교, 또는 그것과 관련된 몇몇 단체들은 최근 몇 년간 영성지도의 실천을 도입하였다. 그것을 처음으로 강조한 것은 캘리포니아 샌 안셀모의 샌프란시스코신학대학원이었다. 그리스도교 영성 프로그램의 공식적인 역사는 1979년에 시작되었다. 저명한 작가 모튼 켈시가 로이 페어차일드 교수에게 목회자와 치료사를 위한 영성지도 훈련 프로그램을 제안하였던 것이 그 시초다. 상당한 논의가 오간 끝에 샌프란시스코신학대학원 이사회는 여러 해에 걸친 선물을 받아들였다. 곧 저명한 페어차일드를 영성생활과 심리학 과목의 교수로 채용한 것이다. 그리고 그들은 그리스도교 영성훈련센터를 창립하기로 결정하였다.

그 센터는 1981년에 시작되었고, 공적인 프로그램은 1982년 일련의 강의와 함께 시작되었다.

1987년 엘리자베스 리버트는 저명한 영성생활 교수인 동시에 그리스도교 영성 프로그램의 지도자였다. 처음 지도를 맡기 시작하고서 몇 년 동안 그녀는 — 앤드류 드레이쳐와 협력하여 — 목회학 석사과정 학생들에게로 활동을 확장시켰다. 그러면서도 대회와 영성수련을 통해 계속적으로 교회를 섬겼다. 그 결과 영성지도는 학생들뿐만 아니라 더 광범위한 공동체에게까지 유용하게 되었다.

20세기의 마지막 5년 동안, 조지아 디케이터의 컬럼비아신학대학원은 영성형성 자격증 과정을 시작했다. 그 과정에는 영성지도 과목이 포함되었다. 그 프로그램에 제공된 여러 과정의 학생들 역시 언제든지 영성지도자를 만날 수 있었다.

최근 들어 미국장로교는 훈련을 강조함으로써 영성지도 업무를 발달시켰다. 이 교단은 대회와 신문을 통해 영성지도를 강조하였다.

교단 내의 이같은 노력과 더불어, 풀러신학대학원 역시 그리스도교 영성 동아리 세미나를 발전시켰다. 풀러신학대학원은 장로교 신학대학원은 아니지만 종교개혁 전통의 한 지류에 속한다. 그리스도교 영성 동아리 세미나는 강의와 토론, 미디어 발표, 소그룹, 사례연구, 그리고 상호간의 대화를 혼합한 것이다. 전자미디어 토의그룹은 통신교육 환경에서 동아리 회원들이 이메일을 통해 접속할 수 있게 해주었다. 멘토 교수진도 그 세미나에 참석하였다. 세미나는 풀러신학대학원 교정에서도 열리고, 또 여러 지역의 영성수련센터에서도 열렸다. 그리스도교 영성 목회학 박사과정은 종교개혁 전통의 복음주의 배경에서 목회자들이 영성지도자가 될 수 있도록 준비시켜 준다.

계획적인 영성지도

영성교육에 대한 내적 열망과 요구의 결과로, 수많은 목회자들이 다양한 장소에서 영성지도를 받았는데, 그 중 한 곳이 바로 천주교다. 영성 추구자로서 영성발달을 체험한 목회자들은 곧 직접 영성지도 훈련을 받게 되었으며, 교인들에게도 영성지도를 제공하기 시작하였다.

종교개혁 전통에서 이렇게 부각된 강조점은, 변화가 일기 시작했음을 분명히 보여준다. **영성, 영성형성, 영성지도**는 종교개혁 공동체의 어휘에 서서히 스며들고 있다 — 아직 종교개혁 신학자들과 목회자들의 일반적인 용어는 아니지만 말이다. 인간의 열망과 성령의 재촉이 조화를 이루어, 장로교와 다른 종교개혁 신앙가족들의 영성지도 실천을 발달시키고 있는 것 같다.

진정한 변화의 과정

종교개혁자들의 관점에서 볼 때, 모든 변화는 하나님으로부터 비롯된다. 사도 바울은 로마인들에게 다음과 같이 말한다:

> 형제자매 여러분, 그러므로 나는 하나님의 자비하심을 힘입어 여러분에게 권합니다. 여러분의 몸을 하나님께서 기뻐하실 산 제물로 드리십시오. 이것이 여러분이 드릴 합당한 예배입니다. 여러분은 이 시대의 풍조를 본받지 말고, 마음을 새롭게 함으로 변화를 받아서, 하나님의 선하시고

완전하신 뜻이 무엇인지를 분별하도록 하십시오. (로마서 12장 1~2절)

우리 인간은 자기를 하나님께 드릴 수 있다; 우리는 세상이 아니라 그리스도를 본받을 수 있다; 하지만 마음의 변화는 하나님의 역사다. 우리 안에서 역사하시는 성령을 통해 일어나는 일이다.

이렇게 신-중심적인 일이 마음과 영혼의 변화에 어떤 영향을 미칠까? 부분적으로는 목표가 진정한 변화를 결정짓는다. 종교개혁자들의 관점에서 보면, 변화의 목표는 "우리가 본디 창조된 대로 존재하는 것"이나 "하나님의 뜻을 행하는 것" 또는 "마음을 다하고 뜻을 다하고 힘을 다하여 하나님을 사랑하는 것"이 될 것이다. 변화에 관한 이 세 가지 설명은 존재론적, 행동주의적, 그리고 전체론적 관점에서 볼 때 모두 동일한 목표를 갖고 있다. 모두가 그리스도와 닮은 성서적 이미지를 향해 달려가고 있다.

이 목표들을 좀 더 명확하게 살펴보면 다음과 같다. 첫째, 그리스도를 닮는 것은 목적^{destination}이 아니라 목표^{goal}다. 그리스도를 닮아가는 여정에서, 우리들 중 대부분은 오래도록 유토피아에 대한 갈망을 느껴왔다. 이 낯선 단어는 사실 "어디에도 없다"는 뜻을 갖고 있다. 도착지점이 어디에도 없음에도 불구하고 우리는 여전히 우리의 현 존재와 우리가 바라는 존재 간의 모순이 완전히 해소될 수 있는 존재 상태를 갈망하고 있다. 성인들의 가르침이 사실이라면, 다시 말해서 하나님께 더 가까이 다가갈수록 오히려 하나님으로부터 멀리 있는 것처럼 느껴진다면, 이 세상에서는 우리의 열망을 채울 만한 곳이 어디에도 없는 게 아닌지 두려워질 것이다. 따라서 이 여정을 가는 동안 우리는 목표를 향해 나아가고 있다는 것을 보여주는 지표에 집중해야만 한다. 영성지도자는 우리가 그리스도와 닮는 것을 목표로 한 여정에 있음을 인정하도록 도와준다.

둘째, 목표에 도달하거나 또는 도달했다고 주장해도 별로 뚜렷한 이득이 없다. 종교개혁자들의 관점에서 볼 때 그러한 주장은 상상할 수도 없는 것이며, 공식적으로 그런 말을 내뱉는 것은 마치 우리의 노력으로 이 고귀한 목표에 도달한 것 같은 행위의 의$^{works\ righteousness}$ 냄새가 풍길 것이다. 더구나 장로교 교인이라면 그런 주장이 훨씬 더 거만하게 들릴 것이다. 왠지 바리새인 같은 인상이 풍기기 때문이다.

하나님의 나라를 정의하는 데 사용된 말 역시 이 문제와 관련이 있는 것 같다. 우리는 하나님의 나라가 "이미 왔지만 아직 오지 않았다"라고 말하는 데 익숙해져 있다. 하나님의 마음속에서는 이미 이루어졌지만, 역사 속에서는 아직 확실하지 않다는 말이다. 또 우리가 이미 그리스도 안에서 완성되었다 할지라도, 그분과 함께 죽었다가 그분과 함께 다시 살아났다 할지라도, 이 은혜로운 선물의 충만한 계시는 아직 우리 삶에서 완전히 표명되지 못하고 있다. 이미 왔지만 아직 오지 않았다는 이 변증법적인 표현은 그리스도를 따르는 이들의 마음속에 실존적인 갈망을 불러일으키는 긴장을 자아낸다. 이러한 모순은 거룩함과 충만함을 향한 우리의 욕망을 더욱 더 부채질한다.

이렇게 지속적인 긴장을 인정하고 나면, 좀 더 하나님을 닮고 싶은 우리의 열망이 커질 뿐만 아니라, 지금 현재 완전하지 못하다는 죄책감으로부터도 벗어나게 된다. 이 긴장의 "아직"이라는 측면 때문에 당황하여 심한 죄책감을 느껴본 사람이 우리

가운데 얼마나 많을까? 바로 이 긴장이 하나님을 닮아가는 과정의 일부라는 사실, 그리고 우리가 궁극적인 변화에 도달하기 전이라 할지라도 하나님은 우리를 "이미"로 여기신다는 사실을 인정할 때, 우리는 하나님의 은총 안에서 다기 용기를 내고 기뻐할 수 있다. 영성지도자는 이 "지금"과 "앞으로"의 틈새에서 늘 노력을 기울여야 하며, 이 모호함을 받아들여야 한다. 이러한 인간의 조건은 지도자나 피지도자 둘 다 좀 더 충만하게 하나님의 즉각적인 임재에 응답할 수 있게 해준다.

셋째, 우리가 갈망하는 성숙에 관해 정확하게 말하지 못하는 것도 다 과정의 일부다. 그리스도를 닮는다는 개념은 도저히 측정할 수가 없다. 어떤 사람은 그리스도와 비슷해지는 것이라고 하고, 또 어떤 사람은 그리스도와 반대되는 것이라고 하는데, 둘 다 말이 된다. 어떤 면에서 우리는 그것이 무슨 의미인지를 직관적으로 알아챈다. 어쩌면 우리는 훨씬 더 나아가, 그리스도와 비슷한 사람들, 그렇지 않은 사람들의 특징을 파악할 수도 있을 것이다. 하지만 우리 중 누가 감히 그리스도와 완벽하게 일치하는 사람의 특징을 정의할 수 있을까? 그러한 권유를 받을 경우 우리는 대부분 이 위험한 임무를 피하려 들 것이다.

이런 걱정거리가 생기는 이유 중 하나는 우리가 실체가 있는 목표가 아니라 관계를 추구하고 있기 때문이다. 관계는 쉽사리 무게나 깊이나 수단을 측정할 수가 없다. 무게와 깊이, 수단, 이 세 가지는 모두 고정시키거나, 범위를 한정하거나, 계획대로 실행할 수가 있다. 하지만 이 셋 중 어느 것도 관계와는 상관이 없다. 관계는 특정한 모양이 없고, 개방적이고, 변화무쌍하며, 발선을 서듭한다. 그리스도와 우리의 관계는 인간관계의 다양한 요소들을 필요로 한다. 우리의 관계는 고정되거나 정착하는 게 아니라, 계속적으로 발전을 이룩한다. 여기에서 말하는 변화는 개선이나 악화가 아니라 차이를 의미한다. 우리는 가장 소중한 사람과의 관계에서도 변화를 경험한다.

예를 들면, 나와 아내의 소중한 관계에 대해서 생각해 보기로 하겠다. 요즘의 우리 관계는 서로를 처음 알게 되었던 몇 달간의 관계와 다르다. 지금 우리의 관계가 달라진 이유는 아내도 변했고 나도 변했기 때문이다. 직장이나 자녀, 일정과 관련된 우리의 상황 역시 상당히 변했다. 30년 전에는 우리의 관계가 지금과 달랐다. 온갖 변화를 거치면서 우리는 문제를 직시하고, 해결하고, 차이를 극복하였다. 그리고 그 결과 지금은 성숙한 관계, 시간이 보증해 준 관계를 맺고 있다. 그러면 지금의 관계가 30년 전의 관계보다 더 나은가? 아니다. 서로 다를 뿐이다. 우리는 30년 전에도 좋은 관계였으며, 지금도 역시 좋은 관계를 맺고 있다.

그러면 어떻게 "좋은" 관계라고 말할 수 있을까? 아마도 해마다 적용하는 범주가 따로 있을 것이다. 하지만 그 범주의 내용은 매년 변한다. 어쩌면 여정의 몇몇 지점에서 사진을 찍고 그 순간에 "좋았던" 것을 확인할 필요가 있을지도 모른다.

여정과 관계의 은유는 변화가 발생하는 환경을 암시해 준다. 그리고 그리스도인의 삶을 찍은 이 사진들은, 그 변화에서 구원을 가져다줄 만한 성취를 모두 부인한다. 이 사진들 중 어느 것도 변화의 내적 원동력과 관련되지 않는다. 칼빈은 인간의 놀라운 능력에 관한 간결한 설명에서, 영성지도의 변수가 되는 내적 변화와 지표의 단서를 제공한다. 그는 비록 인간의 죄성을 확신하고 있었지만, 그리스도를 통해 의미와 완전함을 발견할 수 있는 인간의 놀라운 능력은 부인하지 않았다. 그는 다음과 같이

말한다:

> 영혼의 영특함은 정말로 다방면에 걸쳐 있다. 하늘과 땅을 관찰할 수 있고, 과거를 미래에 통합할 수 있으며, 오래 전에 들었던 것을 기억할 뿐만 아니라 즐거운 일은 뭐든지 상상할 수 있다. 놀라운 것들을 고안해 내는 기술 또한 다방면에 걸쳐 있다. 이 기술은 수없이 많은 멋진 고안물들의 어머니다. 이런 것들은 인간 안에 신성이 존재한다는 뚜렷한 증거다. (칼빈 1960: 57)

인간의 능력에 대한 이 대담무쌍한 주장은 내적인 변화와 연관된 특별한 행동들을 거론한다. 가장 우선 언급되는 것은 신중함이다. 세상에는 무슨 일이 벌어지고 있으며, 개인의 펼쳐진 삶에는 어떤 일이 벌어지고 있는가? 하나님의 실재는 인간의 삶 속에서 활동할 수 있지만, 인간이 그것을 전혀 알아채지 못하거나 주의를 기울이지 않는다면, 어떤 변화가 발생하지 않을 것이다. 변화는 의식에서 시작된다.

그 다음 칼빈은 인간이 하늘과 땅, 다시 말해서 물질적인 것들과 영적인 것들을 모두 관찰할 수 있는 능력을 지니고 있다는 사실에 경탄한다. 여기에서 굳이 하늘과 땅의 개념을 구분한다면, "하늘"은 분명히 영적인 통찰을 의미하고, "땅"은 분명히 감각적인 인식을 의미할 것이다. 우리가 신체적으로 보고, 듣고, 냄새 맡고, 만지고, 맛보는 것들은 땅의 자극을 의미한다. 반면에 우리가 구상하고, 협력하고, 상상하고, 창조하는 것은 영혼의 엉직 능력, 전부직인 속성을 암시한다. 따라서 인간은 물질세계의 사건과 자극에 동참할 수 있는 능력을 지니고 있는 동시에,

내적 세계로부터 생겨나는 직관과 영감도 지니고 있다. 하나님은 이것들 모두를 통해서 신적인 자아를 계시하신다.

하늘과 땅을 개관할 수 있는 이 능력은 과거를 현재에 통합시킬 수 있는 힘, 다시 말해서 과거의 경험을 인식하고 해석한 다음 그것을 미래와 직관적으로, 상상력을 발휘하여 연관 지을 수 있는 능력에 따라 완성된다. 이 관찰과 해석과 예상의 능력 — "인간 안에 신성이 존재한다는 증거" — 을 통해서 우리는 변화의 과정에 대한 중요한 통찰을 얻게 된다.

인간의 영혼이 감각과 직관의 자료들에 대한 반응을 통해서 이러한 합일과 총체적인 느낌을 성취하고 나면, 이러한 창작물을 기억 속에 저장할 수가 있다. 더욱이 인간은 대안적인 미래를 상상할 수 있는 능력을 지니고 있으며, 그리스도의 완전함을 삶 속에서 표출할 수 있는 능력도 갖고 있다. 우리가 감각적 인식, 이성, 기억, 직관, 상상 또는 의지라고 부르는 것들은 모두 칼빈이 말하는 인간 본성의 기적 아닌가? 나는 그렇다고 생각한다. 더 나아가 나는 이것들이 바로 우리가 삶의 이야기를 창조하고, 유지하고, 수정하는 데 이용하는 능력이라고 생각한다. 우리가 이야기 속에 넣게 되는 삶의 경험들은 영성지도를 위한 물질적인 부분을 충분히 제공해 준다. 따라서 칼빈의 인간관은 그리스도 안에서 삶의 변화에 꼭 필요한 기능들을 확인해 주는 것이다.

종교개혁 영성지도자의 역할

사회적, 문화적 환경이 다소 권위주의적이었던 초기에는, 영성지도의 유형 역시 약간 거만한 것이었다. 하지만 최근 들어서 많은 변화가 일었다. 이제 영성지도자의 역할은 신도들을 위해 하나님의 뜻을 해석하고 할 일을 결정해 주는 권위적인 제사장의 역할이 아니다. 영성지도자는 더 이상 권위적인 성서해석가나 삶의 경험 해석자 역할을 담당하지도 않는다. 종교개혁 전통이 이것을 포용하지 못했던 가장 큰 이유는 아마도 이렇게 다른 사람의 삶을 지배하는 권위적인 영성지도자의 이미지 때문이었을 것이다. 종교개혁자들은 만인사제직을 강조했으며, 그리스도 안에서 마음껏 성서를 해석하고 하나님께 신실하게 응답할 수 있는 자유를 중요시했다. 따라서 초기 종교개혁자들의 눈에는 영성지도가 지닌 가치 같은 게 제대로 보였을 리가 없다.

어쩌면 종교개혁 전통에서의 영성지도자 역할은, 이 실천에 사용된 다양한 용어들을 통해서 가장 잘 설명할 수 있을 것 같다. 예를 들면, 영성지도자의 역할은 영적인 친구spiritual friend로 자주 언급되어 왔는데, 이것은 지도자가 맡은 역할의 관계적 특성을 강조한 것이다: 한 사람이 기꺼이 다른 사람을 위해 영적인 여정의 친구가 되어주는 것. 아니면 영성지도자의 역할을 영혼의 친구soul friend로 생각할 수도 있다. **영혼**은 깊이를 암시한다: 기꺼이 인간의 삶 속 깊은 곳으로 들어가, 지속적인 갈망에 귀 기울이고, 가장 어두운 공포를 밝혀내며, 자아나 하나님의 중심 이미지를 확인하는 지도자 말이다.

어떤 사람들은 영성지도자의 역할을 영혼의 짝soul mate이라고 말하기도 했다. 이것은 관계의 상호성을 암시해 주는 단어다. 영혼의 짝은 나눔의 관계 속에서 베풀 뿐 아니라 받기도 하는 사람이어야 한다. 초점이 피지도자로부터 지도자에게로 옮겨지면 상호성이 혼동될 수도 있겠지만, 그렇게 할 필요가 전혀 없다. 지도자는 지도자-피지도자 사건의 중심에 서지 않고서도 얼마든지 자기 삶의 경험으로부터 정보를 제공할 수가 있다.

영성지도자의 동의어를 하나 더 들자면 내적인 차원의 동반자companion다. 이 명칭은 지도자가 여행길에 오른 사람들과 동행하면서, 그들이 삶 속에서 의미를 찾아낼 수 있도록 돕는다는 의미를 내포하고 있다. 영혼의 친구와 마찬가지로, 동반자는 깊은 곳으로의 여행을 암시한다.

산파midwife의 이미지 역시 영성지도자의 활동을 설명하기 위해 자주 사용되어 왔다. 우리는 이 말이 문자 그대로 "다시 태어나는" 경험을 주재하는 복음주의적 기능만을 의미한다는 어리석은 생각을 버려야 한다. 물론 이것은 그리스도와의 여행을 막 시작한 시기에 도와주는 것을 의미할 수 있다. 하지만 이것은 훨씬 더 많은 의미를 담고 있다. 그리스도 예수 안에서의 새로운 창조물은 언제나 "곧 태어나려고 한다." 하나님은 계속해서 다양한 방법으로 영혼에게 다가가시며, 그 때마다 새로움 — 새로운 삶, 새로운 방향, 새로운 선택 — 의 잠재력을 부어주신다.

영성지도자는 먼저 한 가지 역할을 완수한 다음에 다른 역할로 넘어간다 — 내적인 여정을 시작하는 사람 곁에서 함께 동행해 주는 영적인 친구, 그리고 그 다음에는 피지도자가 성령 안에서 지속적으로 새로운 삶을 경험하는 동안 함께 있어 줄 동반자. 이 이미지들은 영성지도자의 정체성을 밝히는 데 도움이 될 수 있다.

영성지도자는 피지도자와 언어적인 계약을 맺어야 할 책임이 있다. 처음의 예비적인 대화에는 다음과 같은 질문이 포함될 수 있다: 어디에서 만날 것인가? 얼마나 자주 만날 것인가? 얼마 동안이나 만날 것인가? 영성지도자의 기대는 무엇이고, 피지도자의 기대는 무엇인가? 어떻게 해야 관계를 원만하게 끝낼 수 있을까? 갈등은 어떻게 해소할 것인가? 관계 초기에 이런 기본적인 규칙들을 정해 놓으면, 나중에 좌절이나 혼동에 빠질 염려가 없을 것이다.

영성지도자의 기능은 일단 **경청**으로부터 시작된다. 지도자는 하나님, 피지도자, 그리고 지도자, 이렇게 삼자관계에서 3분의 1을 차지한다. 지도자의 가장 중요한 임무는 피지도자의 언어와 행동을 통해서 하나님의 말씀을 경청하는 것이다. 이렇게 경청하는 사람으로서 지도자는 늘 다음과 같은 질문을 던진다: **이 사람의 삶에서 하나님은 무엇을 말씀하시는가? 이 사람의 삶에서 하나님은 무엇을 행하시는가?** 영성지도를 위한 만남에서 이루어지는 교류는 하나님과 피지도자 사이의 교류다. 영성지도자는 바로 그 관계에 집중해야만 하며, 관찰하고 질문하고 조금씩만 제안함으로써 본인은 한쪽 켠에 머물러 있으려고 무척 노력해야 한다.

이 경청의 역할로부터 또 하나의 기능이 나타난다: 바로 질문이다. 지도자는 신중한 조사자다. 지도자는 피지도자를 심문하는 사람이 아니라, 섬세한 경청에서 비롯된 조사권을 주장하는 숙련된 동료의 기능을 담당한다. 좋은 질문은 대화에 토대를 둔 것이며, 마치 다정한 손가락처럼, 주목해야 할 부분을 가리켜 준다. 지도자의 통찰력 있는 설명을 들은 피지도자는 새로운 통찰을 발견하고 표현할 수도 있고, 자기의 인식을 확장시킬 수도 있다. 물론 질문은 제안을 가져다주기도 한다. 비록 피지도자가 그 질문이 무엇을 가리키고 있는지 명확하게 모를 수도 있지만 말이다. 확실히 지도자는 중요치 않은 문제들에 대해서는 질문하지 않는다. 그러므로 어떤 의미에서는 질문 그 자체가 미묘한 암시일 수도 있다.

영성지도자는 또한 영들을 분별하는 사람이기도 하다. 어떤 이들은 어떤 상황이나 문제를 "꿰뚫어볼 수 있는" 놀라운 능력을 지니고 있다. 나도 불확실한 것들을 어떻게 그들은 그토록 끊임없이 알 수 있는 것일까? 사도 바울에 따르면, 분별은 성령의 은사들 가운데 하나다. 베드로가 고넬료의 집으로 가라는 하나님의 명령을 알아챘을 때, 그리고 바울이 "이 사람들은 지극히 높으신 하나님의 종들인데, 여러분에게 구원의 길을 전하고 있다"(사도행전 16장 17절)고 말하면서 자신을 따르는 젊은 여인에게 말을 건 것도 모두 이 은사가 작용했기 때문일 것이다. 오늘 영성지도자들에게도 어쩌면 이 은사가 작용할지도 모른다.

만일 분별이 은사라면, 그 은사는 언제 받는 것일까? 우리가 성령으로부터 태어날 때 전해지는 것일까, 아니면 성령이 충만할 때 전해지는 것일까? 그것도 아니면 창조될 때 받았는데 나중에 성령을 통해서 깨닫게 된 은사일까? 아마도 이 은사는 영성지도자가 사람들의 삶 속에서, 또 사람들의 삶을 통해서 하나님께 귀 기울일 때 자각하기가 더 쉬운 것 같다. 어쩌면 우리는 분별의 은사가 지도자의 삶 속에서 작동할 수 있도록, 이 모든 방법들에 대해 개방적인 태도를 취해야 할 것이다. 이 은사의 훈련에 관한 몇 가지 걱정도 일리가 있다. 우리의 느낌이나 직감이 하나님에게서 온 것인지 우리 자신의 것인지, 늘 확신할 수는 없기 때문이다. 그래도 우리는 이 은사가 임무 수행에 무척 중요하다는 사실을 부인해서는 안 된다.

분별의 은사를 받았다고 해서 다른 사람들에게 그들의 삶에서 무슨 일이 벌어지고 있는지를 말해 줄 권위가 생기는 것은 아니다. 그들의 질문에 대답하거나 그들의 문제를 해결할만한 권위도 생기지 않는다. 적절한 겸손이야말로 우리가 항상 자신의 분별과 피지도자의 경험의 차이를 인식할 수 있게 해준다. 그리고 이 겸손은 우리가 질문들에 대해 생각하고, 대답을 찾아내고, 대안적인 가능성을 탐구할 수 있도록 도와준다. 겸손은 우리가 다음과 같은 말을 하지 않도록 막아 줄 것이다. "하나님이 당신에 관해 이런 것을 내게 보여주셨습니다." 또는 "하나님이 당신에게 이렇게 말하라고 말씀하셨습니다." 이런 식으로 우리가 자신의 분별에 관해 적절한 겸손을 잃어 버릴 경우, 신실한 영혼이 커다란 상처를 입을 수도 있다.

영성지도자는 기도한다. 아마도 지도자는 침묵의 기도를 사용할 것이다. 피지도자와 함께 몇 분간 침묵의 기도를 드린 다음 영성지도의 만남을 시작하는 것보다 나은 방법이 있을까? 침묵 속에서 지도자와 피지도자 둘 다 하나님의 임재를 자각할 수 있도록 자신을 개방한다. 지도자는 피지도자를 위해 기도하고, 피지도자는 지도자를 위해 기도한다. 두 사람 모두, 하나님 없이는 이 영성지도의 만남에서 그 무엇도 가치가 없을 것이라는 사실을 깨닫는다. 만남을 시작할 때 몇 분간 취하는 이 기도 자세는, 둘이 함께 하는 시간 내내 충만할 것이다.

그렇게 골고루 영향을 미치는 기도를 드리기 위해서 지도자는 관상적인 자세를 취한다. 다시 말해서 지도자는 이 만남을 하나님 안에 거하는 것이라고 생각하고, 따라서 자신과 피지도자와의 공유 속에서, 자신의 마음속에 떠오르는 생각과 이미지들 속에서, 그리고 자신과 피지도자의 상호작용 속에서, 하나님의 임재 증거를 계속적으로 찾아내는 것이다. 관상적인 자세를 유지하려고 노력하는 가운데, 우리는 그것이 위선적인 행동이

되지 않도록 조심한다. 그래야 순간적으로 관심을 하나님으로부터 딴 데로 돌리게 되더라도 자책하거나 의기소침해지지 않고 기쁘게 되돌아갈 수가 있기 때문이다.

지도자는 또한 피지도자를 의식적인 기도로 초대할 수 있다. 심지어는 만남이 한창 진행되고 있는 중에도 말이다. 피지도자가 혼란스러워하거나, 너무도 고통스러워서 공유할 수 없는 삶의 경험에 도달하게 되었을 때, 피지도자를 안심시켜 주는 기도는 대화를 다음 단계로 이끌어 줄 수가 있다. 또한 기도는 지도자가 분별과 지도를 유지하도록 도와줄 수도 있다. 잘 이해할 수 없을 때, 또는 어느 쪽으로 가야 할지 알 수 없을 때, 기도가 필요하다. 침묵은 이런 절박한 고비에 지도자의 임무를 제대로 수행할 수 있게 해준다.

지속적인 기도는 영성지도와 다른 돌봄의 경험들을 구별해 준다. 기도는 공유를 변화시키고, 하나님의 임재 안에서 의도적인 교류로 상승시켜 준다. 물론 다른 돌봄의 경험들이 성령을 통한 변화의 효과를 지니지 않는다는 말은 아니지만, 그래도 영성지도자는 언제나 매우 의식적으로 그것을 추구할 것이다.

영성지도자가 피지도자에게 제안을 하는 경우도 있다. 이러한 권고는 만남을 통해 얻게 된 약간의 통찰일 수도 있고, 읽을 만한 책이나 영성훈련 방법에 관한 조언일 수도 있다. 심지어 지도자는 피지도자와 하나님 사이를 가로막고 있는 것 같은 훈련방법을 중지하라고 권할 수도 있다.

영성지도자는 피지도자와의 만남을 이끌어 간다. 약속된 시간에 만남을 시작하고, 정해진 시간에 끝마친다. 만남을 시작할 때 지도자는 피지도자를 침묵으로 초대한다. 지도자는 다음과 같이 여는 질문으로 만남을 지속시킨다. "하나님과의 삶은 어떻게 되어가고 있나요?" "이번 달에는 기도가 어땠습니까?"

일단 함께 하는 시간이 이 지점에 도달하고 나면, 지도자가 가장 최선이라고 생각하는 쪽으로 흐르게 놔두어야 한다. 때로는 지도자가 최상의 접근법을 찾아내기 전에 몇 가지 질문을 할 수도 있다. 지도자가 이끄는 만남, 그리고 바라건대 성령이 이끄시는 만남은 시간이 종료될 때까지 지속된다. 지도자는 몇 가지 권고와 기도를 한 다음 만남을 마무리할 수 있다. 만남을 노련하게 잘 이끄는 것은 영성지도자의 가장 중요한 임무들 가운데 하나다.

마지막으로, 영성지도자는 자기 자신의 욕구에도 신경을 써야 한다. 우리 자신이 받아들여지지 않는 곳에서 우리가 다른 사람을 받아들일 수 없다는 것은 자명한 이치다. 우리가 우리 안에 계시는 성령께 주의를 기울이지 않는다면 다른 사람들 안에 계시는 성령께도 민감해질 수 없을 것이다. 따라서 지도자는 자기 삶을 개방적이고 성숙한 삶으로 가꿔 나가야 한다. 또한 지도자는 하나님 앞에서 살아야 한다. 그래야 다른 사람들도 하나님 앞에서 살아 나가도록 효과적으로 도울 수가 있다. 대부분의 영성지도 멘토나 교사들은 다른 사람들을 지도하는 것은 동시에 지도를 받는 것이어야 한다고 생각한다. 이 원칙에는 의심할 여지가 없는 지혜가 들어 있다.

영성지도자의 역할과 기능, 책임은 전부 단 하나의 목적을 갖고 있다. 영성지도자가 경청하고, 질문하고, 분별하고, 기도하고, 권고하고, 약속하고, 또 자신의 영혼을 지키는 것은 모두 피지도자가 본디 창조된 모습으로 돌아갈 수 있게 돕기 위한 것이다. 이것은 아주 간단하게 들릴 수도 있지만, 사실은 지도지기 다른 사람의 삶에서 담당하는 온갖 역할들을 포괄하는 것이다.

성숙한 영성의 지표

영적인 성숙의 간접적 지표들을 찾는 것은 흥미로운 일이다. 오늘 우리가 대부분 편안하게 느끼는 것과 달리, 과거에는 영적 성숙에 관심을 갖는 사람들이 매우 한정되어 있었다. 성숙한 영성의 특징이 특별한 행동이나 영성훈련으로 축소되었을 당시, 진지한 영혼들은 그 지표들을 목표로 삼고, 원인-결과 성취로서의 성숙에 접근하였다. 예를 들어서 겸손이 성숙을 암시한다면, 고행자가 입는 마미단 셔츠를 입고, 자기를 채찍질하며, 스스로를 비난하는 것이 겸손으로 이끌어 줄 것이었다. 이런 식의 원인-결과 사상은 원인-결과 훈련으로 이어졌고, 결국은 하나님이 아니라 우리 자신에게 달린 자기-생성적 영성으로 이어졌다.

나는 "영적 성숙의 간접적 지표들"이 온 신경을 그리스도께만 고정시켰던 사람들, 여정에 오르기는 했지만 결코 목적지에 도착한 척하지 않는 사람들에게 일어난 변경과 변화를 의미하는 것이라고 본다. 성숙에 대한 이러한 접근법에는 커다란 지혜가 들어 있다. 순례자를 완벽주의라는 우상, 그리고 거룩함을 선물이 아니라 성취로 바꿔버리는 우상으로부터 구해 주기 때문이다.

아무 거리낌 없이 우리는 그리스도인의 성숙을 증명하는 중심 지표가 바로 그리스도를 닮는 것이라고 말할 수 있다. 물론 이것은 신도가 그리스도를 모방하여 행동한다는 의미가 아니다. 이것이 의미하는 것은 신도가 그리스도께 온 신경을 쏟는다는 것이다. 자유롭고 자발적인 성령의 역사를 통해 그리스도께서 참 자기를 형성할 수 있도록 말이다. 이런 포괄적인 그리스도 확언은 어쩌면 도움이 될 만한 상세함이 결여되어 있는지도 모른다. 하지만 이것은 하나님과의 삶에 관한 칼빈의 독창적인 주장과 연결된다. 『그리스도교 강요』의 서두 부분에서 그는 하나님에 관한 지식을 논의한다. 그는 다음과 같은 주장으로 시작한다:

> 우리가 소유한 지혜, 곧 참되고 건전한 지혜는 거의 모두가 두 부분으로 구성되어 있다: 하나님에 관한 지식과 우리 자신에 관한 지식. 하지만 수많은 관계들에 따라 결합되고 나면, 어떤 것이 더 우선적이며 다른 것을 이끌어 내는지 분별하기가 어려워진다. 우선적으로, 자신의 생각을 즉시 하나님에 관한 묵상으로 바꾸지 않고 자신을 들여다볼 수 있는 사람은 아무도 없다. 모두가 하나님 안에서 "살고 움직이기"(사도행전 17장 28절) 때문이다. (칼빈 1960: 35)

이어서 칼빈은 이 지혜가 교대로 자기와의 만남과 하나님과의 만남을 가짐으로써 생겨난다고 말한다. 따라서 영적인 성숙은 하나님과 자아의 변증법적인 관계로부터 발전한다. 이 변증법적 관계의 한 쪽에는 무수히 많은 방법으로 우리에게 말씀하시는 하나님이 있다; 그리고 다른 한 쪽에는 성숙 과정의 자아가 있다. 자아는 하나님을 바라보고, 하나님께 귀 기울인다. 칼빈은 이 변증법적 관계가, 한편으로는 하나님에 관한 지식에 따라서, 그리고 다른 한편으로는 자기에 대한 지식에 따라서 만들어진다는 것을 확실히 한다. 영혼이 자신을 들여다볼 때, 곧바로 자신의 상함과 욕구를 통해서 하나님을 보게 되며, 영혼이 하나님을 올려다볼 때, 하나님의 거룩하시고 위대하심을 반영하는 상한 존재로서 자신을 좀 더 완전히 볼 수 있게 된다. 관심의 초점이 자기에게서 하나님께로 옮겨지는가 하면, 다시 하나님으로부터 자기에게로 옮겨지는 것이다.

이런 일이 생길 즈음, 성숙의 증거가 보이기 시작한다 — 보통은 영혼이 알아채지 못한다. 성숙의 간접적인 증거는 아마도 분별력을 갖춘 영성지도자가 제일 먼저 감지하게 될 것이다. 하지만 지도자의 임무는 하나님-자기의 변증법적 관계 속에서 작업하는 것이다. 피지도자가 하나님께 주의를 기울이고 자기와 하나님에 관한 지식 안에서 성장하면 분명히 성숙하게 될 것이라는 확신을 갖고 말이다.

성숙의 증거에 관해 말할 수 있는 게 아무 것도 없을까? 아니, 우리는 이것이 하나님-자기 관계 속에서 생겨난 것인지 아닌지, 또 이것이 맹목적인 성숙으로 이끄는지 아니면 행동에 옮기는 성숙으로 이끄는지를 말할 수 있다. 우리는 성숙의 특징인 개방성에 관해 말할 수 있다. 성숙한 영혼은 하나님의 형상대로 지어진 자신에 대한 좀 더 심오한 통찰을 향해서 두려움 없이 자신을 개방한다. 하지만 성서 본문과 자신의 삶에 일어난 사건들, 그리고 성찰을 통한 하나님의 계시에 개방적인 태도를 취할 때에도 그러한 통찰은 증가한다.

강화된 의식 역시 성숙으로의 발달을 암시한다. 어번 홈즈는 "강화된 의식"이 영성의 한 측면이라고 지적했다. 하지만 우리는 의식을 절대적인 것으로 생각해서는 안 된다. 어쩌면 무의식에서부터 문화적 의식, 각성된 의식, 하나님 의식, 그리고 결국은 조화로운 의식에까지 이르는 의식의 연속체라고 생각해야 할지도 모른다. 우리가 하나님-자기 관계에 집중할 때, 하나님과 자기의 역동적인 상호작용이 관심을 받게 되며, 피지도자가 알아채지 못하는 사이에 변화가 일어나게 된다.

나는 하나님이 성서의 말씀을 통해, 그리고 상상과 직관의 안팎으로부터 생겨난 사건들을 통해, 인간의 의식에 참여하신다고 주장했었다. 만일 우리가 이러한 신적인 참여를 다소 지속적이고 계속적인 것으로 본다면, 이 신적인 움직임을 확인할 수 있는 능력의 발달도 곧 성숙함의 증가를 암시할 것이다.

얼마나 정확하고 신속하게 하나님의 임재를 인식하는가 하는 것은 영적인 분별에 달려 있다. 따라서 영성지도자가 피지도자의 예리한 분별력을 알아차릴 경우, 이것 역시 성숙함의 성장을 암시한다.

그리스도인의 자유 — 있는 그대로 존재할 수 있는 자유, 자신의 임무를 수행할 수 있는 자유, 그리고 심지어는 실패할 수도 있는 자유 — 를 기쁘게 행사하는 것은 뛰어난 성숙을 암시한다. 이러한 자유는 규칙-지향적이고 행위-지향적인 성숙과 정반대되는 것 같다. 여기에서 내가 말하고자 하는 의미는 **자발적인, 습관적인, 죄의식에서 자유로운, 신심에서 우러나온** 등의 단어들과 관련된다. 기쁨이 넘치는 자유 — 자유롭고 은혜로우신 하나님과의 관계에서 비롯되는 선물 — 는 성숙함의 진보를 간접적으로 알려준다.

점점 더 그리스도의 형상을 닮아가는 것은 성령의 열매 — 사랑, 기쁨, 평화 등 — 속에서 구체화된다. 하나님-자기의 변증법적 관계 속에서 하나님의 백성은 자신의 어둡고 그늘진 면을 분별할 뿐만 아니라 자신이 받은 은사도 발견하게 된다. 성령이 주신 이 은사는 곧 소명을 가리키는 경우가 많다. 신도가 성숙하게 되면, 그리스도의 사명에 동참하라는 소명이 밝혀진다. 성령의 열매, 성령의 은사, 그리고 하나님의 소명이 피지도자 속에서 발달하게 되면, 지혜로운 영성지도자는 그것들이 그리스도를 닮아가는 성장의 증거임을 알아채게 될 것이다. 그렇지만 피지도자는 이것이 성숙인지도 못 알아볼 수 있으며, 따라서 이런 변화들 때문에 종종 혼란과 스트레스를 겪기도 한다.

종교개혁 전통의 영성지도 추천도서

하워드 L. 라이스, 『종교개혁 전통의 영성』 _Reformed Spirituality_ (Louisville, Ky.: Westminster John Knox, 1991). 이 책은 현대 종교개혁가들의 영성 이해를 발달시킨다. 여기에는 저자가 "상담"이라고 부르는 영성지도에 관한 논의가 실려 있다.

매조리 J. 톰슨, 『영혼의 잔치』 _Saul Feast: An Invitation to the Chritian Spiritual Life_ (Louisville, Ky.: Westminster John Knox, 1995). 헨리 나우웬의 제자가 쓴 이 책은 종교개혁자들의 영성 이해를 설명하고, 그 전통의 영성지도를 소개해 준다.

성숙은 또한 피지도자의 하나님 추구와 통전적인 삶이 일관적으로 지속될 때 확실해진다. 피상적인 판단과 엇갈리는 선택이 미성숙의 특징인 것처럼, 일관적인 선택과 예측 가능한 행동은 성숙의 증거가 된다. 피지도자가 심지어는 개인적인 위기나 자기-부정에 직면해서도, 자기가 하나님의 뜻이라고 생각하던 것을 다시금 선택할 수 있을 때, 이러한 연속성은 자기 사랑을

넘어서는 하나님 사랑 가운데 성숙했음을 보여준다. 남편의 직업이 자신의 꿈과 거리가 멀지라도 결혼생활을 지속할 수 있는 아내, 또는 재정적인 이득을 취할 기회가 왔음에도 불구하고 영적인 시간을 마련하기 위해 그 기회를 거절할 수 있는 여인에게서, 우리는 이것을 발견하게 된다. 또한 가난한 사람들을 위해 자기를 부인하는 연속성에서도 이것을 찾아볼 수 있다. 이런 행동들은 성숙함의 증가를 암시할 수 있다. 하지만 여기에서 중요한 것은 선택의 연속성이다. 확고한 정체감에 따라 이루어지는 반복적이고 예측 가능한 선택은 그리스도 안에서 성숙하였음을 증명해 준다.

삶에 좀 더 깊이 몰두하는 것 역시 성숙을 향한 성장의 간접적 증거에 속한다. 자기-부정, 삶으로부터의 도피, 그리고 은둔자적 이상의 포용이라는 중세시대의 목표와는 정반대로, 참된 성숙은 삶과 삶 속의 모든 것들에 참여할 것을 분명히 요구한다. 성숙한 사람은 자기 삶의 진실을 부인하지도 않을 뿐더러, 삶으로부터 도망치지도 않는다. 오히려 성숙한 사람은 삶을 있는 그대로 — 기쁘거나 고통스럽고, 기대되거나 실망스러운 삶 그대로 — 마주하며, 매 순간 개방적인 자세로 살아간다. 성숙한 사람은 각 사건의 진실 속에서 살아갈 것을 선택한다. 그리하여 과거 일에 대한 죄책감이나 수치심 때문에 괴로워하는 삶이나 미래의 부정적인 가능성 때문에 두려워하는 삶을 거부한다. 또한 성숙한 사람은 삶을 받아들이고 현재의 가능성에 몰두함으로써, 삶에 응답하는 방법을 선택할 수 있는 자유도 갖게 된다. 영성지도자는 이러한 삶의 자세와 그것에서 비롯되는 자유를 보고서, 피지도자가 상당히 많은 성숙을 이루었음을 깨닫게 된다.

하나님 나라에 관한 폭넓은 의식 역시 영적인 성숙을 증명하는 것일까? 처음에는 하나님과의 관계나 평화와 기쁨을 얻는 것 말고 다른 데 신경 썼던 사람이 소원해진 사람들과 화해하게 되었다면, 그것 역시 간접적인 형태의 성숙을 증명해 준다. 그러므로 평화와 정의, 억압받는 이들의 해방, 사회적으로 소외된 이들에 대한 포용, 그리고 민족들에 대한 증언처럼, 하나님의 나라와 관련된 문제들에 관심을 갖는 것 역시 그리스도 안에서 성숙했음을 암시해 준다.

마지막으로, 사람들이 편안하게 살아갈 수 있는 모호함의 정도 또한 성숙의 증거다. 영적인 여정에는 현재의 모습과 우리가 바라는 모습 간의 긴장이 존재한다. 우리의 행동이 신앙의 원칙을 침범해야만 할 경우, 우리가 둘 중 하나를 — 둘 다 안 좋은 것인데도 — 선택해야 할 경우, 우리의 행동이 그리스도 안에서 우리가 지니는 근본적 정체성과 모순될 경우, 이 모호함은 증가한다. 우리가 얼마나 성숙했느냐가 우리 상황의 모호함을 어떻게 다룰 것인지를 결정한다.

영성지도, 목회상담, 심리치료의 관계

영성지도

영성지도자는 다른 사람들의 영적 여정을 도와주라는 소명감과 재능을 지닌 성숙한 그리스도인이다. 지도자는 피지도자가 하나님께 관심을 쏟을 수 있도록 도와준다. 이러한 원조는 기도의 형태를 취할 수도 있고, 질문을 던지거나 권고를 하는 것일 수도 있다. 이것들은 피지도자의 욕구에 대한 지도자의 이해에서 비롯된 것이다. 영성지도자의 역할은 다른 사람의 삶 속에 침입하여 그들을 대신해서 질문에 답하거나 행동을 처방해 주는 것이 결코 아니다. 영성지도자는 객관적인 입장에서 기능을 수행하는 게 아니라, 피지도자의 삶과 경험의 모든 측면에 참여하는 것이다. 따라서 지도자 역시 피지도자와 더불어 관계 속에서 변화하는 것은 피할 수 없는 일이다.

이것의 전형적인 예를 한 번 생각해 보자. 성장을 추구하는 한 진지한 그리스도인이 영성지도자를 찾아내어 지도를 받고 싶다고 요청한다. 지도자는 이러한 관심을 어떻게 깨닫게 되었느냐고 묻는다. 그에 대한 대답으로 그 사람은 하나님에 대한 깊은 관심, 가끔씩만 느끼게 되는 친밀함에 대한 갈망, 그리고 소명을 분별할 수 있도록 도움을 받고 싶은 욕구에 대해 설명한다. 이러한 욕구는 영성지도를 원하는 사람의 삶에서 비롯된 것이 틀림없다.

한편, 만일 그 사람이 자기는 심각한 부부문제를 겪고 있으며, 그 문제를 해결하기 위해 온갖 노력을 다 기울였지만 결국 실패했노라고 대답한다면? 영성지도자는 그 사람을 목회상담가에게 소개해 줄 것이다. 목회상담가는 위기관리나 갈등해소에 초점을 맞춘다. 이런 문제들도 물론 아주 중요하지만, 영성지도자의 영역에 직접적으로 해당되는 것은 아니다.

영성지도에 대한 열망을 이야기하는 한 사람이 영성지도자와 관계를 맺게 된다고 가정해 보자. 피지도자의 하나님상이 표면화되기까지, 처음 몇 번의 만남은 잘 진행될 것이다. 그 사람은 하나님에 대한 분노와 공포를 번갈아가며 털어놓는다. 그러다가 결국은 자신의 폭력적인 아버지에 대해 설명하게 된다. 훼손된 하나님상이 그의 성장에 부정적인 영향을 미쳤다는 사실을 알게 된 영성지도자는, 치료적 문제에 관해 도움을 받을 수 있도록 심리치료사를 추천해 줌과 동시에 영성지도를 병행해 나갈 것이다.

영성지도자가 임상심리학 박사학위를 지닌 목회상담가일 수도 있다. 비록 그렇다 할지라도 영성지도자는 부부위기 문제나 폭력의 기억에 관한 문제를 다루려고 해서는 안 된다. 만일 영성지도자가 다른 기술을 사용하기로 결정한다면, 역할 혼동을 피하기 위해서 피지도자와 새로운 관계를 맺어야 할 것이다. 그리고 내 판단에 따르면, 이러한 역할의 변화는 지도자에게는 상대적으로 간단한 일일 수 있지만, 피지도자의 경우에는 훨씬 더 관계가 복잡해진다. 따라서 보통은 다른 전문가에게 소개해 주는 것이 좀 더 효과적인 방법이라고 할 수 있겠다.

목회상담

목회상담가는 삶의 통상적인 과정에서 발생하는 문제들을 해결할 수 있도록 도와주는 것을 전문으로 하는 성직자다. 이 문제들은 자기 인식과 정체성 혼란에서부터 갈등 관계와 깨진 관계까지 광범위하다. 이 문제들은 종교적인 원인이 있을 수도 있고 없을 수도 있다. 하지만 내담자의 신앙이나 부족한 신앙이 문제 해결에 영향을 미치는 것은 늘 마찬가지다.

목회상담가는 내담자가 당면한 문제를 해결할만한 방법을 찾을 수 있도록 돕는 것을 목표로 한다. 신앙의 차원에서 문제에 대한 해결책을 찾는 것은 그리스도교 신자들에게 적합하다. 만일 내담자가 그리스도인이 아니라면, 내담자가 영적인 도움을 요청하지 않는 한, 목회상담가가 복음전도의 동기를 관계 속에 직접적으로 들여와서는 안 된다.

목회상담가가 이용할 수 있는 방법에는 내담자와의 관계, 검사, 기도, 집단치료, 그리고 책이나 기사를 이용하는 것 등이 있다. 또한 목회상담가는 내담자의 선택을 늘려줄 정보도 내담자와 함께 공유한다. 내담자의 삶에서 특별한 그리스도교적 응답을 지닌 문제들 — 죄책감, 수치심, 죄 또는 의심 — 은 용서, 용납, 그리고 화해선언의 이해를 통해서 목회상담가가 해결할 수 있다.

목회상담가는 내담자가 문제를 확인하고, 그것이 미치는 영향을 이해할 수 있도록 도와준다. 가능한 선택들을 살펴보고, 다양한 결정들이 가져올 결과를 예상할 수 있도록 돕는 것이다. 내담자가 당면한 문제들을 해결하는 동안, 목회상담가는 후원과 격려를 아끼지 않는다.

목회상담가는 영성생활의 특별한 측면에서 명확성을 추구하는 사람이 있을 경우, 그 사람을 영성지도자에게 소개시켜 준다. 정신적 혼란의 증거가 있을 경우에는, 그 사람을 심리치료사에게 소개시키는 것이 적합하다. 그렇지만 이 조력자들 간의 구분선은 이론적인 논의만큼이나 명확하지가 않다. 기도와 분별은 목회상담가와 다른 조력자들에게 모두 필요한 조건이다.

심리치료

심리치료사는 인간의 무의식적 측면에서 생겨나는 징후들을 치료하는 사람이다. 대개의 경우 영성지도자와 목회상담가는 인간의 의식에 관련된 일을 한다. 심리치료사의 목적은 내담자의 기능을 저해하고 있는 무의식 속의 억압된 요소들을 표면화시키는 것이다. 전문적인 심리치료 기술을 가지고 심리치료사는 징후를 나타내는 환자의 행동을 치료한다.

심리치료사는 징후를 나타내는 내담자를 진단하고, 다루고, 고치는 의사다. 심리치료사는 환자와의 개인적인 관계를 추구하지 않으며, 오히려 그런 관계를 회피한다. 영성지도를 원하는 사람이 있을 경우, 심리치료사는 그 사람을 영성지도자에게 위탁할 것이다. 그리스도교 심리치료사들은 때때로 본인이 직접 영성지도를 제공할 수도 있다. 하지만 원칙적으로 이것은 그들이 받은 훈련이나 경험의 일부가 아니다. 심리치료사를 찾아오는 사람들은, 대부분의 경우, 영적인 도움을 바라는 게 아니다. 그들이 원하는 것은 성가신 징후를 치료하는 것이다.

위탁

영성지도자, 목회상담가, 그리고 심리치료사는 저마다 전문적인 영역을 갖고 있다. 돌봄이 필요한 사람들은 자신의 특별한

표 5.1. 영성지도, 목회상담, 심리치료 비교

차 원	영성지도	심리치료	목회상담
당면문제	하나님을 향한 열망	정서적 질병	개인적인 문제
목 표	하나님의 뜻을 알아내기 또는 그리스도를 닮기	질병을 치료하기	갈등을 해소하기 또는 문제를 해결하기
절 차	기도, 경청, 그리고 지시적인 응답	검사, 치료적 경청, 약물과 그 밖의 전문적인 치료 기술들	검사, 경청, 정보제공, 집단후원
자 원	기도, 성령, 일거쓰기, 인도자의 경험, 분별	검사, 전문적 기술, 약물, 다른 전문가들과의 상담	검사, 집단, 경험자, 신학적 준거기준

욕구를 돌볼 수 있도록 훈련 받은 사람의 손에 맡겨지는 것이 가장 좋다. 영성지도와 목회상담의 도움을 둘 다 받을 수 있는 사람의 경우에는, 상황에 따라 좀 더 나은 쪽을 선택하면 된다. 목회상담가는 종교적인 성향을 지닌 사람이 문제에 처했을 때 좀 더 잘 도와줄 수 있다. 한편 종교를 멀리하는 세속적인 사람이 문제에 부딪혔을 때에는, 심리치료사를 통해서 좀 더 직접적인 도움을 받을 수가 있다.

요약

종교개혁 전통이 비록 영성지도에 관한 책들은 별로 안 갖고 있지만, 그것의 이해와 실천에는 아주 중요한 공헌을 하고 있다. 예를 들면, 하나님의 통치권에 대한 믿음은 종교개혁 전통의 중심에 자리 잡고 있다. 하나님은 모든 만물의 창조주시며 유지자시다. 하나님은 창조세계를 저버리지 않으시고, 그 안에서 지속적으로 섭리를 통해 역사하신다. 이것은 모든 영성지도자와 피지도자들 역시 하나님의 피조물이며 하나님의 섬세한 돌보심을 받고 있다는 것을 의미한다. 하나님은 피지도자들이 원하는 것보다 더 피지도자의 완성을 바라신다. 그들은 지도를 추구하면서, 하나님의 뜻과 목적에 일치하도록 행동한다. 이렇게 노력을 기울이는 동안 그들은 혼자만 내동댕이쳐지는 게 아니라 하나님의 지속적인 후원과 격려를 받게 된다. 하나님이 통치자시라면, 성장과 변화 역시 우리가 아니라 하나님께 달려 있을 것이다.

섭리에 관한 종교개혁자들의 관점 역시 중대한 공헌을 한다.

종교개혁 전통에 속하는 몇몇 사람들의 경우, 섭리는 엄격한 예정설, 곧 하나님이 모든 일을 계획하신다는 교리와 단단히 결합되었다. 만일 우리가 이 끈을 조금만 느슨하게 할 수 있다면, 그리하여 하나님이 모든 일을 계획하시지는 않지만 분명 그 모든 일들 속에 존재하신다고 말할 수 있다면, 그렇다면 우리는 영성지도의 출발점에 선 것이나 다름없다. 하나님이 만일 우리 삶의 모든 사건들과 아무 관계없는 이방인이 아니라 그 사건들을 통해서 끊임없이 우리에게 다가오시는 분이라면, 삶의 모든 자료들은 영성지도를 위한 재료가 될 것이다. 영성지도자는 피지도자가 타고난 신적 특성을 드러내도록 도와주는 것을 목표로 삼아야 한다. 곧 사람들이 자신의 삶 속에서 하나님의 역사를 밝혀낼 수 있도록 도와야 하는 것이다.

두 종류의 지식에 관한 칼빈의 개념은, 나머지 하나가 없이는 절대로 완전할 수가 없다. 이것 역시 영성지도의 모체가 된다. 칼빈은 참된 지혜가 두 가지 종류라고 말한다: 하나님에 관한 지식과 우리 자신에 관한 지식. 이러한 변증법적 관계는 모든 영성지도가 발생하는 배경이 된다. 영성지도자는 피지도자에게 질문을 하고, 자기-발견을 권유하며, 이렇게 새로운 통찰은 하나님에 대한 피지도자의 응답을 구성한다. 또 다른 질문들을 통해서 영성지도자는 피지도자의 하나님상과 인식을 탐험한다. 그리고 이렇게 발견한 사실이나 요구는 영혼을 확실한 구원으로 이끈다. 하나님과 자기, 자기와 하나님 간의 진동은 영성지도자의 활동무대를 만들어 준다.

종교개혁 전통은 하나님의 은총, 분에 넘치는 사랑을 강조한다. 포괄적이고 무진장한 하나님의 사랑이라는 이같은 이해는 하나님의 본성을 정의해 줄 뿐만 아니라 인간의 가치도 암시해 준다. 용납하시지 않을 것이라는 본인의 느낌에도 불구하고 인간은 가치 있는 존재라고 말이다. 하나님은 지도자와 피지도자를 둘 다 사랑하신다; 은총을 받을 가치도 없고 받으려고 애쓰지도 않았지만, 둘 다 은총의 수혜자다. 이 은총은 하나님의 본성 때문에 그들의 것이 되었다. 은총에 대한 이같은 확신이 없이, 그 누가 감히 자신을 직면할 수 있겠는가? 이 사랑이 없다면, 감히 누가 다른 사람의 삶 속에 깊숙이 들어갈 수 있겠는가? 그러므로 은총은 영성지도가 발생하는 환경임에 틀림없다.

종교개혁 전통으로부터 비롯된 또 하나의 약속은 성서의 권위다. 칼빈은 성서를 도그마로 만들지 않고, 성령과 성서를 함께 묶는다. 성서 본문은 하나님의 성령이 그 위에 임하시기 전에는 한낱 종이에 불과하다. 성령에 따라 생명을 부여받은 뒤에야 비로소 성서 본문은 듣는 이들을 위한 하나님의 음성이 된다. 하나님은 고대의 말씀을 통하여 지금도 사람들에게 말씀하시며, 하나님과 자기를 둘 다 드러내신다. 본문을 통한 하나님과의 만남은 종종 듣는 이들을 위한 새로운 출발점이 되며, 영성지도를 위한 자료를 제공해 준다.

하나님의 섭리와 성서를 한 데 묶음으로써 영성지도자는 두 개의 잠재적 활동장소를 갖게 된다 — 본문과 삶의 경험 말이다. 이것들은 피지도자의 삶 속에 임하시는 하나님의 실재에 관한 성찰과 대화를 자극하고 그 내용을 제공한다.

semper reformanda(이미 개혁되었으며 항상 개혁 중이다)는 종교개혁의 중요한 원칙이다. 어떤 신학이나 신조, 사상체계도 모든 시대와 모든 장소에 다 알맞을 수는 없다. 상황의 변화는 대체로 새로운 관련 요인들을 설명할만한 신앙의 새진술을 요구한다. 이 원칙은 영성지도의 의미와 본질을 다시 한 번 생

각해 보도록 종교개혁 전통의 문을 열어 준다. 그리고 이것은 다른 신앙 가족들을 향한 접근법이 될 수도 있다.

이 원칙은 종교개혁 전통에 속한 영성지도자들이 특히 지난 20년 동안 그 분야에서 이루어진 모든 활동들을 고려한 영성지도 유형을 고안해 내는 일에 동참할 수 있도록 해준다. 영성지도에 관한 종교개혁자들의 관점을 발전시킬 때, 그들의 전통은 물을 길을 수 있는 깊은 우물이 된다. 그 전통의 중요한 강조점들은 다른 교단에서도 찾아볼 수 있지만, 하나님의 통치권과 하나님의 은총, 그리고 우리의 일상생활에 임하시는 하나님의 섭리는 종교개혁자들의 영성지도 이해를 위한 초석이 된다.

참고문헌

Calvin, John. 1960. *Institutes of the Christian religion*. Trans. Lewis Ford Battles. Ed. John T. McNeill. Philadelphia: Westminser Press.

Holmes, Urban T., III. 1982. *Spirituality for ministry*. San Francisco: Harper & Row.

Johnson, Ben Campbell. 1987. *To pray God's will*. Louisville, Ky.: Westminster.

Johnson, Ben Campbell. *Pastoral spirituality*. 1988. Louisville, Ky.: Westminster.

Johnson, Ben Campbell, and Andrew Dreitcer. 2001. *Beyond the ordinary*. Grand Rapids, Mich.: Eerdmans.

Mackay, John A. 1960. *The Presbyterian way of life*.

Englewood Cliffs, N.J.: Prentice-Hall.

Peterson, Eugene H. 1987. *Working the angels*. Grand Rapids, Mich.: Eerdmans.

Rice, Howard L. 1991. *Reformed spirituality*. Louisville, Ky.: Westminster John Knox.

제6장
웨슬리-성결 전통의 영성지도

웨슬리 D. 트레이시

    19세기에 미국의 성결운동이 무르익을 때, 다음 네 집단의 교회가 자리를 잡았다: 감리교에 뿌리를 둔 웨슬리-성결 집단, 웨슬리의 성결 교리와 부흥운동의 실천을 받아들이긴 했지만 감리교에 뿌리를 두지 않은 집단, 웨슬리 전통에 방언을 추가한 집단, 그리고 케스윅의 가르침을 포용한 집단(트레이시와 잉거솔 1998).

    필자는 전적으로 웨슬리-성결 교회들에 속해 있다. 이 교회들은 18세기 영국의 웨슬리 부흥운동에 깊이 뿌리를 박고 자라났다. 그들의 21세기 증인은 크리스천 홀리니스 파트너십(CHP)에서 찾아볼 수 있다. 그 전신은 크리스천성결연합회(CHA)로서, 세계에서 가장 오래된 성결연합회다. 이것은 1867년 성결 증진을 위한 전국캠프모임연합회에서 출발하였나. 감리교 신도들은 처음에는 CHP를 통제하였지만, 오늘에는 많은 교회의 대표자들이 그곳의 회원과 지도자 역할을 담당하고 있다. CHP 회원교회에는 웨슬리교회, 자유감리교회, 나사렛 교회, 구세군 등이 속해 있고, 그 밖에도 19개의 교회와 두 개의 국제선교회가 있다. 웨슬리신학회는 CHP의 보조단체로서 『웨슬리신학회지』를 출간하고 있다. 나사렛출판사는 규모가 가장 큰 웨슬리-성결 출판사다.

이 얼룩진 운동에 관하여 한 목소리로 얘기하기는 어렵다. 하지만 합의점이 한 가지 있다면, 그것은 영성지도가 적절하지 않다는 판단이다. 성결교회는 영성지도의 목표를 강력히 추구한다. 하지만 영성지도는 본질적으로 그들의 공통된 용어가 아니다.

예를 들면, 나사렛출판사에서 출간된 『비콘신학사전』 543쪽에는 영성지도에 대한 정의가 전혀 안 실려 있다. 18년간이나 영성형성을 팀으로 가르쳐 온 나사렛신학대학원 교수 두 명은, 딱 한 번 교과과정에 영성지도가 등장했는데 그것도 목회적 임무에 대한 짤막한 비유에 불과했다고 말한다. 이들에게는 새로운 책 『주님의 기도를 삶 속에 실천하기: 영성형성을 위한 디자인』(바이겔트와 프리본 2001)이 있지만, 여기에도 역시 **영성지도**spiritual direction라는 단어는 언급되지 않는다.

민주적이고 자유로운 교회, 우리 문화와 교회 유산의 개신교적, 개인주의적 요소에 비하면, 영성지도는 독재적이고 위험한 것 같다. 하지만 영혼의 친구, 영적인 친교, 영성지도, 소그룹 목회와 신앙 멘토링에 관해 말한다면, 마치 여러분 집에 있는 것처럼, 심지어는 커피테이블에 발을 올리고 앉은 것처럼 편안한 느낌이 들 것이다.

웨슬리-성결 영성지도의 정의와 목표

웨슬리 양식에서 영성의 목표는 전향한 신도를 내적인 죄가 깨끗해지는 성화^{sanctification}의 은총 경험, 회복된 하나님상, 그리고 신적인 사랑으로 가득 찬 마음으로 이끌어 주는 것이다. 그 신도가 온 마음과 정신과 영혼과 힘을 다해 하나님을 사랑하고, 이웃을 자기 몸처럼 사랑할 수 있게 말이다. 성결운동은 성화를 설명하기 위하여 **완전한 사랑, 더욱 심오한 사랑, 그리스도인의 완전, 거룩, 성령 충만, 성령 세례** 같은 용어를 사용한다. 하지만 그런 상태의 은총은 정적이지 않고 역동적이다. 성화된 신도는 계속해서 그리스도를 닮아가는 가운데 성장해야 하며, 그리스도처럼 존재하고 살아가는 기술을 배워야만 한다. 성화의 경험은 점진적이고도 일시적인 측면을 지닌다.

존 웨슬리는 그리스도인의 완전함을 정의해 달라는 요청을 받을 때마다 종종 마태복음 22장 37절을 인용하였다: "네 마음을 다하고 네 목숨을 다하고 네 뜻을 다하여 주 너의 하나님을 사랑하여라…[그리고] 네 이웃을 네 몸과 같이 사랑하여라." 웨슬리는 월터 처취에게 보내는 편지에게 다음과 같이 말했다. "완전한 성화 또는 그리스도인의 완전함은 더도 덜도 말고 순전한 사랑입니다 — 죄를 몰아내고 하나님의 자녀의 마음과 삶을 다스리는 사랑 말입니다. 정케 하시는 분의 불은 사랑과 반대되는 모든 것들을 정화시킵니다."(1960: 5: 233)

사악한 자기본위를 정복하는 신적인 사랑은 웨슬리 영성의 목표다.

"하늘들의 하늘은 사랑이다." 종교에서 그보다 더 높은 곳은 없다; 사실 다른 곳에도 없다; 만일 당신이 사랑 이외의 것을 찾고자 한다면, 얼토당토않은 것을 보게 될 것이다…그리고 다른 사람들에게 "이런저런 축복을 받아보셨어요?"라고 물을 때, 사랑 이외의 것을 의미한다면 그것은 틀렸다; 그들을 길 밖으로 끌고 나와 당황하게 만드는 것이다. 하나님이 당신을 모든 죄로부터 구원해 주신 바로 그 순간부터 당신은 다름이 아니라 고린도전서 13장에 묘사된 바로 그 사랑을 목표로 하게 되었다는 사실을 마음속에 새겨라. 당신은 이 사랑보다 더 높은 곳에는 결코 도달할 수 없다(웨슬리 1978: 2: 430).

웨슬리는 성공회 예식서(공동기도서)에서 "성만찬 예식을 위한 오늘의 기도"에 대해 여러 번 언급하였다. 이것은 그의 신학의 주요 골자이며, 따라서 영성의 목표다:

성령의 영감으로
저희 마음의 생각들을 깨끗이 씻어 주시어,
저희가 주님을 온전히 사랑하고,
주님의 거룩한 이름을 널리 드높이게 하옵소서.
우리 주 예수 그리스도의 이름으로 기도드립니다.

- **성령의 영감으로** — 이것은 정케 해주시는 성령의 역사, 성령 충만 또는 성령의 세례를 의미한다.
- **저희 마음의 생각들을 깨끗이 씻어 주시어** — 내적인 죄로부터 정화된 순수한 마음.
- **저희가 주님을 온전히 사랑하고** — 이것은 완전한 사랑, 목

표 달성, 그리스도인의 완전함 또는 "그리스도-중심적인 생각"을 가리킨다.
- **주님의 거룩한 이름을 널리 드높이게 하옵소서** — 이것은 "충만한 구원"이 성화된 신도에게 가져다주는 윤리적이고 거룩한 삶을 가리킨다.
- **우리 주 예수 그리스도의 이름으로 기도드립니다** — 이것은 그런 영성이 오로지 그리스도 안에 계신 하나님의 은총을 통해서만 생겨날 수 있다는 사실을 암시한다(트레이시 1991: 24).

거룩하게 해주시는 은총이 원죄를 몰아내고 성화된 신도를 이 삶의 자기-지배로부터 자유롭게 해준다는 믿음은 웨슬리-성결 교인들을 철저한 낙관론자로 만든다. 우리의 개신교 선조들은 원죄가 우리 삶 전체의 골칫거리가 될 수 있다고 가르쳤지만, 성결 교인들은 다음과 같이 가르친다. "당신도, 아무리 당신이라도, 내적으로 순전하고 그리스도를 닮은 사람이 될 수 있습니다...당신은 내적인 죄의 본성으로부터 자유로워질 수 있습니다. 사악한 행동과 태도가 뿜어나오는 샘으로부터 말입니다. 우리는 당신이 데살로니가전서 5장 23절 말씀처럼 '온전히' 성화될 수 있다고 믿습니다."(트레이시 1993: 5)

따라서 영성의 목표 — 그리고 영성지도와 영적인 우정과 영성인도의 목표 — 는 신도들이 사랑의 삶, 곧 그리스도를 닮은 삶을 살 수 있도록 도와주는 것이다. 이것은 웨슬리가 자기 사회를 위해 세운 목표와도 일맥상통한다. 그의 표현대로라면 "형대를 갖추고 신앙의 힘을 추구하는 사람들, 함께 기도하고 훈계 말씀을 받고 서로를 사랑으로 지켜보기 위해 모인 사람들, 그리하여 서로가 구원을 성취할 수 있도록 도와주는 사람들의 모임"
인 것이다(1982/1978: 8: 269).

웨슬리-성결 전통의 영성지도 역사

감리교의 부흥운동 초기에 웨슬리는 자신에게 영성지도자의 역할이 떠맡겨진 사실을 깨달았다. "어디를 가나 사람들이 내게 몰려들어 영적인 문제뿐만 아니라 세속적인 일들까지 지도해 주기를 원했지." 웨슬리는 한 친구에게 이 같은 편지를 썼다. "그리고 난 감히…이 짐을 벗어던져 버리지 않았다네."(1960: 3: 216). 웨슬리는 기꺼이 영성지도자의 역할을 받아들였던 것이다.

스티븐 J. 하퍼는 다음과 같이 주장한다. "사람들은 영성지도를 받기 위해 [존 웨슬리를] 찾아왔다. 지난 수백 년간 그리스도인들이 영성지도자를 찾았던 것과 똑같은 이유에서 말이다. 다시 말해서 그는 사람들이 원하는 삶의 상징이었다."(1985: 92) 이어서 하퍼는 웨슬리의 영성지도자 경력을 언급한다. 그는 웨슬리가 신도의 가정에서 자라난 것과 역사적 영성과 관련된 것, 그리고 성서에 집착한 것과 영적인 저서들을 펴낸 것에 관해 이야기한다. 1755년에 출판되고 1773년에 재판된 웨슬리의 50권짜리 『그리스도교 문고』는 영성형성 교재들의 보고다.(표 6.1 참고; 하퍼 1985: 91~94)

하지만 영성지도자 또는 영성인도자로서 웨슬리의 활동은 그가 쓴 편지들을 통해서 가장 잘 드러난다. 그 편지들을 통해서 우리는 그의 삶에 적용된 신학과 그가 실천한 영성지도의 형태를 파악할 수가 있다. 웨슬리는 모든 그리스도인들이 영적인 우정과 지도의 후원을 받아야 한다고 믿었다. 프랜시스 고드프리에게 보내는 편지에서 그는 다음과 같이 말했다. "친애하는 패니, 새 예루살렘으로 함께 갈 친구가 있다는 것은 정말 축복된 일일세. 만일 자네에게 그런 친구가 하나도 없다면 반드시 만들어야 하네. 그 누구도 이 길을 혼자서 갈 수는 없으니까." (1960: 8: 158) 심지어는 에버니저 블랙웰 같은 갑부 은행가들도 반드시 영적인 친구가 있어야 한다. 웨슬리는 그에게 이런 편지를 보냈다. "만일 자네 곁에, 진실이 무엇인지를 진심으로 말해 줄 수 있는 친구, 사랑으로 자네를 지켜봐 줄 수 있는 신실한 친구가 한두 명만 늘 함께 한다면, 자네가 금방 앞으로 나아갈 것이라고 난 확신하네."(1960: 3: 94~95)

웨슬리가 82세 때 앤 볼튼에게 보낸 편지는 그가 영적인 친구에게서 기대했던 욕구와 자질을 명백히 드러내 준다.

> 친애하는 낸시에게 — 늘 자네 가까이 또는 조금 먼 곳에 머물면서 어떤 상황에 처하든지 조언을 해주리라고 확신할 수 있는 친구가 있다면 확실히 도움이 될 걸세. 자네가 나를 자네 친구로 선택했던 때였네; 그리고 (솔직히 얘기하자면) 난 자네를 어떤 흔한 세속적인 애정을 넘어서 순수히 사랑했다네. 난 "자네를 사랑했어" — 아니, 지금도 마찬가지야; 자네에게 편지를 쓰고 있자니 내 마음이 훈훈해지네. 하지만 나는 대체로 너무 먼 거리에 있어. 그래서 자네가 원할 때마다 대화를 나눌 수가 없지. 따라서 신의 섭리로 자네에게 좀 더 자주 만날 수 있고 좀 더 쉽게 소식을 주고받을 수 있는 사람이 생긴 걸 정말 기쁘게 생각하네.

자네는 무슨 일이 있어도 그녀를 신뢰할 수 있을 걸세. 그
녀는…이해심과 신앙심이 크고 경험도 많다네. 그러니까
내가 만일 자네 가까이에 있었다면 즐겁게 베풀었을 우정
을 그녀가 베풀어 줄 걸세. 그래도 가능하다면 자주 자네를
만나는 기쁨을 내게 안겨 주길 바라네.(1960: 7: 278)

웨슬리는 **지도**^{direction}라는 단어를 거의 사용하지 않았다. 영성 인도자^{spiritual guide}의 손에 너무 많은 권력을 쥐어주지 않을까 두려웠기 때문이다. 그가 가르친 영성인도^{spiritual guidance}는 "그리스도교 연회"라고 불렸는데, 거기에서 사람들은 속회^{class}와 반회^{band}과 신도회^{society}와 가족, 그리고 "트윈 소울"^{twin soul}과 신앙 멘토링 짝들 간에 상호적인 영성인도를 체험하였다. 표 6.1은 웨슬리의 영성형성 구조를 도표로 나타낸 것이다. 현대의 구조는 이 계획보다 얼마나 발전하였는가?

신도회

감리교연합^{Methodist Connexion}은 처음에 영국국교회 내 기구였다. 신도회들은 성공회 예배시간과 갈등을 빚을만한 모임은 결코 개최하지 않았다. 결국 그 신도회는 예배당과 회관과 가정에서 모이는 지역 회중 모임이 되었다. 그 신도회는 모든 회중에게 개방된 모임을 4개 갖고 있었다: (1) 설교와 성서봉독과 간증과 찬양으로 이루어진 주일밤 예배, (2) 평일 새벽 5시 모임, (3) 한 달에 한 번씩 토요일 밤에 열리는 철야 예배, (4) 애찬예식, 곧 빵과 물로 식사를 하고 관계를 개선할 기회를 갖는 것이 특징인 예배.

표 6.1. 존 웨슬리의 '그리스도교 문고'

교부의 영성
로마의 클레멘트,『고린도사람들에게 보내는 편지』
안디옥의 이그나티우스,『성 이그나티우스의 편지』(6편 포함)
이집트의 마카리우스,『영혼의 설교』(23편 포함)
성 폴리캅,『빌립보사람들에게 보내는 편지』

스페인의 영성
아빌라의 돈 주앙,『영적인 편지』
미구엘 데 몰리노스,『영혼에 내적 평화의 열매를 안겨주는 영성인도』
존 웨슬리,『그레고리 로페즈의 삶』

프랑스의 영성
앙트아네트 부리뇽,『견고한 미덕』
장 뒤베르지에 드 오란,『그리스도교 신앙지침』
자크 조제프 뒤게,『도덕과 경건에 관한 편지』
프랑소와 페넬롱,『내면생활에 관한 성인들의 금언 해설』
존 웨슬리,『로렌스 형제와의 대화』
존 웨슬리,『드 헝띠 씨의 삶에 관한 발췌물』

청교도의 영성
이삭 암브로즈,『성화의 실천』
리처드 박스터,『성도의 영원한 안식』
로버트 볼튼,『참 행복에 관한 담화』
토마스 굿윈,『어둠 속을 걷는 하나님의 자녀』
존 오웬,『하나님이신 성부, 성자, 성령과의 친교에 관하여』
헨리 스쿠겔,『인간의 영혼 속에 거하시는 하나님의 생명』
리처드 십스,『열린 샘; 또는 드러난 하나님의 신비』

독일의 영성
토마스 아 켐피스,『그리스도를 본받아』
요한 아른트,『진정한 그리스도교』
어거스트 H. 프랑케,『니고데모; 또는 인간의 두려움에 관한 보고서』

미국의 영성
조나단 에드워드,『하나님의 성령이 역사하신다는 두드러진 증거』
조나단 에드워드,『데이비드 브레이너드의 삶』
조나단 에드워드,『종교적 감정에 관한 보고서』

성공회의 영성
윌리엄 로,『신실하고 거룩한 삶으로의 진지한 소명』

웨슬리의『그리스도교 문고』에는 200여 권의 책에서 발췌한 대목과 번역문이 포함되어 있다. 그는 50권에 달하는 모음집의 제목을『그리스도교 문고: 영어로 출간된 최고의 실천신학 문헌들의 발췌문 및 요약문 모음집』이라고 지었다. 표 6.1은 1749~1775년에 처음 출간된 모음집에 다양한 범주의 저서들이 선정되었음을 보여준다.『그리스도교 문고』는 신학생들과 설교자들이 반드시 읽어야 할 필독서가 되었다.

속회

그 신도회는 다시 12명 정도의 속회로 나뉘어졌다. 그 신도회의 모든 회원은 매주 한 번씩 모이는 속회에 반드시 소속되어야 했다. 속회는 다소 민주적인 토론의 장이었기에, 부유한 사람과 가난한 사람, 교육을 받은 사람과 못 받은 사람이 동료가 될 수 있었다. 처음에는 "가정과 가게, 학교 교실과 다락방 등 ― 심지어는 석탄 저장소까지 ― 10~12명이 모일 수 있는 곳이라면 어디든지 속회가 열렸다"(헨더슨 1980: 140).

속회에서는 감리교 교리와 설교, 실천에 관해 설명해 주었다. 하지만 속회는 **친교**^{koinonia}와 사랑을 나누면서, 서로를 지지해 주는 무대이기도 했다. 개회 찬송이 끝나면 대체로 속회의 지도자가 자신의 영성생활에서 무엇이 문제이고 무엇이 승리인지를 이야기하였다. 그 다음에는 나머지 회원들이 자발적으로 자신의 이야기를 들려주었다.

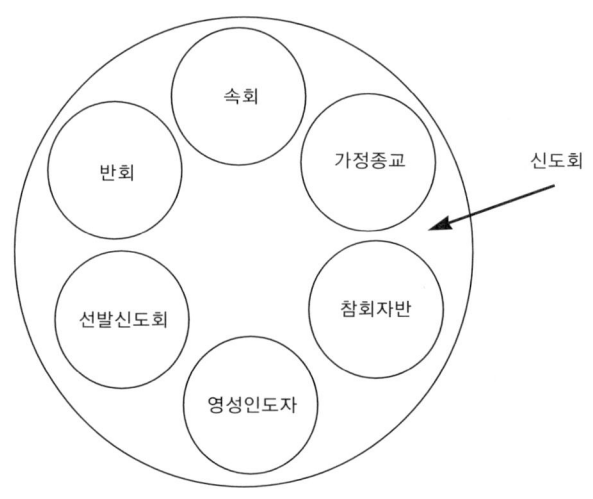

그림 6.1 존 웨슬리의 영성형성 구조

웨슬리는 『아르미니우스지』에서 속회의 기능을 다음과 같이 요약하였다:

> 속회의 특별한 목적은 지속적으로 신도회 회원들을 알아가는 것; 그들의 외부 활동을 점검하는 것; 그들의 내면세계 상태를 조사하는 것, 그들이 겪는 시험이 무엇인지 살피는 것; 그리고 그 시험을 그들이 어떻게 이겨내는지 또는 지는지 살피는 것; 종교의 본질을 모르는 사람들을 가르치는 것; 공중예배에서 선포된 내용을...반복하고, 설명하고, 강화하는 것...그들이 확실하고 완전하고 변함없는 확신을 지녔는지 확인하는 것; 내적인 성결, 완전하고 보편적인 성결이 없이는 그 누구도 주님을 볼 수 없다는 것을 확신시켜 주는 것이다. (헨더슨 1980: 163)

웨슬리의 부흥운동이 대서양을 넘어 미국으로 전해지자, 맹렬한 부흥운동과 주일학교의 대성공 때문에 속회는 뒷전으로 물러나게 되었다. 오늘 속회의 유산은 주일학교 분반공부, 소그룹 성경공부, 그리고 목장나눔에서 찾아볼 수 있다.

반회
반회는 5~6명으로 이루어진 동성 그룹이었다. 그들은 서로에게 헌신적이고, 경건한 삶에 충실했다. 전형적인 신도회의 약 3분의 1정도만이 반회에 가입하거나 또는 초대를 받았다. 그곳에서 그들은 "숨김없이, 있는 그대로" 서로의 영적인 여정을 공유하였다. 웨슬리는 이 반회를 놓고 볼 때 감리교가 신약성서의 이상에 가장 가깝다고 여겼다.

반회에 가입할 사람은 먼저 11가지 질문에 대답해야 했다. 다음은 그 가운데 5가지 질문이다:

1. 당신은 우리 주 예수 그리스도를 통해 하나님의 죄 사함과 평화를 얻었습니까?
2. 당신은 하나님의 자녀라는 성령의 증거를 지녔습니까?
3. 당신을 안팎에서 지배하는 죄가 전혀 없습니까?
4. 당신은 자신의 모든 죄에 관해 듣고 싶습니까? 그것이 확실합니까?
5. 당신의 희망과 목적은 당신 마음속에 있는 것들을 모조리, 숨김없이, 있는 그대로 이야기할 수 있을 만큼 완전히 개방적입니까? (웨슬리 1978: 8: 272)

웨슬리는 모든 반회에 적용할 수 있는 5가지 개회 질문을 기록하였다. 웨슬리가 쓴 그 질문들을 원문 그대로 보려면 『존 웨슬리의 저작모음집』(웨슬리 1978)을 참고하여라. 다음은 그 질문들을 현대적으로 다듬은 것이다:

1. 당신은 지난번 모임 이후로 어떤 영적 실패를 경험하였습니까? 죄를 범한 게 있다면 어떤 죄입니까?
2. 당신은 이번 주에 어떤 유혹과 맞서 싸웠습니까? 지금 이 순간 어느 부분이 가장 취약하다고 느껴집니까?
3. 이번 주부터 벗어나게 된 유혹은 무엇입니까? 어떻게 승리를 거뒀는지 우리에게 알려 주십시오.
4. 당신은 사악한 태도나 생활양식, 동기가 될 수도 있는 것들을 우리와 함께 잠시 살펴보기를 바라고 있습니다. 그렇게

만든 당신의 마음과 삶에 대해, 주님께서 무엇을 가르쳐 주셨습니까?
5. 당신이 결코 이야기할 수 없는 영적 문제가 혹시 있습니까?(트레이시, 코커릴, 디머레이, 그리고 하퍼 2000: 133)

이런 질문들에 대한 대답을 공유할 만큼 신뢰가 두터운 "영혼의 친구들"과 매주 모임을 갖는다면, 모든 그리스도인들에게 도움이 될 것이다.

미국에서 강조된 부흥운동과 캠프 모임은 19세기에 반회를 감소시켰다. 그리고 거의 모든 그리스도교 교육 임무가 주일학교에 맡겨지면서부터, 반회의 임무는 빛을 잃고 말았다. 하지만 20세기 마지막 30년 동안 종교적, 세속적 문화 전반에 걸쳐서 언약그룹이 급증하자, 반회의 정신도 되살아났다. 웨슬리 집단과 웨슬리-성결 집단은 언약그룹 활동에 특권을 지녀야만 했다. 그런데도 그들은 부흥운동과 주일학교 활동을 위해, 그리고 큰 성공을 거둔 남침례교저럼 되고 싶다는 열망 때문에, 히미터면 반회 정신을 포기할 뻔했다. 성결교회는 언약과 후원그룹 정신을 다시 배워야만 했다. 오늘 언약그룹은 웨슬리-성결 운동 내내 헛간의 양지바른 쪽에 있었던 등나무처럼 꽃을 피우고 있다.

참회자반

이 "타락한 이들의 반회"는 특별히 빠지기 쉬운 죄들에 도로 빠지기 쉬운 순수한 사람들을 위해 만들어졌다. 그들은 옳은 일을 하고 싶지만 완진힘에 이르는 길에 미뭄 만한 힘과 원칙을 찾아내지 못한 사람들이었다. 그들을 위해 참회자반이 토요일

밤마다 열렸다.

선발신도회

선발신도회는 감리교연합 지도자들을 위한 소그룹 단체였다. 가장 신실하고 헌신적인 사람들만 여기에 초대될 수 있었다. 선발신도회에는 아무런 규칙도 없었고 아무런 절차도 없었으며, 공식적인 지도자도 없었다. 거기에서는 리더십 팀에 관한 문제를 논의할 수 있었다. 웨슬리가 이 조직을 처음 시도했던 목적은 그들이 완전함을 더 강화시킬 수 있도록 돕고, 그들이 서로를 더 사랑하도록 도우며, 모든 리더십 능력을 향상시킬 수 있도록 돕기 위해서였다. 그리고 "선택된 사람들, 무슨 일이 생기든지, 있는 그대로 털어놓을 수 있는 사람들을 갖고 싶어서였다"(웨슬리 1960: 8: 261). 오늘의 교회 직원 모임이나 교회 위원회 수련회는 이 선발신도회의 유산을 직접적으로 받은 것이 아니다.

가정종교

웨슬리의 일대일 그룹에 관해 글을 쓰는 사람들은 거의 늘 가족을 망각해 버리고 만다. 가정예배와 공부는 아침과 저녁, 하루에 두 번씩 실시하도록 권유받았다. 또한 목요일 밤에는 부모와 자녀가 일대일로 교육을 실시하게 되어 있었고, 토요일 밤에는 온 가족이 일주일 동안 배운 것을 복습하도록 되어 있었다.

이 가정종교를 돕기 위하여 웨슬리는 『가정기도서』, 『평일을 위한 기도와 경건』, 『자녀기도서』, 『자녀를 위한 교훈모음집』(200편의 성서 연구) 그리고 『자녀들을 위한 신앙지침서』(그리스도인의 삶을 위한 58편의 교훈)를 펴냈다.

가정예배를 위한 통찰력 있는 방법들도 제시되었다:

1단계: 짤막한 즉흥기도
2단계: 시편송 부르기
3단계: 성경공부. 부모가 그 날의 성경 구절을 읽고 설명해 준다. 그런 다음 자녀가 그 성경 본문을 **부모에게 다시** 설명한다.
4단계: 미리 기록된 기도와 임의의 기도를 둘 다 이용한 가족 기도
5단계: 송영 부르기
6단계: 아버지나 어머니의 축도
7단계: 축복. 부모가 각 자녀의 머리에 손을 얹고 예수님의 이름으로 자녀를 축복한다. 웨슬리에 따르면, 예수님의 이름으로 축복을 하는 순서는, 그 날 자녀가 아무리 나쁜 행동을 저질렀다 할지라도 결코 생략해서는 안 된다. (트레이시, 프리본, 타르딜리아, 그리고 바이겔트 1994: 197~199)

트윈 소울

학자들은 웨슬리의 속회와 반회에만 편파적인 관심을 기울였다. 하지만 웨슬리의 서신 연구는 굉장히 많은 일대일 영성인도를 보여준다. 웨슬리는 "숨김없이, 있는 그대로" 상호적인 영성인도를 할 수 있도록 서로에게 "트윈 소울"을 소개하는 일이 많았다. 그의 행동 원칙은 "우리 주님...이 우리가 주님 안에서 서로의 손을 잡고 격려해 줄 수 있도록 우리를 서로에게 보내주셨다"는 것이었다(웨슬리 1960: 2: 115).

신앙 멘토링

이 용어는 웨슬리가 "영부"spiritual fathers 와 "유모"nursing mothers 임무라고 불렀던 것을 표현하기 위해 내가 사용하고 있는 용어다. 웨슬리는 새로운 전향자 또는 낙담한 전향자를 경험이 풍부한 성도에게 돌봐달라고 맡기는 일이 아주 많았다. 그들은 "하나님의 문지기"로서 섬기기 위하여 최대한의 지도를 제공하였다. 때로는 웨슬리가 제안하기도 하였다.

앨리 이든은 영적인 친교에 관한 간절한 충고를 저버리고 무신론자와 결혼하였다. 그녀의 삶은 사악한 남편의 손아귀에서 산산조각이 나고 말았다. 웨슬리는 위트니의 속회와 반회에서 "유모" 역할을 하고 있는 앤 볼튼에게 이렇게 썼다. "가엾은 앨리 이든을 잊지 말게나. 그녀에게는 **위로**가 필요하다네. 그러니 우리는 그녀를 비난하지 말아야 해."(1960: 8: 246)

오늘에는 성결운동에 속한 많은 이들이 이 신앙 멘토링을 탈현대주의 시대의 가장 뚜렷한 복음전도 방법이라고 여기고 있다.

진정한 변화의 과정

진정한 영성은 은총의 여정이다. "여러분은 믿음을 통하여 은혜로 구원을 얻었습니다."(에베소서 2장 8절) 은총과 더불어 힘든 노력과 단호한 훈련이 병행되어야 하겠지만, 그래도 모든 단계의 구원은 하나님의 은총이 주는 선물이다.

은총에 관한 이야기는 **속죄의 은총**으로부터 시작된다. 세상이 시작되기 전에 죽임을 당한 어린 양 이야기 말이다. 그 이야기는 **선행적 은총**(예방하고 예비하시는 은총)으로 이동한다. 죄 대신 하나님과 선을 선택할 수 있는 능력을 우리가 알아채기도 전에 부어주시는 은총 말이다. **구원의 은총**(칭의와 중생과 입양을 통합하는 은총)은 신도를 죄책감과 죄의 힘으로부터 구출해 준다. 지금 가슴 속에 살아 계신 그리스도와 함께, 그리스도인은 하나님께서 **성화의 은총**에 대하여 얼마나 진지하신지를 발견한다. **순화의 은총**이나 **완전의 은총**을 통해서 하나님은 계속해서 신도의 삶을 통째로 변화시키실 것이다. 심지어는 **하늘나라**에서도 하나님의 은총이 우리를 이 영광으로부터 저 영광으로 변화시켜 줄 것이다.

성결 교인들은 하나님의 두 가지 은총을 경험한 것에 관하여 보고한다. 구원의 은총과 성화의 은총은 둘 다 "눈 깜짝할 사이에" 경험된다. 웨슬리-성결 교인들은 성화의 은총이 점진적인 측면과 일시적인 측면을 지니고 있다고 믿는다. 존 웨슬리는 비록 하나님이 일시적으로 마음을 거룩하게 해주신다 할지라도 "지속적인 증가"를 차단하는 거룩함은 결코 없다고 가르쳤다. 성서는 성화의 행위(사도행전 15장 8~9절)와 성화의 여정(고린도후서 3장 18절)에 관해 이야기한다.

웨슬리-성결 순례자들은 말하기를, 하나님의 백성들이 수세기에 걸쳐 경험한 것들은, 하나님이 "눈 깜짝할 새에" 우리 마음을 깨끗이 씻은 다음 성령을 채워 주시리라는 기대를 하게 만든다고 한다. 웨슬리-성결 전통에 속한 수백만 명의 사람들이 자신은 죄를 깨끗이 씻어주는 은총의 일시적인 역사를 결코 일으킬 수 없다고 주장한다. 이것은 그저 하나님이 역사하시는 방법이라는 것이다.

존 웨슬리는 1750~1762년에 좀 더 심오한 성결 생활을 발견한 사람들 1,000명을 대상으로 개인적인 인터뷰를 실시하였다. 그는 이 조사 결과를 "인내에 관하여"라는 설교에서 다음과 같이 설명하였다.

> 그들은 저마다 자신의 경험에 대해 굉장한 확신을 품고 있었다. 모두가 (매우 주의깊게 조사해 본 결과 단 한 명도 예외가 없었다)…자신이 죄로부터 구원받은 것(총체적인 성화)은 일시적인 일이었노라고 주장하였다. 한 순간에 변화가 일어났다는 것이다. 이 중에서 절반 또는 3분의 1, 아니 20분의 1이라도 그것이 점진적인 변화였다고 대답했다면, 나는 그대로 믿었을 것이다. 그리하여 어떤 사람들은 점진적으로 성화되고 또 어떤 사람들은 일시적으로 성화된다고 생각했을 것이다.
> 하지만 나는 그 긴 시간 동안 단 한 사람도 발견하지 못했다. 자신이 성화되었다고 믿는 사람들은 이구동성으로 변화가 한순간에 일어났다고 주장하였다. 따라서 나는 성화가 언제나 또는 대체로 일시적인 역사라고 믿을 수밖에 없다.(1978: 6: 491)

웨슬리는 자신의 고전적인 저서, 『그리스도인의 완전에 관한 알기 쉬운 이야기』*A Plain Account of Christian Perfection*에서 이렇게 말했다.

> 온갖 예외의 가능성을 초월하여…동생과 나는…이 [성화]가 오로지 신앙으로만 받을 수 있는 것…일시적으로 즉시 주어지는 것이라고 주장하였다…영혼 속에는 하나님의 점진적인 역사도 있다…일반적으로 그것은…죄가 파멸되기까

지 오랜 시간이 걸린다…그 [성화의] 순간 앞과 뒤에 점진적인 역사가 존재한다.(1978: 11: 393, 423)

웨슬리-성결 교인들의 주장에 따르면, 모든 시대의 성인들은 좀 더 심오한 삶으로 이끌어 준 전향 뒤에 하나님의 위기를 경험했노라고 보고하였다.

하지만 고린도후서 3장 18절의 변화는 믿음과 은총의 긴 여정 동안 계속해서 일어난다. "우리가…주님과 같은 모습으로 변화하여 점점 더 큰 영광에 이르게 됩니다"라고 성서는 기록한다. 이것이 바로 성화의 과정이다.

그러므로 여러분이 만일 성령으로 가득 채워지는 변화의 순간을 경험한다 하더라도, 그 거룩함이 평생토록 공급되지는 않을 것이다. 웨슬리 전통은 늘 성화의 은총은 일시적인 경험이라고 가르쳐 왔다. 성령의 성화는 일상적인 삶의 상호협력 속에서 지속된다. 존 웨슬리는 이것을 가리켜 영적인 호흡이라고 불렀다. 우리가 살아가고 호흡하는 것처럼, 성령 곧 하나님의 숨결은 우리를 깨끗하게 씻어 주시고 힘을 불어넣어 주신다.

성령은 성화가 필요한 우리의 편견과 검토되지 않은 행위, 태도를 지적하신다. 우리가 자신에게 좀 더 진실하도록 성령께서 인도하시므로, 우리는 정결케 해주시는 분의 불이 필요한 우리의 부족과 잘못을 깨닫게 된다. 이러한 변화 또는 성화는 평생토록 지속된다.

성령의 성화와 충만은 한꺼번에 일어나는 게 결코 아니다. 존 웨슬리는 다음과 같이 선포하였다. "우리는 매순간마다 그리스도의 능력을 느낍니다…그리하여 우리는 영적인 삶을 지속해 나갈 수 있습니다. 지금 현재는 거룩함에도 불구하고, 영성생활을

지속하지 못한다면, 다음 순간 악마가 되고 말 것입니다." (1978: 5: 167)

웨슬리-성결 구제론을 넘어서서, 목사나 신앙의 멘토, 전향자 그룹 리더는 진정한 변화의 증거로서 그리스도와 닮은 점을 찾으려 한다. 거룩한 사람들에게 그리스도와 닮았다는 것은 곧 사랑을 의미한다. 애정이 깃든 관계와 사람이 넘치는 행동은 영적인 변화의 증거다. 사랑은 다른 것들 ― 기쁨, 화평, 인내, 친절 ― 과 마찬가지로 성령의 열매다(갈라디아서 5장 22~23절).

웨슬리-성결 신학자인 H. 레이 듀닝은 성화가 다음의 4가지 자유를 안겨 준다고 말한다: (1) 하나님을 위한 자유(올바른 관계 회복과 좀 더 완전한 **하나님의 형상**imago Dei 회복), (2) 다른 사람들을 위한 자유(자기-희생적인 섬김), (3) 서로에게서의 자유(창조세계와 부나 소유물 같은 "세상 것들"의 균형 회복), (4) 자기-지배로부터의 자유(1988: 485~98).

웨슬리-성결 영성지도자의 역할

그리스도교 이후의 탈현대주의 문화에서 신앙 멘토링은 빛을 다음 세대에 전달하기 위한 가장 기대되는 방법으로 등장한다. 우리는 더 이상 그리스도교 신앙과 가치관이 보편적인 이상이 된다고 생각할 수 없다. 웨슬리-성결 교인들에게 그것은 곧 좀 더 소수의 사람들과 좀 더 많은 시간을 보내고 모범과 조언, 코칭, 모델링을 통해서 신앙을 가르쳐야 한다는 것을 의미한다.

우리 시대와 너무나도 닮은 시기에 사도 바울은 신앙의 아들디모데에게 다음과 같이 촉구하였다. "그대가...믿음직한 사람들에게 전수하십시오. 그리하면 그들이 다른 사람들을 또한 가르칠 수 있을 것입니다."(디모데후서 2장 2절) 기도와 성서로 세워진 그리스도인들은 성령의 인도를 받으며, 거룩한 생활과 인내심, 이해심, 분별력, 취약성, 그리고 경청의 능력 때문에 널리 알려진다. 이 그리스도인들은 일대일 멘토링 관계에 참여함으로써 우리의 최고 복음전도자요 영성지도자가 될 것이다(트레이시 1988: 148).

인도자

신앙의 멘토는 전에 이 산을 올라가 본 적이 있는 산길 인도자와도 같다. 그 사람은 앞에 놓여 있는 위험요소와 시련, 기분 좋은 놀람을 잘 안다. 인도자는 하나님의 문지기 역할을 수행한다. 멘티들을 삶의 다양한 영역에서 함께 하시는 주님의 실재로 앞장 서 호위해 준다.

모본

손드라 마테이에 따르면, 모본은 "우리와 함께 여행을 하고 있는 훌륭한 사람, 삶의 경험과 소명, 친밀감, 여성성/남성성, 그리고 정직성을 공유하는 사람, 영성과 생활양식, 가치관의 생생한 본보기"이다(1986: 9). 로렌트 달로쯔는 우리가 모본을 관찰할 때 맹종적으로 "그들과 똑같은 사람이 되려고" 노력하는 게 아니라..."그들을 **통해서** 좀 더 자신다워지려고 한다"고 주장한다.(1987: 231)

코치

멘토-코치는 경기 방법을 알려주는 사람이다. 우리에게 영적인 경기 모습을 — 고통스러울 정도로 느린 동작으로 — 보여주고 다음번에는 어떻게 해야 더 잘할 수 있는지를 가르쳐 준다. 바울은 데살로니가 교인들에게 자신이 직접 그들을 코치해 주고 싶다고 말한다. "여러분의 믿음에 부족한 것을 보충하여 줄 수 있기를" 바라기 때문이다(데살로니가전서 3장 10절).

스포츠 경기에서 코치는 아무리 상황이 나빠져도 우리가 포기하도록 놔두지 않는다. 새로 전향한 제인 힐튼이 지독한 유혹에 꺾이고 말았을 때, 존 웨슬리는 그녀에게 다음과 같이 썼다. "그리스도는 당신 편입니다; 그분은 지옥의 모든 권세보다도 지혜롭고 강한 분이십니다. 그분을 붙드세요...영혼을 다 바쳐서 그분께 기대세요."(1960: 5: 87) 그녀의 영적 코치는 그녀가 포기하도록 내버려두지 않았다.

대변인

친구나 가족이나 목회자가 이해하지 못할 때조차도, 영적인 친구, 멘토는 멘티의 정직한 정체성 탐구와 의미 탐구를 지지하고 믿어준다.

후원자

일부 교회들은 젊은이들에게 후원자를 지정해 준다. 후원자-멘토는 지도자, 친구, 학우가 되어 주며, 청소년이 교회에 완전히 동참할 수 있도록 이끌어 준다.

보증인

십대와 청소년들은 성장할 수 있도록 격려해 줄 만한 성인 그리스도인, "보증인"이 필요하다. 보증인은 성인기가 괜찮은 시기임을 보증해 준다. 신앙의 멘토는 젊은이들에게 하나님에 대한 진정한 믿음이 미래를 값지게 만들어 줄 것이라고 말해 준다.

중재자

기본적인 개신교 원칙 중 하나는 만인사제직이다. 그것은 곧 일반 그리스도인들도 다른 사람을 위한 사제가 될 수 있다는 뜻이다.

신앙의 멘토는 인정, 확신, 삶의 방향감 뿐만 아니라 사랑, 은총, 자기-지식, 그리고 하나님의 뜻을 분별하는 힘까지 중재해 줄 수 있다. 신앙의 멘토는 또한 고통스러운 과거와 약속이 가득한 미래 사이를 중재해 줄 수도 있다(트레이시 외 2000: 168). 신앙의 멘토는 중재자로서 멘티의 개인적인 이야기를 성서, 그리스도교 전통, 그리고 교회와 연결시켜 준다(트레이시 외 1994: 187).

여기에서 말하고 있는 신앙 멘토링은 기본적으로 숙련가와 도제의 관계를 의미한다. 신앙 멘토는 앞에서 말한 7가지 역할과 기능을 일부 또는 전부 충족시킬 수 있다. 멘토와 멘티의 본질과 재능, 그리고 그 관계가 발전시키는 삶의 정황은 대체로 코치나 보증인, 또는 중재자 등의 역할을 수행할 수 있는 기회를 제공해 준다. 트윈 소울(웨슬리가 사용한 용어)의 상호적인 영성지도는, 신앙 멘토링의 "유모/영부" 관계를 넘어서서, 성숙한 그리스도인들 역시 위에서 언급한 7가지 역할과 기능을 수행함으로써 서로를 위해 봉사할 수 있는 상황을 만들어 준다.

성숙한 영성의 표지

웨슬리-성결 전통에 비추어 볼 때, 이상적인 영성은 하나님과 이웃과 창조세계와의 관계 속에서 그리스도를 닮는 것이다. 다른 것을 가지고 판단하는 것은 위험한 일이다. 하지만 목회자는 몇몇 간접적 표지들 가운데서 균형을 발견할 수도 있을 것이다.

개인 영성훈련의 실천

기도는 필수적인 훈련이다. 웨슬리 전통에서 기도가 빠진 하루는 하나님에 대한 자만과도 같다. 『웨슬리-성결 전통의 영성형성 방법』(트레이시 2003)을 보면, 기도 훈련은 경배, 찬양, 감사, 고백, 중보, 그리고 탄원을 포함한다(11~12과).

성경공부는 웨슬리-성결 영성의 핵심요소다. "성서...구약성서와 신약성서는 가장 확고하고 귀중한 신적 진리 체계다...성서는 하늘의 지혜가 솟아나는 샘이다. 그 샘물을 맛볼 수 있는 사람은 인간이 쓴 온갖 책들보다도 그것을 더 좋아할 것이다. 인간의 책들이 아무리 지혜롭거나, 학식 있거나, 거룩하다 할지라도 말이다."(웨슬리 1981: 서문)

『웨슬리-성결 전통의 영성형성 방법』(트레이시 2003: 제14과)은 다음과 같은 절제 훈련에 관하여 언급한다: (1) 금식, 영혼의 금식을 준비하기 위한 몸의 금식, (2) 순결, 영적인 부분이 신체적인 부분을 우선할 수 있도록, 부부지간에도 성적인 무절제나 성적인 표현을 삼가는 것, ⑶ 고독, 홀로 있기 위하여 친교 모임을 피하는 것, ⑷ 침묵, 경청할 시간을 마련하기 위하여 고독을 넘어서는 것, ⑸ 단순함, 우리가 "너무 많은 책임과의 인연을 끊고, 계속해서 우리에게 근심과 부담을 안겨 주는 빚과 의무를 덜어내기"(스틸 1990: 93)를 요구하는 것, ⑹ 비밀, 우리의 선한 행동과 특성이 알려지지 않게 하는 것(윌라드 1988: 172).

우리가 웨슬리 운동의 영성에 관해 그토록 잘 알고 있는 이유 중 하나는, 존 웨슬리가 교인들에게 규칙적인 일기를 쓰도록 가르쳤기 때문이다. 『하나님에 대한 성찰 일기』(트레이시 2002)는 규칙적인 "성찰과 기록의 시간이 우리를 단편적인 생각, 어리둥절한 마음, 혼란스러운 계획, 그리고 당황스러운 무능함에 빠지게 만드는 요인들을 통합하도록 도와줄 수 있다"고 기록한다.

공동체 영성훈련

사적인 영성훈련은 확실히 아니지만, 웨슬리-성결 전통의 그 무엇도 공중예배를 대신할 수는 없다. 예배는 기본적으로 여러분과 여러분이 느끼는 수많은 욕구, 소망, 욕망, 선의, 또는 황홀한 영적 경험을 통해 삶의 지루하거나 위협적인 현실을 회피하고 싶은 바램을 위한 것이 아니다. "예배는 공연을 위한 것이 아니다! 예배 인도자는 우리를 웃기거나 재밌게 해주려고 거기에 있는 것이 아니다; 그들은 재차 앙코르를 받기 위해 공연하는 사람이 아니다. 그들은 하나님께 예배를 바침으로써 우리를 인도해 주는 사람이다."(트레이시 2003: 제15과) 예배는 하나님을 위한 것이다. 우리는 하나님 바로 그분 때문에 예배를 드린다.

비록 설교 — 말씀의 성례전 — 가 성만찬의 성례전보다 우위를 차지하기는 하지만, 주의 만찬과 세례는 웨슬리 영성에서 둘 다 중요하다. 웨슬리파 교인들은 두 가지 성례전을 베푼다: 입회의 성례전인 세례예식, 그리고 성화의 성례전인 성만찬예식. 이 두 가지 성례전의 온전한 실행은 성숙한 영성의 간접적인 표지가 된다.

속회나 기도그룹이나 성경공부를 회피하는 것은 건강한 표시라고 볼 수 없다. 웨슬리파 교인들은 다음과 같은 루치아노 데 크레센초의 주장에 동의한다: "우리는 저마다 날개가 하나뿐인 천사다. 그래서 서로 포옹해야만 날 수 있다."(트레이시 외 2000: 127에서 인용) 존 웨슬리보다도 많은 군중들에게 설교를 했던 저명한 복음전도자, 조지 와이트필드는 죽음이 가까워 오자 슬픔에 잠겨 자신의 경력을 뒤돌아보았다. "웨슬리 형제가 현명하게 행동했다." 그는 이렇게 말했다. "속회를 통한 그의 교역 때문에 깨달음을 얻은 영혼들은 그의 수고의 열매를 간직하고 있다. 나는 이것을 간과했다. 그래서 내 교인들은 유대감이 약한 것이다."(트레이시 외 1994: 139에서 인용)

복음주의 영성의 문제들 중 하나는 그리스도인들이 이야기를 나눌 만한 사람이 아무도 없다는 것이다. 그렇기 때문에 영혼의 친구와 신앙의 멘토라는 웨슬리 전통은 귀중한 원천이 된다. 웨슬리 영성은 은둔자나 수도사, 고행자를 위해 만들어진 것이 아니다. 웨슬리 영성은 그러한 영적 제도를 피하기 위해 고안되었을 뿐만 아니라, 그것을 무시하고 만들어진 것이다. 웨슬리는 성화된 석탄 광부도 어느 모로 보나 사막에서 마귀와 싸우는 고행자에 뒤지지 않는다고 가르쳤다.

섬김을 통한 영성훈련

일부 전통들은 영성훈련으로서 섬김에 관한 암시가 전혀 없는 영성 안내서를 펴내기도 한다. 하지만 웨슬리 전통에서는 섬김이 기도만큼이나 중요한 영성훈련이다. 맥시 더냄은 이렇게 주장한다: "활동적인 교역으로 이끌어 주지 않는 영성은 오직 자기에게만 몰두하게 만든다. 그리하여 성령을 슬프게 만들고, 내주하시는 그리스도의 실재를 거스르게 된다."(1982: 55) 그는 존 웨슬리의 주장에 공감한다: "우리는 지속적으로 선을 행하지 않는 사람, 모든 이들에게 온갖 선을 베풂으로써 기꺼이 '낭비하거나 소비되지도' 않는 사람, 그런 사람에게는 겨자씨만한 신앙이 있다고 생각하지 않는다."(1978: 8: 271)

심리치료 및 목회상담과의 비교

(웨슬리-성결 운동에서 실시된) 영성지도와 심리치료의 가장 뚜렷한 차이점들 가운데 하나는, 전문가들이 필요로 하고 기대하는 교육이나 전문지식 수준과 관련이 있다. 심리치료사는 고도로 훈련된 전문가다. 그에 비해 웨슬리-성결 영성지도자는 보통 그리스도를 닮을 수 있도록 서로 도와주기 위해 모인 소그룹 교우들의 평신도 지도자다.

또 하나의 차이점은 교류의 전형적인 강조점에서 찾을 수 있다. 심리치료사는 내적인 자아를 발견하고, 분석하고, 해석하고, 치유하는 데 관심을 둔다. 한편 신앙의 멘토나 영적인 친구 또는 언약그룹의 지도자는 성령의 은총과 역사 안에서 성상하는 것에 더 신경을 쓴다. 그렇지만 웨슬리-성결 교인들은 "지도자"가 성령이 말씀하시는 것을 선포하도록 허용하는 것에 대해서 무척이나 신중을 기한다. 자칫하면 "지도자"가 자기 자신의 충동을 성령의 암시로 잘못 받아들일 수 있기 때문이다.

전문가가 지도자의 위치에 서게 되는 과정 역시 가장 큰 차이점에 속한다. 심리치료사는 자격증을 액자에 끼우고, 간판을 내걸거나 또는 신문에 광고를 낸다. 하지만 신앙의 멘토 또는 영적인 친구는 결코 광고를 하지 않으며, 간판도 내걸지 않는다. 월마트 액자에 끼워둘 만한 자격증은 있을 수도 있고 없을 수도 있다. 하지만 그들은 섬기지 않을 수 없다. 이미 신앙의 가족들이 그들의 통전성, 성결함, 지혜, 그리고 종교적 경험이 신뢰할 만하다는 사실을 알아 버렸기 때문이다. 웨슬리-성결 운동에서 영성지도자는 거의 아무도 보수를 안 받는다; 하지만 심리치료사는 거의 언제나 보수를 받는다 — 적어도 청구서는 발송한다.

연민과 공감의 영역에도 한 가지 차이점이 존재한다. 신앙의 멘토는 거리낌 없이 연민과 공감을 표현한다. 하지만 심리치료사는, 심지어 대인관계와 실존주의 심리치료사라 할지라도, 공감과 연민의 감정을 자제하기 위해 많은 노력을 기울이는 것 같다. 윌라드 게일린은 다음과 같이 주장한다. "치료사는…연민과 공감을 억제해야 한다…연민에 빠진 치료사는…자신의 임무를 저버리게 된다…치료적 결연은 인정 많은 감정들을 통제해야만 한다."(2000: 214)

실천의 차이점은 이론적 토대의 차이점을 반영해 준다. 견문이 넓은 웨슬리-성결 영성지도자는 현대의 출판물뿐만 아니라 경건한 고전작품(어거스틴의 『고백록』 Confessions, 토마스 아 켐피스의 『그리스도를 본받아』 The Imitation of Christ 같은 책들)과 웨슬리-아르미니우스 계열에서 등장한 좀 더 최근의 유서 깊은 작품들

(한나 휘톨 스미스의 『행복한 삶에 관한 그리스도인의 비밀』*The Christian's Secret of a Happy Life*, E. 스탠리 존스의 『통달』*Matsery* 등)에도 기초를 둘 것이다. 한편 심리치료사는 프로이트, 융, 랭크, 분트, 호나이, 스키너에게로 돌아갈 것이다. 그리고 알버트 엘리스로부터 필 박사까지, 한 무리의 동시대 저자들에게로 돌아갈 것이다.

현재 목회상담은 25년 전보다 목회자의 관심과 주간노동시간을 덜 차지하고 있다. 웨슬리-성결 교회의 5% 미만이 유급 상담가를 직원으로 두고 있다. 전형적인 교회는 교인수가 200명이 안 되며, 예산 부족 때문에 상담가를 제일 나중에 고용하고 제일 먼저 해고하는 실정이다. 더욱이 일주일에 하루나 이틀 정도 오후 시간을 따로 떼서 전문적인 상담을 실시하는 목회자는 극히 드물다.

임상훈련도 한 가지 요인이다. 보통 웨슬리-성결 목회자는 신앙의 멘토나 언약그룹의 지도자로 섬기는 교인들보다 좀 더 심리학적인 훈련을 받는 편이지만, 그래도 심리치료사에 비하면 임상교육이 턱없이 부족하다. 한 웨슬리-성결 교단의 연구에 따르면, 목회자의 7%만이 박사학위를 지니고 있으며, 45%가 석사학위를 지니고 있다. 대부분의 목회자들은 학사학위를 지니고 있거나, 그 정도의 교육도 못 받은 경우가 많다. 스스로 임상전문가 자격을 취득하는 사람은 거의 없다(크로우 2001: 5).

심리치료와 목회상담의 한 가지 차이점은 현재의 문제와 관련이 있다. 심리치료사는 대체로 개인적 또는 사회적 기능장애를 일으키는 오랜 신경증이나 이상 때문에 문제를 겪고 있는 내담자들을 받는다. 통찰과 치유를 얻기 위해 원초적 충동을 탐구하고 고통스러운 기억을 발견해 내는 상담 과정이 장기간 계속될 가능성이 크다. 반면에 웨슬리-성결 목사의 경우, 전형적인 상담의 만남은 해고나 죽음, 이혼, 위험한 임신, 가정폭력 또는 다른 긴박한 욕구 때문에 빚어지는 "위기상담" 상황이다. 그런 실존적 위기는 교인들이 영성지도자에게 조언을 구하도록 만들 수도 있다. 하지만 대개는 예고도 없이 목회자의 집을 방문하는 경우가 더 많은 것 같다. 목회상담가는 사실 "억압된 본능적 분투나 또는 내면화된...잊혀진 고통스런 기억의 파편들"(얄롬 2002: xvii)에 관심을 두지 않는다. 목회상담가의 목표는 내담자가 실존적 충돌에서 살아남을 수 있도록 돕는 것이다. 대체로 목회자는 위기에 처한 교인을 한 번에서 세 번 정도 만난다. 그런 다음에는 위기에 처한 교인을 언약그룹의 지도자나 신앙 멘토에게 소개하여 장기간의 영성지도를 받을 수 있게 해준다.

때로는 내담자를 상담가에게 이끈 위기가 과거와 현재의 죄에 대한 죄책감이나 수치심일 경우도 있다. 43년이나 목회 업무를 맡아온 어느 베테랑 목사는 오로지 십대-부모의 문제만이 좀 더 많은 상담 회기로 이어진다고 말했다. 죄책감이나 수치심을 해소하기 위한 상이한 방법들은 영성지도와 목회상담, 그리고 심리치료의 또 다른 차이점을 시사해 준다. 셋 다 "무조건적으로 긍정적인 관심"을 쏟는 건 마찬가지지만, 심리치료사 ─ 특히 환경결정론자 ─ 는 내담자를 질병의 희생자로 간주하여, 내담자의 행동을 종종 "정상화한다." 정신과 의사는 증상의 신체적 원인을 찾아내어, 정신과 의사를 약리학자로 강등시키겠다고 위협하는 보험회사에 지불을 청구할 수 있도록 한다. 그렇지만 영성지도자와 목회상담가는 죄를 심각하게 받아들이고, 내담자를 자기-점검과 고백, 회개와 은총으로 이끌어 준다.

웨슬리-성결 운동의 목회상담과 영성지도는 성서, 신학과 공통적인 토대를 지닌다. 웨슬리-성결 교인들은 다음과 같은 식별 표지를 가지고 있다: 그리스도교, 개신교, 아르미니우스, 웨슬리 그리고 성결. 하나님과 인간, 죄, 구원에 관한 그리스도교의 고전적인 가르침 — 특히 의인화와 성화에 관한 웨슬리파의 교리 — 은 실천의 배경이 되어준다.

웨슬리-성결 목회상담가나 영성지도자는 심리학 문헌을 참고한다. 그러므로 그들은 카렌 호니나 칼 로저스, 해리 스택 설리번, 에리히 프롬, 롤로 메이 같은 대인관계와 실존주의 저자들의 저서에서 유사한 개념들, 바꿔 쓸 수 있는 개념들을 발견하게 된다. 장 삐아제, 로렌스 퀘엘버그, 그리고 감리교 신자 제임스 파울러의 발달이론 저서들도 역시 많은 관심을 받고 있다. 하지만 웨슬리-성결 전문가들은 인간을 환경이 지배하는 수동적 존재로 만들어 버리는 정신분석과 행동주의 이론가들에게 상당한 반감을 표한다. 물론 그들도 인간이 환경의 영향을 받지 않을 수는 없다는 사실을 잘 안다. 하지만 그들은 삶과 성서기둘 다 인간을 자유롭고 책임감 있는 존재로 시사한다는 확신을 갖고서 작업에 임한다. 환경이 모든 걸 좌우하는 것은 결코 아니다.

교육과 임상훈련에 관한 한, 웨슬리-성결 목회상담가는 영성지도자와 심리치료사의 한가운데 위치한다. 목회상담가는 영혼의 돌봄과 치유에 연루된다. 영성지도자와 그리스도교 심리치료사를 둘 다 자기편으로 간주하는 목회자는 복이 있다. 그리고 이 결연관계를 이용할 줄 아는 목회자는 더 복이 있다.

영성지도자가 정신건강 전문가를 이용할 때

웨슬리-성결 집단에서 목회자는, 내담자의 문제가 전형적인 목회자의 문제해결 능력을 넘어서는 것으로 보일 경우, 교인이나 내담자들에게 — 되도록 그리스도교 신자인 — 정신건강 전문가들에게 위탁해 주도록 정기적으로 훈련을 받는다. 예를 들어서, 만일 내담자 본인이나 가족이 폭행을 당하기 직전처럼 보인다거나, 극심한 분열적 schizoid 행동이나 편집적 paranoid 행동을 보일 경우, 또는 목회자가 보기에 화학적 불균형 때문에 기능장애를 일으킬 수 있다고 판단되는 경우, 목회자는 보통 주저하지 않고 그 사람을 정신건강 전문가에게 위탁한다. 대부분의 목회자들은 리스트를 지니고 있다. 상담을 되풀이하거나 장기적인 상담 시간을 갖는 목회자는 거의 없다.

정신없이 분주한 일정 때문에 종종 목회자는 너무 성급하게 내담자를 정신건강 전문가에게 위탁하기도 한다. 이럴 경우 목회자는 자칫 임상전문가에게는 없는 치유와 전체성의 소중한 도구를 박탈당할 수도 있다: 바로 교회를 말이다. 예배, 양육, 친교, 일대일 그룹, 신앙 멘토, 영적인 친구 — 이 모두가 교회를 치유의 공동체로 만들어 줄 수 있다.

웨슬리 세계관에서, 새로 태어난 신도가 좀 더 심오한 영성생활과 거룩함으로 들어가는 문, 그리스도를 닮게 되는 출발점은 바로 전적인 헌신이다. 다시 말해서, 하나님께 완벽하고도 애정이 깃든 복종을 내비치는 것이다. 스티븐 J. 하퍼(1981: 2: 355)가 존 웨슬리의 개인적인 기도일지에서 번역한 다음의 기도로 이 글을 끝맺는 것도 괜찮을 것 같다.

표 6.2. 영성지도, 심리치료, 그리고 목회상담

차 원	영성지도	심리치료	목회상담
당면문제	하나님을 더 잘 알고 싶은 열망; 좀 더 심오한 영성생활에 대한 갈망; 거룩함, 전체성, 그리스도를 닮는 것에 대한 갈증. 영적인 실패, 죄, 죄책감, 수치심, "영의 빈곤"	불안, 공포, 목표 없음, 낮은 자존감, 소외감, 우울, 반사회적 행동, 중독	실존적 위기: 죽음, 이혼, 폭력, 중독 등. 죄책감, 수치심, 불안
목 표	그리스도 안에서 하나님의 은총으로 말미암아 변화되기, 전체성, 거룩함, 그리스도를 닮아가기	통합, 완전한 인간이 됨, 자기-인정, 자기-실현	삶의 충격으로부터 살아남기, 위기를 해결하기; 죄와 죄책감, 수치심을 그리스도 안에서 하나님의 은총에 복종시키기
절 차	구원과 성화의 은총이 넘치는 변화의 순간으로 인도; 평생에 걸친 영성형성의 여정을 지도; 언약 그룹, 트윈 소울, 신앙의 멘토와 영적인 여정을 공유.	과거와 현재의 문제들을 탐구하는 일대일 상담. 집단치료	목회자와 대화하기; 목회자는 진심으로 "경청" 한 다음 말로 후원해 준다. 함께 기도하기: 하나님의 임재와 약속을 기원하기
자 원	개인적 영성훈련: 기도, 성서 공부 공동체의 영성훈련: 예배, 성례전, 일대일 그룹, 친교와 봉사 하나님 형상의 내적 자원; 영성인도자의 지혜; 성령의 인도	상담가의 통찰력, 경험, 교육, 그리고 기술 인간의 성격의 내적 자원; 내담자의 과거와 현재 경험에서 비롯된 통찰력	성서와 그리스도교 신앙의 세계관 회중의 자원: 예배, 교육, 신앙 멘토, 서약 그룹 목회자의 지혜, 분별력, 그리고 영적인 경험 인간의 조건을 다룬 그리스도교 문헌 그리스도이 거룩하신 영의 능력과 지도

오 주 예수님,
주님께 제 몸을,
제 영혼을,
제 물질을,
제 명성을,
제 친구들을,
제 자유를, 그리고 제 생명을 바칩니다:
저와 제게 있는 모든 것을
주님 보시기에 가장 합당하도록 처분하옵소서.
저는 이제 제 것이 아니라 주님의 것입니다:
그러니 저에 대한 주님의 권리를 주장하옵소서.
저를 계속해서 책임지시고,
주님의 자녀로 사랑해 주옵소서.
제가 공격을 당할 때 저를 위해 싸워 주시고,
제가 상처 입었을 때 저를 치유해 주시며,
제가 죽었을 때 저를 소생시켜 주옵소서.
아멘.

요약

비록 "영성지도"라는 용어가 웨슬리-성결 교인들의 일반적인 어휘는 아니지만, 영성지도의 목표는 그들의 영적인 요구의 핵심을 이룬다. 영성인도의 목표는 성화, 거룩함, 그리고 그리스도를 닮는 것이다. 영적인 폭력이 두려워 "지도"를 회피하는 웨슬리-성결 교인들은 일대일 그룹, 영적인 친교, 신앙 멘토링을 통하여 서로가 그리스도인의 완전함에 이르도록 돕는다. 이러한 구조와 실천은 18세기의 영국 성결운동과 19세기의 미국 성결운동을 웨슬리가 부활시킨 것에 뿌리를 두고 있다.

이 운동의 목회상담은 대체로 위기상담의 형태를 취한다. 목회자는 종종 내담자를 신앙 멘토나 언약 그룹에게 위탁한다. 웨슬리-성결 목회자와 영성지도자는 심리치료사만큼 임상 절차에 대해 고도의 훈련을 받은 사람이 거의 없다. 그리고 상담가의 자격을 갖고 있는 사람도 극히 드물다. 그들은 대체로 교인들을 그리스도교 심리치료사에게 위탁한다.

영성인도자, 상담목사, 그리스도교 심리치료사가 비록 전략상 동맹관계에 있긴 하지만, 고전적인 영성지도가 이 신앙 가족 안에서 곧 번성하리라고 생각할만한 근거는 거의 없다.

참고문헌

Book of common prayer, The. 1979. New York: Church Hymnal Corporation.

Crow, K. 2001. *Clergy preparation and church/college relationship.* Typescript, Church of the Nazarene, Clergy Services.

Dunnam, Maxie. 1982. *Alive in Christ: The dynamic process of spiritual formation.* Nashville: Abingdon.

Dinning, H. Ray. 1998. *Grace, faith and holiness: A Wesleyan systematic theology.* Kansas City, Mo.: Beacon Hill.

Gaylin, Willard. 2000. *Talk is not enough.* New York: Little, Brown.

Harper, Steven J. 1985. *John Wesley: Spiritual guide.* Wesleyan Theological Journal 20:91-96.

Henderson, David Michael. 1980. John Wesley's instructional groups. Ann Arbor, Mich.: University Microfilms International, UMI 8029228.

Matthaei, Sondra H. 1991. Faith-mentoring in the faith community. Ph. D. diss, Claremont School of Theology.

Steele, Les L. 1990. *On the way: A Practical theology of Christian formation.* Grand Rapids, Mich.: Baker.

Tracy, Wesley D. 1988. John Wesley, spiritual director: Spiritual guidance in Wesley's letters. *Wesleyan Theological Journal* 23:148-62.

Tracy, Wesley D. 1991. John Wesley: Preacher of holiness. *Herald of holiness* 80:24-25,32.

Tracy, Wesley D. 1993. The Nazarenes: Those radical optimists. *Herald of holiness* 82:4-6.

Tracy, Wesley D. 2002. *The reflecting God journal.* Kansas City, Mo.: Beacon Hill.

Tracy, Wesley D. 2003. *The Wesleyan-Holiness way to spiritual formation.* Kansas City, Mo.: Church of the Nazarene Clergy Services (CD-ROM).

Tracy, Wesley D., Gary Cockerill, Donald Demaray and Steven H. Harper. 2000. *Reflecting God.* Kansas City, Mo.: Beacon Hill/Christian Holiness Partnership.

Tracy, Wesley D., E Dee Freeborn, Janine Tartaglia and Morris A. Weigelt. 1994. *The Upward call: Spiritual formation and the holy life.* Kansas City, Mo.: Beacon Hill.

Tracy, Wesley D., and Stan Ingersol. 1998. *Here we stand.* Kansas City, Mo.: Beacon Hill.

Weigelt, Morris A., and E Dee Freeborn. 2001. Kansas *Living the Lord's prayer: Design for spiritual formation.* City, Mo.: Beacon Hill.

Wesley, John. 1981. *Expository notes on the New Testament.* Vol. 1. Kansas City, Mo.: Beacon Hill.

Wesley, John. 1978. *The works of John Wesley.* 3rd ed. Vols. 5-6, 8, 11. Ed. Thomas Jackson. Kansas City, Mo.: Beacon Hill.

Wesley, John. 1960. *The letters of the Rev. John Wesley,* A.M. Vols. 2-3, 5-8. Ed. John Telford. London: Epworth.

Willard, Dallas. 1988. *The Spirit of the disciplines: Understanding how God changes lives.* San Francisco: HarperSanFrancisco.

Willard, Dallas. 2000. *The divine conspiracy.* San Francisco: HarperSanFrancisco.

Yalom, Irvin D. 2002. *The gift of therapy.* New York: HarperCollins.

웨슬리-성결 전통의 영성형성 베스트셀러

고전
오스왈드 챔버스. 『주님은 나의 최고봉』$^{My\ Utmost\ for\ His\ Highest}$. 이 책은 오늘 구입할 수 있는 책들 중에서 성화된 삶에 관하여 가장 경건하게 다룬 책이다. 1935년에 처음 출판된 이후로 여러 차례 재판되었다. 날짜는 정확하지 않지만, 가장 최근에 출판된 책들 가운데 하나는 Barbour, Urichsville, Ohio다.

한나 휘톨 스미스. 1888. 『행복한 삶에 관한 그리스도인의 비밀』$^{The\ Christian's\ secret\ of\ a\ happy\ life}$. New York: Fleming H. Revell.

존 웨슬리. 1872. 『그리스도인의 완전에 관한 알기 쉬운 이야기』$^{A\ Plain\ account\ of\ Christian\ perfection}$. See The Works of John Wesley, 3rd ed., ed. Thomas Jackson, reprint, Kansas City: Beacon Hill, 1978.

현대의 작품들
하나님에 관한 성찰 자료들은 웨슬리-성결 전통의 영성발달에 대한 포괄적 자원이다. 이 작품들은 크리스천 홀리니스 파트너십(CHP)의 후원으로 나사렛출판사/캔자스시티의 비콘 힐 출판사에 따라 출판되었다.

Reflecting God Study Bible. 1999.

Tracy, Wesley, Gary Cockerill, Donald Demaray and Steven Harper. 2000. *Reflecting God.*

Tracy, Wesley. 2000. *Reflecting God* Leader's Guide.

Tracy, Wesley. 2000. *Reflecting God* Workbook.

Tracy, Wesley. 2002. *Reflecting God* Journal.

Tracy, Wesley D., Morris A. Weigelt, E. Dee Freeborn and Janine Tartaglia. 1994. *The Upward Call: Spiritual Formation and the Holy Life,* Kansas City, Mo.: Beacon Hill. 스페인어판 구입 가능. 이 책은 영성지도와 관련된 문제들에 대해 *Reflecting God* 시리즈보다 좀 더 직접적인 관심을 쏟는다.

Weigelt, Morris A., and E. Dee Freeborn. 2001. *Living the Lord's Prayer: Design for Spiritual Formation,* Kansas City, Mo.: Beacon Hill. 이 책은 저자들이 나사렛신학대학원에서 18년에 걸쳐 실시한 영성발달 협력교수의 열매다.

모음집
Exploring Christian Holiness. 1983-1985. 3권. Kansas City, Mo.: Beacon Hill.
제1권, *The Biblical Formations,* W. T. Purkiser
제2권, *The Historical Development,* Paul M. Bassett and William M. Greathouse
제3권, *Theological Formulation,* Willard H. Taylor
Great Holiness Classics, 6권. Kansas City, Mo.: Beacon Hill, 편집연도와 편집자가 다양하다.
Holiness Teaching—New Testament Times to Wesley
The Wesley Century
Leading Wesleyan Thinkers
The 19th-Century Holiness Movement
Holiness Preachers and Preaching
Holiness Teaching Today

제7장
사회정의 전통의 영성지도

제리 D. 글랫슨

개별적 영성지도와 구체적 영성생활을 강조하는 영성형성, 그리고 공동체를 강조하는 사회정의 교역이 종교 전통에서 균형을 이룰 수 있으려면? 나는 강력한 사회정의 전통을 구체화하는 미국의 주요 교단인 연합그리스도교회United Church of Christ 목사의 관점에서 그 문제에 대한 해답을 찾고자 한다. 연합그리스도교회는 우리의 선례가 되어줄 것이다.

이 교단은 6천 개가 넘는 교회에서 대략 120만 명의 신도를 갖고 있다. 역사적으로 중요한 교회 4곳이 연합그리스도교회를 구성한다: 회중교회, 크리스천교회, 복음주의교회회의, 그리고 개혁교회. 처음 두 교회는 1931년 회중교회로 통합되었고, 1957년에 복음주의교회회의와 개혁교회가 합쳐진 것에 또다시 통합되었다. 저마다의 신앙공동체는 새로운 교단에 "숨겨진" 역사(시그문트 1984)를 안겨 주있다. 사회정의와 경건의 씨앗이 들어 있는 역사를 말이다. 연합그리스도교회는 현대의 개신교 생활에 분열 대신 대담한 대안을 내세움으로써, 그리스도교 조직의 불명예스러운 분열을 초교파적으로 치유할 수 있는 모델을 제시하고자 하였다. 연합그리스도교회는 그 조상이 4가지나 되지만, 개신교 전체의 그리스도교 신앙 표현 요소들을 모두 다 포용한다.

연합그리스도교회는 사회정의에 대한 교단적 강조점을 강화하기 위하여, 1959년 영적 의미뿐만 아니라 정치적 의미에서도 "악의 권세에 저항할" 것을 촉구하는 신앙 성명을 냈다. 그 성명은 예배서에서 계속 이어진다(1986: 514). 여기에서 그 일부를 영가 형식으로 인용하자면 다음과 같다.

> 주님[하나님]은 주님을 믿는 모든 이들에게
> 죄의 용서와 은총의 충만함을 약속하시네.
> 정의와 평화를 위한 투쟁에서 용기를 약속하시고,
> 심판과 환호 가운데서 함께 하마 약속하시네...

연합그리스도교회는 성서를 "하나님의 말씀에 관한 권위 있는 증언"으로 인정하고 종교개혁의 초교파적 신조와 고백을 받아들이지만, 구성원들에게 그 어떤 교리나 예배 형태도 강요하지 않는다. 연합그리스도교회는 역사적 신조와 고백을 증거로 인정하지만 신앙을 시험하는 것은 인정하지 않는다(연합그리스도교회 2001a). 따라서 이 신앙 성명은 회중이나 개인을 결속시키기 위한 것이 아니다. 이것은 통합된 집단의 신앙과 관심사, 강조점을 정확히 표현하고 있다(미드 1995).

사회적 봉사와 정의는 연합그리스도교회 속에 뿌리를 깊이 내리고 있으며, 현대 생활의 조직에서 커다란 부분을 차지하고 있다. 그 교단의 전국지인『연합교회뉴스』2001년 9월호, 그리고 그 교회의 웹사이트를 잠깐만 살펴봐도 이러한 강조점을 금방 파악할 수 있다.『연합교회뉴스』의 주요 기사는 스쿠버다이빙 교육을 통해서 소수와 다수를 한 데 묶기 위한 뉴욕의 십대 프로젝트를 소개한다. 십대들은 함께 배우는 과정에서 다른 문화 사람들에 대한 신뢰감을 형성하게 된다(컴리 2001). 연합그리스도교회 플로리다연회는 결의안을 제출하였고, 이어서 2001년 7월 캔자스시티, 미주리의 연합그리스도교회 전체회의에서 투표로 결정되었다. 이것은 타코 벨$^{Taco\ bell}$ 불매운동을 촉구하는 것이었는데, 그 이유는 타코 벨 식당이 플로리다에 기반을 둔 씰^{Sixl}사 — 토마토를 따는 이민 노동자들에게 표준 이하의 저임금을 지불하는 회사 — 로부터 토마토를 사들였기 때문이다(골더 2001). 애틀랜타와 조지아에 본부를 두고 있는 남서연회는 "지뢰제거"$^{Adopt-A-Minefield}$ 프로그램을 위한 기금 모으기 운동을 계속하였다. 이것은 제3세계 국가에서 지뢰를 제거하기 위한 프로그램이나(거쉬너 2001).

이런 쟁점들은 다른 여러 개신교 교회들에서는 찾아보기가 어려운 것들이다. 그런 사회정의 활동의 선봉에 서는 것은 그 교단의 정의 및 증언 교역인데, 이것은 연합그리스도교회가 공식적으로 인정한 "교역들"^{ministries} 가운데 하나다. 이 교역은 개인과 회중이 공동체와 세계 속에서 정의를 옹호할 수 있도록 힘을 키워 주기 위한 것이다. 2001년 11월 29일자 웹사이트를 훑어보면(연합그리스도교회 2001a) 30가지 "주간 경보"가 실려 있는데, 이것은 사실상 사회정의, 특히 정치적 문제들과 관련된 행동을 촉구하는 것이나. 연합그리스도교회는 공공 정책에 관하여 거리낌 없이 의견을 밝힌다. 아무리 대중적이지 못한 것이라 하더라도.

전에 하와이연회를 섬겼던 노먼 잭슨은 복음을 "굶주리고 병든 사람들, 전쟁과 재앙의 희생자들, 그리고 세계화된 경제의 희생자들"을 섬기는 것과 연결시킨다. 교회의 사명은 "악마처럼 지배적인 문화 현상을 무너뜨리는 것; 정의롭지 못한 구조에 도전하는 것; 부자와 권력가들을 섬기기 위해 고안된 정부 정책들과...싸우는 것"을 목표로 삼는다(잭슨 2000: 31).

이러한 강조점은 충분히 존경받을 만하다. 그런 교단적 생활이 개별적 영성과 하나님과의 친교를 강조하는 영성형성과 지도, 훈련은 어떻게 실시할까? 연합그리스도교회가 개별적 영성지도와 구체적 영성생활에 강조점을 둔 영성형성, 그리고 공동체를 강조하는 사회정의 교역 두 가지를 균형 있게 수행하려면 어떻게 해야 할까?

사회정의 전통의 영성지도란 무엇인가

영성spirituality은 **영**spirit이라는 단어에 뿌리를 두고 있다. 히브리어(*ruah*), 그리스어(*pneuma*), 라틴어(*spiritus*)로 영은 "숨" 또는 영적인 생명력을 의미한다. 영성은 세계 속에서 비롯되어 세계와 우리를 연결해 주는 열정과 영감을 포함한다. 영성은 또 사랑과 관심과 열정을 불러일으키는 근본적인 생명력을 포함한다. 제럴드 메이(2001)가 지적한 것처럼, 영성은 별개의 범주를 형성하지 않는다. 차라리 영성은 온갖 감정들, 관계들, 일들, 그리고 인간에게 본질적으로 의미가 있는 모든 것들의 일부다. 영성은 뭔가 영묘한 것도 아니다. 차라리 영성은 매우 일상적이고 자연스러운 것이다. 내 생각에 사람은 누구나 다 영적인 욕구를 갖고 있다. 본인이 인정하든 안 하든 간에 말이다. 루돌프 오토(1923)가 그의 고전적인 분석에서 주장한 것처럼, 영성은 모든 문화권의 인간 영혼에 내재해 있는, 결코 축소시킬 수 없는 경험이다.

더욱이 영성은 모든 위대한 종교의 중요한 핵심을 이룬다. 어떻게 보면 종교란 사실 이 중요한 핵심을 어떤 식으로든 연마하는 것이라고도 말할 수 있다. 전통적으로, 그리고 영성은 지식과 행동, 그리고 감정의 3가지 주요 형태로 표현되었다. 따라서 하나님도 궁극적인 진, 선, 미로 인식되었다. 이것들은 요가, 훈련, 행로의 3가지 형태를 지닌 힌두사상과 마찬가지로(웨이트만 1984), 진리의 길, 선함의 길, 그리고 아름다움의 길로 생각할 수도 있다(메이 2001).

진리의 길은 철학, 신학, 심리학, 온갖 지식의 길에 관심이 있는 사람들에게 호소력이 있다. 가난하고 아픈 사람들을 돕는 일, 좀 더 정의로운 사회를 만드는 일에 관심이 있는 사람들을 위해서는 선함의 길이 존재한다. 그리고 열정, 공감과 친밀함, 또는 감정적인 경험은 아름다움의 길을 형성한다(메이 2001). 영성형성은 이 세 가지 길 모두에서 이루어진다고 볼 수 있다. 그것은 보통 기도나 묵상이나 사랑이 넘치는 예배 같은 의도적 훈련을 통해서 영적인 측면을 기르는 것과 관계가 있다.

영성지도direction는 영성형성을 인도하며, 두 가지 기본적인 가정에 근거를 둔다: (1) 하나님과의 관계(수직적 차원)가 가장 중요하다. (2) 하나님과의 관계는 다른 사람들과의 관계, 그리고 모든 피조물과의 관계(수평적 차원; 존스 1999)와 얽히고설켜 있다. 영성지도와 영성형성에 관한 이 같은 해석은 연합그리스도교회에서 널리 인정받고 있는데, 이것은 사회정의를 영성형성의 수평적 차원을 실현하기 위한 방법으로 이해한다.

사회정의 전통의 영성지도 역사

종교가 불가피하게 구제의 사회적 중요성을 지녀야 한다면, 그리고 영성발달이 이러한 사회적 결과를 창출하기 위해 꼭 필요한 전제조건이라면, 그렇다면 연합그리스도교회는 역사적으로 어떻게 그것들을 동시에 불러일으킬 수 있었을까?

연합그리스도교회는 사회정의를 가장 중요하게 여긴다. 소외당한 사람들, 여성들, 에이즈 희생자들, 그리고 소수 민족의 권리를 인정한다. 연합그리스도교회는 성직안수에 대해 매우 개방적인 자세를 취하며, 소수 민족들을 "교회와 사회 양쪽의 주류로" 이끌고자 노력한다. 연합그리스도교회에게 복음을 전파한다는 것은 곧 영적 속박과 신체적 속박 둘 다로부터 인간을 해방시키는 것을 의미할 수밖에 없다(로스텐 1975). 복음과 사회정의, "모든 인간관계와 사회구조에서 정의와 평화"(포스터 1998)는 서로 불가분의 관계에 있다.

연합그리스도교회에는 공식적으로 제도화된 영성지도 프로그램이 전혀 없다. 대부분 이것은 연합그리스도교회 정책의 본질에 기인한다. 회중의 교회이며, 따라서 개별적 교구에 보편적인 프로그램을 부과하는 것을 금지하는 특성 말이다. 연합그리스도교회의 프로그램 개발은 아주 기초적인 단계에서 이루어진다. 전국적인 수준이나 교회회의의 단계로 발달할 경우에도, 그 교단 안의 다른 조직에 추천할 수 있을 뿐이다.

그 교단의 역사에서 처음 30년 동안은(1960~1990) 영성형성에 관하여 거의 아무런 관심도 기울이지 않았다. 이 기간에 강조된 것은 대체로 사회정의 문제였다. 시민의 권리와 여성의 권리를 찾기 위한 투쟁, 소외된 사람들을 미국의 주류에 포함시키기 위한 투쟁이 진행되는 동안, 연합그리스도교회는 무척이나 바쁘게 활동했다. 하지만 1980년대 말과 1990년대 초, 영성에 대한 관심이 좀 더 부각되었다. 한편으로는 사회정의에 대한 그 교단의 지나친 강조와 균형을 맞추는 것으로서, 또 한편으로는 영성에 대한 문화적 갈증에 대한 응답으로서 말이다.

연합그리스도교회 지역교회 목사단의 일부인 복음주의교역팀the Evangelism Ministry Team은 "복음주의, 예배 참석률 증가, 교인 증가, 그리고 **영성발달**"(연합그리스도교회 2001d)의 측면에서 교인들과 지도자들을 훈련시키고 자료들을 개발하는 것을 사명으로 받아들였다. 제22차 총회(1999)는 영성형성과 사회정의를 직접적으로 연결시키는 결의안을 채택했다. 그 결의안은 사람들이 "기도와 성경공부와 영적 우정을 통하여 자기 삶에서 하나님이 움직이시는 것을 깨달을" 수 있도록 도와주기 위해, 또 사람들이 "감정적, 영성적 고립의 형태를 종식시키거나 인종차별, 성차별...폭력에 맞서 싸우는 것 같은 중요한 문제들을 서로 논의하는 와중에도," 그리고 교회에 대한 봉사와 사회정의 임무를 수행하는 와중에도 "고독 속에" 머물 수 있도록 도와주기 위해, 영성형성을 촉구한다(연합그리스도교회 2001c).

실버스프링 그리스도회중 연합그리스도교회(메릴랜드)의 제임스 토드헌터 목사는, 2001년 9월 11일에 일어난 세계무역센터 테러 공격에 대한 반응으로, 영성형성과 사회정의를 연결시키는 것에 관한 목회적 관심을 표명하였다. "악과 맞서 싸울 수 있는 오직 하나의 참되고 항구적인 방법은 영적인 수단을 가지고...기도와 사랑을 가지고 싸우는 것"이라고 그는 지적하였다. 기도 같은 영성훈련은 사람들을 화해와 복수심에 대한 거부로 이끌어 준다. 그는 그리스도 회중의 일원인 세계무역센터 재앙의 희생자들을 위해 확실한 무언가를 해야 한다고 회중에게 촉구하였다(토드헌터 2001).

연합그리스도교회는 구성원들의 온갖 성적 성향들을 완전히 인정하는 측면에서, 오랫동안 개신교 교회들의 지도자 역할을 담당해 왔다. 그러나 이것은 오로지 동성애만 배타적으로 강조하는 것이 아니라, 전체적으로 성을 포용하려는 노력이다. 이러한 목적을 초월하여, 그 교단은 "영성성장의 통로, 예언자적 환상과 정의를 위한 활동의 통로"(연합그리스도교회 2001b)를 제공하려는 목적에서 온갖 성적 취향을 지닌 사람들을 위한 자원을 발전시켰다. 멜라니 모리슨(2000)은 교회가 이러한 노력에 얼마나 못 미치고 있는가를 깨닫고서, 교단이 수치심과 동성애공포증과 공포에 기초한 하나님상 때문에 상처 받은 사람들 모두를 환영해야 한다고 주장한다. 그리고 하나님의 은총과 믿음과 정의에서 발견되는 심오한 개선을 지적한다.

다음은 현대의 연합그리스도교회에서 몇 가지 대표적인 예를 든 것이다. 이 교회 지도자들은 이제 사회정의 임무를 지속할 수 있는 영성을 발달시켜야 한다는 사실을 직시하고 있다.

영성과 사회정의 둘 다에 관한 관심이 현재 지역적으로 싹트고 있는 실정이다. 콜럼버스, 오하이오에서는 제일공동체교회, 연합그리스도교회와 크리스천교회(그리스도의 제자)가 영성지도센터를 운영하고 있다. 이 센터의 책임자는 샬렘연구소와 하버드대학교 영혼/정신/신체 연구소 출신인 리처드 우드 시니어다. 윈스턴 살렘, 노스캐롤라이나에서는 탕자공동체가 영성형성을 마약중독자 재활 프로그램의 핵심 요소로 사용하고 있다(스탈링-멜빈 2001).

버클리, 캘리포니아의 제일회중교회, 연합그리스도교회는 목회상담과 영성지도를 위한 듀란트하우스와 로이드센터를 관리하고 있다. 그곳의 책임자는 캐시 컨스트이며, 산 안셀모의 샌프란시스코신학대학원에 부속되어 있다. 로이드센터에 따르면, "영성지도는 일대일 신뢰 관계의 상황에서 비롯되는 그리스도인의 경청 기술이다"(듀란트하우스 2001). 목회상담, 신학, 심리학, 그리고 요가에서 비롯되는 통찰은 "건강과 전체성"을 목표로 하여 한가운데로 통합된다.

거의 50년에 걸친 경험 끝에 연합그리스도교회는 지금 사회정의에 대한 역사적 관심과 급속도로 발전하고 있는 영성훈련 실천의 관계를 인정하고 촉진시키는 중이다. "교회는 성서와 기도에 근거한 영성훈련을 필요로 한다." 연합그리스도교회의 행정책임사인 프레드릭 트로스트는 이렇게 주장한다. "기도와 행동은 서로 관련되어 있다(2000: 80).

진정한 변화의 과정

연합그리스도교회는 종교개혁 전통을 지켜나가고 있다. 따라서 영적 "완성"이 현재 상태에서 이루어지는 것이라고 보지 않는다. 성화는 구원의 목표의 첫 번째 증거로 받아들여진다. "그것은 결코 완성되지 않고 늘 죄에 시달리는 것을 의미한다. 하지만 그럼에도 불구하고, 그것은 다가올 마지막 일에 대한 암시다"(Fackre와 Fackre 1991: 138). 로저 쉰(1990)에 따르면, 현재의 삶에서 일어나는 것은 신적인 용서의 체험, 정의와 평화를 위해 싸울 능력의 체험, 신적인 실재에 대한 변함없는 느낌의 체험, 그리고 마지막으로 영원한 생명의 체험이다. 이런 요소들은 그 교단의 신앙 진술에서도 그대로 드러난다:

> 주님은 주님을 믿는 모든 이들에게
> 죄의 용서와 은총의 충만을 약속하십니다.
> 정의와 평화를 위한 투쟁에서 용기를,
> 심판과 환호 가운데 함께 해주실 것을 약속하십니다.
> 그리고 끝이 없는 주님의 영역에서
> 영원한 생명을 약속하십니다.
> (예배서 1986: 514)

그리스도 안에서 인간이 되신 하나님은 은총을 부어주신다. 쉰은 이렇게 말한다: "우리는 은총으로, 하나님의 놀라우신 은총으로 구원 받는다"(1990: 100). 용서는 복음의 핵심이며, 정의를 위한 투쟁 속에서도 여전히 인성과 함께 머문다.

하나님은 이 투쟁에서 용기를 불어넣어 주신다. 인간을 섬기라는 예수님의 명령을 실천할 수 있는 신적인 능력을 부여해 주신다. 이러한 섬김을 통해서 하나님은 영적인 평화를 내려주신다. "평화를 위한 우리의 기도는 우리의 행위와 전혀 상관없이 전쟁을 종식시키게 될 신적인 개입을 위한 기도가 아니다. 우리의 기도는 평화를 위해 투쟁할 수 있는 용기와 지혜를 주시라는 기도가 될 것이다"(쉰 1990: 103).

그 모든 것 속에 ― 그리고 이곳은 공식적인 영성형성이 토대를 제공해 줄 수 있는 곳이다 — 신적인 실재에 관한 의식이 존재한다. 인간 실존의 위태로움은 삶의 모든 부분에 위험을 안겨 준다. "시험당할 때나 기뻐할 때나, 우리가 하나님의 실재에 관해 물으면, 하나님은 바로 거기에 계실 것이다." 쉰은 이렇게 확신한다(1990: 107). "사실, 우리가 묻든지 안 묻든지, 하나님은 거기 계실 것이다."

마지막으로, 영원한 삶이 있다. 창조의 하나님은 인간의 최종 목적지에 계시는 하나님이다. 연합그리스도교회에서 이것이 의미하는 개념이 매우 다양하긴 하지만, 그 교회는 "영원하신 하나님, 우리의 죄와 죽음에도 식지 않는 변치 않는 사랑을 지니신 하나님께 운명이 달려 있다"고 가르친다(쉰 1990: 109).

사회정의 전통의 영성지도자 역할

영성형성을 도와주는 영성지도는 이끌어 주거나 방향을 제시해 줄만한 사람을 필요로 한다. 그 사람이 바로 영성지도자 spiritual director 또는 "영적인 친구" spiritual friend다. 앨런 존스에 따르면, 그 사람은 "사랑을 담아 정확히 우리 말을 경청하고, 다정한 관심의 은사를 가지고 우리에게 하나님의 마음을 공개해 주는 사람"이다(1999: ix, 4). 그 사람은 실재와 신중함, 그리고 하나님의 완전함을 추구하는 사람들에게 "거룩한 경청" holy listening의 태도를 지녀야 한다(귄터 1992: 1~2). 훌륭한 가르침과 마찬가지로, 이것은 일종의 영혼의 조산술이다(귄터 1992). 케이스 앤더슨과 랜디 리스가 주장하듯이(1999: 36), 영성지도 또는 "영적 멘토링" spiritual mentoring은 그리스도 안에서 하나님의 계시에 순종함으로써 다른 사람과 함께 상호관계를 맺는 것이다. 그런 관계는 공식적일 수도 있고 비공식적일 수도 있다. 공식적인 다양성은 멘토mentor와 멘티mentee/멘토리mentoree, 피지도자directee 또는 프로테제protégé 간의 약속에서 분명하게 드러난다(앤더슨과 리즈 1999). 정기적인 토대 위에서 논의하고 상호 합의 하에 따르겠다는 약속 말이다. 비공식적으로는, 영적으로 사려 깊은 사람이 자기를 찾는 사람을 지도해 줄 경우 언제든지 영성지도가 이루어질 수 있을 것이다. 심지어 영성지도는 영적으로 분별 있는 작가들의 저서를 통해서도 일어날 수 있다(존스 1999). 그 어떤 경우라 할지라도, "진정한 지도자…[는] 성령이시다"(존스 1999: 10). "보혜사 곧 아버지께서 내 이름으로 보내실 성령 그가 너희에게 모든 것을 가르치고 내가 너희에게 말한 모든 것을 생각나게 하리라"(요한복음 14장 26절). 요한에게서 영성지도의 최고 목표는 "순전한 친교" 또는 영적 우정이다(1999: 11). 그 관계에서 중요한 것은 그저 자기-확인이 아니라, 자기 자신에게 정직해지는 것, 그리고 자신이 사랑받고 있다는 걸 알기에 기꺼이 조사를 받는 것이다(존스 1999).

토마스 머튼은 영성지도의 본질을 다음과 같은 말로 표현한다: "영성지도의 총체적 목적은 한 사람의 삶의 표면 밑으로 파고들어 가는 것, 그 사람이 세상에 보여주는 상투적인 몸짓이나 태도의 허울을 벗겨 내는 것, 그리고 그 사람 내면세계의 영적 자유, 가장 심오한 진리 — 우리는 이것을 그의 영혼 속에 계시는 그리스도와 닮은 점이라고 부른다 — 를 꺼내는 것이다" (1960: 16).

영성지도는 마음속의 상상력을 이끌어 내어 새로운 관점을 제공해 준다. 영성지도는 하나님의 빛에서 보이는 삶의 실제 조건들에 대한 감수성을 길러 준다. 그리고 영성지도는 물론 묵상의 훈련으로 이끌어 준다. 마지막으로, 깨어지고 상처 입은 대가를 기꺼이 지불할 생각만 있다면, 영성지도는 그 사람을 영적인 성장으로 인도해 줄 것이다(존스 1999). 비록 존스와 그 밖의 작가들이 나와 다른 전통에서 글을 쓰고는 있지만, 영성지도에 관한 연합그리스도교회의 이해가 그들과 다르다고 주장할만한 근거는 하나도 없다.

성숙한 영성의 지표

연합그리스도교회 전체에 대해 이야기하는 사람은 아무도 없다. 따라서 그 교단 전체가 성숙한 영성에 관해 뭐라고 해석하는지를 확인할 방법이 전혀 없다. 하워드 클라인벨(1965)의 저서를 보면, 성숙한 영성에 관한 어느 연합그리스도교회 신학자의 해석이 실려 있다. 클라인벨은 정신적으로 긴장헌 종교에 관한 다음의 테스트를 제안한다:

1. 사람들 간에 다리를 놓아주는가, 아니면 장벽이 되는가?
2. 건전한 의존관계를 촉진시키는가, 아니면 해로운 의존관계를 촉진시키는가?
3. 죄책감에서 용서로 이동하는가?
4. 삶의 재미를 증가시키는가, 아니면 감소시키는가?
5. 성을 건설적인 방법으로 처리하는가, 아니면 억압적인 방법으로 처리하는가?
6. 현실 인정으로 이끄는가, 아니면 현실 부정으로 이끄는가?

7. 사랑을 강조하는가, 아니면 두려움을 강조하는가?
8. 자존감을 강화시켜 주는가, 아니면 약화시키는가?

이상적이고 건전한 신앙 공동체에서는 개별적 존재, 공동체, 그리고 좀 더 큰 세상에 대한 관심이 균형을 이룬다. 따라서 비록 비공식적이라 할지라도, 영성형성과 사회정의는 서로 조화를 이룬다. 영성형성과 사회정의 간에는 건전하고 긍정적인 상호작용이 존재한다. 이 세 가지 — 개별적 존재, 공동체, 그리고 좀 더 큰 세상에 대한 관심 — 가운데 하나라도 간과하거나 억누를 경우, 종교제도는 해로운 것이 되고 말 것이다.

심리치료 및 목회상담과의 비교

영성지도는 비록 심리치료나 목회상담이 아니지만(컨터 1992; 배키 2000), 전통적인 심리치료와 영성지도를 구분하는 것은 다소 유동적인 것 같다. 심리학 쪽에서는 영성의 중요성과 개인의 행복과 의미에서 영성이 차지하는 역할을 점점 인정하고 있는 추세이며, 영성지도 측에서는 심리학적 분석이 제공한 인간 심리에 대한 통찰을 점점 더 받아들이고 있는 실정이다. 이에 존스는 일종의 수렴, "심층심리학의 최고 통찰들과 그리스도교 영성지도의 최고 통찰들이 결혼하게 될 가능성"에 관해 이야기하려고 한다(1999: 38).

> 예를 들면, 오직 믿음으로만 의롭게 된다는 교리는 나에게 치유의 활력을 가져다주었다. 미로 같은 내 정신의 작용에

대해 알면 알수록, 구세주에 대한 욕구가 점점 더 확고해진
다! 그리고 구세주에 대한 욕구가 나에게 줄곧 우정을 나눠
줄 순례 동지를 데려다준다.(존스 1999: 44)

존스는 심리치료의 세계와 영적인 세계가 모두 영적인 세계에 통합된다고 생각한다. 좀 더 큰 영적인 세계가 좀 더 작은 심리치료의 세계를 포함한다는 것이다(존스 1999).

종교학자로 훈련받은 또 한 명의 심리치료사, 토마스 무어 역시 이러한 합일을 주장하였다. 그의 저서 『다시 타오르는 일상생활의 매혹』 The Re-enchantment of Everyday Life 은 인간과 영적인 세계와 창조세계 간의 통전적인 관계를 탐구한다. 무어는 창조세계를 생각함으로써 얻을 수 있는 교훈을 지적하고, 묵상은 "우리의 삶을 우리의 본질이자 지침인 자연으로부터 분리할 수 없다"는 사실을 가르쳐 준다고 말한다(1996: 33).

표 7.1. 영성지도, 심리치료, 그리고 목회상담의 비교

차 원	영성지도	심리치료	목회상담
당면문제	영적인 문제	관계적 문제 혹은 개인적 문제	관계적 문제, 개인적 문제, 또는 영적인 문제
목표	모든 인간관계와 사회구조에서 정의와 행복으로 이끌어 주는 하나님의 임재 경험	개인적 완전성 또는 항상성과 사회적 조화	개인적 완전성, 사회적 행복과 영적 행복
절차	개인상담 또는 집단상담과 기도	개인상담 또는 집단상담	개인상담
지원	기도, 고백, 영성훈련, 예배, 신앙	치료 이론과 실천, 약물치료, 위탁	치료 이론과 실천, 영성훈련

물론 표 7.1에서 볼 수 있는 것처럼, 영성지도와 전통적인 심리치료에는 차이점이 존재한다. 하지만 이 분야들 간에는 이전보다 훨씬 더 많은 공통점이 생겨나고 있다. 사실, 종교적 경험 자체는 이제 "완전한 이해의 온갖 가능성을 초월하는 현상", 따라서 종교와 심리학의 비옥한 연구 분야로 인정받고 있다(버리스 2001: 91). 영성발달은 이 두 개의 영역을 통합하는 것이 효과적일 수 있다는 사실을 증명하기에 알맞은 주제다.

심리치료의 경우처럼, 영성지도와 목회상담의 차이점 역시 점점 흐릿해지고 있다. 도널드 브라우닝(1985)은 점점 더 뚜렷해지고 있는 전문화 현상에 발맞춰 목회돌봄과 목회상담을 구분한다. 목회돌봄은 가정심방이나 병문안 같은 목회적 상호작용의 전 영역을 아우르는 반면, 목회상담은 목회상담가의 심층적이고도 개인적인 개입이며, 좀 더 전문적인 상황에서 좀 더 전문적인 목표를 가지고 실시되는 좀 더 전문적인 목회심리치료다.

목회상담은 그리스도교 공동체만큼이나 오래되었지만, 현대적인 형태는 프로이트학파 심리학의 통찰에 영향을 받은 것이다. 목회상담은 안톤 보이센(1936)과 시워드 힐트너(1949)의 선구자적인 저서를 거치고, 칼 로저스의 내담자중심 접근법을 좀 더 받아들이는 동안, 독자적인 연구와 실천 분야로 자리 잡게 되었다(홉 1956). 전문화된 목회상담 전문가들은 대체로 목회임상교육(C.P.E.) 프로그램을 통해 훈련을 받았다. 그곳의 학습은 전통적인 심리학 대학원보다 더 "살아 있는 인간 문서"living human documents에 집중하였다. 흥미로운 사실은 그러한 자리매김이 종종 종교적이거나 영적이기보다는 비지도적이고 심리학적이라는 것이다.

그렇지만 경험이 풍부한 목회상담가들은, 현재 점점 더 많은 내담자들이 회기 중에 영성지도를 요청하고 있는 실정이라고 말할 것이다(밀러와 잭슨 1995). 이러한 요구는, 대부분의 인간 문제들이 사실은 "모순된 인간의 자유"와 "도덕적이고 종교적인 분별"을 혼합한 것이라는 점을 시사해 준다(브라우닝 1985: 6). C. W. 브리스터는, 삶의 내적 치유 능력을 들여다보는 심리치료사와 대조적으로, 목회상담가는 삶 자체에 내재하시는 하나님의 능력에 의지한다고 주장한다(1964).

따라서 목회상담과 영성지도를 구분하기가 점점 더 어려워지고 있다. 비록 목회상담의 심리학적 자리매김이 더욱 짙어지고 있지만 말이다. 이 때문에 윌리엄 밀러와 캐서린 잭슨(1995)은 목회상담가와 영성지도자가 "이 둘을 별개의 역할로 보지" 않는다고 주장한다(1995: 9). 그들에 따르면, 목회상담이란 하나님을 향한 영적 성장의 자연스러운 여정을 가로막는 장벽을 제거하는 과정으로 이해할 수 있다. 따라서 목회상담의 목표는 영성지도의 목표와 똑같다.

영성지도자가 위탁을 할 때

연합그리스도교회가 과학적 개념과 연구, 신학적 지식, 의학적 지식 같은 문화적 자원을 이용하기 때문에, 그 교단에 속한 영성지도자는 필요할 경우 아무 거리낌 없이 멘티를 전문적인 심리학자나 상담가에게 위탁할 수 있다. 연합교회의 영성지도자는 성격, 태도, 행동을 형성하는 복잡한 요인들을 인정한다. 그는 오직 영적인 자원만이 문제를 해결할 수 있다고 생각하지 않는다. 좀 더 심층적인 치료나 약물치료가 필요할 수도 있다. 연합교회 영성지도자는 영적인 문제와 정신적 문제 또는 성격 문제를 적절히 구분한 다음 전문의에게 위탁해 줄 수 있다.

영성지도와 사회정의

신학적으로 볼 때, 영성지도와 사회정의 간에는 아무런 갈등도 존재하지 않는다. 메이에 따르면, 관상의 영성$^{contemplative\ spirituality}$은 오로지 침묵이나 고요함과만 연결되는 게 아니다(2001). 가장 쉬운 관상의 정의는 "함께 존재함"$^{presence\ to\ what\ is}$이라고 그는 주장한다. 그리스도인은 하나님 안에서 살고 움직인다(사도행전 17장 28절). 로렌스 형제의 말을 빌면, 관상은 "모든 곳에서 하나님을 발견하는 애정어린 응시"다(메이 2001:3에서 인용). 만일 이 정의를 인정한다면, 관상은 한 사람의 내적인 경험뿐만 아니라 세상의 외적인 요구까지, 모든 실재를 인식하는 것이다. 따라서 관상하는 사람은 그저 관상과 행동의 균형을 맞추기 위해 노력하는 데 그치지 않고, 관상은 "행동을 통해 모든 것을 뒷받침하고 포용하는 것"이라고 이해하게 된다(메이 2001: 4).

관상은 현실세계의 영성에 토대를 둔다. 관상은 삶 전체에 스며드는 신적인 움직임에 개방적인 태도를 취하게 해주며, 하나님이 "우리를 우리 이상으로 이끌어 주실" 때 진정한 관상이 된다(메이 2001: 4). 메이는 이 영성의 개념을 이렇게 요약한다:

> 그리스도교의 관상적 접근법은 언제나 하나님의 주도권과 행위에 주된 강조점을 두는 것으로 마무리된다...우리는 우

리를 자유케 해줄 진리를 받아들여야 하며, 우리의 이웃과 세계를 진실로 섬기는 선한 행위로 인도되어야 하고, 우리 내부와 우리 주변의 아름다움을 제대로 음미해야 한다. 이럴 수 있을 때만, 하나님이 신적인 춤을 이끄시도록 기다릴 때만, 우리는 세계 속의, 그리고 세계를 위한 하나님의 애정어린 실재에 좀 더 온전히 참여할 수 있다.(2001: 5)

사회정의 전통의 영성지도 추천도서

철저히 초교파적인 연합그리스도교회는 다른 종교 전통들의 진정성을 방해하지 않는 방식으로 그리스도교 신앙을 정의하고 그들과 함께 영성에 관한 대화를 나누려고 애쓴다.

그 교단은 영성에 대한 세계적 관심을 이끌어 냄으로써(메이 2001), 온갖 주요 종교 전통들로부터 영성형성과 영성지도에 관한 통찰을 받아들인다. 이것은 로이드센터가 요가 프로그램을 강조하는 것을 봐도 확실히 알 수 있다. 그 교단의 출판사인 필그림프레스는 그리스도교뿐만 아니라 이슬람, 힌두교, 불교, 유대교, 도교, 유교 전통까지 포함해서 날마다 읽어야 할 영성서적들을 여러 권 출판하였다: 조앤 C. 보튼, 『친숙함 속에서 깊이를 발견하다』*Deep in the Familiar: Four Life Rhythms* (Cleveland, Ohio: Pilgrim, 2001). 아직은 없지만, 어쩌면 앞으로 누군가가 이 교단의 영성, 영성형성, 영성지도 접근법에 대한 최종평가서를 쓸지도 모른다. 지금으로서는 몇 권 안 되는 참고문헌에 만족해야 한다.

앨런 존스 역시 사회정의와 영성지도의 중심적인 관계를 발견한다. 영성지도는 "하나님의 마구잡이식 관대함," 곧 하나님은 모두를 "예외 없이" 사랑하신다는 것을 인정하도록 촉구한다. 그런 관대함은 수많은 종교인들을 격분하게 만든다. 그들은 이렇게 믿을 수 없는 사랑을 참을 수가 없기 때문이다. 영성지도는 신적인 사랑의 포괄성에 동참할 것을 강조함으로써, 우리를 "내적인 무장해제"로 인도한다. 곧 "우리 안에 축적하고 있는 파멸의 무기들을 철거하도록" 만드는 것이다. 이러한 파괴적 성향이 제거되고 나면, 그 안에 내재한 폭력을 행사하고 싶은 성향도 제거된다(존스 1999: ix). 영성지도는 우리를 덜 폭력적인 세계로 이끌어 주며, 따라서 모든 사람들에게 좀 더 큰 정의를 가져다준다.

그러므로 영성지도와 사회정의는 서로 연결되어 있다. 종종 영성훈련의 일부로 받아들여지는 섬김은 하나님이 임재하시는 "성례전"이 되며, 따라서 영성발달을 가져온다. 사랑스런 섬김의 행위를 통하여 하나님은 표출되거나 선포되신다. 헨리 나우웬(1994)은 관상수도사 브루노 신부에 관하여 말한다. 그는 나우웬이 영성지도자로 섬기던 토론토의 라르쉬 새벽공동체에 와서 몇 달을 생활하게 되었다. 그는 한 가정에 머물면서 거의 모든 장애를 지닌 애덤을 돌봐달라는 부탁을 받았다. 애덤은 말도 못했고, 사람을 알아보지도 못했으며, 겨우 손짓으로만 의사소통이 가능했다. 그에게는 전반적인 돌봄이 필요했다. 브루노는 석 달을 함께 지내는 동안 애덤을 사랑하게 되었다. 라르쉬를 떠나게 되었을 때, 그는 자신의 경험을 이렇게 묘사하였다:

> 나는 대수도원장으로서 그동안 영성생활에 관해 수없이 이

야기해 왔고 또 그것을 실천하려고 노력해 왔다...나는 늘 알고 있었다. 하나님을 위해서 나를 비워야 한다는 것을. 내가 원하는 심오한 친교를 가로막고 있는 생각과 감정과 느낌과 열정을 차근차근 버려야 한다는 것을. 그러다가 나는 애덤을 만났다. 내가 만난 애덤은 세상이 보기에 심각한 장애를 지녔지만 하나님의 실재라는 엄청난 은총을 받은 이로서 하나님의 선택을 받은 사람이었다. (나우웬 1994: 84에서 인용)

목회심리학 서적에 자주 등장하는 "임재"의 교역은 다른 사람들뿐만 아니라 섬기는 사람에게까지도 영적인 은총의 통로가 된다. 섬김은 은총의 상호적 중재이며, 성육신 사건이다. 나우웬은 그 교역이 오히려 섬기는 대상들을 통해 하나님의 축복을 받는 것이라고 주장한다. 가난한 사람들과 장애를 지닌 사람들을 섬김으로써 "예수님의 얼굴을 볼 수 있다"는 것이다(나우웬 1994: 83).

영성은 사회적 관심을 포함한다. 사회적 관심 없이는 결코 "완전한" 복음이 있을 수 없기 때문이다. 성육신은 신적인 것들이 육체화되는 것을 의미한다. 따라서 그리스도인은 절대로 육체적인 상황을 무시할 수 없다. "말씀이 육신이 되어 우리 가운데 거하시매"(요한복음 1장 14절). 인간을 향한 하나님의 사랑은 인간이 가치 있다고 생각하는 것뿐만 아니라 가치 없다고 생각하는 것까지도 모두 해당된다. 영성발달과 사회활동을 끊임없이 연결시키고자 했던 퀘이커 전통의 엘튼 트루블러드는 "구제의 사회적 결과가 없는" 형태의 영성을 비난한나(1970: 85). 존 돈은 공동체, 개인, 영성발달, 그리고 사회활동을 다음과 같

이 연결시킨다: "나는 인류에 포함되어 있다"(1959: 109). 토마스 머튼은 사회활동이 특별이 그리스도교적이라고 생각한다. 사회활동은 "정치에서 종교를, 노동에서 종교를, 그리고 좀 더 나은 임금을 위한 사회적 프로그램에서 종교를 발견하기" 때문이다. 사회활동이 특히나 그리스도 중심적인 이유는, "하나님이 인간이 되셨기 때문이다. 모든 사람이 잠재적으로 그리스도이기 때문이다. 그리스도가 우리의 형제이기 때문이다. 우리 형제가 궁핍하게 살거나, 비참하게 살거나, 육체적으로든 영적으로든 불결하게 살도록 내버려둘 권리가 우리에게는 없기 때문이다"(1966: 69). 섬김을 통해 외적 표현을 하지 않는 내적 종교는 불완전한 종교다.

영성형성, 그 형성을 인도하는 영성지도의 기능, 그리고 세상을 향한 사랑스런 섬김으로 인도되고 있는 개인의 영혼 안에서 그것이 촉진시키는 하나님의 사랑, 이 셋의 합일을 일단 깨닫고 나면, 사회정의에 그토록 강렬하고 지속적인 관심을 가지고 있는 연합그리스도교회가 왜 이러한 연결고리에 관심을 쏟는지 이해할 수 있을 것이다.

요약

연합그리스도교회는 그리스도교 안에서 사회정의를 부르짖고 있는 주도적 세력이다. 그 교단의 설교, 회보, 간행물들은 계속해서 양심을 찌르고 있다. 그리스도의 사랑을 사회 변화에 적용시키라고 말이다. 그 교단이 생기고 나서 처음 20~30년간은 이러한 사회정의에 관한 관심이 그리스도인 삶의 영적, 경건적 측면을 점점 더 가로막는 것처럼 보였다. 그것의 대부분은 1957년 연합그리스도교회를 세우기 위해 통합한 교단들의 유산 속에 숨겨져 있는 것 같았다. "순전히 사회적인 종교 해석을 계속해서 저지하고 내버려둘 경우, 우리의 영성생활은 완전히 피폐해지고 말 것"(1962:69)이라는 이블린 언더힐의 경고가 현실화될 위기에 처한 것 같았다.

하지만 1990년대 이후 사회의 영성에 대한 관심이 새롭게 싹트면서부터, 연합그리스도교회는 숨어 버린 영성의 전통을 이끌어 내고 영성과 사회정의의 관계에 대해 좀 더 신중하게 고려하지 않으면 안 되었다. 그들의 초교파적 관심은 그리스도교 이외의 종교적 전통의 통찰들도 통합해야 한다는 결론에 도달했다. 일종의 "심오한 에큐메니즘"에 도달한 것이다.

따라서 오늘 그 교단은, 전국적인 규모로나 지역적인 규모로나, 또는 개인적인 프로그램을 통해서나, 영성과 영성형성과 영성지도를 사회정의 임무와 연결시키기 시작하고 있다. 아직 초기 단계에 있는 이 연결의 성과는 뚜렷하지가 않다. 하지만 그 교단 전체에 사회정의와 영성에 대한 좀 더 전체론적인 강조의 증거들이 나타나고 있다. 물론 모든 사람이 다 이것을 환영할 수는 없을 것이다. 하지만 사회정의의 오랜 선구자, 연합그리스도교회는 영성형성과 사회적 양심의 연합이라는 주목할 만한 모델을 제공해 줄 수 있다.

참고문헌

Anderson, Keith, and Randy Reese. 1999. *Spiritual*

mentoring: A guide foe seeking and giving direction. Downers Gove, Ill.: InterVasity Press.

Bakke, Jeannett A. 2000. *Holy invitations: exploring spiritual direction.* Grand Rapids, Mich.: Baker.

Boisen, Anton. 1936. *The exploration of the inner world.* N.p.: Willet and Clark.

Boisvert, Donald L. 2001. *Out on holy ground: Meditations on gay men's spirituality.* Cleveland, Ohio: Pilgrim.

Book of worship: United Church of Christ. 1986. New York: United Church of Christ Office for Church Life anf Leadership.

Borton, Joan Cannon. 2001. *Deep if the familiar: Four life rhythms.* Cleveland, Ohio: Pilgrim.

Brister, C. W. 1964. *Pastoral care in the church.* New York: Harper & Row.

Browning, Donald. 1985. Introduction to pastoral counseling. In *Clinical handbook of pastoral counseling,* ed. R. Wicks, R. Parsons and D. Capps, pp. 5-13. New York: Paulist.

Burris, J. P. 2001. Of historians of religions, religious historians, and agnostic anthropologists: Tacit assumptions about religion in the human sciences. *Bulletin of the Council of Societies for the Study of Religion* 30, no. 4:87-92.

Church Office of Communication. 1975. What is the

United Chrch of Christ? in *Religions of America: Ferment and faith in an age of crisis,* ed. Leo Rosten. New York: Simon and Schuster.

Clinebell, Howard. 1965. *Mental health through Christian community.* Nashville: Abingdon.

Comrie, M. M. 2001. Diving for God: How "scuba ministry" changes the lives of youth. *United Church News,* national ed., September, p. A1.

Donne, John. 1959. *Devotions upon emergent occasions.* Ann Arbor: University of Michigan Press.

Durant House. 2001. Durant House. 자세한 내용은 <www.duranthouse.org>을 보라.

Fackre, Dorothy, and Gabriel Fackre. 1991. *Christian basics: A Primer for pilgrims.* Grand Rapids, Mich.: Eerdmans.

Foster, Richard. 1998. *Streams of living water.* San Francisco: HarperCollins.

Golder, W. E. 2001. Synod urges Taco Bell boycott. *Unites Church News,* national ed., September, p. A9.

Guenther, Margaret. 1992. *Holy listening: The art of spiritual direction.* Boston: Cowley.

Gunneman, Louis. 1997. *The shaping of the United Church of Christ: An essay in the history of American Christianity.* New York: Pilgrim.

Hiltner, Seward. 1949. *Pastoral counseling.* Nashville: Abingdon.

Horton, Douglas. 1962. *The United Church of Christ: Its origins, organization and role in the world today.* New York: Thomas Nelson and Sons.

Hulme, William. 1956. *Counseling and theology.* Philadelphia: Muhlenberg.

Jackson, N. 2000. Our Christendom church. *Prism* 15, no. 1:21-35.

Johnson, Daniel J., and Charles Hambrick-Stowe. 1990. Theological tradition of Congregationalism. In *Theology and identity: Traditions, movements and polity in the United Church of Christ,* ed. Daniel Johnson and Charles Hambrick-Stowe, pp. 15-25. New York: Pilgrim.

Jones, Alan. 1999. *Exploring spiritual direction.* Boston: Cowley.

Kershner, T. 2001. Southeast Conference churches " adopt-a-minefield." *United Church News,* national ed., September, p. A8.

May, Gerald. 2001. *Contemplative spiritual formation: An introduction.* <www.shalem.org/spirform.html>에서 볼 수 있다.

Meade, Frank S. 1995. *Handbook of denominations.* Rev. ed. Samuel S. Hill. Nashville: Abingdon.

Merton, Thomas. 1966. *Conjectures of a guilty bystander.* Garden City, N.Y.: Doubleday.

Miller, William R., and Kathleen A. Jackson. 1993.

Practical psychology for pastors. 2nd ed. Englewood Cliffs, N.J.: Prentice-Hall.

Moore, Thomas. 1996. *The re-enchantment of everyday life.* New York: HarperCollins.

Morrison, Melanie. 2000. *The grace of coming home: Spirituality, sexuality and the struggle for justice.* New York: Pilgrim.

Nouwen, Henri. 1994. *Here and now: Living in the Spirit.* New York: Crossroad.

Olmstead, Clifton E. 1960. *History of religion in the United States.* Englewood Cliffs, N.J.: Prentice-Hall.

Otto, Rudolf. 1923. *The idea of the holy.* Trans. John W. Harvey. New York: Oxford University Press.

Rogers, Carl. 1942. *Counseling and Psychotherapy.* Boston: Houghton Mifflin.

Shinn, Roger Lincoln. 1990. *Confessing our faith: An interpretation of the statement of faith of the United Church of Christ.* New York: Pilgrim.

Starling-Mwlvin, G. 2001. Building a better world: Volunteerism and the UCC. *United Church News*, June, p. 1.

Todhunter, James A. 2001. Terror and faith. 내용은 <www.ucc.org/911/sermons.htm>에서 볼 수 있다.

Trost, F. R. 2000. Spiritual formation and reformation. *Prism* 15, co. 1:73-86.

Trueblood, Elton D. 1970. *The new man for out time.*

New York: Harper & Row.

Underhill, Evelyn. 1962. Life of the Spirit and social order. In *The Evelyn Underhill reader*, ed. T. Kepler, pp. 68-71. Nashville: Abingdon.

United Church of Christ. 2001a. About us. 내용은 <www.ucc.org/aboutus/index.html>을 보라.

United Church of Christ. 2001b. Human sexuality. <www.ucc.org/justice/sexuality.html>에서 볼 수 있다.

United Church of Christ. 2001c. Justice ministries. Available at <www.ucc.org/justice/index.html>.

United Church of Christ. 2001d. Local church ministries. <www.ucc.org/ministries/index.html>.

United Church of Christ. 2001e. Resolution: "Men's ministry in the United Church of Christ. 내용은 <www.ucc.org/mens/resolution.html>을 보라.

United Church of Christ. 2001f. Welcome to the United Church of Christ. <www.ucc.org/aboutus/index.html>.

Weightman, S. 1984. Hinduism. In *A handbook of living religions*, ed. John R. Hinnells, pp. 191-236. New York: Viking.

Zikmund, B., ed. 1984. *Hidden histories in the United Church of Christ.* New York: United Church Press.

제8장
오순절/은사 전통의 영성지도

올리버 맥머헌

오순절주의자들pentecostals과 은사주의자들charismatics은 신앙인의 삶 속에서 성령의 역사를 강조하는 것으로 잘 알려져 있다. 역사적으로 오순절주의자와 은사주의자는 비교적 역사가 짧은 편이다. 오순절주의 운동은 20세기 초에 시작되었다. 초기 오순절주의자들은 주로 도시의 가난한 동네, 시골의 작은 마을, 빈곤에 허덕이는 세계 여러 지역에서 거주하였다. 그들의 현대적 출발 이후로, 오순절주의자들은 그리스도교 범주 안에서 영성의 주류로 지속적인 발전을 이룩하였다. 다양한 교단과 독립적인 집단 속에서 시작된 은사주의 운동은, 아직까지도 형성 과정에 있는 경계선 안에서 좀 더 최근에 발생한 운동이다.[1]

오순절주의와 은사주의는 단체, 교회, 교회 집단, 운동, 그리고 교단으로서, 어디까지나 교회의 예배무대 위에서 하는 활동을 중요시한다. 영성은 사적인 기도실보다는 교회의 예배성황에 더 자주 한정된다. 그리스도교 전체의 사적인 영성과 공적인 영성은 둘 다 다양한 형태를 취해 왔다. 하지만 신앙인들 저마다에게서 성령이 역사하시는 것보다는, 예배 가운데 은사의 증거와 함께 성령이 역사하시는 것이 좀 더 자주 강조되었다.

오순절주의와 은사주의를 위한 영성은 처음에 성령을 맞이하였던 기억을 다시금 되찾아야 한다는 지속적인 요청을 중심으로 한다. 성령의 활발한 움직임에 대한 이 같은 회고는, 때로는 유용하지만 또 때로는 거부의 형태일 수도 있는 이중적인 의식을 불러일으킨다. 특히 여러 세대에 걸친 유산을 소유한 오순절주의자들의 경우, 성령에 관한 언급은 현재의 흐름이라기보다는 과거시제일 가능성이 크다. 오순절주의자들은 초기 한참 부흥할 때의 예배가 더 낫다고 느낄 수도 있다. 그들은 예배 시간에 좀 더 간절해진다는 생각, 그리고 초기에 기적이 좀 더 많이 일어났다는 생각을 품을 수도 있다.

하나님의 성령은 모든 전통의 신앙인들을 놀라운 여정으로 인도한다. 가장 초기의 영성은 평생에 걸친 하나님과의 여정을 출발하게 되는 강렬한 체험이다. 영적 여정의 출발점은 강의 상류와도 같다. 상류는 강의 근원지다. 이 상류 출발점의 소용돌이 속에서, 새 신자들은 놀라운 순례의 여정에서 앞으로 자신을 채우고, 이끌고, 인도해 줄 성령의 물을 처음으로 맛보게 된다. 오순절주의자와 은사주의자들의 경우, 최초로 성령세례를 받는 경험은 바로 그 같은 상류의 경험이다. 또한 새로운 시작을 알리는 성령의 경험이 잇따라 주어진다.

신앙인은 이러한 최초 경험들의 증인이 된다. 죄를 정케 하시는 하나님의 능력을 처음으로 믿고 회고하거나, 또는 다른 이들에게 성령의 역사하심에 관한 인식을 처음으로 받아들이라고 전하는 것이다. 이러한 경험은 순서상으로도 "첫째"이며, 우리 삶 속에서 하나님의 성령이 다시 흐를 수 있도록 해주는 능력에서도 "첫째"다. 우리의 유한한 시간 중 위기의 순간, 곧 세상이 무너질 때 겪게 되는 하나님의 은총에 대한 구원적인 경험도 여기에 포함될 수 있다. 비극 가운데서도 하나님의 성령은 자비의 보호막을 펼치신다. 세상의 대홍수로부터 우리를 지켜 주시고, 밀물을 통해 우리를 후원해 주신다.

많은 신앙인들의 경우, 성령을 마시면 복음의 메시지가 되살아난다. 하지만 오순절주의자들이나 은사주의자들을 포함한 일부 신앙인들의 경우에, 영성의 목표는 과거에 세운 것보다는 부흥시키는 것이 된다. 일부 오순절주의 단체나 은사주의 단체들의 경우에는, 하나의 부흥이 끝나기도 전에 다음 번 부흥이 계획된다. 어떤 단체들은 지속적인 부흥 상태를 열망하는 가운데 스스로를 "부흥센터"라고 부르기까지 한다. 영성은 현재의 의식보다는 차라리 과거의 시연에 더 가깝다. 성령의 역사하심의 처음과 회복에 몰두하는 것은 곧 오순절주의자와 은사주의자의 특별한 치료적 문제로 이어지는데, 이것에 관해서는 나중에 논의할 것이다.

오순절/은사 전통의 영성지도 정의:
상류를 표시하기

부흥에 대한 열정은 오순절주의자들과 은사주의자들을 털사에서 토론토까지, 펜사콜라에서 아주사까지, 그리고 다시금 지역교회로까지 이끌었다. 오순절주의자들과 은사주의자들은 회복 모임에서 부흥회까지, 연구용 소책자에서 카세트까지, 그리고 다시금 기도실에 이르기까지, 성령의 새로움을 경험하기 위해 온갖 노력을 기울였다. 어떤 이들에게는 "영성지도"가 곧 부흥회가 열리는 장소를 가르쳐 주는 것을 의미하였다.

비록 그들의 열정은 서로를 다른 곳으로 이끌었지만, 그들의 경험을 특징짓는 요소들 중에는 몇 가지 공통점이 존재한다. 이 요소들은 오로지 오순절주의나 은사주의에만 해당되는 요소가 아니다. 이것들은 그리스도교의 다양한 전통에 속하는 다른 신앙인들도 익히 경험해 온 요소다(버제스와 맥기 1988).

"성령 세례"와 "성령 충만"은, 성령을 받은 이들이 방언으로 말하는 것 같은 체험들을 설명하기 위해 오순절주의자와 은사주의자가 사용했던 표현이다. 전통적인 오순절주의자들은 방언으로 말하는 것이 성령 세례를 받았다는 초기 증거라고 믿는다. 방언 체험과 관련하여 오순절주의자와 은사주의자에게 유용한 성서본문은 사도행전 2장, 사도행전 10장, 고린도전서 12~14장이다. 성서본문을 읽어보면 자기도 모르는 언어로 이야기하는 사람이 등장한다. 그 언어는 세상에 알려져 있는 그 어떤 언어로도 추적이 불가능하다. 이례적으로, 어떤 이들은 자신이 모르는 언어로 이야기하긴 했지만, 이 세상에 알려진 다른 언어로 확인이 가능한 것이었다. 그 언어는 "하늘의 언어"(고린도전서 13장 1절)라고 규정할 수 있으며, 지상의 언어에 더 가깝든 아니면 하늘의 언어에 더 가깝든, 그 말의 의미는 오직 하나님만 아실 수 있다(고린도전서 14장 1~3절).

성령 세례는 또한 감정적으로, 때로는 신체적으로 압도당한 것 같은 느낌을 특징으로 한다. 감정의 홍수를 경험할 수도 있고, 팔을 흔든다거나, 펄쩍 뛴다거나, 달리는 것 같은 신체적 반응이 일어날 수도 있다. 오순절주의자와 은사주의자는 사도행전 2장 15절에 있는 것 같은 설명에 의존한다. 거기를 읽어보면 제자들이 오순절 날 술에 취한 것처럼 보였다고 묘사되어 있다. 신체적인 효과를 동반하는 현상에는 앞에서 얘기한 것들 외에도 기절하거나 웃고 우는 것도 포함된다. 성령을 받은 사람은 성령에 관해 고조된 의식을 지닌다. 어떤 이들은 자기 주변에 대한 인식을 상실하기도 한다. 오순절주의자들과 은사주의자들은 베드로가 오순절 날 읽었던(사도행전 2장 25~26절) 시편 16편 8~9절 같은 성서본문이 그들의 경험을 잘 설명해 준다고 주장한다. 시편에서 다윗은 하나님이 마치 자기 앞에 계신 것처럼 느꼈다고, 성령에 관한 경험을 전달한다. 그리고 그 결과 다윗은 자신이 "기쁨의 언어"로 말하게 되었노라고 전한다.

　은사주의자들과 오순절주의자들은 성령에 대한 "복종" 또는 "순종"이 영성 과정의 중요한 요소라고 말한다. 성령께 순종하는 것은 믿음, 신앙의 실천, 거룩의 추구, 그리고 신앙인의 삶의 다른 많은 차원들과 더불어, 그리스도교 영성의 여러 차원 중 하나다. 오순절주의자들과 은사주의자들은 성령께 순종하는 것이 공동예배에 참여하는 것의 일부라고 말한다. 공동예배의 상황에서 성령께 순종하고 성령의 은사를 실천할 수가 있는 것이다. 성령께 순종하는 것은 또한 하나님의 뜻을 이룰 수 있도록 특별한 방침을 따르기 위해 행하는 것으로도 묘사된다. 그것은 또한 황홀경에 빠진 웃음이나 기절, 그 밖의 다른 성령 체험들에 대해 스스로를 개방시키는 부분이기도 하다.

　오순절주의자들과 은사주의자들의 영적 경험은, 다른 모든 신앙인들의 영성 체험과 마찬가지로, 좀 더 많은 체험에 대한 욕구로 이어지는 게 보통이다. 생명수의 흐름에서 시작된 것이기에, 그들은 그 흐름 속에 머물고 싶어 한다. 하지만 좀 더 많은 체험이라고 해서 반드시 좀 더 심오한 체험을 의미하지는 않는다. 일부 은사주의자들과 오순절주의자들의 경우에는, 처음과 똑같은 체험을 좀 더 많이 하는 걸 의미한다. 그리스도교의 여정에서 하류까지 떠밀려 온 그들은 다시금 신선한 근원지로 되돌아가길 원한다. 그들은 처음의 성령 체험을 회복하는 것이 좀 더 순수하고, 신선하고, 풍요롭다는 생각을 갖고 있다. 때로는 순수한 영성 회복을 경험하기도 한다. 또 때로는 어떤 시간이나 장소, 경험, 심지어는 개인적인 능력이 진짜로 가장 원하는 것일 수도 있다. 어떤 경우든, 오순절주의자들과 은사주의자들은 그리스도교 경험과 성령 안에서의 신앙생활이라고 하는 근원지로부터 출발하였으므로, 그 근원지로부터 좀 더 많은 것들을 원한다(랜드 1993; 무어 1991).

오순절/은사 전통의 영성지도 역사: 영적인 어머니, 아버지, 그리고 천부적인 지도자

오순절주의/은사주의 운동에서, 영성지도의 역사는 영적인 형제자매, 부모, 그리고 지도자의 증언을 듣는 것을 의미했다. 그런 지도자의 자질은 비공식적이고 비학문적이다. 그 운동은 한때 공식적인 교육을 요구하는 데서 벗어나, 오로지 영성지도자가 최초의 성령 세례와 부흥의 상류에 머물기만을 요구하는 쪽으로 흐르기도 했다.

오순절주의자나 은사주의자는 신조에 충실하거나 지도자의 지식 수명에 전념하기보다는 성령의 말씀을 받은 천부적인 지도자를 따르는 쪽으로 좀 더 많이 기울었을지도 모른다. 그 결과 영성지도는 매우 직접적이고도 만족스러운 것이 되었지만, 때로는 다른 사람들에게 배운 교훈과의 연속성이나 깊이가 모자랐다. 예외의 경우는 성령의 가족적 유대 상황에서 비롯되었다. 한 사람의 지식과 지혜를 받아들였을 경우, 그것은 둘이서 공유한 영적 경험의 공통된 피 때문이었다.

오순절주의자들과 은사주의자들에게는 두 가지 형태의 영성지도가 있었다. 바로 예언과 증언의 구전 전통이었다(엘링턴 2000). 교회 예배, 기도 모임과 소그룹 모임을 통해서 영성지도자는 마치 신탁을 전하는 사람처럼 두 가지 비전통적인 형태로 이야기하였다. 고린도전서 12~14장에 묘사된 실제들, 예를 들면, 공공연히 방언을 말한다거나, 집단에게 내려진 방언을 해석한다거나, 지혜의 말씀과 지식의 말씀을 전하는 것도 성령의 출현에 포함되었다. 천부적인 지도자들은 삽화적인 리더십을 발휘하였지만, 가족적인 충성을 불러일으키는 영적인 부모도 존재하였다(사이넌 1971; 버제스와 맥기 1988).

영성지도자의 역할을 수행하던 천부적 지도자의 일부는 바로 복음주의자들이었다. 복음주의자들은 초기의 믿음과 경험 회복으로 사람들을 이끌면서 주목을 받기 시작했다. 복음주의자들은 야외집회를 통하여 오순절주의/은사주의 추종자들에게 영성지도를 제공하였다. 치유의 사역을 강조하는 영성지도자들은 바로 이 복음주의자에 해당한다. 특히 예배시간에는 신도들이 복음주의자들의 영성지도에 충실히 귀 기울인다. 오늘도 역시 마찬가지다. 출석자는 예배시간에 선택받기도 하며, 심지어는 공개적으로 영성지도를 받을 수 있게 교회 강당 앞에 세워지기도 한다.

오순절주의자들과 은사주의자들이 사용하는 또 하나의 영성지도 형태는 영적 해방이었다. 그들은 에베소서 6장 같은 성서 본문을 토대로 하여, 영적인 관점에서 문제와 절망을 해석한다. 사람들은 이 문제들의 배후에 영적인 요인이 있다고 생각하고, 해방을 받기 위해 특별 모임이나 기도 예배에 참석한다. 영성지도자들은 기도와 훈계, 성경낭독 같은 방법을 통하여 곤경에 빠진 사람들을 위해 영적 해방을 실시한다. 종종 이러한 영성지도자들을 가리키는 용어는 "기도의 용사"다. 때로는 그러한 영적 해방을 위해 복음주의자나 목회자를 찾기도 한다.

심리치료사와 목회상담가 역시 오순절/은사 전통에서 영성지도자의 역할을 수행한다. 그 모델은 다양한 시기에 예언자와 은사자의 요소를 포함하였다. 이것은 영성지도자가 직접적인 하나님 인식을 갖고서 개인이나 신앙공동체에 이야기하는 것을 치료의 일부로 사용했다는 것을 의미하였다. 보통 그런 지도자는 자신이 섬기는 교회에 속한, 천부적 재능을 지닌 개인이다(랜드 1993).

영성의 오순절주의/은사주의 모델은, 신앙공동체에 속한 사람은 누구든지 언제나 영성지도의 근원이신 하나님을 위해 살아가기를 간구할 수 있다는 의미를 갖고 있다.

진정한 변화의 과정: 상류에서 흘러나오는 물 마시기

오순절주의자와 은사주의자에게 진정한 변화란 곧 바뀐 삶을 의미한다. 그런 변화는 다양한 시기에, 다양한 방법을 통해서, 다양한 수준으로 일어난다. 오순절주의자들은 변화에 관해 두 가지 특징적인 견해를 지니고 있었다. 독자적이면서도 현대적인 성화의 신학을 통해 증명된 견해를 말이다. 하나님의 교회(클리블랜드, 테네시)와 국제오순절성결교회를 포함한 오순절주의 단체는, 성화가 한 사람의 삶 속에서 순간적으로 일어난다고 가르쳤다. 반면에 하나님의 성회를 포함한 오순절주의 단체는, 성화가 몇 번이고 되풀이하여 일어난다고 가르쳤다. 이 두 개의 단체는 최근 몇 년 동안 저마다의 견해를 하나의 통일된 견해로 합쳐왔다. 그 견해에 따르면, 성화와 변화는 처음에는 자발적으로 일어나지만 시간이 흐름에 따라 더욱 더 발전한다.

오순절주의자와 은사주의자의 변화 과정에서 한 가지 중요한 요소는 성령세례 체험이다. 그 경험은 종종 예배 상황에서 이루어진다. 예배 음악과 의례가 성령의 임재와 역사하심에 순종하는 분위기를 자아낸다. 오순절주의자들과 은사주의자들은 자신이 사도행전 2장에서 신앙인들의 삶 속에 일어났던 오순절 사건을 개인적으로 경험하고 있다고 믿는다. 그들이 경험하는 것은 바람소리나 날름거리는 불길 같은 것이 아니라, 방언(나른 언어로 말하는 것)과 평화와 기쁨, 그리고 그 밖의 영성 표현이다.

대부분의 오순절주의자와 은사주의자들은 그리스도교 신앙으로 새롭게 전향한 사람들이다. 따라서 그들의 원가족은 아직 교회에 다니지 않는 경우가 많다(버제스와 맥기 1988). 처음에는 영적 경험의 상류를 찾아다닐 수도 있었겠지만, 삶의 문제들 때문에 그만 낯선 물길로 들어서고 말았다. 이제 그들은 미지의 물을 추구하는 것 말고는 의지할 데가 전혀 없다. 신앙은 인간의 만남과 슬픔이라는 물이 그들을 비극의 하류로 끌어내려 영적인 문제를 불러일으킬 때 성장한다. 그것은 전혀 낯선 문제들

이다: 질병이 어째서 치유되지 않는지, 사랑하는 사람이 왜 취직을 못하고 있는지, 또는 고집불통의 아들딸이 어째서 계속 하나님께 거역하는지. 성장을 하지만, 그래도 이런 문제들에 대한 해답을 얻지는 못한다. 그 결과 영적인 변화는 자주 방해를 받게 된다(해이포드 2001; 마아키아 1998; 무어 1995; 게르네르트 2000).

마침내, 새로운 영적 깊이의 길에 대한 초기의 놀람과 저항이 식고 나면, 부인 대신 발견이 자리를 잡게 된다. 오순절주의자와 은사주의자는 비판적인 참여의 단계를 통해서 차근차근 이 낯선 물을 향해 나아가기 시작한다. 참여는 이전의 경험과 정반대되는 것 같은 새로운 사실과 체험의 통합을 의미한다. 이 참여의 시기에 결정적 나침반이 되어주는 이가 바로 영성지도자였다 — 이들은 "기도 파트너," "중재자," 또는 "좀 더 성숙한 신앙인"이라는 이름으로 더 자주 불렸다. **지도자**^{director}보다는 **인도자**^{guide}라는 용어가 더 적합한 것 같다. 지도자는 다른 사람이 계획해 놓은 확실한 길을 그대로 제시해 주는 반면에, 인도자는 개인화된 영성형성의 여지를 허용해 주기 때문이다(델 콜레 2000). 하지만 오순절주의자 가족과 은사주의자 가족 안에서 특별한 정체성이나 칭호를 갖고 있음에도 불구하고, 영성인도는 대체로 슬픔과 투쟁의 시기에 이루어진다.

오순절/은사 전통의 영성지도자 역할: 가족의 모든 것

영성지도자(매우 드물게 사용되는 용어)의 역할은 영적인 신앙 가족의 일원으로 받아들여지는 데서부터 시작된다. 영성공동체나 가족의 일원으로 기능을 수행하고 있는 목회상담가나 심리치료사는 자신들을 인도해 달라는 요청을 자주 받게 된다. 내담자의 신앙공동체에 속하지 않는 전문가는 그런 신뢰를 형성하기가 어려울 수도 있다(파커 1996). 만일 영성인도자가 신앙공동체의 일원으로 받아들여지지 않을 경우엔 신뢰를 형성하기가 훨씬 더 어려울 것이다. 이런 잠재적 어려움 때문에, 상담 시간의 상황 속에서 신뢰와 믿음을 키워나가는 것은 무척이나 중요한 일이다. 오순절주의자/은사주의자의 경우 상담가-내담자 관계는 영성공동체가 된다. 목회상담가나 심리치료사는, 영성지도자로서, 신앙공동체의 일원이라는 자세로 역할을 수행해야만 한다.

신뢰감이 형성된 관계 속에서 목회상담가나 심리치료사는 ― 어떤 경우 ― 때로는 영성지도자 또는 영성인도자와 비슷한 역할을 담당할 수 있다(문 1996). 여기에서 중요한 것은 지속적인 영성인도다. 내담자는 성장을 거부할 수도 있다. 지속적인 영적 성장의 경험보다는 오로지 일시적인 성령 세례의 경험을 원하는 것일 수도 있다. 그러면 개인의 자유와 구조 간에 투쟁이 일어난다. 영성지도자는 그 긴장을 포용할 줄 알아야 한다. 그리고 내담자가 더 오랫동안 성장의 과정을 지속할 수 있도록 도와줌으로써 영성 회복에 대한 내담자의 잦은 욕구를 기꺼이 충족시켜 주어야 한다. 영성지도자는 마치 지속적인 가족 구성원처럼 접촉을 유지할 수 있다. 하지만 목회상담가나 치료사는 다른 윤리적 전문가들처럼 객관적이다. 그들은 오순절주의자/은사주의자에게 익숙한 사유를 안겨줄 것이다.

성숙한 영성의 지표:
근원지 가까이 머물고자 몸부림치기

　오순절주의/은사주의 관점에서 성장은 쉽게 정의내릴 수다 없다. 적어도 전통적인 성숙의 정의에 비춰본다면 말이다. 오순절주의자들과 은사주의자들은 성숙을 이루기 위한 무대와 구조를 거부할 수 있다. 그들은 영적인 경험의 구조적 정의에 속하지 않는 초기의 경험을 더 선호하기 때문이다.
　영성발달의 범위는 오순절주의와 은사주의 주류 작가들에 따라 정해졌다(포스터 1978, 1998; 해이포드 2001; 탄과 그렉 1997; 멜로니 1977; 뱃슨과 벤티스 1982). 전통적인 덕목은 묵상, 기도, 금식, 연구, 단순, 고독, 순종, 섬김, 고백, 예배, 지도 그리고 성만찬예식으로 정해졌다(포스터 1978; 베이커 1995). 오순절주의/은사주의 작가들은 이 덕목들 외에도 공동체/그룹의 비판적 성찰, 복종과 고백, 증언, 고독과 침묵, 하나님의 음성에 귀 기울이는 것과 세례의 권능 안에서 사는 것 등의 영성형성과 관련된 비판적 덕목들도 인정하였다(C. 존스 1993; 존스와 존스 1992; 탄과 그렉 1997; 해이포드 2001; 붐 1996; 맥마한 2000).
　이것들은 모두 믿을만하고 사실적이다. 하지만 오순절주의자들과 은사주의자들은 구조에 저항하는 경향이 있기 때문에, 성령의 역사하심을 하나의 단계나 원칙이나 지침으로 규정하려고 드는 실제들과는 거리가 먼, 영성형성 자체의 과정만을 강조할 수 있다. 그러므로 그들이 생각하는 영적 성장의 지표에는, 상류로 거슬러 올라가면서 계속해서 하나님 체험을 추구하고 바라는 것이 포함된다. 영성지도자에게 이것은 하나님에 관한 가르침이나 지도보다는 하나님 체험을 요구하는 것에 대해 개방적인 태도를 취할 것을 요구한다(양 1996; 맥마한 1997).

오순절주의/은사주의의 주관성에도 불구하고, 이 전통에서 영적 성장은 신앙공동체 가족의 구성원이 될 수 있는 능력이 그 특징이다. 오순절주의자들과 은사주의자들은 하나님 체험의 개별적 특성을 소중히 여기지만, 그럼에도 불구하고 신앙공동체의 일원으로 받아들일만한 사람들을 존중하고 포용한다. 영적 성장의 특징은 하나님 체험을 계속해서 추구함과 동시에 신앙공동체에 머물면서 자신의 경험을 다른 이들과 공유할 수 있는 능력이다.

오순절주의자들과 은사주의자들이 말하는 영성의 또 다른 특징은 천부적인 은사다. 특별한 초자연적 능력을 지닌 사람들은 종종 영적으로 성장한 사람처럼 여겨진다. 이 사람들은 영적 성장의 근원을 회복한 것처럼 여겨지고, 은사를 받기에 충분할 정도로 하나님을 가깝게 체험한 것으로 여겨진다. 하지만 여기에는 문제가 있다. 은사란 반드시 영적 성장을 의미하는 게 아니기 때문이다. 은사는 성령의 열매를 지속적으로 증명하는 데 토대를 두어야 한다(잉그램 1996). 은사는 봉사와 직무에 굉장히 가치가 있다. 하지만 은사를 받은 사람도 여전히 영적으로 미숙한 사람이다(길버트와 브록 1985; 바이닝 1992, 1995a; 데커 1996).

신앙인이라면 누구나 성령의 열매를 공유한다. 오순절주의자들과 은사주의자들의 경우, 성령의 열매는 영성과 성숙을 확인하는 수단이 되어 왔으며, 앞으로도 여전히 그럴 것이다. 특히 그들에게 매력적인 사실은, 성령의 열매가 한 사람의 삶 속에 성령이 계신가 안 계신가를 반영해 준다는 점이다. 더욱이 성령의 열매는 단순히 교회 예배가 아니라 신앙인의 일상생활에서 드러난다.

심리치료사, 영성지도자, 그리고 목회상담가들은 불가사한 이정표가 세워져 있는 여정을 걷고 있는 오순절주의자들과 은사주의자들을 다뤄야만 한다. 물론 은사와 재능은 교회와 신앙의 실재임이 틀림없다. 심리치료사와 영성지도자와 목회상담가는 오순절주의자들과 은사주의자들로부터 흘러나오는 물줄기와 영적인 은사에 개방적인 토대를 취함으로써 효과적으로 대처할 수 있다(맥마한 1995). 이것은 곧 내담자의 삶과 그들 자신의 삶 속에서 성령이 역사하시는 것에 대해서도 마음을 열어야 한다는 것을 의미한다. 이와 동시에, 그들은 영적인 은사가 눈에 보이지 않을지라도 성장과 윤리적인 행동의 모범을 보여야만 한다(맥마한 1995, 1997).

은사주의자들과 오순절주의자들에게 영적인 성장의 또 다른 특징이 되는 것은, 은사를 받지 못한 사람들까지 포함한 영성공동체를 위한 섬김이다. 오순절주의자들과 은사주의자들은 모든 신앙인들에 대한 봉사와 불신자들의 복음화를 통해서 영적인 체험을 완수하려고 애쓴다. 그들은 본인뿐만 아니라 다른 사람들의 영적인 성장도 원한다. 오순절주의 역사를 들여다보면, 한때 그들이 스스로를 배타적 집단으로 여기던 시절이 있었다(사이넌 1971; 버제스와 맥기 1988): 하지만 은사주의자들은 대체로 포괄적인 하나의 운동이었다(버제스와 맥기 1988). 사실 이제는 오순절주의자와 은사주의자 둘 다, 모든 신앙인들에게 개방적인 태도를 취하는 것을 영적 성장의 특징으로 여기고 있다.

일부 오순절주의자들과 은사주의자들은 신앙공동체 외부 사람들에게 공개적인 태도를 취하는 것을 성장의 특징으로 여기기도 한다. 비록 오순절주의자들과 은사주의자들이 영성공동체의 유대를 중요하게 여기기는 하지만, 그들 역시 종교적 성향과는 상관없이, 고통 받는 사람에게 동정심을 느낀다(버제스와 맥기 1988). 그들은 문화와 상관없이 사람들을 돌보고 있다(양 1996). 수많은 오순절주의자들과 은사주의자들이 사회정의 옹호자인 이유는, 말할 필요도 없이, 그들 스스로가 때때로 사회적인 홀대를 당해 왔기 때문이다(랜드 1992; 콕스 1992, 1995). 이런 의미에서 심리치료사, 영성지도자, 그리고 목회상담가들은 오순절주의나 은사주의 내담자들에게서 융통성과 사회적 민감성을 발견할 수 있을 것이다(양 1996; 용 1999).

심리치료 및 목회상담과의 대조: 강폭을 발견하기

오순절주의/은사주의 영적 성장의 특징은 심리치료사와 목회상담가에게 몇 가지 중요한 의미를 갖는다. 오순절주의자, 은사주의자와 함께 일하는 심리치료사, 영성지도자, 그리고 목회상담가들은 상담 시간을 통해 공동체의 유대와 성장을 기꺼이 촉진시킨다. 그들은 이중적인 역할 관계와 윤리적 침해를 조심해야 한다. 엄격하게 거리를 두는 게 아니라, 성령 때문에 빚어진 영적인 "친족"의 역할을 수행해야 한다.

관계를 토대로 한 정당성 외에도, 성령의 세례 갱신을 추구하는 것의 가치와 노선을 인정하는 것 역시 중요하다. 심리치료사, 영성지도자, 그리고 목회상담가들은 성장과 발전을 보고 싶어 하며, 오순절주의자들과 은사주의자들은 이미 성장을 추구하고 있다. 그들은 더 많이 성장하고, 더 많이 하나님을 체험하기를 원한다. 그들에게 필요한 것은 삶과 영성의 통합을 확인하고 명백히 하도록 도와줄만한 사람이다. 영성지도자는 내담자의 성장과 행복을 추구하기 위해 영성지도와 치료를 병행할 수 있다(맥마한 1995).

심리치료사, 영성지도자, 그리고 목회상담가들은 오순절주의자/은사주의자가 익숙한 출발점, 그러니까 그들이 처음으로 주님을 알게 된 곳, 처음으로 하나님의 전능하신 능력을 맛보게 된 곳이나 그 밖의 다른 영적 기준점으로 되돌아가고 싶어 한다는 사실을 이용할 수도 있다. 오순절주의자나 은사주의자는 과거를 자기 반성적으로 바라보기보다는 그저 회상하고자 하는 요구에 지나치게 몰두할 수가 있다(버제스와 맥기 1988). 그들에게 성찰과 통합은, 입증된 인식에 매달리는 것보다 덜 매력적인 것일 수도 있다. 영성지도는 분별력과 통찰력을 길러주어야 한다. 전통적인 심리치료는 기억과 역사에만 한정될 수 있는 반면, 영성지도자는 변할 수도 있는 영적 과거에 관한 기본적 가정들을 면밀히 조사하고 심사숙고할 수 있다. 목회상담가는 내담자의 분별력과 과거에 대한 비판적 분석을 촉진시킬 수 있다. 경험의 상류는 얼마든지 바뀔 수 있다. 따라서 과거의 다른 측면들을 조사할 뿐만 아니라, 그 경험에 관한 영적 성찰도 계속해야만 한다.

영혼을 돌보는 사람들은 또한 일부 오순절주의자들과 은사주의자들이 자신의 개인적인 문제를 지나치게 영성화하고 감정적으로 해석하려는 경향이 있음을 기꺼이 인정한다. 오순절주의와 은사주의의 심리치료사, 목회상담가들은 이러한 성향의 균

오순절/은사 전통의 영성지도 추천도서

오순절주의자들과 은사주의자들이 사용한 책들 가운데 역사, 신학, 심리치료와 목회상담의 이론과 기술에 매우 유용한 책은 마빈 G. 길버트와 레이먼드 T. 브록이 함께 쓴 두 권짜리『성령과 상담: 신학과 이론』The Holy Spirit and Counseling: Theology and Theory이다(Peabody, Mass.: Hendrickson, 1985, 1989). 이 책들은 1980년대에 쓴 것임에도 불구하고, 오순절주의자들과 은사주의자들이 치료에 사용했던 형성적 개념과 접근법들에 관하여 매우 귀중한 정보를 제공해 주고 있다.

오순절주의의 영성형성에 대한 통찰은 다음 네 권의 책들에 잘 실려 있다:
잭 헤이포드. 2001. *Living the spirit-formed life: Growing in the 10 principles of Sprit-filled discipleship.* Ventura, Calif.: Regal.
S. J. 랜드. 1993. *Pentecostal Spirituality: A passion for the kingdom.* Sheffield, U.K.: Sheffield Academic.
올리버 맥마한. 2000. *Deepening discipleship.* Cleveland, Tenn.: Pathway.
탄, 샹-양, 그리고 더글러스 H. 그렉. 1977. *Disciplines of the Holy Spirit: How to connect to the Spirit's power and presence.* Grand Rapids, Mich.: Zondervan.

이 책들은 오순절주의자들과 은사주의자들이 역사적으로 그리고 전 세계적으로, 그들의 짧은 역사를 통틀어 널리 실시했던 영성훈련에 관한 정보를 제공해 준다.

형을 맞추려고 노력해 왔다(길버트와 브록 1985, 1989; 도빈스 1995). 그들은 지나친 영성화와 감정화를 바로잡기 위해 인지적, 행동적, 체계적, 상황적 접근법 같은 전통적인 심리치료 방법들을 통합시켰다(맥마한 1995). 또한 집중적 기도 상담 같은 방법론에서 그리스도교 영성훈련이 심리치료 기술로 인정받게 되었다.

오순절주의자들과 은사주의자들은 성찰의 항구에서 잠시 쉬어가라는 권고를 뿌리칠지도 모른다. 그들은 직접적인 체험에서 벗어나는 것이라면 뭐든지 의심부터 할 것이다. 그러므로 영성지도자는 한 사람의 과거를 면밀히 살펴볼 것을 기계적으로, 그리고 임상적으로 요구하기보다는 차라리 직접적이고, 감각적이고, 인식적인 방법론을 사용해야 할 것이다(맥마한 1995; 길버트와 브록 1985, 1988).

심리치료사, 영성지도자, 그리고 목회상담가는 또한 어떤 종류의 삶의 상황들이 오순절주의자들이나 은사주의자들을 좀 더 하류로 이끌 수 있는지를 알아내는 게 유용하다는 사실을 발견할 수도 있다. 슬픔을 포용하는 것, 비극의 한가운데서 살아가는 것, 삶의 고통을 느끼는 것도 영적인 행동지침이 될 수 있다. 내담자가 어느 정도의 위안을 받고 있는가? 이와 같은 삶의 경험들의 영적인 차원을 어떻게 받아들일 수 있는가? 삶 자체가 신뢰할 수 없게 될 경우 내담자는 누구를 믿을 수 있는가? 일부 심리치료적 접근법들은 그런 영적 역설을 받아들이며, 또 일부는 거부한다. 오순절주의자들, 은사주의자들과 함께 일하는 심리치료사, 영성지도자, 그리고 목회상담가는 영적 역설을 포함한 개입을 이용하는 것이 좋을 것이다. 그것은 내담자를 좀 더 깊이, 좀 더 멀리 이끌어 줄 열쇠가 될 것이다. 또한 그것은 내담자가 그저 고통을 재빨리 의식 밖으로 몰아내 버리려고 애쓰기보다는 차라리 고통의 한가운데서 하나님을 경험할 때 그 고통으로부터 뭔가를 배울 수 있도록 도와줄 것이다.

오순절주의자나 은사주의자가 영적인 정체성을 뒤엎는 문제에 봉착하였을 때, 그와 같은 전환점에서 심리치료사와 영성지도자, 그리고 목회상담가는 가능성 있는 단계나 변화를 확인하도록 도와줄 수가 있다. 내담자는 영적 변화라는 거친 물줄기에 휩쓸릴 수 있다. 이 시기에는 임상적 과정의 구조가 단지 인지적이거나 행동적이기보다는 역설적이거나 위기중심적일 수가 있다.

오순절주의자들과 은사주의자들은 자신의 개별적 자아로부터 다른 사람들과의 공동체 경험 쪽으로 방향을 전환해야 할지도 모른다. 전통적 치료는 임상의와 내담자 간의 사적인 시간을 강조하기 때문에, 그와 같은 민영화는 이미 지나치게 개인화된 영성지도 욕구를 더욱 더 부채질할지도 모른다. 영성지도자는 내담자를 다른 조력자들에게 보낼 수 있다. 평신도든 전문가든, 내담자에게 필요한 공동체를 만들어 줄 수 있는 사람에게 말이다(탄 1991). 평신도 상담이나 치료 과정에 평신도가 참여하는 것은 일부 임상의들이 사용하는 임상적 또는 방법론적 모델에서 벗어날지도 모른다. 하지만 이것은 오순절주의자와 은사주의자에게 무척 효과적일 수 있다.

때로는 공동체 자체가 내담자의 영성발달에 문제가 되는 경우도 있다. 이런 경우에는 영성지도자가 좀 더 전통적인 접근법을 선택하는 게 좋다. 일대일 내담자-치료사 관계를 이용하여, 공동체 역진이나 심지어는 공동체 폭력으로부터 치유할 수 있는 시간을 마련하는 것이다. 내담자는 끊임없이 밀려오는 삶과 건강의 문제들을 해결할 수 있는 능력이 자기에게 거의 없다고 증언하는 신앙공동체에 속해 있으므로, 자신의 정신적 질병에 대해 심한 좌절감을 겪을 수도 있다. 영성지도자는 내담자의 관계 문제들을 검토함으로써 공동체 의식을 불어넣어줄 수가 있다. 또한 영성지도자는 내담자가 다른 신앙공동체에 소속될 수 있도록 도와줌으로써 중재자의 역할을 담당할 수도 있다. 물론 그런 식의 중재는 전문가 사무실이나 전문기관의 범위 안에 머물고 있는 전통적인 심리치료 접근법들과 차이가 난다.

오순절/은사 전통에 속하는 목회상담가들은 조금 다른 특징을 지닌다. 그들은 주로 비공식적으로 상담을 실시해 왔다. 교회의 교인이 상담을 필요로 할 경우, 목사나 교회직원이 약속을 정하거나 곧바로 그 사람을 상담해 줄 수가 있다. 목회상담은 보통 공식적으로 상담 훈련을 받은 적이 거의 없는 목사가 실시한다. 상담에서 강조되는 것은 하나님의 말씀과 신학, 그리고 도덕이다. 영성지도는 말씀과 신학과 도덕의 3가지 맥락에서 실시된다. 영성, 하나님의 말씀을 경청하고 신앙을 키워나가는 일은 일반적으로 예배에 맡겨진다. 상담은 위기 개입이나 또는 개인을 안정시키기 위한 노력으로 간주된다. 영성발달은 상담의 초첨이라기보다는 상담의 결과물이다.

오순절주의자들과 은사주의자들은 종종 목회상담을 인내의 과정이 아니라 일시적이고 반동적인 과정이라고 생각하였다. 그들은 목회상담을 사람의 부정적 측면들에 대한 응답으로 간주한다. 영성형성, 하나님의 말씀을 경청하고 영적인 친교를 나누는 것은 일반적으로 상담이 아니라 공중예배의 맥락에 속한 것으로 간주되었다. 이런 의미에서 오순절주의자와 은사주의자의 목회상담은 영성형성의 과정보다 좀 더 욕구-중심적이고,

심지어는 심리치료에 더 가까운 것이었다.

하지만 지금은 오순절/은사 전통의 목회자들 사이에서 영성지도를 위한 목회상담이 발달하고 있다. 그들은 회중들의 모임뿐만 아니라 일대일 또는 소그룹 모임에서도 영적 멘토나 친구가 되어야 한다는 요구를 편안히 받아들이고 있다. 일부 목사들은 여전히 그런 것을 불편해한다. 목회상담 상황에서 영성지도는 좀 더 많은 취약점과 영적인 대화, 그리고 좀 더 큰 회중의 상황에서는 필요치 않은 자질들을 요구하기 때문이다.

표 8.1은 오순절주의/은사주의 관점에서 심리치료와 영성지도의 차이점을 요약한 것이다.

정신건강 전문가에게 위탁하기: 성년에 달한 문제

오순절주의자들과 은사주의자들은 정신건강 전문가에게 위탁하는 것에 대해 점점 더 개방적인 태도를 취하고 있다. 물론 보수적인 오순절주의자들 가운데에는 예외적인 경우도 있다: 정신건강 전문가에게 위탁하는 것을 영적 경험에 대한 추구에서 벗어나는 것이라고 여기는 사람, 그리고 심리학은 자신의 교리적 순수성을 위협하는 것이라고 믿는 사람들이다. 또한 은사주의자들 가운데에도, 정신건강 전문가에게 위탁하는 것이 자신의 신앙에 비추어볼 때 전혀 불필요한 일이라고 생각하는 사람이 있다. 하지만 삶의 압박과 고통으로 말미암아 점점 더 많은 오순절주의자들과 은사주의자들이 전문직인 도움을 필요로 하고 있는 실정이다.

정신건강 전문가에게 위탁하는 것은, 공동체의 항구에서 이루어질 경우, 오순절주의자들과 은사주의자들의 영적 여정을 강화시켜 줄 수 있다. 내담자가 속한 공동체를 유지하고 있는 영성지도자가 정신건강 전문가에게 위탁할 경우, 그것은 내담자의 영적 성장의 일부가 된다. 그러한 위탁은 영성의 강으로 흘러들어 간다. 그 위탁의 심리학적 측면은 변화된다: 여전히 심리학적이긴 하지만, 영성지도자와 내담자와 성령의 관계로 구성된다. 성령과의 교류 속에서 영성지도자는 그 위탁을 관찰하고, 내담자는 심리학적 깊이와 영적 깊이의 새로운 물줄기를 따라가게 된다.

정신건강 전문가에게 위탁하는 과정에서, 오순절주의와 은사주의 내담자는 심리학적 욕구와 직면하는 중에도 여전히 영적인 생명력과 체험을 그대로 유지하라는 요청을 받을 수 있다. 그러한 위탁은 순종이나 은총 같은 영성훈련을 완수하는 것이다. 영성지도자는 위탁 과정을 인도하는 가운데, 오순절주의자와 은사주의자의 신앙과 경험을 확대시킴으로써, 내담자가 최초의 성령 세례 같은 체험을 초월하고, 그러한 출발점으로 계속해서 되돌아가는 것을 그만둘 방법을 함께 발견하게 된다.

요약

은사주의자들과 오순절주의자들은 비교적 짧은 역사와 전통을 지녔다. 오순절주의는 100여 년, 그리고 은사주의는 겨우 몇십 년밖에 안 되었지만, 그래도 벌써 수많은 특징들이 생겨났다. 은사주의자들과 오순절주의자들은 부흥을 추구하였다. 하

표 8.1. 영성지도, 심리치료, 그리고 목회상담의 비교

차 원	영성지도	심리치료	목회상담
당면문제	하나님과의 관계 속에서 해결되지 않은 과거의 비극과 화해하기	위기의 사건들 때문에 생겨난 고통과 정서적 스트레스 완화	즉각적인 위기에 대처하고 하나님과의 관계, 교회와의 관계 유지하기
목 표	피지도자가 하나님의 임재라는 실재를 경험하고 신정론의 문제 속에서 평화로운 느낌에 도달하도록 돕기	내담자가 슬픔의 과정을 이해하도록 돕기; 또한 위기의 사건들 때문에 생긴 삶의 과도기를 이해하도록 돕기	개인, 가족과 교회 단체에서 기능을 유지하기, 용서나 화해 같은 문제들을 검토하기, 위기에 대처하기
절 차	침묵, 방언, 찬양, 성만찬 예식을 포함한 성령 안에서의 기도, 지침, 예배; 그리고 욥처럼 비극을 견뎌낸 인물들에 관한 성서본문 낭독	위기의 사건(들) 검토, 내담자가 시도할 수 있는 감정적 반응, 인지적 질문과 선택 유도, 대면 치료법 사용, 비슷한 위기 경험들에 관한 과제와 독서	즉각적인 위기 개입, 개인, 가족과 그 밖의 사람들에 대한 단기적 상담, 문제를 교회적, 사회적, 신학적, 도덕적 관점에서 검토하기
자 원	영적인 인물이지만 위기를 겪었던 사람들에 관한 성서 이야기와 증언; 내담자가 속한 영성공동체 중에서 비극을 겪은 사람들	변경에 대처하는 방법, 특히 결정적인 위기의 사건들로부터 회복할 수 있는 지침이 들어 있는 문헌들; 위기에 적응하고 반응할 수 있도록 도와주는 의료적 원조	교회, 공동체, 전통, 교리, 공중예배

지만 어쩌면 최초의 영성 체험과 성령 세례의 경험으로 되돌아가려는 욕구 때문에, 성찰의 기회를 놓쳐 버렸을 수도 있다. 오순절주의와 은사주의의 영성지도자는 다양하면서도 늘 신앙공동체의 일원이었다. 친밀한 공동체는 영성운동이기도 하지만 마치 한 가족처럼 여겨졌다. 그러므로 그들을 위해 섬기기를 원하는 영성지도자와 상담가들은 당연히 그들의 역사와 동기를 이해해야만 한다.

참고문헌

Baker, R. O. 1995. Pentecostal Bible reading: Toward a model of reading for the formation of Christian affections. *Journal of Pentecostal Theology* 7:34-48.

Batson, C. Daniel, and W. Larry Ventis. 1982. *The religious experience: A social-psychological perspective.* New York: Oxford University Press.

Bergin, A. E. 1980. Psychotherapy and religious values. *Journal of Consulting and Clinical Psychology* 48:95-105.

Boone, R. J. 1996. Community and worship: The key components of Pentecostal Christian formation, *Journal of Pentecostal Theology* 8:129-42.

Burgess, Stanley M., and Gary B. McGee, eds. 1988. *Dictionary of Pentecostal and charismatic movements.* Grand Rapids, Mich.: Zondervan.

Cartledge, M. J. 1998. Interpreting charismatic experience: Hypnosis, altered states of consciousness and the Holy Spirit? *Journal of Pentecostal Theology* 13:117-32.

Collins, Gary R. 1998. *The soul search: A spiritual journey to authentic intimacy with God.* Nashville: Thomas Nelson.

Cox, H. 1994. Review of *Pentecostal spirituality: A passion for the kingdom* by Steven J. Land. Journal of

Pentecostal Theology 5:3-12.

Cox, H. 1995. *Fire from heaven.* Reading, Mass.: Addison-Wesley.

Cross, T. L. 1993. Toward a theology of the Word and the Spirit: A Review of J. Rodman Williams's renewal theology. *Journal of Pentecostal Theology* 3:113-35.

Daffe, Jerald. 1995. *In the face of evil: You can find faith.* Cleveland, Tenn.: Pathway.

Decker, E. E. 1996. Hearing the voice of God. In *Soul care: A Pentecostal-charismatic perspective,* ed. John K. Vining and E. E. Decker, pp. 88-100. New York: Cummings and Hathaway.

Del Colle, R. 2000. Postmodernism and the Pentecostal-charismatic experience. *Journal of Pentecostal Theology* 17:97-116.

Dobbins, R. 1995. What makes counseling Pentecostal. In *Soul care: A Pentecostal-charismatic perspective,* ed. John K. Vining and E. E. Decker, pp. 15-23. New York: Cummings and Hathaway.

Ellington, S. A. 2000. The costly loss of testimony. *Journal of Pentecostal Theology* 16:48-59.

Ellis, A. 1980. Psychotherapy and atheistic values: A response to A. E. Bergin's "Psychotherapy and religious values". *Journal of Consulting and Clinical Psychology* 48:635-39.

Foster, Richard. 1978. *Celebration of discipline: The*

path to spiritual growth. New York: Harper & Row.

Foster, Richard. 1998. *Streams of living water: Celebrating the great traditions of Christian faith.* London: Fount.

Gernett, M. O. 2000. Pentecost confronts abuse. *Journal of Pentecostal Theology* 17:117-30.

Gilbert, Marvin G., and Raymond T. Brock. 1985. *The Holy Spirit and counseling: Theology and theory.* vol. 1. Peabody, Mass.: Hendrickson.

Gilbert, Marvin G., and Raymond T. Brock. 1989. *The Holy Spirit and counseling: Theology and theory.* vol. 2. Peabody, Mass.: Hendrickson.

Han, S. E. 1999. A response to Dongsoo Kim. *Journal of Pentecostal Theology* 15:141-43.

Han, S. E. 2000. "Compassion" as a Christian emotion in the culture of Han: A Constructive theological analysis and reflection. In *Collection of Faculty Articles.* 3rd. ed. Ed. Sang Ehil Han, pp. 11-37. Seoul: Han Yang Theological Press.

Hayford, Jack. 2001. *Living the Spirit-formed life: Growing in the 10 principles of Sprit-filled discipleship.* Ventura, Calif.: Regal.

Henderson, D. Michael. 1997. *John Wesley's class meeting: A model for making disciples.* Napanee, Ind.: Evangel.

Ingram, J. A. 1996. Psychological aspects of the filling

of the Holy Spirit: A preliminary model of post-redemptive personality functioning. *Journal of Psychology and Theology* 24:104-13.

Johns, J. D., and C. B. Johns. 1992. Yielding to the Spirit: A Pentecostal approach to group Bible study. *Journal of Pentecostal Theology* 1:109-34.

Johns, Cherly Bridges, 1993. *Pentecostal formation: A pedagogy among the oppressed.* Sheffield, U. K.: Sheffield Academic Press.

Johns, J. D. 1995. Pentecostalism and the postmodern worldview. *Journal of Pentecostal Theology* 7:73-96.

Johnson, Ben Campbell. 1988. *Pastoral spirituality: A focus for ministry.* Philadelphia: Westminster Press.

Kelly, Eugene W. Jr. 1995. *Spirituality and religion in counseling and psychotherapy: Diversity in theory and practice.* Alexadria, Va.: American Counseling Association.

Kim, D. 1999. The healing of "Han" in Korean Pentecostalism. *Journal of Pentecostal Theology* 15:123-39.

Knight, H. H, III. 1993. God's faithfulness and God's freedom: A comparison of contemporary theologies of healing. *Journal of Pentecostal Theology* 2:65-89.

Koenig, Harold George, Michael E. McCullough and David B. Larson. 2001. *Handbook of religion and health.* Oxford University Press.

Kydd, R. A. N. 1993. Juses, saints and relics: Approaching the early church through healing. *Journal of Pentecostal Theology* 2:91-104.

Land, S. J. 1992. A passion for the kingdom: Revisioning Pentecost spirituality. *Journal of Pentecostal Theology* 1:19-46.

Land, S. J. 1993. *Pentecostal spirituality. A passion for the kingdom.* Sheffield, U. K.: Sheffield Academic Press.

Law, Willams, ed. 1985. *The heart of true spirituality: John Wesley's own choice.* Grand Rapids, Mich.: Zondervan.

Macchia, F. D. 1998. Groans too deep foe words: Towards a theology of tongues as initial evidence. *Asian Journal of Pentecostal Studies* 1:149-73.

Matthew, T. K. 1996. Ministering between miracles: A Pentecostal perspective of pastoral care. In *Soul care: A Pentecostal-charismatic perspective*, ed. John, K. Vining and Edward Decker, pp. 129-39. New York: Cummings and Hathaway.

Matthew, T. K. 1997. Pentecostal pastoral care in historical perspective: From first covenant to third wave. In *The Spirit of the Lord is upon me: Essential papers on Spirit-filled caregiving,* ed. John, K. Vining, pp. 3-25. New York: Cummings and Hathaway.

McMahan, Oliver. 1995. *Scriptural counseling: A God-centered method.* Cleveland, Tenn.: Pathway.

McMahan, Oliver. 1997. The identity of the Holy Spirit and resulting implications for counseling. In *The Spirit of the Lord is upon me: Essential papers on Spirit-filled caregiving,* ed. John, K. Vining, pp. 85-100. New York: Cummings and Hathaway.

McMahan, Oliver. 2000. *Deepening discipleship.* Cleveland, Tenn.: Pathway.

Miller, A. 1996. Pentecostalism as a social movement: Beyond the theory of deprivation. *Journal of Pentecostal Theology* 9:97-114.

Miller, William R. 1999. *Integrating spirituality into treatment: Resources for practitioners.* Washington, D.C.: American Psychological Association.

Moltmann, Jürgen. 1996. A Pentecostal theology of life. *Journal of Pentecostal Theology* 9:3-15.

Moon, Gary W. 1996. *Homesick for Eden: Confession about the journey of a soul.* Ann Arbor, Mich.: Servant.

Moore, R. D. 1991. The threat of fragmentation in the family of God. Paper presented at Leadership and Doctrinal Integrity. In-Service Training for State Overseers, Church of God Theological Seminary, Cleveland, Tenn.

Moore, R. D. 1995. Deuteronomy and the fire of God: A critical charismatic interpretation. *Journal of Pentecostal Theology* 7:11-33.

Neuman, H. T. 1996. Paul's appeal to the experience of

the Spirit in Galatians 3:1-5: Christian existence as defined by the cross and effected by the Spirit. *Journal of Pentecostal Theology* 9:53-69.

Parker, Stephen E. 1996. *Led by the Spirit: Toward a practical theology of Pentecostal discernment and decision making.* Sheffield, U. K.: Sheffield Academic Press.

Pemberton, Larry D. 1985. *Called to care.* Cleveland, Tenn.: Pathway.

Randour, Mary Lou. 1993. *Exploring sacred landscapes: Religious and spiritual experiences in psychotherapy.* New York: Columbia University Press.

Richard, P. Scott and Allen E. Bergin. 1997. *A spiritual strategy for counseling and psychotherapy.* Washington, D.C.: American Psychological Association.

Richard, P. Scott and Allen E. Bergin. 1999. *Handbook of Psychotherapy and religious diversity.* Washington, D.C.: American Psychological Association.

Shafranske, Edward. 1996. *Religion and the clinical practice of psychology.* Washington, D.C.: American Psychological Association.

Shaull, Richard, and Waldo Cesar. 2000. *Pentecostalism and the future of the Christian churches.* Grand Rapids, Mich.: Eerdmans.

Spener, Philipp Jakob. 1964. *Pia desideria.* Philadelphia: Fortress.

Syman, Vinson. 1971. *The holiness-Pentecostal movement in the United States*. Grand Rapids, Mich.: Eerdmans.

Syman, Vinson. 2000. A healer in the house? A historical perspective on healing in the Pentecostal/charismatic tradition. *Asian Journal of Pentecostal Studies* 3:189-201.

Tan, Siang-Yang. 1991. *Lay counseling: Equipping Christians for a helping ministry*. Grand Rapids, Mich.: Zondervan.

Tan, Siang-Yang, and Douglas H. Gregg. 1997. *Disciplines of the Holy Spirit: How to connect to the Spirit's power and presence*. Grand Rapids, Mich.: Zondervan.

Therron, J. P. 1999. Toward a practical theological theory for the healing ministry in Pentecostal churches. *Journal of Pentecostal Theology* 14:49-64.

Thomas, J. C. 1993. The devil, discare and deliverance: James 5:14-16. *Journal of Pentecostal Theology* 2:25-50.

Thomas, J. C. 1994. Women, Pentecostals and the Bible: An experiment in Pentecostal hermeneutics. *Journal of Pentecostal Theology* 5:41-56.

Thomas, J. C. 1998. *The devil, discare and deliverance: Origins of illness in New Testament thought*. Sheffield, U. K.: Sheffield Academic Press.

Van Kaam, Adrian L. 1995. *Transcendence therapy: Formative spirituality*. vol. 7. New York: Crossroad.

Vining, John K. 1992. *Caring and curing: A proven process for health and healing*. Columbus, Ga.: Brentwood Christian.

Vining, John K. 1995a. *Spirit-centered counseling*. New York: Cummings and Hathaway.

Vining, John K. ed. 1995b. *Pentecostal caregivers: Anointed to heal*. New York: Cummings and Hathaway.

Vining, John K. ed. 1997. *The Spirit of the Lord is upon me: Essential papers on Spirit-filled caregiving*. New York: Cummings and Hathaway.

Vining, John K, and E. E. Decker, eds. 1996. *Soul care: A Pentecostal-charismatic perspective*. New York: Cummings and Hathaway.

Wesley, John. 1952. *A plan account of Christian perfection*. Westminster, U.K.: Epworth.

Yang, H. 1996. *Cross-cultural counseling: A Christ centered approach and application*. Cleveland, Tenn.: Pathway.

Yong, A. 1999. "Not knowing where the wind blows..." On envisioning a Pentecostal-charismatic theology of religion. *Journal of Pentecostal Theology* 14:81-112.

제2부

영혼의 돌봄, 그 세 가지 중요한 목소리

제9장
영성지도와 심리치료
개념적인 문제

렌 스페리

영성이 성장에 지극히 중요하고 삶의 문제를 해결하는 데 꼭 필요하다고 믿기에, 수많은 사람들이 영적 성장의 여정을 추구하고 있다. 영적 성장의 여정을 추구한다는 것은 대체로 기도와 묵상 같은 영성실천에 성실히 임하는 것을 의미한다. 이러한 영적 성장 추구의 결과, 어떤 이들은 자신의 삶이 좀 더 집중적이고 충만하다는 사실을 깨닫게 되는가 하면, 또 어떤 이들은 자신의 성장을 망치는 것 같은 옛 감정이나 태도, 습관의 덫에 다시 빠져버렸음을 깨닫게 되기도 한다. 영적 성장의 여정에서 발전을 이룩한 사람들조차도 종종 영적, 심리적 성장의 걸림돌을 만나게 된다.

하지만 이런 문제 때문에 제도적 교회에 도움을 요청하는 사람은 점점 줄어들고 있는 실정이다. 왜 그럴까? 아마도 그것은 영적인 떠돌이 생활 때문일 것이다. 다시 말해서, 더 이상 자신의 종교적 전통이나 목회자들에게서 집처럼 편안한 느낌을 가질 수가 없는 것이다(스티어 1997). 진 스테어즈는 이러한 현상에 대해 다음과 같이 설명한다: "세상은 교회더러 좀 더 교회다워지라고 요구하고 있다. 세상은 교회가 거룩함과 의미와 하나님을 발견하고, 경험하고, 이해하고, 재고할 수 있는 공간과 장소가 되어줄 것을 요청하고 있다"(2000: 3). 영적인 떠돌이 생활이 너무도 만연해 있는 이 때, 많은 이들이 영적인 조언을 듣기 위해 목회자가 아니라 심리치료사를 찾는 것도 그리 놀라운 일은 아니다. 게다가 이미 심리치료를 받고 있는 사람들도 대부분 자신의 영적 관심사에 초점을 맞추어 줄 것을 기대하고 있는 실정이다(웨스트필드 2001).

이러한 현상은 여러 가지 문제를 불러일으킨다. 영적 관심사가 과연 심리치료에 적합한가? 이런 사람들은 영성지도자나 목회상담가를 찾아가야 하는 것 아닌가? 심리치료가 과연 이와 같은 영적 관심사를 더 잘 받아들일 수 있을까? 만일 그렇다면 어떻게 그런단 말인가?

이 장은 이러한 문제들을 논의하기 위한 것이다. 일단은 영성지도와 목회상담을 심리치료와 구별하는 것부터 시작할 것이다. 목회상담은 심리치료와 관련하여 간단히 설명하고, 이 장은 주로 영성지도와 심리치료를 비교, 대조하는 데 초점을 모을 것이다. 영성지도와 심리치료의 주된 공통점은 핵심 기능에 있으므로, 영성지도의 8가지 핵심 기능과 심리치료의 유사 기능들을 비교할 것이다. 그런 다음에는 영성지도의 기능과 심리치료의 실천을 통합시키는 방법에 관한 논의로 넘어갈 것이다. 그리고 마지막으로는, 영성지도 기능을 통합하기 위한 세 가지 관점과 두 가지 전략에 대해 논의할 것이다.

영성지도와 목회상담, 그리고 영성지향 심리치료

영성지도와 마찬가지로, 목회상담과 영성지향 심리치료 역시 영적인 관심사와 문제들을 검토할 수 있다. 하지만 이와 같은 공통점 너머에는, 내담자의 유형이라든가 목표, 목적, 전문가들과의 관계 특성, 사용된 개입의 유형 등이 세 분야 모두 다르다. 여기에서는 먼저 영성지도와 목회상담, 그리고 영성을 지향하는 심리치료의 실천에 관하여 짧게 설명할 것이다. 그리고 내담자, 목표, 관계의 유형, 우선적인 개입 등에 관하여 세 가지 분야를 저마다 논의할 것이다. 또한 각 분야를 지지하는 훈련과 전문 기구들에 관해서도 설명할 것이다.

영성지도

영성지도는 영적 안내, 영적 우정, 영적 친교로도 알려져 있다. 그리스도교 전통에서 영성지도를 정의하는 방법에는 아주 여러 가지가 있다. "영성지도는 신학을 기도생활에 적용하는 것"(쏜튼 1984: 1)에서부터, "영성지도 또는 영혼의 돌봄은 특정한 심리적, 영적 상황에서 성령의 인도하심을 추구하는 것"(리치 1977: 34)까지, 영성지도의 정의는 전반적인 영역에 미친다. 여기에서 "기도 생활"과 "성령의 인도하심을 추구하는 것"이라는 두 가지 주제가 영성지도에 관한 설명에서 매우 많이 고려되고 있다는 사실을 주목해야 한다.

영성지도를 가장 잘 수용하는 내담자는 비교적 건강한 영적 추구자다. 그럼에도 불구하고 영성지도는 상당히 포괄적이며, 수많은 서사들이 영성지도가 대부분의 그리스도인들에게 적합하다고 입을 모으고 있다. 하지만 몇몇 저자들은 어느 정도 심리적 건강과 행복을 누리고 있는 사람들에게만 영성지도를 한정시키려 든다(메이 1992).

증상완화나 문제해결에 좀 더 초점을 맞추는 심리치료나 목회상담과 달리, 영성지도는 주로 영적 건강과 행복의 강화, 유지에 초점을 맞춘다. 영성지도의 기본적인 목표는 피지도자와 하나님의 관계를 발전시키는 데 있다. 기도는 이 관계에 결정적인 역할을 하므로, 피지도자의 기도 생활은 아주 중요한 변수가 된다. 산만하고 두서없는 기도나 묵상적이고 집중적인 기도 모두 여기에 포함된다.

영성지도는 다른 사람 — 종종 피지도자라고 불리는 사람 — 의 일상생활에서 하나님이 역사하시는 것에 민감하게 삶의 이야기를 경청함으로써 그 사람을 지도하거나 또는 동행할 수 있도록 훈련받은 지도자를 필요로 한다. 영성지도에서 발전시키는 관계는 심리치료나 목회상담에서 형성되는 관계의 유형과 차이가 난다. 한쪽은 그리스도교적 영성지도의 관계가 지도자와 피지도자 그리고 성령의 삼자관계이지만, 다른 쪽은 피지도자와 지도자의 관계가 주로 상호협력 관계다.

영성지도에서 개입은 기도와 예전, 그리고 그 밖의 영성실천들을 통하여 이루어진다. 영성지도자들은 치료 과정이 완료될 때까지 심리치료를 병행하거나 영성지도를 보류할 경우 생길 수도 있는 심리학적 문제들에 관해 피지도자들에게 알려줄 수 있다(쿨리건 1983). 전문가가 효과적으로, 적절하게, 영성지도와 심리치료 또는 목회상담을 제공할 수 있느냐 없느냐 하는 문제는 상당히 논쟁의 소지가 많은 문제다(메이 1992).

영성지도자들에게 필요한 훈련과 자격증은 무엇인가? 현재로서는 영성지도의 실천을 위한 교육적, 경험적 자격요건이나 증명서가 따로 없는 실정이다. 어떤 이들은 영성지도가 직업을 가리키는 단어가 아니라, 공식적인 교과과정과 개인지도가 필요치 않은 특별한 소명이라는 데 동의한다. 또 어떤 이들은 신학과 심리학의 다양한 영역에서 전문적인 훈련을 받는 것이 유용하고 필수적이라고 주장한다. 영성지도를 공식적으로 훈련시키는 연구소와 프로그램은 수없이 많다. 예를 들면, 샬렘연구소와 심리영성건강연구소가 있다. 하지만 보편적으로 승인된 영성지도자 자격증이나 면허증은 전혀 없다. 전공과목으로서 영성지도는 이제 확장과 전문화의 단계에 있다. 국제영성지도자연맹은 영성지도자들을 위한 교회전문기구로서 전세계적으로 3,500명의 회원이 활동하고 있다. 국제영성지도자연맹은 자체적인 잡지 ^{Presence}를 출간하기 시작하였으며, 영성지도 실천을 위한 일련의 윤리적 표준과 지침들을 승인하였다(Lescher 1997).

목회상담

현재로서는 두 가지 형태의 목회상담이 실시되고 있다: 문제해결이나 해결책 중심의 단기적이고 기한이 정해져 있는 형태의 목회상담, 그리고 종종 정신분석학적 성향을 띠고 성격 변화에 초점을 맞추는 장기적 형태의 목회상담(스톤 1999). 목회적 돌봄과 상담을 어느 정도 훈련받은 성직자와 상담 교역자들은 대체로 단기간의 목회상담을 제공한다. 하지만 상담과 심리치료를 공식적으로 훈련받고 자격증이나 면허증을 취득한 사람들은 이른바 목회심리치료라고 하는 것을 실시할 수가 있다. 목회심리치료는 여러 가지로 정의내릴 수 있지만, 대체로 장기적인 치료로 이어지는 경향이 있으며, 어떤 경우에는 일반적인 심리치료와 구별하기가 어려울 정도다(와이즈 1983).

과거에는 **목회돌봄**pastoral care과 **목회상담**pastoral counseling이 종종 공통의 의미를 지닌 것으로 사용되었다. 하지만 오늘에는 그 둘이 서로 구분되고 있다. **목회돌봄**은 사람들을 도와주고 양육하는 목회적 의사소통과, 환자방문 같은 후원교역을 통해 이루어지는 대인관계를 의미한다. 여기에도 상담기술이 이용될 수 있다. 하지만 목회상담보다는 단기적이고 치료적으로 덜 복잡한 방법이 사용된다. 어떤 의미에서 목회돌봄은 공식적인 상담의 상황 밖에서 발생하는 상담 준비 단계라고 볼 수 있다. 그에 비하여 **목회상담**은 좀 더 구조적이고 복잡한 형태의 목회적 의사소통으로서, 공식적인 도움 요청을 받은 뒤에 시작하며, 공식적인 상담의 상황 속에서 진행된다. 기간, 시간, 보수 등의 자세한 사항들은 목회상담 가운데 서로 협의하면 된다.

목회상담의 내담자들은 삶의 변화, 감정적 위기나 이성적 위기, 죄책감, 폭력, 중독 또는 낮은 자존감과 싸우고 있는 사람들이다. 목회상담은 그런 위기와 중대사에 무척 적합하며, 건강과 성장에 대한 심리학적 이해뿐만 아니라 종교적, 영적 근원까지 아우르는 독특한 형태의 상담이다.

목회상담의 주요 목표는 증상완화, 문제해결, 그리고 심리적 건강회복이다. 성격변화는 보통 목회상담의 목표가 아니다. 하지만 세속적 심리치료와 마찬가지로, 성격변화는 대체로 목회심리치료의 목표다.

내담자와 목회상담가의 관계는 아주 다양하다. 어떤 경우에는 목회상담가가 전문가 역할을 담당하면서 해석이나 조언을 제공해 주기도 하고, 또 어떤 경우에는 상호협력 관계가 이루어지기도 한다. 영성지도에서 흔히 이루어지는 관계 유형은 바로 상호협력 관계다.

치료법의 개입은 보통 경청과 그 밖의 문제해결 또는 해결책 중심의 상담기법을 통해 이루어진다. 용서와 같은 종교적 또는 영적인 문제에 대한 조언도 여기에 해당된다. 영성지도와 달리, 목회상담은 대체로 치유, 성장 또는 통합을 위해 내담자의 신앙 공동체 근원을 이용하지 않는다. 목회상담가들은 심리치료의 문제에 관해 내담자에게 자주 언급한다.

영성지도와 마찬가지로, 목회상담 역시 인가받은 전문직으로 한참 나아가고 있는 중이다. 이것은 곧 훈련과 자격증과 직업적 정체성의 문제가 주요 관심사임을 의미한다. 점점 더 많은 목회상담가들이 목회상담을 실시하기 위해 자격증을 취득하고 있다. 면허증을 소지한 전문상담가와 같이, 대체로 정신건강 전문가들 중 한 사람이 되는 것이다. 자격증은 미국목회상담가협회에서 취득할 수 있다. 이 전문기구는 3천 명의 목회상담가를 대표하는 것으로서, 영적인 중대사에 대한 집중과 영성지도 방법론을 목회상담 실전과 통합하기 위한 방법을 적극적으로 검토하고 있는 중이다. 일각에서는 두 분야의 인식론적 관점과 실천의 주요 차이점들을 언급하면서, 목회상담의 범위 확장을 우려하고 있다. 하지만 이러한 확장을 반기는 사람도 많다(갤린도 1998). 두말할 필요없이, 목회상담의 정체성은 조심스럽게 통제받고 있는 행동중심 건강돌봄 같은 세력들이나, 똑같은 내담자를 놓고 목회상담가와 경쟁 중인, 점점 더 많아지고 있는 영성지도자나 정신건강 상담가 같은 세력들의 영향도 크게 받는다(스톤 1999).

영성지향 심리치료

이 분야는 영적 차원에 민감한 다양한 심리치료적 접근법을 아우른다. 그런 접근법은 비그리스도교적인 초개인심리학(코트라이트 1997; 카라스 2000)부터 유신론적 접근법(리처즈와 버긴 1999), 그리고 다양한 그리스도교적 접근법들(프롭스트 1996; 스티어 1997; 스페리 1998, 2001; 베너 2002)까지 모두 포함한다. 저마다의 접근법들이 상당한 다양성을 취하고 있음에도 불구하고 전형적인 내담자, 목표와 목적, 전문가와의 관계 특성, 그리고 영성지향 심리치료에 사용되는 개입의 형태에서 어느 정도 공통적인 특징이 발견되기도 한다.

영성지향 심리치료를 원하는 사람들은 비교적 건강한 영적 추구자일 수도 있고, 한두 가지 생활기능 영역에서 징후적인 고통이나 손상을 겪고 있는 병든 내담자일 수도 있다.

치료의 목표는 내담자의 설명과 욕구에 따라 다양해진다. 영적으로 다급하게 도와주어야 할 사람도 있고, 영적 성장의 과정이 목표인 사람도 있다. 점진적인 심리적 행복$^{well-being}$, 자기 실현이나 개성화, 또는 징후적인 고통의 완화와 기본적인 기능회복이 목표인 사람도 있다.

치료적 관계는 대체로 상호협력 관계로 이루어진다. 영성지향 심리치료를 실시하는 사람들은 아마도 내담자의 영적 가치관과 관심사를 존중해 주는 사람으로 밝혀질 것이다.

내담자의 욕구와 지시에 따라 다양한 심리치료적 개입이 이루어진다. 필요한 경우, 약물복용이나 입원을 위한 정신과적 진단을 내리기도 한다. 영적 개입 역시 복잡하다. 기도나 묵상 같은 영성실천이 여기에 포함되며, 필요한 경우에는 성직자나 군목/원목/교목 같은 채플린에게 위탁해서 서로 협력해야 한다.

영적 상담은 전통적인 심리치료나 영성지도와 비슷하면서도 색다른 접근법을 사용할 수 있다(스페리 1998). 이런 접근법에서는 임상의가 심리치료사나 영성지도자와 유사한 기능을 수행한다. 영적인 상담은 내담자의 심리적, 영적 관심사를 폭넓게 검토한다. 그것은 건강과 행복의 복합적인 발달과 병리학적 모델에 기초한 것이다. 그리고 심리학적, 도덕적, 신체적, 영적 차원을 포함하여 전체론적인 관점에서 성장을 바라본다. 이렇게 전체론적인 관점 때문에, 내담자의 총체적 건강, 심리적 장점과 방어, 도덕적 발달과 영적 발달 등, 포괄적인 평가가 이루어진다. 신앙공동체에 대한 참여와 그 신앙공동체가 제공하는 후원의 형태, 수준뿐만 아니라 하나님과의 관계, 하나님 형상이나 표상, 기도생활과 영성실천까지도 영적인 고려사항에 포함된다. 목표는 온갖 차원에서 변화의 과정을 촉진시키는 것이다. 기도와 묵상 같은 영성훈련을 포함하여 다양한 심리치료적, 영적 분야가 이 목표를 달성하기 위해 동원된다.

전문적인 영성지도와 목회상담 기구에 속해 있는 회원 수와는 달리, 영성지향 심리치료를 실시하고 있는 전문가들에 대해서는 정확한 계수가 전혀 안 이루어지고 있다. 미국에는 (심리학자, 사회사업가, 정신과의사, 결혼가족치료사, 정신건강 상담가 등) 아마도 50만 가량의 심리치료사들이 일을 하고 있는 것 같다. 만일 이 치료사들 중에서 극히 일부라도 영적으로 민감한 형태의 심리치료를 선택한다면, 그런 심리치료사들이 영성지도자보다 훨씬 더 많다고 볼 수 있을 것이다.

어떤 이들은 "영적인 떠돌이" 현상 때문에 제도적 교회와 연결된 영성지도사에게 영성지도를 요청하지 못하는 것일 수도 있다. 비록 목회자들이 전심으로 영적 상담가의 역할을 포용한다 할지라도(스테어즈 2000), 그들이 복잡한 심리적-영적 문제들을 적절히 다룰 수 있을 것 같지는 않다.

이것은 곧 영적 조언을 구하는 사람들이 영성지도자보다는 영적으로 민감한 심리치료사들에게 접근할 가능성이 크다는 것을 의미한다. 또 그들은 영적 문제에 민감한 심리치료사들이 영적 측면을 지닌 복잡한 심리적 문제들을 다룰 수 있도록 대부분의 영성지도자들보다 좀 더 특수한 훈련을 시켜 주리라 기대할 것이다. 이런 점들 때문에 영적으로 민감한 심리치료사들은 공식적으로 심리치료 훈련을 받지 않은 영성지도자들보다 특별히 유리한 입장에 서 있다. 어린 시절 정신적 외상을 경험했던 내담자, 약물남용이나 마약중독 전력이 있는 내담자, 또는 심각한 스트레스 요인이나 갈등을 겪고 있는 내담자, 그래서 영적인 조언을 구하고 있는 내담자들은 결코 이런 요인을 간과할 수 없을 것이다. 이렇게 볼 때, 영적 차원에 민감할 수 있도록 적절한 훈련[1]을 받은 심리치료사들이 내담자의 영적 고민을 이성적으로 검토할 수 있다고 결론내리는 게 터무니없는 일은 아닐 것이다.

하지만 심리치료의 실천이 어떻게 하면 영적인 문제와 고민들을 다루는 데 좀 더 수용적이고 효율적일 수 있을까? 나는 영성지도의 기능을 일부 또는 전부 통합함으로써 심리치료가 좀 더 수용적이고 효율적인 것이 될 수 있으리라 믿는다.

영성지도의 기능

영성지도자와 피지도자가 수행하는 기능은 아주 다양하다. 여기에서는 8가지의 기능을 설명할 것인데, 그 가운데 일부는

표 9.1. 영성지도와 심리치료의 기능

영성지도의 기능	심리치료의 기능
영적인 평가	최초의 심리학적 평가
영성체험과 심리치료의 차별화	차별적인 진단
삼자관계	양자의 치료적 동맹관계
조언	치료적 개입: 해석, 인지적 재구성 등
분별	상호협력
영적 저항	심리적 저항
전이와 역전이	전이와 역전이

심리치료의 기능과도 매우 흡사하다.

영적인 평가

영적인 평가의 목적은 내담자의 영성체험, 성향, 신념을 이해하기 위함이다. 비록 영성체험이 영성지도의 핵심적인 원동력이긴 하지만, 개인의 신념이 하나님 경험에 영향을 미칠 수가 있다. 그런 까닭에 영적인 평가는 체험과 신념을 동시에 다룬다. 유용한 출발점이 되는 것은, "당신의 종교적 신념과 느낌에 관해 조금만 이야기해 볼래요?"라는 질문이다(메이 1992: 204). 이 질문 뒤에는 내담자의 특별한 하나님 경험이나 기도 경험 등을 이끌어 낼 만한 질문이 이어질 수 있다. 일부 영성지도자들은 공식적인 영적 역사를 이 평가의 일부로 삼기도 한다. 여기에는 피지도자의 종교교육, 하나님상, 기본 가치관과 신념, 영성공동체와의 관계, 기도의 장소, 그리고 그 밖의 영성실천의 장소도 포함되어 있다. 전통적인 심리치료에서는 영적인 평가와 동시에 최초의 심리학적 평가가 실시되는데, 이 때 내담자는 현재의 문제, 과거의 증상과 치료 병력, 사회적 역사와 발달의 역사, 성과 직업의 역사, 건강 상태 등을 질문 받게 된다.

일부 영성지도자들은 영성지도에 착수할 때, 6개월쯤 뒤에 지도자와의 관계 평가와 영성지도의 발달 평가가 있을 예정이라고 미리 피지도자에게 알려준다(에드워즈 2001). 그 때 다음과 같은 문제들에 대해 논의할 수 있다:

- 은총은 관계 속에서 어떻게 나타나는가?
- 지도자의 성찰, 질문, 기도, 그리고 침묵은 피지도자와 하나님의 관계에 도움이 되는가, 아니면 오히려 방해가 되는가?
- 지도 관계를 지속하는 것이 좋다고 생각되는가? (에드워즈 2001: 121)

영성체험을 심리치료로부터 차별화하기

영적인 여정 중에 특별하고도 성가신 영성체험을 할 수도 있다. 그럴 경우 임상의는 그 체험을 주요 정신 병리학과 구별할 수 있어야 한다. **영적인 비상사태**는 자아가 통합 불가능한 영적 에너지의 주입 때문에 압도당하고 혼란에 빠진 상태를 일컫는다. 이 용어는 스타니슬라프 그로프와 크리스티나 그로프(1989)가, 동양의 명상적 실천에 빠진 1960년대 미국인들에게 들이닥친 심리적 문제점들을 정의내리기 위해 만들어 낸 것이다. 갑작스럽고 극적인 새로운 영역의 영적 체험은 막대한 혼란과 불안을 초래할 수 있으며, 때로는 기능 손상을 야기하기도 한다. 이런 경우 명백한 개인적 취약점이나 정신적 질병의 가족력이 전혀 없는 사람은, 자신이 정신병 또는 정신병적 증상을 겪고 있는 게 아닌지 의심도 할 것이다. 환상 같은 신비로운 체험이 정신병으로 오진 받는 것은 결코 놀라운 일이 아니다. "어두운 밤" 경험도 우울적 장애로 오진 받지 않았는가?

"쿤달리니 각성"으로 알려진 현상은, 동양의 실천을 탐구하는 영적 탐구자들이 가장 자주 보고했던 비범한 영적 체험이다(그로프와 그로프 1989: 15). 신체의 에너지 센터 또는 차크라에 속한 에너지는 명상이나 또는 다른 영성실천에 따라 활성화된다. 그 에너지의 흐름은 평온해지거나 또는 압도적으로 강렬해져서 환상을 불러일으킬 수도 있고, 의식과 예지적 직관을 확장시킬 수도 있으며, 무의식의 경련으로 놀라게 하거나 반복적인 동작을 이끌어 내기도 한다. 이것은 조증이나 불안장애 또는 전환장애로 오진 받을 수도 있다. 그러므로 임상의들은 이것의 발로를 반드시 알고 있어야 한다. 영성지도에서 영적 체험과 정신병리학을 구별하는 기능은 심리치료와 정신의학의 차별적인 진단 기능과 비슷하다.

변화

어쩌면 영성지도의 중심 문제이자 목표일지도 모르는 변화(그라돈 1992)는, 정신과 마음이 급격히 바뀌는 과정, 거짓 자기를 죽이고 지속적으로 참 자기에 복종하는 과정이다. 이것은 하나님의 형상과 유사점을 반영한다. 변화는 평생에 걸친 과정이다.

이와 대조적으로, 심리치료의 목표는 좀 더 제약을 받는다. 증상완화나 기능강화에 국한될 수 있으며, 성격이 변화하는 것으로까지 확대될 수도 있다.

하나님과 피지도자의 관계 촉진

영성지도를 받으러 오는 것은 하나님과의 관계를 발진시키려는 노력의 일환이다. 본질적으로 영성지도는 하나님과 피지도자, 그리고 지도자의 삼자관계로 이루어진다. 피지도자와 지도자의 관계는 "피지도자와 하나님의 관계 발달"에 도움이 될 수 있다. 하지만 피지도자와 하나님의 관계는 피지도자와 지도자의 관계보다 더 우선적이며, 따라서 독립적인 관계다. 지도자는 하나님과 피지도자의 관계를 형성하는 게 아니다: 지도자는 다만 그런 관계를 촉진시키려고 노력할 뿐이다(배리와 코넬리 1982: 29).

심리치료에서 내담자와 심리치료사의 치료적 동맹이 이루어지는 것, 그리고 영성지도에서 관계를 촉진시키는 것 사이에는 분명히 유사점이 존재한다. 하지만 그 차이점도 매우 명확하다.

조언

영성지도자는 변화의 목표를 추구하는 가운데, 기도생활과 영성실천의 사용에 관하여 피지도자에게 조언을 하는 것에 집중한다(에드워즈 2001). 기도와 묵상에 대한 조언과 지침은 영성지도의 주요 방법론이다. 대체로 그런 조언은 피지도자가 제기하는 문제와 고민들로부터 비롯된다. 상호협력의 상황에서 주어진 조언은 확고한 지시사항이라기보다는 차라리 제안의 형태에 더 가깝다.

심리치료에서 조언에 가장 가까운 형태는 해석, 인지적 재구성, "과제" 그리고 조언해 주기 같은 임상적 개입이다. 영성실천은 영성을 지향하는 심리치료에서도 공통적으로 논의되고 규정되는 것이다.

분별

분별은 "성령의 인도하심을 바라는" 것과 관련된 영성지도의 기능이다. 과거에는 영성지도자들이 대체로 "영"과 피지도자들을 위한 중요한 삶의 결정들을 분별하였다(쏠튼 1984; 콘로이 1995). 틸든 에드워즈는 "천주교, 성공회, 그리고 오늘 영성지도의 주류를 차지하고 있는 개신교의 실천이…영성지도자로부터 피지도자로, 또는 그들 간의 상호 분별이라는 형태로 변경되었다"고 지적한다(2001: 68). 지금의 영성지도자들은 "하나님의 성령이 하시는 말씀을 피지도자와 함께 경청한다. 피지도자와 함께 문제를 검토하고, 어쩌면 제안을 내놓기도 하며, 무엇보다도 진지한 경청을 위한 후원적이고도 기도가 충만한 실재를 제공한다. 그들은 자신이 피지도자와 공동-분별자라고 여긴다."(2001: 69)

심리치료에는 영성지도의 분별 과정과 직접적인 유사점이 전혀 없다. 치료법 결정 과정에서의 상호협력은 약간의 접점이 있는 것도 같지만, 물론 성령의 인도하심을 바란다고 하는 주요 요소를 포함하지는 않는다. 임상사례의 공식화는 훨씬 더 거리기 먼 유사점이다.

저항 다루기

영성지도에서는 세 가지 형태의 저항이 주목을 받아왔다: 영적 체험에 대한 저항, 영성지도자 또는 영성지도에 대한 저항, 그리고 피지도자들 또는 그들의 종교적 경험에 대한 영성지도자의 저항(루핑 2000).

첫 번째 형태의 저항은 종교적 또는 영적 체험 자체의 회피를 의미한다. 영성지도는 주로 피지도자와 하나님의 관계에 연루된 것이므로, 이런 형태의 저항은 피지도자가 두려움 때문에 하나님이 자기 삶 속에 관여하시는 것을 거부하는 것이다. 이러한 두려움은 하나님의 실재의 강렬함에 대한 두려움일 수도 있고, 피지도자의 자아상 위협에 대한 두려움일 수도 있으며, 기도 경험의 변화나 피지도자가 예상하는 불쾌한 결과에 대한 두려움일 수도 있다. 루핑(2000)에 따르면, 기도에 대한 저항이 가장 일반적인 것 같다: 피지도자는 규칙적인 기도 훈련을 쌓기가 어렵다거나, 묵상에 관해 불쾌한 기억 또는 감정을 지니고 있을지도 모른다. 피지도자의 저항 형태는 "그들이 삶의 다른 영역에서 습관적으로 적용하는 심리학적 분장과 특별한 심리학적 방어기제에 달려 있다."(2000: 41)

두 번째 형태의 저항은 영성지도자 또는 영성지도에 대한 저항이다. 이것은 지도자의 무능력, 조심성 부족, 심판적인 태도나 사나운 입버릇에 대한 반응으로 생길 수 있다. 지도자가 피지도자의 고민에 대해 질문하고 반응하는 시간이나 방법이 어느 날 갑자기 중단된다거나, 또는 두 사람 사이의 전반적인 화학작용이 저항의 원인이 될 수 있다. 그 결과 피지도자는 자신이 지도자에게 통제당하거나, 오해받거나, 심판당할 수도 있다는 두려움 때문에, 하나님에 관한 친밀한 체험과 응답을 지도자와 함께 공유하는 걸 꺼리게 되는 것이다. 영성지도에 대한 이러한 저항은 조기 종결의 가장 흔한 원인이다.

자넷 K. 루핑은 영성지도에 대한 저항이, 치료사의 기술을 좀 더 자주 반영하는 심리치료의 저항에 비해, 영성지도자의 기술과 훨씬 덜 연관되어 있다고 주장한다. 그녀에 따르면, 영성지도의 저항은 피지도자의 영성훈련 회피와 좀 더 자주 연결된다. 이러한 "회피는 지도자의 기술이나 실재와는 전혀 무관하다. 오히려 이러한 피지도자들은 지속적인 영성지도가 조장하는 영적 성장에 대한 질적 참여를 회피한다. 어떤 피지도자들은 영성지도로부터 움츠러듦으로써 자신의 과정을 늦추기도 한다."(루핑 2000: 45).

세 번째 형태의 저항은 지도자가 영성지도 과정에서 어떤 것을 회피하는 것이다. 영성지도자는 반드시 다루어야 할 문제가 두려운 나머지, 약속을 잊어 버리거나 늦게 도착할 수 있다; 또는 영성지도자가 피지도자의 성장 부족 때문에 의욕을 상실해 버릴 수도 있다. "피지도자의 종교적 체험"을 회피하는 것은 "훨씬 더 심각한 형태의 저항을 의미한다."(루핑 2000: 47). 어쩌면 영성지도자는 "어두운 밤"dark night을 경험하고 있는 반면에, 피지도자는 매우 적극적인 체험을 공유하고 싶어 할 수도 있다. 또 어쩌면 지도자가 피지도자의 신비로운 체험이나 표현에 놀라 어떤 식으로 반응해야 할지 갈피를 못 잡는 것일 수도 있다. 때로는 그런 저항이 지도자의 역전이에 속하기도 한다.

전이와 역전이 다루기

영성지도에서도 전이가 발생하는가? 발생한다면 어떻게 발생하는가? 전이는 피지도자의 긍정적 또는 부정적 기대가 지도자에게 무의식적으로 투사되는 것을 말한다. 영성지도는 매달 한 번씩 이루어진다. 그래서 영성지도자는, 매주 두 차례 이루어지는 역동적 성향의 심리치료보다 영성지도가 덜 강렬하므로, 전이가 일어날 가능성도 더 적다고 생각할 수 있다. 물론 영성지도는 피지도자와 지도자의 관계보다는 피지도자와 하나님의 관계에 주로 초점을 모으기 때문에, 어쩌면 지도자가 전이에 직접적으로 개입될 가능성이 거의 없을지도 모른다. 그럼에도 불구하고, 전이는 영성지도에서도 발생한다. 하지만 영성지도자는 전이를 알아보고 해결할 수 있는 훈련을 충분히 받지 못할 수가 있다.

어떤 피지도자든 "해소되지 않은 감정적 갈등을 영성지도 관계로 가져오기가 쉽고, 이 새로운 무대에서 옛 갈등을 재현하기가 쉽다."(루핑 2000: 158~59) "피지도자와 하나님의 관계 대신 지도자와 피지도자의 관계에 초점이 모아질 경우…총체적인 영성지도 과정이 잘못될 수도 있다."(루핑 2000: 162)

루핑은 영성지도에서 발생할 수 있는 네 가지 전이에 대해 다음과 같이 설명한다:

1. 피지도자가, 자신이 열망하는 영적 특성을 구체화한 인물로, 지도자를 이상화한다.
2. 지도자와 영혼의 우정을 토대로 하여, 피지도자가 지도자에게 성적인 매력을 느끼게 된다.
3. 피지도자가 지도자를, 하나님을 대신하는 인물로, 상징적으로 바라본다.
4. 피지도자가 지도자에게 제도적인 전이를 형성한다 — 다시 말해서, 지도자를 특별한 종교 교단이나 제도와 동일시한다. (루핑 2000: 169~79)

영성지도에서 전이뿐만 아니라 역전이도 발생한다는 사실에 놀라서는 안 된다. 역전이는 반대로 피지도자에 따라 비롯되는 것이다. 영성지도에서 지도자의 저항은 역전이의 일부다.

물론 영성지도의 전이와 역전이를 관리하기 위해서는 상당한 기술이 필요하다. 영성지도를 실시하는 사람들, 그리고 동시에 심리치료의 공식적 훈련을 받은 사람들은 아마도 그런 전이를 다루는 데 더 유리할 것이다. 훈련이나 경험이 부족한 지도자들도, 개인지도나 심리상담을 통해, 전이를 관리하고 피지도자에게 응답하는 방법을 익힐 수 있다.

심리치료에 영성지도 기능을 통합하기

영성지도 지능을 심리치료 과정에 통합하는 것은 좀 더 간단하고 단순한 작업처럼 보인다. 얼핏 보기에 그것은 인지-행동지향적 심리치료에 재발방지 요소를 더한 것과 별반 다를 바 없게 여겨진다. 만일 영성지향 심리치료가 오로지 영적 평가와 영적 성향의 치료적 개입 또는 영성실천과 훈련을 추가 또는 통합하는 데에만 해당된다면, 아무런 문제도 발생하지 않을 것이다. 하지만 영성지도 기능을 통합하는 데에는 치료적 과정에서 몇몇 중요한 변화를 필요로 한다. 이러한 변화는 비단 다양한 형태의 개입뿐만 아니라 관계, 초점, 입장의 차이도 포함한다. 영성지도의 작업 관계는, 심리치료처럼 양자관계가 아니라 삼자관계다. 그러므로 영성지도자는 피지도자와 똑같은 영적 여정을 겪고 있는 동반자다. 영성지도가 기도, 그리고 피지도자와 하나님의 지속적인 관계에 초점을 맞추는 것은, 심리치료가 증상과 문제해결 또는 성격변화에 초점을 맞추는 것과 상당히 차이가 난다.

그보다 훨씬 더 큰 차이점은 영성지도자와 치료사의 태도 또는 기질이다. 치료사의 태도는 후원적, 분석적이며 — 특히 역동지향 심리치료에서 — 성찰, 명료화, 직면, 해석의 형태를 취힌다. 그 목표는 개인을 치료하는 것, "효율적인 기능을 회복하고 행복을 증진시키는 것이다"(메이 1992: 209). 이에 비해 영성지도자의 태도는 개인을 치유하고 "사랑을 키운다"는 목표 아래 성령의 움직임을 조용히 기다리고 경청하는 것이다(메이 1992: 210). 영성지도자의 태도는 존재-행위 연속체에서 "존재" 쪽 끄트머리에 가까운 반면, 치료사의 태도는 "행위" 쪽 끄트머리에 가깝다. 영성지도의 속도는 좀 더 느슨하다. 그리고 본질적으로 오늘 심리치료에서 매우 일반적인 조건 — 곧, 정해진 횟수의 인가된 상담 기간 안에 특정한 치료적 목적을 달성해야 한다는 규정 — 에 전혀 구애받지 않는다.

이런 관계 외에도, 초점과 태도의 차이는 영성지도 기능을 심리치료에 통합**해야 하는가** 말아야 하는가 하는 기본적인 문제를 불러일으킨다. 이 문제에 대한 세 가지의 서로 다른 관점은 주의 깊게 살펴볼 필요가 있다: 긍정적 관점과 부정적 관점, 그리고 협상적 관점.

긍정적 관점은 영성지도의 많은 부분 또는 전부를 통합하는 것을 지지한다. 이러한 관점은 다양한 영성지향 심리치료를 후원하는 전문가들에 따라 옹호되고 있다. 특히 초개인심리치료는 치료적 관계가, 동시적으로든 연속적으로든, 영적 차원과 심리적 차원을 둘 다 다루기 위한 이상적인 상황이라는 믿음에 기초한 것이다(코트라이트 1997). 심리치료의 상황에서 영성실천들 가운데 명상에 관하여 훈련하고 처방하고 조언하는 것은 지난 40여 년간 대부분의 초개인심리치료에서 지극히 규범적인 것이었다. 대부분의 초개인적 접근법은 교육 단계에서 공공연히 그리스도교적인 것이 아니지만, 그래도 영성지향 심리치료 작업에서 심리치료 기능과 더불어 성공적으로, 그리고 효과적으로 결합된 수많은 영성지도 기능을 지니고 있는 것 같다. 내담자 역시 명상 교육자나 명상그룹에 참여할 수 있으므로, 영성지도의 거의 모든 기능이 심리치료사에 따라 수행되고 있다.

부정적 관점은 정신과 의사이면서 동시에 영성지도자인 제럴드 메이에 따라 옹호된다. 그는 영성지도와 심리치료의 역할과 기능에 관한 명확한 견해를 지니고 있으며, 실천에서 두 가지 역할이나 기능을 혼합하는 것을 금한다. 어쩌면 그는 심리치료와 영성지도의 기능 및 역할을 결합시키는 영성지향 심리치료를 좋아하지 않을 것이다. 그는 심리치료사가 작업을 할 때 영적인 영역에 민감해야 한다고 확신한다. 하지만 한편으로는 "영성을 심리치료적인 협의의 **제1과제**로 삼는 것은 적절하지 않다"(2000: 202)고 주장한다. 오로지 심리치료사가 "은사를 받은 영성지도자일 경우 — 관계의 의에 따라 명확히 분별할 수 있는 경우에만", 그리고 오로지 일시적인 토대 위에서만, 조력자가 두 가지 역할을 모두 수행하는 데 찬성할 것이다.

메이는 다음과 같은 이유에서 위의 입장을 옹호한다. 첫째, 그는 내담자들이 상담 시간을 자신의 문제와 곤경을 다루는 데 쓰고 싶어 하며, 영성지도 기능을 위해서는 거의 시간을 할애하지 않는다는 점을 지적함으로써, 그것이 "시간과 강조의 측면에서 매우 비경제적"(위의 책: 207)이라고 주장한다.

> 여러분은 영성지도자가 되려고 노력함과 동시에, 기도가 어떻게 진행되고 있는지, 어떤 종류의 미묘한 움직임과 초대가 발생할 수 있는지, 그리고 분별의 미묘한 차이에 관해 다룰 수 있을만한 충분한 시간을 확보해야 한다. 하지만, 이런 영성지도 문제는 완전히 무시되거나, 한 시간 중 겨우 마지막 몇 분만 할애되는 경우가 너무나도 많다(위의 책: 같은 쪽).

둘째, 그는 내담자와 조력자 둘 다, 좀 더 분석적인 심리치료 과정과 매우 사색적인 영성지도 태도, 속도 사이를 이리저리 옮겨 다니기가 매우 어렵다고 확신한다. "여러분과 내담자는 어떻게 해서든지 문제해결로부터 좀 더 기도가 풍성한 개방 쪽으로 태도를 바꿔야 하며, 이것은 결코 쉬운 일이 아닙니다"(위의 책: 같은 쪽).

긍정적 관점이 심리치료의 영적 차원을 옹호하는 데 가치가 있는 반면, 부정적 관점은 영성지향 심리치료에 대한 뉘앙스를 전혀 풍기지 않는 접근 속에서 발생할 수 있는 물류적인 문제를 인정하는 데 그 가치가 있다. **협상적 관점**은 이 두 가지 관점을 하나로 연결시킨다. 영성지도와 영적 차원에 민감한 심리치료의 미묘한 차이점과 별로 미묘하지 않은 차이점을 인정하고 존중하는 것이다. 협상적 관점에서는, 한 명의 조력자가 영성지도와 심리치료 기능을 제공하되, 미리 계획되고 합의된 방식으로 제공한다. 이러한 관점은 메이가 지적한 문제를 인정하고 도전을 받아들인다.

기능과 역할을 협상하는 방법은 이러하다: 만일 매주 한 번씩 심리치료를 받는 내담자가 영적인 문제에 집중하길 원하고 또 그러기를 요청한다면, 한 달에 한 번은 특별히 이 문제에 집중하고, 나머지 세 번은 치료에 집중하도록 치료계획을 세울 수 있다. 어느 때나 비슷한 문제를 논의할 수는 있겠지만, 각 회기의 목표와 강조점은 미리 명확하게 밝혀둔다. 그리스도교 전통에서 영성지도는 대체로 한 달에 한 번씩 계획되기 때문에, 협상적 관점은 두 가지 기능과 역할을 결합하기 위한 적당하고도 효율적인 구성 형태를 제공한다. 내 자신의 직업적 경험에 따르면, 이것이 그리스도교적인 영성지향 심리치료에 가장 적합한 형태였다.

영성지도 기능을 통합하기 위한 전략

영성지도와 심리치료는 몇 가지 공통점을 지니고 있지만, 서로 바꿀 수 있는 것이 결코 아니다. 때문에 이 둘을 통합하려는 사람은 여러 가지 문제에 부딪히게 된다. 그럼에도 불구하고 영성지도 기능을 심리치료와 통합하는 것은, 8가지 기능을 모두 다 통합하든가 아니면 아무런 기능도 통합하지 않든가 하는 식으로, 타협의 여지가 전혀 없는 제안이 아니다. 최소한 두 가지 통합 전략이 가능하다.

전략 1

이 전략에서는 8가지 기능 전부 또는 그 가운데 대부분이 심리치료 과정으로 통합된다. 이 전략을 곧잘 사용하는 심리치료사들은 대체로 경험이 많은 영성지도자와 함께 자신의 영성지도에 참여해 온 사람들이다. 또한 그들은 영성지도를 제공하고픈 욕망이 강렬하며, 그것이 자신의 소명이라고 여긴다. 더욱이 그들에게는 심리치료 상황에서 영성지도를 제공받길 원하는 내담자들도 있다. 마지막으로 그들은 영성지도 기능을 심리치료 기능과 통합시킬 수 있도록 스케줄과 보수를 조정할 수 있다. 예를 들면, 매주 한 번씩 찾아오는 내담자의 경우, 치료사는 한 달에 한 번은 주로 영성지도 문제에 시간을 할애하고 나머지 세 번은 주로 심리치료 문제에 집중할 수 있다.

전략 2

이 전략에서는 영성지도 기능들 가운데 오직 두세 가지만 심리치료와 통합된다. 많은 심리치료사들이 영적인 문제에 민감한 심리치료를 제공하는 데 관심이 있지만, 치료에 두 가지 이상의 영성지도 기능을 통합하기란 결코 쉬운 일이 아니다. 가장 쉽게 통합시킬 수 있는 두 가지 영성지도 기능은 영적인 평가와 조언이다.

영적인 평가는 영적으로 민감한 심리치료를 제공하기 위해 애쓰고 있는 치료사에게 꼭 필요한 기능이다. 아주 짤막한 평가라 하더라도 내담자가 현재 하고 있는 영성실천, 하나님상, 그리고 과거와 현재의 종교적, 영적 관심사를 그대로 드러내 준다. 이 평가를 토대로 해서, 치료사는 내담자와 협력하여, 영적 의미를 지닌 문제에 치료적으로 집중하는 쪽을 선택할 수 있다. 아니면 내담자를 목회자나 다른 영성지도자에게 위탁해 줄 수도 있고, 영성실천을 고려해 볼 수도 있다.

조언은 치료사가 어떤 영성실천을 처방하고 관찰하는 것, 치료과정에서 충고와 피드백을 제공하는 것을 의미한다. 영성실천은 영적 특성을 촉진시킬 수 있는 집중적 활동이며, 균형 잡히고 단련된 생활양식을 가져다줄 수 있다. 영성실천은 치료 기간 동안 개입으로 사용되든지 또는 중재 활동으로 처방되든지 간에, 치료 과정에 강력한 보조수단이 될 수 있다. 일반적으로 사용되는 영성실천은 묵상, 금식, 신앙서적 읽기, 치유기도, 용서, 도적적 지침, 그리고 섬김이다. 영적인 성향의 개입은 영적인 측면에 초점을 맞춘 인지적 재구성, 그리고 유도된 심상 전략이다. 몇몇 다른 영성실천과 개입에 관한 설명도 있다(리처드와 버긴 1997; 밀러 1999; 스페리 2001).

결론적인 논평

 과거 몇 년 동안 한 가지 매혹적인 흐름이 주목을 받아왔다: 심리치료의 상황에서 영적인 문제와 고민을 다루고 싶어 하는 내담자들 말이다. 이러한 현상은 영성지향 심리치료에 대한 관심을 증폭시켰으며, 당연한 결과로, 영적인 차원에 관심이 있는 심리치료사들은 어떻게 해야 그 욕구에 응답할 수 있는지를 고심하게 되었다.
 이 장을 시작하면서 나는 네 가지 문제를 제기하였다. 처음 두 가지 문제는 심리치료가 전통적으로 영성지도의 핵심이었던 영적 관심사를 다루는 것이 과연 적합한 일인가 하는 것이었다. 그 문제에 대한 결론은, 영적 관심사도 심리치료에서 적절히 다루어질 수 있으며, 영적으로 민감한 심리치료사들은 개방성과 능력도 갖추고 있으므로 앞으로 점점 더 그런 섬김을 제공하도록 요청받으리라는 것이었다. 영성지향 심리치료가 영성지도를 대신하게 된다거나 그래야 할 것 같지는 않다. 다만 그것은 매우 유용하고 때로는 꼭 필요한 보조수단이다.
 세 번째와 네 번째 문제는 영적 관심사를 다루는 것과 관련해 심리치료가 지니는 수용성과 효율성 문제였다. 그리고 심리치료는 영성지도의 8가지 기능을 모두 또는 일부만 통합함으로써 수용성을 키워야 한다는 결론이 내려졌다. 또한 이 기능들을 통합하기 위한 몇 가지 방법과 주의사항까지도 살펴보았다.
 이러한 흐름이 금방 사라지지는 않을 것이라는 근거가 있다. 물론 그것이 심리치료의 실천에 미치는 영향은 신앙적 관점을 지닌 전문가들에게 매우 고무적이다. 많은 사람들의 경우 그것은 자신의 신앙과 가치관에 합당한 방향으로 실천의 범위를 확장시키는 매력적인 방법을 예고해 준다.

참고문헌

Barry, William, and William Connolly. 1982. *The practice of spiritual direction*, New York: Seabury.

Benner, David G. 2002. *Sacred companions: the gift of spiritual friendship and direction*. Downers Grove, Ill.:InterVarsity Press.

Conroy, Maureen. 1995. *Looking into the well: Supervision of spiritual directors*. Chicago: Loyola University Press.

Cortright, Brant. 1997. *Psychotherapy and spirit: Theory and practice in transpersonal psychotherapy*. Albany: State University of New York Press.

Culligan, Kevin. 1983. The counseling ministry and spiritual direction. In *Pastoral counseling*, ed. Barry K. Estadt, pp. 37-49. Englewood Cliffs, N.J.: Prentice-Hall.

Edwards, Tilden. 1980. *Spiritual friend: Reclaiming the gift of spiritual direction*. New York: Paulist

Edwards, Tilden. 2001. *Spiritual director, spiritual companion: Guide to tending the soul*. New York: Paulist.

Galindo, Israel. 1997. *Spiritual direction and pastoral counseling*. Journal of Pastoral Care 51:395-402.

Gratton, Carolyn. 1992. *The art of spiritual guidance*.

New York: Crossroad.

Grof, Stanislav, and Christina Grof, eds. 1989. *Spiritual emergency: When personal transformation becomes a crisis.* pp. 1-26. New York: Tarcher/Putnam.

Karasu, T. 1999. *Spiritual psychotherapy.* American Journal of psychotherapy 53:143-62.

Leech, Kenneth, 1977. *Soul friend: The practice of Christian spirituality.* San Francisco: Harper & Row.

Lescher, B. 1997. The professionalization of spiritual direction: Promise and peril. *Listening* 32:81-90.

May, Gerald. 1992. *Care of mind, care of soul: A psychiatrist explores spiritual direction.* San Francisco: HarperCollins.

Miller, William R., ed. 1999. *Integrating spirituality into treatment: Resources for practitioners.* Washington, D.C.: American Psychological Association.

Propst, L. Rebecca. 1996. Cognitive-behavioral therapy and the religious person. In *Religion and the clinical practice of psychology,* ed. Edward P. Shafranske, pp. 391-408. Washington, D.C.: American Psychological Association.

Richards, P. Scott, and Allen Bergin. 1997. *A spiritual strategy for counseling and psychotherapy.* Washington, D.C.: American Psychological Association.

Rose, Elizabeth, John Westfeld and Timothy Ansley. 2001. Spiritual issues in counseling Clients' beliefs and preference. *Journal of Counseling Psychology* 48:61-71.

Ruffing, Janet K. 2000. *Spiritual direction: Beyond the beginnings.* New York: Paulist.

Sperry, Len. 1998. Spiritual counseling and the process of conversion. *Journal of Christian Healing* 20:37-54.

Sperry, Len. 2001. *Spirituality in clinical practice: Incorporating the spiritual dimension in psychotherapy and counseling.* New York: Brunner/Routeledge.

Stairs, Jean. 2000. *Listening for the soul: Pastoral care and spiritual direction.* Minneapolis: Fortress.

Steere, Douglas. 1997. *Spiritual presence in psychotherapy: A guide for caregivers*, New York: Brunner/Mazel.

Stone, H. 1999. Pastoral counseling and the changing times. *Journal of Pastoral Care* 53:119-27.

Thornton, Martin. 1984. *Spiritual direction.* New York: Cowley.

Wise, Caroll A. 1983. *Pastoral psychotherapy: Theory and practice.* New York: Jason Aronson.

제10장
영성지도와 심리치료
윤리적인 쟁점

상-양 탄

심리치료에 영성과 종교를 통합시키는 것(탄 1996b, 1999c, 2001b)은 그동안 특별히 그리스도교적인 상담 분야 (예를 들면, 앤더슨, 췰게, 그리고 퀄케 2000; 베니 1988, 1998; 맥민 1996)뿐만 아니라 일반적인 정신건강 분야에서도 관심과 강조의 대상이 되는 중요한 영역으로 자리 잡았다(예를 들면, 아크흐타와 파렌스 2001; 벡바 1997; 캔다와 퍼먼 1999; 코넷 1998; 코트라이트 1977; 후쿠야마와 세빅 1999; 제니아 1995; 그리피스와 그리피스 2001; 켈리 1995; 로빈저 1984, 1990; G. 밀러 2003; W. R. 밀러 1999; 닐슨, 존슨, 그리고 엘리스2001; 리처즈와 버긴 1997, 2000, 2004; 샤프란스크 1996; 스페리 2001; 스티어 1997; 윌쉬 1999; 웨스트 2000).[1] 최근에는 좀 더 특별한 초점이 점점 큰 관심을 얻고 있는데, 그것은 영성지도를 심리치료, 상담과 통합시키는 것이다

(예를 들면, 베너 1998). 최근의 이러한 발달은 종교와 건강 간의 의미심장하고도 긍정적인 관계를 강조하는 좀 더 광범위한 정신건강 운동의 일부다(예를 들면, 쾨니히 1998, 1999; 쾨니히와 코헨 2002; 쾨니히, 맥클로우, 그리고 라손 2001; 라손, 스와이어, 그리고 맥클로우 1998; 플랜트와 셔먼 2001; 프랜시스와 칼도 2002; 밀즈 2002). 비록 이 운동에 대한 비난도 존재하긴 하지만 말이다(예를 들면, 슬론과 바질라 2002).

영성지도 자체에 관한 문헌들은 특히나 최근 몇 년 동안에 급속히 증가하였다. 키이스 앤더슨과 랜디 리스(1999)는 영적 멘토링 또는 영성지도에 관한 학자들의 현대적 정의를 재검토하였다: 윌리엄 배리와 윌리엄 코널리(1982), 마리 쿰즈와 프랜시스 네메크(1984), 틸든 에드워즈(1980), 리처드 포스터(1988), 마가렛 귄터(1992), 앨런 존스(1982), 장 라플라스(1988), 케네스 리치(1977), 토마스 머튼(1960), 그리고 유진 피터슨(11989). 키이스 앤더슨과 랜디 리스는 또한 영적 멘토링이나 영성지도에 관한 참고문헌들을 추천하였는데, 여기에는 조셉 앨런(1994), 캐롤린 그라톤(1992), 아이린 하우셔(1990), 그리고 모튼 켈시(1983)의 작품도 포함되었다 — 토마스 두바이(1993)의 저서도 읽어보라. 그 뒤로도 영성지도와 관련하여 몇몇 중요한 저서들이 출판되었다(예를 들면, 베너 2002; 로사지 1999; 루핑 2000; 스테어즈 2000; 베너 2003; 크랩 1997, 1999; 문 1997a). 영성형성을 위한 12가지 성서적, 실천적 접근방법을 총망라한 좀 더 포괄적인 저서(보아 2001)를 포함해서 말이다.

그리스도교 영성지도에 관해 널리 알려진 정의는, 배리와 코넬리의 다음과 같은 정의다:

따라서 우리는 그리스도교 영성지도란, 하나님의 개별적인 대화에 관심을 집중하고, 이렇게 개별적으로 대화하시는 하나님께 응답하며, 이 하나님과의 친밀감 속에서 성장하고, 그 관계의 결과를 현실화시킬 수 있도록, 그리스도인이 그리스도인을 돕는 것이라고 정의한다(1982, 8).

데이비드 G. 베너는 영성지도란 "하나님과 좀 더 심오한 개별적 관계를 맺기 위하여 도움을 구하는 사람이, 다른 사람과의 만남을 통해, 삶의 경험 한가운데에서 하나님에 대한 인식을 키우고 하나님의 뜻에 최대한 복종하는 것에 초점을 맞춘 기도와 전향을 이루게 되는 기도의 과정"이라고 정의하였다(2002, 94). 베너는 영성지도가 비록 상담이나 심리치료와 몇몇 동일한 특징을 공유하고는 있지만, 영성지도는 결코 새로운 것도 아니고, 권위주의적인 것도 아니며, 충고를 하는 것도 아니고, 훈련을 시키는 것도 아니고, 설교를 하는 것도 아니며, 도덕적 지침도 아니고, 가르침도 아니고, 상담도 아니라고 주장하였다. 베너에 따르면, 영성지도는 최소한 세 가지 주요 측면에서 상담과 차이가 난다: (1) 상담은 문제 중심적이지만, 영성지도는 성령 중심적이다. (2) 상담가는 도움을 청하러 온 사람들의 내적 경험에 공감하려고 애쓰지만, 영성지도자는 피지도자보다도 하나님의 성령께 공감의 초점을 모은다. (3) 상담가는 메모를 작성하고 기록을 남기는 일에 몰두하지만, 영성지도자는 보통 그런 작업을 하지 않는다(문 1994도 읽어보아라).

윌리엄 웨스트는 심리치료와 영성지도를 다음과 같이 비교하였다(2000, 127쪽을 보아라):

1. **심리치료와 상담의 특색**: 전문직이나 중개의 맥락에서 도와주는 후원 관계; 일대일 또는 일대다 관계; 정서적 또는 심리적 고통을 겪고 있는 내담자; 임상 또는 연구 중심; 내담자가 사회에 적응하도록 도와주는 것이라고도 볼 수 있음; 정서적 차원과 정신적 차원에 집중; 내담자의 자율성을 강화시키는 것을 목표로 한다; 종종 한 시간에 걸친 공식적 만남을 몇 주나 몇 달, 또는 몇 년 동안 유지한다.

2. **영성지도의 특색**: 신앙의 맥락에서 도와주는 후원 관계; 일대일 또는 일대다 관계; 내담자는 위기에 처하지 않은 사람일 수도 있다; 신앙공동체에 토대를 둔다; 내담자가 신앙생활을 이끌어 갈 수 있도록 도와준다; 기도생활이나 종교체험, 하나님과의 관계 같은 영적 문제들에 집중; 하나님의 뜻에 자기를 복종시키는 것을 목표로 한다; 때로는 비공식적이고, 일시적이며, 집중적이다(예를 들면, 영성수련처럼).

위와 같이 정의된 영성지도에서는, 영성지도자와 피지도자가 영성지도 시간에 기도나 성경묵상, 침묵 같은 영성훈련을 실천하는 것도 그리 드문 일이 아니다. 이런 현상은 그리스도교 상담과 심리치료에서도 적절한 장소에서 일어날 수 있다(탄 1996a, 1996b, 1998; 에크 2002; 홀과 홀 1997; 월라드 1996). 게리 문과 데일 윌리스, 주디 베일리, 그리고 존 콰스니(1993)는 이전의 연구와 다를 바 없이, 그리스도교 심리치료사, 목회상담가, 영성지도자들이 가장 빈번히 사용하는 영성지도 기술은 (20가지 목록 중에서) 영적인 역사, 분별, 용서, 고독이나 침묵, 중보기도, 그리고 성경의 가르침임을 밝혀냈다. 그보다 일찍 마밀린 간즈-플링과 패트리샤 맥카시(1991)는 영성지도자들이 심리치료사들보다 더 다른 분야의 기술과 주제들을 자신의 실천에 통합하는 능력이 크다는 사실을 밝혀냈다. 비록 결과적으로 보면, 두 분야가 의미심장하게 겹친다는 주장도 있었지만 말이다.

흥미롭게도 베너는 그리스도교 심리치료와 영성지도의 역할 요구나 초점이 너무 달라 그 둘을 결코 통합하거나 결합시킬 수 없다고 했던 초반의 견해를 변경하였다(베너 1988; 메이 1992). 현재 그의 견해는 그 둘을 결합시킬 수 있다는 것이다. 비록 그런 통합의 경험이나 모델을 거의 찾아볼 수는 없지만 말이다. 그는 영성지도와 심리치료를 결합시킨 두 가지 예를 설명하였다: 버나드 티렐의 크리스토테라피(1982), 그리고 베너 자신의 개입, 곧 강력한 영혼의 돌봄을 위한 영성수련(베너 1998). 이 두 가지 예에는 영적 체험이나 영성지도뿐만 아니라 심리치료적 기술도 적용된다. 그러므로 영성지도와 심리치료, 특히 그리스도교 심리치료를 통합하는 것은 직업적 통합의 중요한 일부분일 수도 있고(탄 2001b), M. 엘리자베스 홀과 토드 홀이 "치료실에서의 통합"이라고 부른 것일 수도 있다(1997, 86). 하지만 그런 통합은 윤리적이고도 도움이 되는 방식으로 실천해야 한다. 따라서 본 논문은 영성지도와 심리치료의 통합과 관련하여 윤리적 문제와 지침에 초점을 맞출 것이다.

윤리적인 쟁점

법적 문제(레비코프 1991; 오쉴라거와 모스거피언 1992)와 윤리적 문제(샌더스 1997; 트엘트베잇 1999)에 관해 출간된 책들은 그리스도교 상담과 심리치료에 관련된 것들이다. 여기에서 나는 영성지도와 심리치료를 통합하는 데서 좀 더 전문적인 윤리적 문제와 지침을 검토할 것이다.

가장 우선적으로 언급해야 할 것은, 그리스도교 상담이나 심리치료가 그저 증상의 완화나 문제의 해결에 그치는 것이 아니라, 종종 내담자의 영적 성장을 촉진시킨다고 하는 궁극적인 목표를 지향한다는 점이다. 따라서 영성훈련과 그 밖의 종교적 출처의 사용을 포함한 영성지도는, 그리스도교 상담의 통합적 부분으로 여겨지는 경우가 많다. 영성지도와 목회상담, 그리고 그리스도교 심리치료는 저마다 사람들을 돕는 분야가 다르지만, 그래도 대체로 공통된 부분이 많다. 로저 버포드는 그리스도교 상담의 특징을 다음과 같이 요약하였다: "상담가는 깊은 신앙을 지니고 있다; 상담가는 상담을 훌륭하게 해낸다; 상담가는 그리스도교적인 세계관을 지니고 있다; 상담가는 그리스도교적인 가치관에 입각하여 상담 방법과 목표, 동기를 선택한다; 상담가는 하나님의 임재와 역사하심을 능동적으로 추구한다; 그리고 상담가는 윤리적 지침에 합당한 출처와 영적 개입을 활발히 이용한다"(1997: 120). 하지만 그리스도교 상담가와 심리치료사들은, 영성지도를 통합하는 과정에서, 영성훈련을 치료에 직접적으로 이용하는 것을 포함하여, 매우 확실한 차이점을 드러낸다. 일각에서는 적절한 경우 임상적 실천에서 좀 더 명백하게 통합시켜야 한다고 주장하는가 하면(탄 1996a, 1996b, 1998, 1999b, 1999c; 탄과 동 2001), 또 일각에서는 주의를 기울이되 비난을 해서는 안 된다고 주장한다(예를 들면, 맥민과 맥레이 1997).

어느 정도 주의를 기울여야 한다는 것은 옳은 얘기다. 심리치료에서는 영성지도를 남용하거나 오용할 소지가 다분하기 때문이다. P. 스캇 리처즈와 앨런 버긴은 상담과 심리치료를 위한 영적 전략에 관한 저 유명한 저서(1997)에서 윤리적 문제와 지침을 논의하기 위해 한 장을 통째로 바쳤다. 거기에서 그들은 잠재적 어려움을 안겨주는 윤리적 문제와 도전들을 한꺼번에 다루었다: 이중적인(종교적이면서도 전문직이기도 한) 관계, 종교적 권위의 상실 또는 침해, 내담자에게 종교적 가치관 강요, 작업-환경(교회-국가)의 경계선 침해, 그리고 직업적 능력의 한계를 벗어난 실천. 그들은 또한 심리치료에서 영적 개입을 이용하는 것에 관하여 두 가지의 중요한 우려를 표명했는데, 하나는 미신에 빠져들게 되는 것이고, 다른 하나는 신성하고 신령한 이들을 평범하게 만드는 것이다(1997: 143~69).

다음과 같은 종교적 심리치료의 잠재적 함정 또는 위험을 나는 다른 곳에서 요약한 적이 있다. 그런데 이것은 영성지도를 심리치료와 통합하는 것에도 해당되는 내용이다:

1. 치료사의 종교적 신념이나 가치관을 내담자에게 강요하는 것, 그럼으로써 내담자의 선택의 자유를 감소시키는 것.
2. 내담자에게 치료와 관련된 정보를 충분히 제공하지 못하는 것.
3. 치료적 목표는 무시하고 주로 또는 오로지 종교적 목표에만 몰두함으로써 치료적 접촉을 침해하는 것. 그리하여 부적절한 방식으로 제3자 변상을 받는 것(그렇지만, 때로는 영적 목표와 치료적 목표를 명확히 구별하기가 어려울 때도 있다. 종교적 내담자의 경우 그 둘이 겹치는 경향이 있

기 때문이다).

4. 내담자의 가치관을 윤리적으로 변화시키는 영역에서, 또는 종교적 심리치료를 적절히 시행하는 차원에서, 치료사로서의 능력이 부족한 것.
5. 교리적 문제들을 명확히 하는 게 아니라 그것들에 대해 논쟁하는 것.
6. 기도나 성경 같은 영적 자원들을 오용 내지는 남용함으로써, 치료에서 고통스러운 문제들을 다루지 않으려고 회피하는 것.
7. 치료적 관계를 유지하는 데 반드시 필요한 주요 경계선이나 변수를 모호하게 하는 것.
8. 교회 지도자에게 위탁함으로써, 교회의 권위를 전횡하고 교회의 기능을 부적절하게 수행하는 것.
9. 명상이나 또는 그 밖의 의료적, 심리학적 대처가 필요할 수도 있는 문제들에 대해 오로지 종교적인 중재만을 적용하는 것(탄 1994, 390).

마크 맥민과 바렛 맥레이가 제기한 한 가지 독특한 윤리적 우려는, 심리치료에서 영적인 중재에 대한 보수를 청구하고 제3자 변상을 받는 것과 관련이 있다(트옐트베잇 1986):

> 좀 더 일반적으로 볼 때, 영적인 지침을 심리치료의 일부로 사용할 경우, 대부분의 심리학자들이 업무 수행에 대해 받는 보수는 엄청나게 많은 문제를 불러일으킬 것이다. 역사적으로 목회돌봄의 일부였던 업무에 대해 보수를 요구하는 게 정당한 일인가? 내담자의 청구서 중 일부 금액을 지불

하게 될 보험회사에게 과연 어떤 정보를 주어야 할까? 시간이 한정된 중재가 점점 돌봄의 표준이 될 텐데, 영적인 발달이 심리치료의 적합한 목표인가? 이런 문제들은 앞으로 수년간 주의 깊게 고려해 보아야 할 심각한 사안들이다.(맥민과 맥레이 1997: 108)

맥민과 맥레이는 영적인 중재나 방법론의 효력을 경험적으로 증명할 필요가 있음을 강조하였다. 특히 최근에는 경험론적으로 입증된 요법을 사용해야 한다고 강조되고 있기 때문이다. 지금까지 경험론적으로 입증된 요법은, 성인의 경우 108가지, 어린이의 경우 37개 목록으로 늘어났다(챔블리스와 올렌딕 2001; 탄 2001a). 그렇지만 이렇게 경험론적으로 입증된 요법을 강조하는 것은 래리 버틀러(2000)에 따라 비판을 받기도 했다. 특히 경험적으로 입증된 치료법 외에 경험적으로 잘 알려진 치료 원칙까지도 모두 사용해야 한다는 주장은 비판을 받기에 이르렀다(비틀러, 클러킨, 그리고 봉가 2000; 버틀러외 하워드 2000). 존 노크로스(2002)는 경험적으로 입증된 치료적 관계(ESRs)나 그것이 작용하는 심리치료 관계에 대해 좀 더 관심을 기울여야 한다고 강조하였다(탄 2003을 참조).

위에서 훑어본 윤리적 문제들은 결코 철저히 조사한 게 아니다. 하지만 영성지도의 통합을 비롯하여, 심리치료에 대한 종교적 또는 영적 접근법에 내재해 있는 큼직한 잠재적 함정들을 살펴보기에는 충분했다. 이러한 윤리적 위험요소들은, 영성지도를 통합하는 종교적 심리치료의 실천을 위한 몇 가지 윤리적 지침을 잘 따를 경우, 완전히 제거하거나 약화시킬 수 있다.

윤리적인 지침

리처드와 버긴은 실천적인 차원에서 유신론적인 영적 전략을 따르는 심리치료사들을 위하여, 자신들이 제기한 5가지 중요한 윤리문제를 해결할 수 있는 윤리적 권고 혹은 지침이 실린 기다란 리스트를 제공하였다(1997: 143~69 참고).

치료사-종교 지도자/보조자가 한 사람인 **이중관계는 피해야만 한다**(리처드와 버긴 1997: 147~48). 만일 치료사가 주의 깊게 살펴본 결과 이중관계가 내담자에게 가장 적합하다는 결론을 내린 경우라도, 그런 관계를 시작하기에 앞서 먼저 감독자인 수퍼바이저나 동료 전문가들도 그렇게 생각하는지 자문을 구해야 한다. 그리고 만일 그들 역시 동의한다면, 치료사는 내담자에게 이중관계의 한계점과 위험을 분명히 설명해 주어야 한다. 치료사는 자문을 자주 구해야 하며, 만일 내담자에게 해롭다는 확신이 들 경우 얼른 그 관계를 종결짓고 적절한 위탁을 해주어야만 한다. 증거자료는 조심스럽게 유지해야 한다.

또한 리처드와 버긴은 종교적 권위를 빼앗기거나 침범당할 위험이 있을 경우 **종교 기관과 제휴**할 수 있는 윤리적 지침을 알려 준다(1997: 151~53): 치료사는 내담자의 종교나 교단 전통을 알아야 한다. 그리고 필요하다면, 내담자가 종교지도자를 후원이나 원조를 받을 수 있는 출처라고 생각하는지 여부도 살펴야 한다. 만일 내담자가 동의한다면, 치료사는 내담자에게 종교지도자와 접촉하고, 상담하고, 협력하겠다는 서면 동의서를 받아두어야 한다. 치료사는 내담자의 종교지도자와 명확하고, 공손하고, 정중하게 의사소통해야 하며, 협조에 대한 감사를 표시해야 한다.

치료사는 (영성지도나 그 밖의 영성지도 기술을 포함한) 영적인 개입을 시작하기에 앞서, 자신은 내담자에 대한 교회적 권위가 전혀 없으며, 따라서 내담자의 종교지도자나 종교기관에 공식적으로 행동을 취하거나 진술할 수 없다는 사실을 내담자에게 분명히 밝혀야 한다. 치료사는 내담자의 종교지도자에게만 한정된 교회적 기능(예를 들면, 죄의 고백을 듣는다거나 죄를 사면해 주는 것)을 수행해서는 안 된다. 치료사는 자신의 치료적 기능과 내담자의 목사가 수행하는 기능이 겹치는 부분을 잘 설명해 주어야 한다. 치료사는 종교적 심상이나 기도 같은 특정의 영적 개입을 사용하기 **전에**, 먼저 내담자가 그것이 자기에게 적합하다고 생각하는지 여부를 확인해야 한다. 치료사는 내담자의 종교지도자를 비난하거나 비웃지 말아야 하며, 일반적으로 자신이 종교지도자와 종교공동체를 후원과 원조의 출처로 여긴다는 사실을 내담자에게 알려 주어야 한다(브랜틀리와 브랜틀리 2001; 맥레이 외, 2001을 참조).

나아가, 리처드와 버긴은 치료사가 자신의 종교적 가치관을 내담자에게 강요할 수도 있는 위험을 피하기 위하여, **내담자의 가치관을 존중**할 수 있는 지침도 제공한다(1997: 158~59). 치료사는 내담자에게 자신과 다른 종교적 확신을 지닐 수 있는 권리가 있음을 인정해야 한다. 치료사는 내담자를 자신의 종교적 신앙이나 교단으로 개종시키거나 전향시키려고 해서는 안 된다. 치료사는 내담자의 행동이나 선택이 자신의 확신이나 신앙과 반대된다고 해서 무례하게 비난하지 말아야 한다. 하지만 내담자가 원한다면, 내담자의 가치관 선택과 행동의 영적, 도덕적 측면과 결과에 대해서 허심탄회하게 논의할 수 있다. 치료사와 내담자의 가치관이 갈등을 빚게 될 경우, 치료사는 내담자가 다른 가치관을 지닐 수 있는 권리가 있음을 인정해 주는 동시에 자신의 견해를 피력할 수 있다. 치료사는 가치관의 갈등이 치료에 부정적인 영향을 미칠 수 있다는 사실을 염두에 두어야 하며, 다른 치료사에게 위탁해 주는 것도 고려해 보아야 한다. 치료사는 내담자에게 잘 설명해 주고 내담자가 동의할 경우에만 영적, 종교적 목표와 개입(영성지도와 그 밖의 영성지도 기술들)을 포함시켜야 한다. 내담자가 그런 목표를 추구하는 것과 그런 개입에 참여하는 것에 대해 확실히 관심을 표명해 왔을 경우에도, 먼저 명확하고 간결하게 설명을 해주어야 한다.

리처즈와 버긴은 **교회-국가의 경계선을 존중**하기 위하여 다음과 같은 지침을 포함시킨다(1997: 162~63): 도시 환경에 속한 치료사들은 그런 환경 속에서 교회와 국가의 분리에 관한 정책과 규칙을 따라야 한다. 도시나 그 밖의 환경에 속한 치료사들은 내담자에게 특별한 종교적 전통을 강요하기 위하여 영적인 중재를 적용시키면 안 된다. 그들은 (가능한 한) 어디까지나 내담자의 가치체계 속에서 작업해야 한다. 도시 환경에 속한 치료사들은 영적 또는 종교적 중재를 이용하기 전에 우선 내담자와 감독자 양쪽의 서면 동의를 받아야 한다. 그리고 어린이와 청소년에게 치료 행위를 할 때에는 부모의 서면 허가를 받아내야 한다. 공립학교나 그 밖의 도시 환경에서 어린이와 청소년을 내담자로 두고 일하는 치료사들은, 내담자와 함께 기도를 한다거나, 성경을 읽는다거나, 신앙도서를 나누어 준다거나 하는 영적 개입을 하지 말아야 한다.

리처즈와 버긴은 능력의 한계를 벗어난 실천의 위험을 언급하기 위하여, APA 윤리적 지침에 입각하여, 유신론적 영적 전략을 사용하고 싶어 하는 직업적 심리치료사를 위한 **교육과 훈**

련 기준을 다음과 같이 권고한다(1997: 166). 치료사들은 근본적인 다문화 상담 태도와 기술을 훈련받아야 한다(수와 수 2003; 탄 1999a; 탄과 동 2000). 치료사들은 심리학과 종교사회학뿐만 아니라 상담과 심리치료의 영적 문제들에 대해서까지 도움이 될 만한 학자들의 관련 논문과 서적을 많이 읽어야 한다. 치료사들은 적어도 한 가지씩은 종교와 정신건강과 심리치료의 영적 문제들에 관한 워크숍이나 강의에 참석해야 하며, 세계 종교에 관한 수업을 듣거나 훌륭한 저서들을 한두 권씩 읽어야 한다. 치료사들은 치료에서 종종 접하게 되는 종교적, 영적 전통들에 대해 특별한 지식을 갖추어야 한다(도움이 될 만한 책으로는 리처즈와 버긴의 저서가 있다 2000). 치료사들은 특별한 종교적 전통을 지닌 내담자를 처음 만날 경우 감독이나 자문을 구해야 한다. 특히 이제까지 한 번도 다뤄본 적이 없는 문제일 경우, 또는 치료 작업에 처음으로 — 또는 한 번도 시도해 본 적이 없는 새로운 — 영적인 중재를 이용하게 되었을 경우는 더더욱 그렇다.

따라서 리처즈와 버긴은 영성지향 심리치료를 실천하기 위한 포괄적이고도 보수적인 윤리적 지침 목록을 제공하였다. 그들의 지침은 영성지도를 심리치료와 통합하는 데에도 잘 적용된다.

게리 문 역시 심리치료에서 — 영성지도와 영성훈련을 포함하여 — 영적인 개입을 윤리적으로 사용하기 위한 여러 개의 지침과 고려 사항들을 검토한다(1997b: 287). 그는 P. 스캇 리처즈와 리처드 포츠(1995)로부터 몇 가지 윤리적 지침을 요약한다: 오로지 성령에서 그러라고 하실 때에만 영적인 개입을 이용해라. 그런 개입을 사용하기 전에 우선 내담자와 신뢰 관계가 형성되어 있는지부터 확인해라. 내담자에게 알리고 동의를 얻어야 하며, 영적인 개입을 시작하기 전에 먼저 내담자의 종교적 신념을 평가해야 한다. 내담자의 영성 수준과 가치체계에 맞게 작업하여라. 영적인 개입은 조금씩 조심스럽게 사용해야 한다. 지나치게 불안해하는 내담자의 경우, 영적인 개입이 전혀 효과가 없을 수도 있다. 그런 상황에서는 다른 사람에게 위탁할 수도 있다. 만일 종교가 내담자의 문제 가운데 일부라고 여겨질 경우에는 영적인 개입을 신중하게 사용하여라.

또 문은 앨런 넬슨과 윌리엄 윌슨(1984)을 토대로 내가 작성한 목록(탄 1994)으로부터 윤리적 지침을 이렇게 요약한다: 내담자는 치료사와 기본적인 종교적, 영적 신념체계를 공유해야 한다; 내담자가 심리치료에 대한 종교적, 영적 개입을 요청하였고, 따라서 이미 여기에 동의를 한 상태다. 게다가 특별한 영적 개입을 사용할만한 이유가 존재한다 — 그것은 임상적 문제와 관련되어 있으며, 심리적 고통을 덜어줄 수 있을 것 같다. 마지막으로 문은 마크 맥민(1996)으로부터 두 가지 윤리적 권고를 언급한다: 동의를 위한 지침은 주의 깊게 따라야 한다. 그리고 심리학자는 영적 개입을 비롯하여, 그동안 경험적 후원을 얻어온 특별한 기술을 사용하는 것이 가장 안전하다. 되도록이면 두 가지의 독립적인 이중맹검 double-blind 연구로부터 말이다.

나아가 문은 심리치료사들이 영성지향 심리치료를 실시하게 만드는, 그러니까 영성지도를 통합하게 만드는 공식적 훈련의 12가지 목표 또는 권고를 제공한다(1997b: 291~92):

1. 쏘렌슨(1996)에 따르면, 우리가 신학을 좀 더 잘 적용하기 위해서는, 좀 더 많은 신학자들이 교수진과 기고가로 나서

야 한다.
2. 강사들은 종교적/그리스도교적 영성실천에서 비롯되는 중재들을 기꺼이 모방해야 하며, 학생들을 훈련시키고 감독하는 동안 능력에 입각한 훈련 방법을 사용해야만 한다.
3. 프로그램을 훈련할 때에는 세 가지 분야(심리학, 신학, 그리고 영성형성)의 방법론 ― 통계와 연구기술, 해석법, 비판적인 사고, 그리고 정직한 자기반성 ― 을 강조해야 한다.
4. (그리스도교 학문의 교육과 실천을 통해) 학생들의 그리스도교적 성격 특성을 발달시키기 위한 과정과 활동이 매우 적절한 것 같다.
5. 한 해 동안 개별적인 심리치료가 필요하다.
6. 또 한 해 동안 영성지도가 필요하다.
7. 고전적인 목회돌봄/목회상담의 역사 강의를 들어야 한다.
8. 교회는 (그저 내담자를 위탁해 주는 출처가 아니라) 직접 섬김을 베푸는 곳으로 여겨져야 한다.
9. 통합훈련 프로그램은 학생들을 위한 영성형성 훈련도 포함해야 한다는 사실을 진지하게 받아들여야 한다.
10. (경험적으로 입증된 요법들의 기준에 합당한, 잘-통제된 연구와 더불어) 훨씬 더 경험적인 결과 연구가 필요하다.
11. 다양한 종교적 가치관과 배경을 지닌 사람들에게 섬김을 베푸는 일의 윤리학은 학생들에게도 적용되어야 한다.
12. 마지막으로, 심리치료와 목회상담과 영성지도의 차이점을 인정함과 동시에, 그것들의 경계선을 넘어서서, 훨씬 더 많은 논의가 이루어져야 한다.

임상실천에서 영성관련 정신건강 전문가들을 훈련시키기 위한 또 하나의 권고 역시 매우 유용하다(바우먼 1998; W. R. 밀러 1999; 탄 1993, 1999c; 웨스트 2000). 여기에는 정신과 레지던트를 훈련하기 위한 모델 커리큘럼이 포함되어 있다(라손, 루 그리고 스와이어 1996).

심리치료에서 영적 개입을 사용할 수 있도록 정신건강 전문가들을 공식적으로 훈련시키는 것에 대해서 앞으로도 훨씬 더 많은 연구가 이루어져야 한다. 하지만 중요한 것은 치료 작업 중에도 심리치료의 목표 — 증상의 완화, 심리적 고통의 경감 — 를 그대로 유지하는 것이다. 영적 성장과 하나님과의 관계 발달을 목표로 하는 영성지도는 전체론적이고 통합적인 심리치료에서 유력한 자리를 차지해 왔다. 그러나 영성지도가 **치료** 과정에서 심리치료의 자리를 완벽하게 대신해서는 안 된다. 심리치료의 목표가 본질적으로 달성되고, 그래서 오로지 영성지도만 필요해질 경우, 심리치료는 그만 종료해야 한다. 내담자가 오로지 영성지도만 원할 경우에는 영성지도자나 목회자에게 위탁해 주는 것이 바람직하다. 이렇게 함으로써, 치료사는 증상이나 심리적 고통이나 문제와 관련된 심리치료 작업 또는 목표를 언급하지 않고 오로지 영성지도만을 실시한 것에 대해 보수를 청구한다거나 제3자 변상을 받는다거나 하는 것들과 관련된 잠재적 윤리 문제를 피할 수가 있다(맥민과 맥레이 1997을 참고). 영성훈련 실시를 포함한 영성지도를, 비용을 청구하지 않는 그리스도교 평신도 상담과 통합하는 것이 좀 더 간단할 수도 있다(탄 1991, 1997 참고).

하지만, 만일 내담자가 충분히 설명을 듣고 나서도 (목사나 영성지도자를 소개받는 대신) 오로지 영성지도만을 위해 그리스도교 치료사에게 계속 진료를 받겠다고 하면, 그 치료사는 치료의 목표가 달성되고 증상이 어느 정도 완화된 뒤에 다음의 여러 가지 윤리적 선택권을 지니게 된다:

- 내담자의 의견을 받아들여 지속적인 영성지도 만남을 갖는다. 내담자는 제3자 변상 없이 영성지도 비용을 지불한다.
- 내담자를 무료로 섬긴다.
- 제3자 변상 없이, 제안된 기부금 합의로 전환한다.

공식적인 훈련 프로그램을 책임지는 이들, 특히 박사학위 취득자들은 치료실에서 영성지도의 명백한 통합을 위해 학생들을 훈련시킬 수 있는 좀 더 효과적인 커리큘럼을 개발해야 한다(탄 1996a, 1996b, 1998, 1999b, 1999c; 에크 2002; 홀과 홀 1997도 참고). 문과 그의 공저자들은(1993) 박사학위를 취득한 종교적 정신건강 전문가들이 석사학위를 취득한 전문가들보다 명백한 영성지도 기술(예를 들면, 기도와 성서 인용 또는 성서 교육)을 덜 사용하는 경향이 있다고 주장하였다. 또한 그들은 이러한 영적 개입이 강의 요강에 언급되거나 공식적인 강의 시간에 언급되는 경우도 매우 드물다고 지적하였다. 그리고 그 결과, 이제야말로 종교적 상담이나 심리치료에 관한 특수교육과 자격증 제도를 발전시켜야 할 때가 왔다고 주장하였다. 이것은 애틀란타심리학연구소에서 임상신학연구소를 통하여 문과 그의 동료들에 따라 시도되었다(문 1997b 참고).

영성지도와 목회상담

렌 스페리(2003)는 영성지도와 목회상담과 영적 심리치료의 차이점뿐만 아니라 공통점에 대해서도 유용한 논의와 설명을 제공하였다. 그는 현재 두 가지 주요 형태의 목회상담이 존재한다고 지적한다: 단기 목회상담과 장기 목회심리치료. 그 중 단기 목회상담은 문제해결 또는 해결책 중심적이며, 주로 성직자와 그 밖의 전문교역자들에 따라 제공된다. 반면에 장기 목회심리치료는 종종 정신분석적인 성향을 띠고, 주로 전문교역자들과 그 밖에도 상담과 심리치료 분야에서 공식 자격증이나 면허증을 소지한 사람들에 따라 제공된다(스톤 1999). 목회심리치료는 때로 심리치료와 구별하기가 힘들다(와이즈 1983).

스페리가 지적하듯이, "목회상담의 기본 목표는 증상완화, 문제해결, 그리고 심리적 건강회복이다. 성격의 변화는 보통 목회상담의 목표가 아니다. 하지만 세속적 심리치료와 마찬가지로, 성격변화는 대체로 목회심리치료의 목표다"(2003: 5). 목회상담은 "치유와 성장에 대한 심리학적 이해뿐만 아니라 종교적, 영적 자원까지 사용하는 고유한 형태의 상담이다"(2003: 5). 그리고 목회상담은 영성지향 상담이나 심리치료와 많은 부분이 일치한다. 그렇지만 영성지도와 그 밖의 영적 자원들을 목회상담과 통합하는 것은 비교적 쉬운 일이며, 이미 실행된 경우도 많다. 목회상담은 영적인 토대를 지닌 형태의 상담이기 때문이다(갤린도 1997을 보라).

비공식적으로, 아무런 보수 없이 목회상담을 제공하는 성직자나 다른 전문사역자들은 영성지도를 전혀 무관하거나 적합하지 않은 심리치료, 상담과 통합시키는 것에 관하여 몇 가지 윤리적인 문제와 지침을 발견하게 될 것이다. 보수 청구에 관한 문제는 여기에 해당하지 않으며, 교회나 성직자의 역할이라고 여겨지는 것은 사실 목사나 성직자가 실시해 온 목회상담에 해당된다! 하지만 면허증이나 자격증을 소지한 상태에서 보수를 요구하는 목회상담가들은 적합한 지침들을 많이 발견하게 될 것이다.

영성지도를 심리치료나 상담 자체와 통합하는 것보다는 목회상담과 통합하는 것이 좀 더 쉽다. 그럼에도 불구하고 주목해야 할 점은, 영성지도가 증상완화와 문제해결에 초점을 둔 목회상담과 완전히 똑같은 건 아니라는 사실이다.

요약

영성지도를 심리치료와 통합하는 것은 타당성 있고 흥미로운 작업이다. 영성지도 분야는 최근 몇 년간 상당한 발전을 보였다. 관련서적도 급격히 증가하였으며, 자격증을 얻기 위한 새로운 훈련 프로그램도 개발되었다. 또한 여러 신학대학원과 대학교에서 석사학위 과정과 박사학위 과정을 신설하고 있는 실정이다. 정신건강 직업과 관련된 공식적 훈련 프로그램들, 특히 그리스도교 박사학위 과정 프로그램은, 영성지도와 영성훈련을 그리스도교 심리치료와 통합하기 위한 좀 더 포괄적이고도 효율적인 훈련을 구체화해야 한다. 물론 그런 통합에 따른 윤리적 문제와 위험 요소도 몇 가지 존재하기는 하지만, 이 장에서 살펴본 지침과 권고 사항을 잘 따르기만 한다면, 치료사들이 잠재적인 윤리적 문제와 함정을 최소화하거나 피할 수 있을 것이다.

궁극적으로, 영성지도를 성서적인 관점에서 심리치료와 통합시키려면, 성령께 의지하고(탄 1999b) 또 그리스도의 주권에 복종하는 풍성한 기도생활에 의지해야 한다. 여기에는 치료사 쪽에서(탄 1987) 영성훈련을 정기적으로 실천하는 것도 포함된다(탄과 그렉 1997; 포스터 1988; 윌라드 1988). 내담자가 심리적 고통의 완화뿐만 아니라 심리적, **그리고** 영적 성장까지 목표로 하는 치료를 자유로이 선택할 수 있을 때 충만한 축복과 좀 더 온전한 평화를 느낄 수 있는 가능성은 무궁해질 것이다.

엘리자베스 로즈, 존 웨스트필드, 그리고 티모시 앤슬리(2001)는 이전의 비슷한 연구들이 잠재적 내담자들을 대상으로 한 것과 달리 실제 내담자들을 연구함으로써, 종교적 관심사를 믿는 내담자가 상담에서 논의하기에 적합하며, 치료에서 영적 쟁점들을 논의하는 데에도 좀 더 어울린다는 결론을 내렸다:

> 확실히, 대다수의 내담자들, 특히 매우 영적인 사람들은 종교적, 영적 쟁점들이 치료에서 논의하기 좋고 또 적합할 뿐만 아니라, 세계관과 성격의 형성에도 결정적이고 인간의 행동에 많은 영향을 미치는 중요한 치료적 요인이라고 믿는다. 심리치료 서비스를 제공하는 심리학자들은 종교적, 영적 쟁점들을 상의하고 싶은 내담자의 욕구에 민감해져야 한다; 미래의 상담심리학자들을 훈련시키는 사람은 학생들이 이런 문제를 다룰 수 있도록 준비시켜야 한다; 그리고 연구자들은 상담에서 종교와 영성의 치료적 측면을 밝혀내야 한다(로즈, 웨스트필드, 그리고 앤슬리 2001: 69).

영성지도를 비롯하여, 영성을 심리치료나 상담과 윤리적으로 그리고 유용하게 통합시키는 것은 많은 내담자들이 바라는 일이다. 심리치료에 대한 통합적인 심리적-영적 접근법의 효율성에 관해서는, 확실한 결론을 내리기에 앞서 좀 더 나은 훈련과 연구가 더 많이 이루어져야 한다(맥클로우 1999; 워딩턴, 쿠루스, 맥클로우, 그리고 샌디지 1996). 종교적으로 순응적인 그리스도교 심리치료(6개)와 이슬람 심리치료(3개)에 대한 경험적 연구를 검토한 결과, 그 효율성에는 약간의 한계가 있다는 결론이 내려졌다. 특히 우울증을 앓는 내담자들의 경우는 더더욱 그랬다(워딩턴과 샌디지 2001을 참고). 하지만 일반화된 불안장애를 지닌 종교적 환자들에 대한 종교적-문화적 심리치료를 나중에 경험적으로 연구한 결과는 긍정적인 결과를 가져왔다(라잘리, 아미나, 그리고 칸 2002).

참고문헌

Akhtar, Salman, and Henri Parens, eds. 2001. *Does God help? Development and clinical aspects of religious beleif.* Northvale, N.J.: Jason Aronson.

Allen, Joseph J. 1994. *Inner way: Toward a rebirth of Eastern Christian spiritual direction.* Grand Rapids, Mich.: Eerdmans.

Anderson, Keith R., and Randy D. Reese. 1999. *Spiritual mentoring: A guide for seeking and giving direction.* Downers Grove, Ill.: InterVarsity Press.

Anderson, Neil T., Terry E. Zuehlke and Julianne S.

Zuehlke. 2000. *Christ-centered therapy The practical integration of theology and psychology.* Grand Rapids, Mich.: Zondervan.

Barry, William A., and William J. Connolly. 1982. *The practice of spiritual direction.* San Francisco: Harper & Row.

Becvar, Dorothy S. 1997. *Soul healing: A spiritual orientation in counseling and therapy.* New York: BasicBooks.

Benner, David G. 1988. *Psychotherapy and the spiritual quest.* Grand Rapids, Mich.: Baker.

Benner, David G. 1998. *Care of souls: Revisioning Christian nurture and counsel.* Grand Rapids, Mich.: Baker.

Benner, David G. 2002. *Sacred companians: The gift of spiritual friendship and direction.* Downers Grove, Ill.: InterVarsity Press.

Benner, David G. 2003. *Surrender to love: Discerning the heart of Christian spirituality.* Downers Grove, Ill.: InterVarsity Press.

Beutler, Larry E. 2000. David and Goliath: When empirical and clinical standards of practice meet. *American Psychologist* 55:997-1007.

Beutler, Larry E., John F. Clarkin and Bruce Bongar. 2000. *Guidelines for the systematic treatment of the depressed patient.* New York: Oxford University Press.

Beutler, Larry E., and T. Mark Harwood. 2000. *Prescriptive psychotherapy: A practical guide to systematic treatment selection.* New York: Oxford University Press.

Boa, Kenneth. 2001. *Conformed to his image: Biblical and practical approaches to spiritual formation.* Grand Rapids, Mich.: Zondervan.

Bowman, Elizabeth S. 1998. Integrating religion into the education of mental health professionals. In *Handbook of religion and mental health,* ed. H. G. Koenig, pp. 367-78. San Diego, Calif.: Academic.

Brantley, Astra P., and Robert L. Brantley. 2001. Barriers and benefits to clergy-pstchology collaboration. *Journal of Psychology and Christianity* 20:162-67.

Bufford, Rodger K.1997. Consecrated coulseing: Reflections on the distinctives of Christian counseling. *Journal of Psychology and Theology* 25:111-22.

Canda, Edward R., and Leola D. Furman. 1999. *Spiritual diversity in social work practice.* New York: Free Press.

Chambless, Dianne L., and Thomas H. Ollendick. 2001. Empirically supported psychological interventions: Controversies and evidence. *Annual Review of Psychology* 52:685-716.

Coombs, Marie T., and Francis K. Nemeck. 1984. *The way of spiritual direction.* Collegeville, Minn.: Liturgical.

Cornett. Carlton. 1998. *The soul of psychotherapy: Recapturing the spiritual dimension in the therapuetic encounter*, New York: Free Press.

Cortright, Brant. 1977. *Psychotherapy and spirit: Theory and practice transpersonal psychotherapy.* Albany: State University of New York Press.

Crabb, Larry. 1997. *Connecting.* Nashville: Word.

Crabb, Larry. 1999. *The safest place on earth.* Nashville: Word.

Dubay, Thomas, 1993. *Seeking spiritual direction.* Ann Arbor, Mich.: CHARIS.

Eck, Brian E. 2002. An exploration of the therapeutic use of spiritual disciplines in clinical practice. *Journal of Psychology and Christianity* 32:266-80.

Foster, Richard J. 1988. *Celebration of discipline.* 2nd ed. San Francisco: Harper & Row.

Francis, Leslie J., and Peter Kaldor. 2002. The relationship between psychological well-being and Christian faith and practice in an Australian sample. *Journal for the Scientific Study of Religion* 41:179-84.

Fukuyama, Mary A., and Todd D Sevig. 1999. *Integrating spiritual into multicultural counseling.* Thousand Oaks, Calif.: Sage.

Galindo, Israel. 1997. Spiritual direction and pastoral counseling. *Journal of Pastoral Care* 51:395-402.

Ganje-Fling, Marilyn A., and Patricia R. McCarthy.

1991. A comparative analysis of spiritual direction and psychotherapy. *Journal of Psychology and Theology* 19:103-17.

Genia, Vicky. 1995. *Counseling and psychotherapy of religious clients.* Westport, Conn.: Praeger.

Gratton, Carolyn, 1992. *The art of spiritual guidance.* New York: Crossroad.

Griffith, James L., and Melissa E. Griffith. 2001. *Encounting the sacred in psychotherapy.* New York: Guilford.

Guenther, Margaret. 1992. *Holy listening: The art of spiritual direction.* Cambridge, Mass.: Cowley.

Hall, M. Elizabeth L., and Todd W. Hall. 1997. Integration in the therapy room: An overview of the literature. *Journal of Psychology and Theology* 25:86-101.

Hausherr, Irene. 1990. *Spiritual direction in the early Christian East.* Kalamazoo, Mich.: Cistercian.

Jones, Alan W. 1982. *Exploring spiritual direction.* New York: Seabury.

Kelly, Eugene W. 1995. *Religion and spirituality in counseling and psychotherapy.* Alexandria, Va.: American Counseling Association.

Koenig, Harold G., ed. 1998. *Handbook of religion and mental health.* San Diego, Calif.: Academic.

Koenig, Harold G., ed. 1999. *The healing power of*

faith: Science explores medicine's last great frontier. New York: Simon & Schuster.

Koenig, Harold G., and Harvey Jay Cohen, eds. 2002. *The link between religion and health: Psychoneuroimmunology and the faith factor.* New York: Oxford University Press.

Koenig, Harold G., Michael E. McCullough and David B. Larson. 2001. *Handbook of religion and health.* New York: Oxford University Press.

Laplace, Jean. 1998. *Preparing for spiritual direction.* 3rd ed. Chicago: Franciscan Herald.

Larson, David B., Francis G. Lu and James P. Swyers, eds. 1996. *Model curriculum for psychiatry residency training programs: Religion and spirituality in clinical practice.* Rockville, Md.: National Institute for Healthcare Research.

Leech, Kenneth. 1977. *Soul friend: The practice of Christian spirituality.* San Francisco: Harper & Row.

Levicoff, Steven. 1991. *Christian counseling and the law.* Chicago: Moody Press.

Lovinger, Robert J. 1984. *Working with religious issues in therapy.* Northvale, N.J.: Jason Aronson.

Lovinger, Robert J. 1990. *Religion and counseling.* New York: Continuum.

May, Gerald G. 1992. *Care of mind, care of spirit: A psychiatrist exlores spiritual direction.* Rev. ed. New York: HarperColins.

McCullough, Michael E. 1999. Research on religion-accommocative counseling: Review and meta-analysis. *Journal of Counseling Psychology* 46:92-98.

McMinn, Mark R. 1996. *Psychology, theology and spirituality in Christian counseling.* Wheaton, Ill.: Tyndale House.

McMinn, Mark R., and Barrett W. McRay. 1997. Spiritual disciplines and the practice of integration: Possibleities and challenges for Christian psychologists. *Journal of Pstchology and Theology* 25:102-10.

McRay Barrett W., Mark R. McMinn, Karen Wrightsman, Todd Burnett and Shiu-Ting Ho. 2001. What evangelical pastors want to know about psychology. *Journal of Psychology and Theology* 29:99-105.

Merton, Thomas. 1960. *Spiritual direction and meditation.* Collegeville, Minn.:Liturgical.

Miller, Geri. 2003. *Incorporating Spirituality in Counseling and Psychotherapy.* New York: Wiley.

Miller, William R., ed. 1999. *Integrating spirituality into treatment: Research to clinical practice.* Washington, D.C.: American Psychological Association. Annals of Behavioral Medicine 24, no. 1:1-2.

Mills, Paul J. 2002. *Spirituality, religiousness and health: From research to clinical practice.* Annals of Behavioral Medicine 24, no. 1:1-2.

Moon, Gary W. 1994. Spiritual direction and Christian counselors: Where do they overlap? *Christian Counseling Today* 2, no. 1:29-33.

Moon, Gary W. 1997a. *Homesick for Eden*. Ann Arbor, Mich.: Vine.

Moon, Gary W. 1997b. Training tomorrow's integrators in today's busy intersection: Better look four ways before crossing. *Journal of Psychology and Theology* 25:284-93.

Moon, Gary W., Dale E. Wills, Judy W. Bailey and John Kwasny. 1993. Self-reported use of Christian spiritual guidance techniques by Christian psychotherapists, pastoral counselors and spiritual directors. *Journal of psychology and Christianity* 12:24-37.

Nelson, Alan A., and William P. Wilson. 1984. The ethics of sharing religious faith in psychotherapy. *Journal of Psychology and Christianity* 12:24-37.

Nielsen, Steven L., W. Brad Johnson and Albert Ellis. 2001. *Counseling and psychotherapy with religious persons. A rational-emotive behavior therapy approach.* Mahwah, N.J.: Lawrence Erlbaum Associates.

Norcross, John, ed. 2002. *Psychotherapy relationship that work.* New York: Oxford University Press.

Ohlschlager, George, and Peter Mosgofian. 1992. *Law for the Christian counselor.* Dalls: Word.

Peterson, Eugene H. 1989. *The contemplative pastor:*

Returning to the art of spiritual direction. Grand Rapids, Mich.: Eerdmans.

Plante, Thomas G., and Allen C. Scherman, eds. 2001. *Faith and health: Psychological perspectives.* New York: Guilford.

Razali, S. M., K. Aminach and U. A. Khan. 2002. Religious-cultural psychotherapy in the management of anxiety patients. *Transcultural Psychiatry* 39:130-36.

Richards, P. Scott, and Allen E. Bergin. 1997. *A spiritual strategy for counseling and psychotherapy.* Washington, D.C.: American Psychological Association.

Richards, P. Scott, and Allen E. Bergin. eds. 2000. *Handbook of psychotherapy and religious diversity.* Washington, D.C.: American Psychological Association.

Richards, P. Scott, and Allen E. Bergin. eds. 2004. *Casebook for a spiritual strategy in counseling and psychotherapy.* Washington, D.C.: American Psychological Association.

Richard, P. Scott, and Richard W. Potts. 1995. Using spiritual interventions in psychotherapy: Practice, successes, failures and ethical concerns of Mormon psychotherapists. *Professional Psychology: Research and Practice* 26:163-70.

Rosage, David E. 1999. *Beginning spiritual direction.* Eugene, Ore.: Wipf and Stock.

Rose, Elizabeth M., John S. Westefeld and Timothy N.

Ansley. 2001. *Spiritual issues in counseling: Clients' beliefs and preference.* Journal of Counseling Psychology 48:61-71.

Ruffing, Janet K. 2000. *Spiritual direction: Beyond the beginnings.* New York: Paulist.

Sanders, Randolph K., ed. 1997. *Christian counseling ethics.* Downers Grove, Ill.: InterVasity Press.

Shafranske, Edward P., ed. 1996. *Religion and the clinical practice of psychology.* Washington, D.C.: Americal Psychological Association.

Sloan, Richard P., and Emilia Bagiella. 2002. Claims about religious involvement and health outcomes. *Annals of behavioral Medicine* 24, no. 1:14-21.

Sorenson, Randolph L. 1996. The tenth leper. *Journal of Psychology and Theology* 24:197-212.

Sperry, Len. 2001. *Spirituality in clinical practice: Incorporating the spiritual dimension in psychotherapy and counseling.* New York: Brunner/Routledge.

Sperry, Len. 2003. *Integrating spiritual direction funcions in the practice of psychotherapy.* Journal of Psychology and theology 31:3-13.

Stairs, Joan. 2000. *Listening for the soul: Pastoral care and spiritual direction.* Minneapolis: Fortress.

Steere, Douglas A. 1997. *Spiritual presence in psychotherapy: A guide for caregivers.* Bristol, Penn.: Brunner/Mazel.

Stone, Howard. 1999. Pastoral counseling and the changing times. *Journal of Pastoral Care* 53:119-27.

Sue, Derald Wing, and David Sue. 2003. *Counseling the culturally diverse: Theory and practice.* 4th ed. New York: Wiley.

Tan, Siang-Yang. 1987. Intrapersonal integration: The servant's spirituality. *Journal of Psychology and Christianity* 6, no. 1:34-39.

Tan, Siang-Yang. 1991. *Lay counseling: Equipping Christians for a helping ministry.* Grand Rapids. Mich.: Zondervan.

Tan, Siang-Yang. 1993. Training in professional psychology: Diversity includes religion. Paper presented at the National Councils of Schools of Professional Psychology (NCSPP) conference, "Clinical Training in Professional Psychology," La Jolla, Calif.: January.

Tan, Siang-Yang. 1994. Ethical considerations in religious pstchotherapy: Potential pitfalls and unique resources. *Journal of Psychology and Theology* 22:389-94.

Tan, Siang-Yang. 1996a. Practicing the presence of God: The work of Richard J. Foster and its applications to psychotherapeutic practice. *Journal of Psychology and Theology* 15:17-28.

Tan, Siang-Yang. 1996b. Religion in clinical practice: Implicit and explicit integration. In *Religion and the clinical practice of psychology,* ed. E. P. Shafranske, pp. 365-87. Washington, D.C.: Americal Psychological Association.

Tan, Siang-Yang. 1997. The role of the psychologist in paraprofessional helping. *Professional Psychology: Research and Practice* 28:368-72.

Tan, Siang-Yang. 1998. The Spiritual disciplines and counseling. *Christian Counseling Today* 6, no. 2:8-9, 20-21.

Tan, Siang-Yang. 1999a. Cultural issues in Spirit-filled psychotherapy. *Journal of Psychology and Christianity* 18:164-76.

Tan, Siang-Yang. 1999b. Holy Spirit, role in counseling. In *Baker encyclopedia of psychology and counseling,* ed. David G. Benner and Peter C. Hill, 2nd ed., pp. 568-69. Grand Rapids, Mich.: Baker.

Tan, Siang-Yang. 1999c. Religion in psychological therapy. *Psychology of Religion Newletter* 24, no. 3:1-7.

Tan, Siang-Yang. 2001a. Empirically supported treatments. *Journal of Psychology and Christianity* 20:282-86.

Tan, Siang-Yang. 2001b. Integration and beyond: Principled, professional and personal. *Journal of Psychology and Christianity* 20:18-28.

Tan, Siang-Yang. 2002. Empirically informed prisiples of treatment selection: Beyond empirically supported treatments. *Journal of Psychology and Christianity* 21:54-56.

Tan, Siang-Yang. 2003. Empirically supported therapy relationship: Psychotherapy relationship that work. *Journal of Psychology and Christianity* 22:64-67.

Tan, Siang-Yang, and Natalie J. Dong. 2000. Psychotherapy with members of Asian-American churches and spiritual traditions. In *Handbook of psychotherapy and religious diversity,* ed. P. Scott Richards and Allen E. Bergin, pp. 421-44. Washington, D.C.: American Psychological Association.

Tan, Siang-Yang, and Natalie J. Dong. 2001. Spiritual interventions in healing and wholeness. In *Faith and health: Psychological perspectives,* ed. Thomas G. Plante and Allen C. Sherman, pp. 291-310. New York: Guilford.

Tan, Siang-Yang, and Douglas H. Gregg. 1997. *Disciplines of the Holy Spirit.* Grand Rapids, Mich.: Zondervan.

Tjeltveit, Alan C. 1986. The ethics of value conversion in psychotherapy: Appropriate and inappropriate therapist influence on client value. *Clinical Psychology Review* 6:515-35.

Tjeltveit, Alan C. 1999. *Ethics and values in psychotherapy.* New York: Routledge.

Tyrell, Bernard J. 1982. *Christotherapy II.* New York: Paulist.

Walsh, Froma. 1999. *Spiritual resources in family therapy.* New York: Guilford.

West, William. 2000. *Psychotherapy and spirituality: Crossing the line between therapy and religion.* London: Sage.

Willard, Dalls. 1988. *The Spirit of the disciplines.* San Francisco: Harper & Row.

Willard, Dalls. 1996. Spirituality: Going beyond the limits. *Christian Counseling Today* 4, no. 1:16-20.

Wise, Carol. 1983. *Pastoral psychotherapy: Theory and practice.* Northvale, N.J.: Jason Aronson.

Worthington, Everett L., Jr., Taro A. Kurusu, Michael E. McCullough and Steven J. Sandage. 1996. Empirical research on religion and psychotherapeutic process and outcomes: A 10-year review and research prospectus. *Psychological Bulletin* 119:448-87.

Worthington, Everett L., Jr., and Steven J. Sandage. 2001. Religion and spirituality. *Psychotherapy* 38:473-78.

제11장
영성지도와 목회상담

이즈라엘 갤린도

    삶의 일반적인 위기 — 부부의 위기, 부모의 위기, 가족의 위기, 직업의 위기, 관계의 위기 또는 "신앙의" 위기 — 에 봉착했을 때 많은 사람들이 목회상담가를 찾는다. 목회상담가는 무엇보다도 상담과 목회돌봄 훈련을 받은 사람이기에, 영혼이 필요로 하는 것을 밝혀 줄 것이라 믿기 때문이다. 훈련받은 목회상담가는 이런저런 위기에 봉착했을 때 그 위기를 극복하는 데 필요한 조언을 해줄 수 있으리라고 믿는 것이다. 우리는 목회상담가가 심리학과 정서적 건강 문제에 능통하고 아는 게 많을 것이라고 기대하게 된다. 또한 우리는 대체로 정서적, 심리적 치유와 회복과 인간적 총체성의 언어로 이루어진 복음 메시지를 듣는 데 익숙해져 있다.

    하지만 위기가 아닌데도 영적인 무력감이 느껴질 때에는 어디도 가야 할까? 문제될만한 게 전혀 없는데 마음 깊은 곳에서 "뭔가 잘못되었다"거나 "뭔가 놓친 게 있다"는 느낌이 들 때에는 누구에게 가야 할까? 누구를 찾아가야 막연한 불안감이 조금 줄어들까? 기능보다는 의미, 결정보다는 분별의 문제를 취급해 줄 사람이 어디 있을까? 현대 목회상담도 그 역할을 담당하고는 있지만, 이러한 영혼의 문제들은 아마도 오래된 영성지도의 실천에서 취급하는 게 가장 좋을 것이다.

지난 20년간 목회상담가들 사이에서 영성지도에 관한 관심이 점점 증가하고 있는 추세다. 이 오래된 실천이 영혼의 욕구를 돌보기에 적합한 접근법으로 인정받고 있으며, 몇몇 종교 전통에서도 다시 이 실천을 사용하고 있다.

영성지도에 대한 관심 회복

틸든 에드워즈(1980)는 영성지도에 관한 관심이 급증하는 이유를 두 가지로 설명한다. 첫째는 그리스도인의 생활방식에서 개별적인 성장의 필요성을 느끼는 사람이 매우 많기 때문이다. 독특한 그리스도교 세계관을 형성하는 것은, 상대주의가 점점 팽배해지고 있는 이 세상의 신도들에게 점점 더 중대한 문제가 되고 있다. 그리스도인들은 서로 관심을 차지하려고 다투는 다양한 목소리들을 지닌 이 복잡한 사회에서 하나의 통합된 세계관을 형성하고 유지하기가 무척 어렵다. 전체론적이고 진정으로 종교적인 구조의 결핍 때문에 사람들은 숭고한 체험이든, 고통스런 체험이든, 자기의 체험이 지니는 의미를 제대로 해석할 수가 없다. 너무도 많은 사람들이 자신의 체험을 제대로 구별하지 못한다. 분별력이 부족하면, 건전하지 못한 체험도 마치 건전한 체험인 것처럼 받아들이고 만다. 많은 경우, 묵상의 결과로서 좋은 건지, 영적 투쟁을 겪은 뒤에 찾아오는 마음의 평화 때문에 좋은 건지, 거의 구별하지 못한다.

웨인 오츠는 목회상담가들에게 특별히 그리스도교적인 준거 기준을 유지하기 위한 방법으로서 치료관계에서 영적인 언어를 사용하는 것이 매우 중요하다는 사실을 상기시킨다. "역사적으로 우리의 임무는…번역과 해석의 임무에 속해 왔으며 앞으로도 그럴 것이다…사람들이 자신의 광범위한 삶의 이야기 속에서 하나님의 목적을 파악하고 실행하도록 도와주는 임무 말이다." (오츠 1985, 57).

영성지도에 관한 관심이 급증하고 있는 두 번째 이유는, 에드워즈에 따르면, 인간의 영적 차원을 무시하는 심리학적 원조 관계는 한계가 있다는 인식의 급증 때문이다. 에드워즈는 "치료사들 사이에서 초개인 치료과 융 치료에 대한 관심, 동양(그리고 어느 정도는 서양)의 신비 전통에 대한 관심이 점점 급증하고 있다는 것이 이러한 욕구를 증명해 준다"고 주장한다(1980, 100). 에드워즈에 따르면, 이러한 욕구가 종종 심리학적 언어 속에 가려지긴 하지만, 그래도 이것은 초월적인 것에 뿌리를 둔 생활방식에 대한 갈망을 반영해 주는 것이라고 한다.

정체성을 탐구하는 목회상담

표면적으로는 목회상담과 영성지도가 제공하는 영혼의 돌봄이 상당히 비슷한 것처럼 보인다. 하지만 저마다의 전문가들이 신앙 중심의 후원사 입장에서 서로 유사한 목표를 지니고 있다 할지라도, 그 둘이 완전히 일치한다고는 말할 수 없다. 이 장에서 우리는 영성지도와 목회돌봄, 상담을 서로 비교, 대조함으로써 그 둘의 차이점을 분명히 밝혀내고자 노력할 것이다.

영혼의 욕구를 검토하는 일이 어려운 이유 가운데 하나는, 오늘 영혼의 돌봄을 위임받은 대부분의 사람들이 세속적인 정신 건강 전문가들과 똑같은 훈련을 받고 또 인간 발달에 관한 개념적 가정도 똑같이 공유하고 있기 때문이다. 윌리엄 A. 배리와 윌리엄 J. 코놀리(1982)는 현대의 치료와 상담 이론이 등장하면서 목회상담이 마치 세속적인 모델을 그대로 본뜬 것처럼 여겨지는 경우가 허다하다고 주장한다.

장 라플라스(1975)는 지나치게 심리학에만 의존하는 것에 대해 경고한다. 그는 영성지도의 초점과 기술이 어느 곳에나 존재한다고 주장한다. 삶의 위기에 처한 신도에게 목회돌봄을 제공하느라 분주한 교구 목사가, 심리학적 설명이나 기술을 신뢰하는 것은 얼마든지 이해할 수 있다. 치료에 도움이 되는 감정적 준거기준과 심리학적 개념, 언어, 그리고 실천적인 상담기술에 의존하면 여러 모로 편리할 것이다. 하지만 신도들의 삶에서 좀 더 심오한 실존적, 영적 문제를 무시해 버리는 것은 결국 성직자가 제공할 수 있는 특별한 역할과 기능을 포기해 버리는 것과도 같다. 그 결과 종교지향적인 상담가의 도움을 구하는 사람에게, 영혼의 욕구를 검토하는 데 꼭 필요한 자원을 거부해 버리는 것이다.

그렇지만, 목회상담이 심리학의 세속적 모델에 지나치게 의존하는 것을 걱정하는 영성지도자들의 우려에도 불구하고, 임상적 상담이론에 관심을 기울일 필요가 있다는 것만은 다들 인정할 것이다. 영성지도에 관해 글을 쓰는 작가들은 수많은 종교 집단에서 "정신분석적 혁명이 우리에게 안겨준 놀라운 지식을 억제하는 일종의 영성 때문에 우리가 그동안 고통받아 왔다"고 주장한다(1982, 37). 심리학 이해는 표준적인 일생 전체에 대한 통합적 이해에 이바지한다. 심리학 분야는 모든 차원의 인간 생활구조, 곧 신체와 정신과 영혼을 다룰 수 있는 틀과 방법론을 제공해 준다. 모튼 켈시가 주장한 바와 같이, "삶의 종교적 차원이나 심리적 차원이 서로의 지식에 의존하지 않고서도 과연 적절하게 다뤄질 수 있었을지 의심스럽다."(1986, 42)

인간 본성의 영적, 심리적 차원을 철저히 양분하는 데 집착하지 않는다면, 영적 치유 없이는 심리적 치유가 불가능하고, 또 심리적 치유 없이는 영적 치유가 불가능하다는 점을 인정해야만 한다. 월리스 B. 클리프트(1982, 41)에 따르면, 칼 융이 사용한 임상 방법론들 중 대부분이 이그나티우스의 영성지도에서 가르치던 것과 비슷한 것이었다고 한다. 예를 들면, 융은 예전적 예배와 기도가 개성화 과정의 결정적 요소임을 인정하였다(클리프트 1982, 65).

영성지도와 목회상담은 영혼의 욕구를 검토하려는 환자나 탐구자들에게 많은 것을 제공할 수 있다. 하지만 그 둘 사이에는 본질적인 차이점이 존재한다. 이 차이점을 비교, 대조함으로써 우리는 영혼의 욕구를 검토하고 영혼을 돌볼 때 각 분야가 제공해야 할 것들을 좀 더 제대로 이해할 수 있을 것이다.

영성지도와 목회상담의 유사점

두 가지 실천 다 위기 중심석이다.

영성지도와 목회상담은 둘 다 인간의 경험을 다루기 때문에 실천적인 면에서 자연히 겹치게 되어 있다. 영성지도는 인간의 정서적 문제나 발달장애 문제와 아주 무관하지 않다. 목회상담과 마찬가지로 영성지도 역시 위기 중심적이다. 영성지도자는, 임상적 목회상담가와 마찬가지로, 발달 문제가 영적인 통합 과정과 완전히 연관되어 있음을 이해한다. 신앙인으로서 "세상에 속하긴 하지만 세상적인 존재는 아니고픈" 바람에도 불구하고, 우리는 모두 세상적인 존재이며 세상의 일부다. 그리스도인들은 발달론적 위기 문제나 역기능 관계의 독성에 영향을 많이 받고 있다.

두 가지 실천 다 사람을 전인적으로 다룬다.

저마다의 초점은 다른 데 놓여 있다 할지라도, 영성지도와 목회상담 둘 다 인간을 전체론적인 방식으로 다루려 애쓴다. 둘 다 도움을 요청하는 사람의 삶에서 영적, 심리적 원동력의 상호작용을 하는 데 주목한다. 저마다가 (1) 정서적 성숙을 위해 자기 발견이 필요하다고 주장하고, (2) 신체적 건강이 심리적, 영적 건강과 연결되어 있다고 보며, (3) "하나님에 대한 인식을 회복하려면 무의식의 길을 여행해야 한다"는 것을 인정한다(리치 1977, 28).

두 가지 실천 다 한 사람의 역사를 다룬다.

목회상담과 마찬가지로 영성지도 역시 도움을 구하는 사람의 삶의 역사, 사상, 희망, 감정에 관심을 기울인다. 두 분야 모두 과거와 현재의 인간관계에 특별한 관심을 쏟는다. 목회상담을 할 때, 원가족, 과거의 상담 경험, 약물치료 역사를 포함하여 환자의 개인적인 역사에 관한 정보부터 되돌아보는 것은 아주 흔한 일이다. 영성지도에서도 삶을 회고하는 것이 일반적인 출발점이다. 하지만 영성지도의 회고는 주로 하나님과의 관계, 다른 사람들과의 관계, 신앙과 신념의 경험, 기도나 영성훈련 같은 종교적 실천의 역사에 초점을 맞춘다. 목회상담과 영성지도는 둘 다 현재의 성장을 방해하고 있는 과거의 측면들을 밝혀내는 일에 관심을 쏟거나, 문제가 있는 성숙한 관계에도 관여한다.

두 가지 실천 다 가르친다.
영성지도와 목회상담의 또 다른 유사점은 둘 다 교육적인 측면을 지니고 있다는 것이다. 설명과 간단한 교육과 오해의 해명은 두 분야에서 똑같이 중요한 과정이다. 목회상담가들은 환자와의 작업에서 참으로 많은 것들을 가르친다. 대처 방법도 가르치고, 원천과 언어와 개념에 관해서도 내담자를 교육하며, 정보도 제공한다. 그리고 위대한 영성지도자로 인정받은 사람들을 보면 대개가 교육자다. 영성지도자는 영성훈련을 위한 기술을 가르친다. 그들은 영성지도 과정에서 원천과 언어의 사용에 관해 피지도자를 교육하고, 새로운 개념을 소개하며, 정보를 제공한다.

두 가지 실천 다 한 사람의 동기부여를 연구대상으로 삼는다.
영성지도와 목회상담은 둘 다 도움을 청하러 오는 사람의 동기부여에 의존한다. 사람들이 영성지도를 원하는 이유는 상담이나 치료를 원하는 이유와 일맥상통한다: 자아의 위기, 분열된 자아에 대한 의식과 통합에 대한 욕구, 자포자기, 불안감, 의미 탐구, 자기인식에 대한 욕구. 사실 케네스 리치(1977, 120)는 심리적인 질환이야말로 영성지도를 추구하게 만드는 정당한 동기부여임을 인정한다. 한편, 모든 목회상담 관계가 위기 때문에 시작되거나 위기에만 집중되는 것은 아니다.

두 가지 실천 다 사람들이 결정하는 것을 돕는다.

의사결정을 훈련하는 것 역시 목회상담과 영성지도가 똑같이 사람을 돕는 방법이다. 두 분야 모두 개인이 좀 더 자신의 무의식적 자아를 깨닫도록 도와주기 위해 애쓴다. 합리적인 삶의 선택을 조장하기 위해서 개인의 무의식적 자아를 의식적인 인식으로 끌어온다. 영성지도에서는 이러한 과정을 전통적으로 분별이라 불렀다. "심리치료 기술과 마찬가지로, 분별은 자기를, 그리고 자기에게 영향을 미치는 다양한 요인들을 좀 더 제대로 알게 해준다"(스투진스키 1985, 8). 이와 마찬가지로, 목회상담의 중요한 후원 기능 중 하나가 바로 사람들이 결정을 내릴 수 없어 혼란스러워하거나 또는 양자택일을 초월하여 자신에게 적합한 선택을 할 수 없어 혼란스러워할 때 도와주는 것이다.

어느 목회상담가는 무슨 일을 하고 사느냐는 질문에 쾌활한 음성으로 이렇게 대답했다. "저는 창문닦이랍니다." 그리고는 이것이 벽 너머를 보지 못하는 사람들을 도와주는 방법에 대한 비유라고 설명하였다. 그러니까 이 상담가가 하는 일은, 사람들이 함정에 빠졌다고 느낄 때 벽 너머로 시야를 넓힐 수 있게, 더러운 창문을 닦아주는 것이었다.

두 가지 실천 다 도와주려는 목표를 갖고 있다.

캐롤린 그라톤은, 심리치료의 목표를 변경하여 인간의 문제가 지닌 의미에 좀 더 전체론적인 대화적 관심을 쏟음으로써, 전통적으로 "치료와 영성지도를 구분하고, 심리학적 실천과 종교적 전통을 구분해 온"(1980, 83) 경향성이 약화되기에 이르렀다고 지적한다. 이러한 흐름은 좀 더 대중적인 수준을 유지하고 있는 것처럼 보이며, 특히 이른바 남성운동, 뉴에이지운동과 새로운 형이상학파 같은 분야에서 가장 두드러지게 나타나는 것 같다. 그런 분야들은 (종종 무차별적으로) 심리학, 연구, 영성을 통합해 버리는 경향이 있으며, 의미와 치유와 소망을 제공하고픈 심정에서 신화와 전설까지 존중하기도 한다. 영성지도 목표와 똑같이 최근의 심리치료 목표를 보면, 묵상적인 현존을 일구고 가꾸는 것, 좀 더 계획적인 성찰의 삶을 사는 것, 좀 더 세속적인 일상생활의 경험을 초월하는 것, 그리고 존재의 의미와 진정성을 탐구하는 것도 포함된다(그라톤 1980, 83~90).

두 가지 실천 다 그 사람을 위한 사랑이 중심이다.

존스는 이러한 유사점을 제대로 밝혀냈으며, 많은 사람들이 그의 주장에 동의하였다: "심리치료사나 영성지도자나, 둘 다 치료와 성장의 이중적 과정에 참여하는 한, 가장 필요한 것은 사랑이다."(1982, 41) 정신분석가 에리히 프롬은 이렇게 말했다. 치료란 "본질적으로 환자가 사랑할 수 있는 능력을 얻거나 회복할 수 있도록 도와주려는 노력이다. 이와 같은 목표가 달성되지 않는다면, 그저 피상적인 변화밖에 일어나지 않는다"(1950, 87).

지금까지 살펴본 것처럼, 목회상담과 영성지도는 사람들을 돕는 방법이 아주 흡사하다. 다소 이론의 여지는 있지만, 목회상담은 사실 현대적인 형태의 영성지도라고 볼 수도 있을 것이다. 실제로 에드워즈는 영성지도를 경시하는 이유 중 하나가 20세기 인본주의와 발달심리학의 출현이라고 주장했다(1980,

29). 하지만 영성지도 분야에 속한 전문가들과 저자들은 심리학과 상담이 영혼의 욕구를 검토하는 데 실질적인 한계를 지니고 있다고 경고한다. 예를 들어서, 존스에 따르면, 현대의 심리치료는 기껏해야 내면의 장애물을 제거함으로써 사람들이 좀 더 심오하고 멋지게 삶을 꾸려나갈 수 있도록 준비시켜 줄 뿐이라고 말한다. 종종 목회상담조차도 이런 경향성을 띨 때가 많다. 내담자의 의식을 강조하고, 잠재의식과 감정에 대한 지적, 인지적 우월을 추구함으로써 말이다. 하지만 고대의 영성지도 문헌들을 보면, "직접적인 영적 인식과 영성생활의 겸허하고 깨끗한 사랑"이 우월했음이 확실하다. "결코 지적인 우월이 그것을 대신할 수 없을 정도로" 말이다(에드워즈 1980, 53).

목회상담가들 사이에서 영성지도에 대한 관심이 없어지고 영성지도의 전통이 부족했던 것, 그리고 신학대학원에서 심리학이 지배적인 자리를 차지하게 된 것은, 에드워즈에 따르면, 엄청난 대가를 치러야만 했다:

> 그 대가는 진리의 비참한 서구적 분류가 산산조각 나버려서 절대로 천을 짤 수 없을 것처럼 보인다는 것이다. 예를 들면, 주류 교회에서 신학자들은 광범위한 규모 분석을 제공한다. 그렇지만 신학이 가리키는 진리를 통전적으로 전용해서 사람들을 돕는 것은 "실천적인" 사람들, 특히 목회자들에게 맡겨진 일이다. 그들은 자신이 받은 신학적 훈련을 가장 중요한 개인적 위기와 그들이 요구하는 후원에 적합하게끔 번역할 수가 없다. 도움을 청하러 온 많은 사람들 중 일부에게 영적인 관심을 쏟지 못하는 경우도 있다…그럴 때 그들은 보통 선험적 학문에 도움을 청한다. 실제적으

로 인간을 인도한다고 볼 때, 이것 때문에 바로 목회임상교육과 목회상담가가 생겨났다(1980, 53).

그라톤 역시 전형적인 목회상담가들의 실천에 전체론적이고 통합적인 기본 교육이 부족하다고 주장한다. 그들은 신학을 배웠고, 또 보통은 특정의 종교적 배경과 세계관을 지니고 있기에, 그다지 심원하지 못한 형식적인 임상 훈련을 받게 되고, "따라서 프로이트학파, 융학파, 교류분석, 형태치료, 그 밖의 다양한 이론들을 적절히 절충하는 혼합물을 구성하는 게 당연하다." (1980, 78)

심리학 분야에 지나치게 의존할 경우, 후원의 상황에서 너무 추상적이거나 동떨어질 가능성이 있으며, 또 사람들이 "문제를 해결하도록" 도와주는 과정에서 너무 빨리 독단적인 태도를 취하게 될 가능성도 있다. 예를 들면, 개인의 상황이나 관련 문제들("정서적 발달장애," "정체성 위기," "정신적 친밀감 형성 부족," 또는 "역기능적 가족체계"에서 생활한 결과)에 심리학적 언어를 적용할 경우 이런 일이 발생한다. 이런 용어들은 개인의 곤경을 정확히 설명해 줄 수는 있지만, 그 중에서 가장 중요한 차원이 무엇인가는 결코 알려주지 못한다: 바로 그 사람이 하나님과 맺고 있는 영적, 구체적 관계에 대해서 말이다. 영성지도 전문가들은 영혼의 욕구를 검토하기 위해서는 그저 심리학적인 지도 이상의 것이 필요하다고 확신한다.

상담가들과 영성지도자들은 둘 다 어떤 것을 **이해**하는 것이 곧 해답이라고 하는 그릇된 가정에 곧잘 빠져든다. 사람은 너무나도 복잡한 존재다. 영혼은 너무나도 심오하나. 정신은 너무나도 초월적이다. 그리고 감정은 너무나도 불가사의하다. 순진하게 우리가 그것을 이해할 수 있다고 가정해서는 안 된다. 더욱이 스트레스를 겪고 있다거나 실존적 고뇌에 빠진 사람이라면 더더욱 그것들을 이해하는 게 불가능할 것이다. 사실 고통의 한가운데에는 이해의 부족이 거의 존재하지 않는다. 사람들은 어떤 것이 자기에게 안 좋고 어떤 관계가 건전하지 못한가를 **알고 있다**. 그들은 자신들이 언제 파괴적인 실천이나 습관에 빠져드는지 **알고 있다**. 문제는 지식의 부족이나 자신이 건전하지 못한 행동을 저지르고 있다는 인식의 부족이 아니다.

영적으로 혼란스러워진 사람들을 돕는 것은 인지적 차원의 영역을 초월한다 — 해결책은 개인의 신앙에 놓여 있다. 하지만 신앙은 그저 어떤 종교의 신조나 신앙고백에 대한 정신적 동의가 아니다. 사람들이 종교에 헌신하는 이유(만약 이 단어를 여기에서 사용하는 게 옳다면)는 본래 이성적이지 못하다. 신학적인 신조의 합리적 분석이나 성경 본문의 확고한 해석을 통해 교회에 나아가는 사람은 거의 없다. 수많은 사람들이 신앙적인 태도를 취하게 만드는 욕구는 주로 정서적인 영역에 속해 있다. 그 정서적 욕구들은 예배드리는 신앙공동체에서 찾아볼 수 있는 의미와 의례와 공동관게의 상징들을 통해서 충족된다.

그리고 신앙은 아무리 강렬하고, 도취적이고, 의미 있을지라도, 그저 종교적인 체험에 그치는 것이 아니다. 신앙은 사실, 우리 삶에 의미를 부여해 주는 중요한 관계다. 우리는 그 관계에 비추어 우리의 체험을 해석할 수 있다. 또는 캐서린 딕맨과 L. 패트릭 캐롤이 주장한 것처럼, " '신앙'이라는 것은 자신의 여행 목적지를 다른 사람에게 맡기는 것...본질적으로 우리의 통제력을 초월한 누군가, 우리 힘히 미치지 않는 누군가에게 '통제의 환상'을 양도하는 것이다."(1981, 8~9)

영성지도와 목회상담의 차이점

확실히 영성지도는 목회상담과 공통점이 많다. 그리고 틀림없이 영성지도는 심리학과 심리치료의 통찰이나 기술의 득을 보았다. 하지만 영성지도의 실천에는 목회상담과 완전히 다른 독특한 측면도 존재한다.

영성지도의 후원 관계는 위기를 초월한다.

비록 위기 상황이 영성지도를 추구하도록 자극할 수는 있겠지만, 영성지도자와 피지도자의 관계는 즉각적인 문제가 해결된 다음에도 이상적으로 유지된다. 이것은 영성지도가 인간관계의 맥락에서 지속적인 성장과 발달이라는 좀 더 광범위한 문제에 관심을 갖고 있기 때문이다. 영성지도자는 영적, 인간적 성장이라는 삶의 연속체 차원에서 피지도자와 연결된다. 이 연속체에서 위기는 해결해야 할 문제라기보다는 차라리 신앙에 대한 통찰, 하나님이나 타인과의 관계에 대한 분별, 자기 이해의 성취를 위한 기회라고 볼 수 있다. 레이먼드 스투진스키는 다음과 같이 주장한다. "이 삶을 제대로 이해할 수만 있다면, 이 삶은 신앙의 원동력에 대한 민감성과 신앙 발달에 대한 도전을 요구한다."(1985, 6)

영성지도의 일시적 초점이 더 광범위하다.

영성지도는 개인의 과거와 현재에 관심을 기울이기 때문에, 현재로부터 미래를 바라보는 — 죽음을 초월하는 — 일시적 관점이 좀 더 탁월한 것처럼 보인다. 영성지도에는 개인의 생활구조에서 특별한 계획을 발견해 내려는 노력이 깃들어 있다. "그

개인의 근원은 하나님이시고, 지금 여기에서의 신중한 선택을 통해 완전한 종교적, 인간적 발달에 도달하게 된다."(스투진스키 1985, 6) 영성지도에는 개인의 삶의 경험들을 신앙의 맥락에서 다분히 의도적으로 해석하려는 신중한 노력이 담겨 있다. 그러므로 영성지도의 언어는 목회상담의 언어와 철저히 다르다 — 목회상담 언어는 임상적 언어와 상징과 비유에 주로 의존한다. 영적인 언어는 영혼의 욕구를 검토하는 데 반드시 필요하다. 영혼은 그 자체의 언어에 귀를 기울이기 때문이다.

영성지도의 중심은 은총의 작용에 관심을 기울이는 것이다.

목회상담을 원하는 사람들은 대개가 몇 가지 종류의 위기 때문에 불안감을 안고 있다. 따라서 후원 관계는 종종 팽팽하게 긴장되기도 하고, 때로는 갈등에 휩싸이기도 한다; 어떤 때에는 도움을 청하러 온 사람이 후원자를 의심하는 일까지 벌어지기도 한다. 그렇지만 영성지도 과정의 분위기는 좀 더 편안한 편이며, 초점은 피지도자의 삶 속에서 은총이 작용하는 방법에 맞춰진다. 영성지도자와 피지도자는 둘 다 기도와 행위를 통해서 은총이 어떻게 받아들여지고, 거부당하고, 반응을 얻는지 밝혀내기 위해 노력한다(에드워즈 1980, 98). 이런 맥락에서 볼 때, 영성지도를 받고 있는 사람은, 목회상담이나 치료를 받고 있는 사람과 달리, 그리스도교 신앙이라는 실재에 접근하는 것을 서로 인정하는 분위기 속에서 좀 더 능동적으로 참여하는 셈이다.

영성지도는 공유할 고백적 자세를 요구한다.

목회상담의 경우와 달리, 영성지도자는 "사물을 다른 식으로 바라보거나" 또는 "세상을 좀 더 정확하게 이해할" 수 있도록 도와줄만한 주제에 대해 상이한 임상적 실재를 제공해 주지 않는 편이다. 영성지도자나 피지도자는 둘 다 똑같은 기본적 실재관을 지니고 있다 ― 그들이 상호간에 고백한 신앙에서 발견되는 세계관 말이다. 예를 들면, 하나님이 능동적이시고 이 세상의 삶과 피지도자의 삶 속에 존재하신다는 믿음을 지니고 있다. 영성지도자는 이 믿음이 사실인지 아닌지를 피지도자에게 확신시켜 줄 필요가 없다. 대체로 문제가 되는 것은, 하나님이 진짜로 살아 계시다는 믿음을 피지도자가 붙잡고는 있지만 "그것을 체험하지는" 못한다는 것이다. 또 하나의 일반적인 좌절은, 인간이 자신의 믿는 바를 명확히 알 수 있지만 그 믿음이 일상생활에서 어떤 식으로 작용하는가는 결코 알 수 없다는 것이다.

이렇게 두드러진 믿음의 특징은 영성지도의 독특한 사항이다. 따라서 영성지도와 전통적인 목회상담의 중요한 차이점은 실천이나 기술이 아니라 오히려 지도자와 피지도자 두 사람의 신앙교육에 존재한다고 봐야 한다(존스 1982, 41, 47~48). 딕맨과 캐롤은 이 공유할 신앙의 차원이 곧 복음에 충실한 것이라고 주장한다 ― 그러니까 그들이 말하려는 것은, 사실상, 그리스도에 대한 믿음인 것이다(1981, 24~25). 이 공유할 신앙은 모든 후원 관계에 영향을 미치며, 그리스도를 중심에 둔다. 이 공유할 신앙의 맥락에서 볼 때, 영성지도 경험의 목표는 독특한 차원을 지닌다. 딕맨과 캐롤은 다음과 같이 설명한다. "우리는 영성지도자로서, 그저 다른 훌륭한 상담가들처럼, 사람들이 삶을 성찰하고 통합할 수 있도록 하려는 게 아니다. 우리는 '복음에 충실하도록 부름 받은 사람들'의 입장에서 그렇게 하고 있는 것이다. 신앙 안에서 이렇게 예수님과 만나는 것은 목회상담과

영성지도의 결정적이고도 독특한 차이점이다."(1981, 27)

영성생활의 주요 영역인 신앙 속에서, 개인이 종교적 — 신비롭거나 평범한 — 체험을 할 수 있는 능력은 그저 이차적인 관심사에 머물 뿐이다. 다시 말하자면, 영성지도는 신앙을 "체험하는 것"에 관한 것이라기보다는 오히려 자신이 고백하는 것에 좀 더 충실해지는 것이다.

영성지도 과정의 중심은 하나님에 대한 믿음이다.

신앙의 요소는 영성지도만의 특징을 만들어 낸다. 고든 E. 잭슨은 "현대의 목회적 돌봄과 상담의 가장 큰 문제는 바로 하나님 요소를 놓쳐 버린 것"이라고 주장한다(1981, 45). 이와 반대로, 영성지도는 사람들이 하나님의 구원 계획이라는 관점에서 자신의 전 세계를 바라볼 수 있도록 도와주는 일에 관심을 쏟는다. 이런 관점에서 볼 때, 인간의 삶은 모든 부분에서 하나님을 담고 있으며, 인간을 하나님과의 관계로 이끌어 주는 성령을 담고 있다. 도움이 될 만한 기술들을 피지도자의 삶에 제공하고, 또 지도자가 제공할 수 있는 온갖 치료 방법들을 동원한다 할지라도, 결국은 모든 게 하나님과의 관계에서 그 사람을 돕는 것으로 집중된다.

영성지도에서는 복종과 전향의 쟁점들이 명백하다.

영성지도는 그리스도교의 주요 관심사들 중 하나에 집중한다: 전향을 통한 변화의 원동력, 그리스도 안에서 개인이 철저히 변화되는 것 말이다. 전향 또는 회개^{metanoia}는 오로지 인지활동에 불과한 것, 그러니까 하나의 신앙체계로부터 다른 신앙체계로 변화하는 것이 결코 아니다. 오히려 그것은 개인적이고 살아 계신 하나님께 개인적으로 복종하는 것이다.

이렇게 자신과 자기 의지를 하나님께 복종시키는 쪽으로의 변화는, 세속적인 개념적 토대를 지닌 목회상담 모델과 영성지도의 가장 눈에 띄는 차이점이다. 영성지도에서 전향을 받아들이는 것은, 자기 삶에 대한 "통제력을 발휘하다" 또는 "책임지다" 같은 세속적인 치료 개념들과 정반대되는 것이다. 그리스도교 신자들의 경우, 규범적인 자세는, 기꺼이 그리고 완전히, 하나님께 통제력을 맡기는 것이다. 하지만 이것은 이성적으로 할 수 있는 일이 결코 아니다. "오직 마음을 새롭게 함으로 변화를 받아"(로마서 12장 2절)라는 사도 바울의 훈계와, 그가 "그러나 우리가 그리스도의 마음을 가졌느니라"(고린도전서 2장 16절)고 말한 진짜 의미를 보더라도, 이것은 아주 명백한 사실이다. 하나님께 자신을 내놓고 통제력까지 맡길 수 있는 능력은 우리가 예배하는 개인적이고도 은혜로우신 하나님에 대한 고백적 신앙에 토대를 둔 것이다.

하나님과의 관계와 신앙 속에서 어린아이 같이 된다고 하는 성서적 비유는 복종의 자세를 명확히 보여준다. 그러한 복종의 자세가 영성지도자들로서는 쉽사리 포용할 수 있는 비유이긴 하지만, 에드워드 E. 쏜튼에 따르면, 목회상담가들에게는 이것이 너무나도 도발적인 일이라고 한다: "신학적으로 수준이 높은 목사들과 임상적으로 능력이 많은 상담가들의 취향이 과연 '영적 실재에 대한 어린애 같은 인식'에 머물 수 있을까요?" (1985, 17).

영성지도에는 뚜렷한 공동체적 초점이 있다.

그리스도교적 전향의 문제는, 전향이 거의 언급되지 않는 목회상담과 영성지도의 차이점을 하나 더 이끌어 낸다. 영성지도에서는 회개가 인간의 총체적 삶에 영향을 미치는 것이라고 여긴다. 전향의 영향력은 그저 "영적인" 영역에만 국한되는 것이 결코 아니다.

회개는 또 평가의 차원에서 영성지도와 목회상담의 또 다른 차이점을 불러일으킨다. 상담과 치료의 결과와 이득을 평가하기 위한 판단기준은 전통적으로 개인적인 문제와 관련된 개인의 욕구와 열망에 달려 있다: 안전, 불안, 우울, 의존, 분노 등. 이 모든 영역에서의 투쟁은 직장, 공동체, 가족 같은 개인의 사회적 영역에서 기능을 방해할 수가 있다. 하지만 치료의 힘과 초점은 여전히 주로 개인적인 영역에 머문다. 루스 티파니 반하우스의 지적에 따르면, 그와 반대로, 영성지도에서는, 평가를 위한 판단기준이 피지도자와 하나님의 관계이며, 그리스도교 공동체인 교회에 대한 참여 여부라고 한다(1979, 152~53).

치유는 영성지도에서 재규정된다.

목회상담과 영성지도가 둘 다 치유 분야에 속하긴 하지만, 치유가 어떻게 이루어지는가에 대해서는 저마다 독특한 이해를 갖고 있다. 신약성서의 치유에 관한 필치의 인류학적인 연구는 치유의 단체적 특성에 관한 중요한 통찰을 제공해 준다(필치 2000). 몇몇 목회상담 모델들은 현대의 서구 의학에 내재해 있는 증상과 치료에 대한 임상적 진단상의 징후들을 채택한다. 목표는 문제를 따로 분리해 내서 제거하는 것이다. 여기에는 모든 "문제"가 그 사람과는 관계없는, 별도의 것이라는 가정이 내포되어 있다. 그러니까 문제만 제거하면 환자를 고칠 수 있다는 것이다. 하지만 필치는 정반대의 주장을 펼친다. 그에 따르면,

질병에 대한 성서적 관점은 그저 증상을 알아내는 것이 아니라 **그 의미를 찾아내는 것** — "이 증상들을 어떻게 의미 있는 삶으로 통합할 수 있는지 밝혀내는 것" — 까지 포함한다. "질병을 치료한다는 것은 곧 그런 의미를 담고 있는 것이다."(2000, 76)

치유에 대한 성서적 접근은 개인이 허용하는 "치료"에 대한 임상적 접근보다 좀 더 공동체적인 준거 기준을 지닌다. 치유는 개인의 문제를 진단한 다음 그것을 제거해 버리는 일은 못하지만, 개인을 공동체 속으로 회복시켜 주는 일보다는 더 많은 걸 할 수 있다. "따라서, 모든 치유 체계에서 치유자를 중심적인 요소로 보는 것은 잘못된 일이다. 치유를 하는 것은 총체적 체계이지, 그저 치유자 한 사람이 아닌 것이다"(필치 2000, 77). 여기에서 인식론적인 차이점은, 서구적 사고방식에서는 개인이 독립적이고 고유한 존재이지만, 좀 더 성서적인 이해는 개인을 가족과 공동체 안에서 타인과 관계를 맺는 존재로 정의한다는 것이다. 필치에 따르면, "치유는 삶의 의미를 회복하는 것이다" (2000, 141). 따라서 그리스도교 신자들에게 회복은 곧 그리스도의 몸과 연관될 수 있는 적합한 방법을 개발해 내는 것을 의미한다. 개인이 공동체 생활의 영역으로 회복되는 것은 "우리가 완전한 인간이 되려면 타인의 존재가 필요하다"는 고백과 더불어 시작된다. "우리가 우리 안에서 볼 수 없는 것을 우리 안의 하나님 형상에서 보게 되는 공동체 생활을 통해서 말이다."(웨스터호프 1985, 48).

영성지도에는 공동체를 위한 장소가 있다.
이렇게 공동체적인 관점과 달리, 전통적으로 치료와 목회상담은 내담자가 상담자를 찾아가게 만드는 보편적 원인인 개인적 격변의 시기에 그 사람을 지탱해줄 만한 지속적인 신앙공동체를 제공하지 않는다. 개인적인 위기와 내재성의 결과인 동시에 통합과 개성화 과정의 일부인(그럼에도 불구하고 그렇게 인정받지 못하는 경우가 허다한) 고조된 인식의 경험은 개인에게 혼란과 소외감만 안겨줄 수도 있다. 존스는 영혼에 대한 통찰의 획기적 발전도 "해석가나 동료가 없다면, 그리고 그것이 예배 공동체의 폭넓은 상황에서 발생하지" 않는다면, 개인에게 그다지 중요하지 않을지도 모른다고 주장한다(1982, 64). 영성지도는 목회상담보다 좀 더 자주 교회의 원천을 개인의 삶 속으로 가져가려고 시도한다. 목회상담은 점점 더 지역교회의 공동체 생활과 동떨어진 것처럼 보인다. 리치가 주장한 대로, "상담 운동은 교회 중심적이거나 공동체 중심적인 것이 아니라, 임상 중심적 또는 연구 중심적인 것이었다."(1977, 101) 이와 반대로, 영성지도자는 자신과 피지도자 모두 그리스도의 몸을 이루는 고백의 지체라는 관점을 유지한다. 영성지도 작업은 지도자와 피지도자가 둘 다 그리스도의 몸에 완전히 참여하지 않고서는 결코 이루어질 수 없다.

영성지도에는 좀 더 좁은 도움 영역이 있다.

영성지도와 목회상담의 또 다른 주요 차이점은, 영성지도가 주로 건강한 개인을 상대한다는 점이다. 심각한 정서적 문제와 정신적 문제는 영성지도 실천의 경계선 밖에 머문다. 영성지도는 "**일관성**과 **친교**, 자신들의 삶 속에서 새로워진 의미, 존재의 근원이신 분과의 깊은 관계를 추구하는"(페어차일드 1985, 31) 사람들의 영역이다. 영성지도 관계에서 강조되는 것은 결핍의 동기가 아니라 성장의 동기다. 영성지도에서 맞게 되는 도전은 기능적 삶을 초월하여 최선의 그리스도교적 삶으로 나아가는 것이다.

존스는 치료와 상담이 의미와 목적에 대한 영혼의 갈망을 채워줄 수 없다고 주장한다(1982, 65). 물론 목회상담은 그 자체가 영적인 성향을 띠고 있어서, 개인을 상대할 경우 의미와 목적의 문제를 검토할 수는 있다. 하지만 궁극적으로, 영성지도는 관계와 신앙공동체, 전향과 신앙의 맥락에서, 사람들이 영적 여정 속에서 의미와 목적의 심오한 차원을 탐험할 수 있도록 좀 더 적절하게 도와줄 수 있다.

영성지도는 성숙을 요구한다.

목회상담과 치료의 후원 상황과 달리, 영성지도는 개인의 성장과 자기이해를 전제조건으로 한다. 목회상담가들은 도움을 청하러 온 수많은 사람들과 함께 작업한다 — 그 중에는 내적 변화와 성장을 책임질만한 개인적 원천이 전혀 없는 사람들도 있다. 영성지도의 제한적 특성은, 지도를 원하는 개인이 먼저 후원관계를 형성하기 위해 정서적, 심리적 근원을 발달시켜야 한다는 것이다. 영성지도는 모든 이들에게 적합한 게 아니다. 일부는 미성숙 때문에 영성지도의 원동력을 제대로 이용할 수가 없다. 정직하고, 비판적이고, 어쩌면 고통스럽기까지 한 자기관찰의 여정을 통해 기꺼이 영성생활에 참여하고픈 마음이 없거나 그럴 능력이 없는 사람은 영성지도를 받는다 할지라도 최소한의 도움밖에 얻을 수가 없다.

개인의 위기에 응하여 영성지도를 시작하는 것은 전혀 부적절한 일이 아니다. 하지만 영성지도의 진정한 작업은 위기가 지나간 다음에 비로소 시작된다 — 위기를 넘기면서 그대로 종결해 버리는 목회상담과는 정반대된다. 영성지도는 자기 존재의 깊숙한 곳으로부터 비롯된 문제들 — 스투진스키가 주장하는 것처럼, 종교적 충실만으로는 아무 것도 할 수 없다는 우려, 또는 자신이 그동안 신앙을 실천해 온 방법은 아무런 평화도 통합의 느낌도 안겨주지 못했다고 하는 우려로부터 발생하는 문제들(1985, 5) — 을 제기하는 사람에게 가장 큰 도움을 줄 수 있다. 신앙교육을 받지 않은 사람이나, 위기의 한가운데에서도 문제가 바로 자기 안에 있다는 사실을 인정할 정도로 성숙하지 못한 사람은, 결코 문제제기의 단계에 도달할 수 없다.

맺음말

영혼의 욕구를 검토하는 과정에서 영성지도와 목회상담은 둘 다 많은 것들을 제공해 준다. 영성지도에 대한 관심이 점점 증가함에 따라, 그것이 전통적인 목회상담과 어떻게 다른지를 확실히 밝혀두어야 할 필요성이 대두되었다. 아무리 허용적인 사회라 할지라도, 아무나 문에 간판을 달고서 "목회상담가"라고 주장하게 내버려두지는 않는다. 마찬가지로, 임상적 훈련을 받았다고 해서 아무나 영성지도에 참여할 수 있는 것은 아니다. 영성지도 관계의 독특한 원동력을 제대로 이해해야만 하는 것이다. 켈시는 목회상담가와 성직자들이 영성지도가 요구하는 영혼의 돌봄을 제공할 수 있도록 부가적인 훈련을 실시해야 한다고 주장한다:

대부분의 성직자들이 목회돌봄을 위한 훈련을 받았지만, 우리가 얘기해 온 종류의 영성지도에 관해서는 거의 아무런 배경지식이나 경험도 갖추지 못하고 있다. 천주교와 개신교를 통틀어서, 그리스도교 교회가 투쟁적인 세속주의나 (이미 지구의 대부분을 차지해 버린) 호전적인 무신론, 또는 너무나도 다른 종교적 접근들의 도전을 이겨내기 위해서는, 반드시 이런 종류의 경험적 토대를 제공해야만 한다 (1986, 173).

반하우스(1979)는 이그나티우스 운동에 관한 설명에서, 영성지도자가 받아야 할 훈련의 예를 잘 들어준다. 이그나티우스 운동은 그리스도의 삶에 대한 성서적 해석을 토대로, 영성지도의 교육을 강조한다: 공공연히 종교적인 심상과 언어, 하나님과의 관계 경험에 대한 강조, 그리고 영성지도자와의 매우 개인적이고도 의존적인 관계. 그러므로 영성지도의 공식적 훈련에 대한 필요성이 그 실천의 필수조건이라 해도 과언이 아닐 것이다.

내담자의 영적 문제를 좀 더 의도적으로 검토해 보기 위한 하나의 수단으로서 영성지도를 탐구하기 원하는 목회상담가들은 영성지도의 고유한 원동력에 주의를 기울여야 한다. 지금까지 목회상담과 영성지도를 비교, 대조함으로써 우리는 영성지도가 그저 목회상담가의 수많은 레파토리에 속하는 하나의 기술에 불과한 것이 결코 아니라는 결론을 내릴 수 있게 되었다. 영성지도에는 네 가지의 독특한 원동력이 존재한다: (1) 지도자와 피지도자 간의 상호 책임, (2) 피지도자의 삶에서 신앙공동체가 차지하는 역할, (3) 신앙교육의 중요성과 전향 경험의 정당성, (4) 피지도자의 삶 속에서 성령이 역사하심.

위의 네 가지 원동력 중에서 세 번째와 네 번째가 가장 중요하다. 영성지도는 목회상담에서 사용되는 심리치료 모델들과 종종 반목하는 인식론으로부터 비롯된다. 임상적인 목회돌봄의 몇몇 패러다임에서는 종교적 감정, 전향 경험, 그리고 하나님의 메시지가 대체로 사라져버린다 — 심지어는 괴짜나 신경증 환자로 여겨지기까지 한다. 하지만 영성지도의 인식론적 틀에서는 이렇게 공공연하고 매우 개인적인 종교적 체험들이, 적합하기만 하다면, 종종 규범적인 것으로 인정을 받게 되며, 치유나 분별의 과정에도 통합되고, 심지어는 바람직한 목표로서 대우받기도 한다.

목회상담가는 영혼을 돌보는 과정에서 영혼의 욕구를 검토하기 위한 이 네 가지 특별한 원동력을 기꺼이 받아들이고 인정해야만 한다. 나아가, 목회상담가들은 훈련의 일부로서 영성지도를 받을 만큼 충분히 책임감 있는 사람이 되어야 한다. 그렇지 않을 경우, 영성지도자 — 영혼의 욕구를 돌보는 과정에서 성령의 영역과 역할을 기꺼이 환대할 수 있도록 훈련을 받은 지도자 — 야말로 영혼의 문제들 때문에 도움을 청하러 온 사람들에게 가장 큰 도움을 줄 수 있을 것이다.

참고문헌

Barnhouse, Ruth Tiffany. 1979. Spiritual direction and psychotherapy. *Journal of Pastoral Care* 33:149-63.

Barry, Williams A., and William J. Connolly. 1982. *The practice of spiritual direction*. New York: Seabury.

Clift, Wallace B.1983. *Jung and Christianity: The challenge of reconciliation.* New York: Crossroad.

Dyckman, Katherine M., and L. Patrick Carroll. 1981. *Inviting the mystic, supporting the prophet: An introduction to spiritual direction.* New York: Paulist.

Edward, Tilden. 1980. *Spiritual friend: Reclaiming the gift of spiritual direction.* New York: Paulist.

Fairchild, Roy W. 1985. *The pastor as spiritual director.* Quarterly Review 5 (Summer):25-35.

Fromm, Erich. 1950. *Psychoanalysis and religion.* New Haven, Conn.: Yale University Press.

Gratton, Carolyn. 1980. *Guidelines for spiritual direction.* Studies in Formative Spirituality 3. Denville, N.J.: Dimension.

Jackson, Gordon E. 1981. *Pastoral care and process theology.* Lanham, Md.: University Press of America.

Jones, Alan. 1982. *Exploring spiritual direction: An essay on Christian friendship.* Minneapolis: Seabury/Winston.

Kelsey, Morton T. 1986. *Companions on the inner way: The art of spiritual guidance.* New York: Crossroad.

LaPlace, Jean. 1975. *Preparing for spiritual direction.* Trans. J. C. Guiness. Chicago: Franciscan Herald.

Leech, Kenneth. 1977. *Soul friend: The practice of Christian spirituality.* San Francisco: Harper & Row.

Oates, Wayne. 1985. The power of spiritual language

in self-understanding. In *Spiritual dimensions of pastoral care,* ed. Gerald L. Borchert and Andrew D. Lester, pp. 56-71. Philadelphia: Westminster Press.

Pilch, John J. 2000. *Healing in the New Testament: Insights from medical and Mediterranean anthropology.* Minneapolis: Fortress.

Studzinski, Raymond. 1985. *Spiritual direction and mid-life spirituality.* San Francisco: Harper & Row.

Thornton, Edward E. 1985. Finding center in pastoral care. In *Spiritual dimensions of pastoral care,* ed. Gerald L. Borchert and Andrew D. Lester, pp. 11-26. Philadelphia: Westminster Press.

Westerhoff, John H.1985. The pastor as spiritual educator. *Quarterly Review* 5 (Summer): 44-53.

제12장
화음 셋, 노래 하나
심리치료사, 영성지도자, 목회상담가가 바라본
영혼의 돌봄

테레사 클레멘트 티즈데일, 캐리 도허링,
베네타 로레인-포이리어

　진정한 영혼의 돌봄은 인간을 여러 가지 차원으로 나누지 않는다; 데이비드 베너(1998)가 분명히 주장한 것처럼, 육체와 영혼과 정신은 상호적, 호혜적 영향력을 지닌 총체적 존재의 여러 측면들이다. 인간은 하나의 총체적 존재로서 존재하지만, 현재로서는 다면적 초점을 지닌 영혼의 돌봄이 실제로 가능해 보이는 것을 효과적으로 표현할만한, 잘 연결된 응용적, 임상적 모델이 없는 실정이다.
　베너(1998)는 전문가들이 모든 문제를 사실상 정신적-영적 차원에서 보아야 하며, 인간도 육체적-정신적-영적 존재로 간주해야 한다고 주장한다. 이러한 개념은 좀 더 섬세한 접근과 존재의 차원을 넘어선 논제의 상관관계에 입각한 돌봄 모델의 필요성을 강조한다. 그와 같은 모델은 지나친 단순화와 인위적인 구분을 막아주는 중요한 보호막이 되어줄 것이다.

그렇지만 이런 식으로 작용할 수 있는 방법을 안내해줄 만한 효과적인 모델을 얻기까지, 전문가들은 자신의 틀 속에서 움직일 수밖에 없다. 이런 상황은 그 옛날 장님과 코끼리 이야기를 떠올리게 만든다. 장님들은 저마다 자신이 만진 부분이 전부라고 생각했다. 그런 잘못을 저지를 수 있는 위험은 우리에게 겸손과 호기심의 기회를 제공해 준다. 겸손의 기회를 제공해 준다 함은, 우리 분야에서는 오로지 한 측면밖에 볼 수 없기 때문이고(그것도 대개는 그저 "희미한 거울을 통해서만"), 호기심의 기회를 제공해 준다 함은, 참 영혼의 돌봄을 반영해 주는 모델을 찾아 꾸준히 앞으로 나아갈 수 있게 해주기 때문이다.

지금부터 심리치료사 한 명, 영성지도자 한 명, 목회상담가 한 명의 관점을 살펴보겠다. 이를 통해 학제간 대화가 어떻게 전체론적인 돌봄의 모델을 더더욱 발전시켜 주는지 알게 될 것이다. 물론 같은 분야에 속한 전문가들이라 할지라도 제각각 다르다. 그러므로 저자들이 저마다 어떻게 자신의 연구와 직무에 접근하는지를 간단히 훑어보고 시작할 것이다. 우리가 "목소리를 높임으로써" 영혼의 돌봄에 관한 노래가 좀 더 아름다운 화음과 멜로디를 갖게 되기를 간절히 기도한다.

각 분야의 저자

심리치료: 테레사 티스데일
나는 나 자신을 그리스도교 심리치료사라고 생각한다. 현재

나는 아주사퍼시픽대학교 석박사 프로그램에서 통합과 임상 과정을 가르치고 있다.[1] 그 전에는 보스턴대학교 다니엘슨연구소에서 심리치료사로 근무했는데, 그곳은 목회상담센터이자 공식적인 정신건강훈련소였다. 그리고 그곳에서 근무하기 전에는 매사추세츠 뉴베드퍼드에서 목회돌봄상담센터를 운영했었다.

나는 이사야서 61장에 예언된 예수의 임무(위로와 희망과 자유를 안겨주는 것)를 중심으로, 하나님의 부르심에 응답함으로써 영혼 돌봄의 소명을 다하기 위해 노력해 왔다. 나는 의도적으로 APA-공인 그리스도교 프로그램을 추구했다. 그것은 사실상 정신역동적인 프로그램이었다(로즈미드). 인간과 건강과 변화에 관한 나의 이해와 일맥상통했던 것이다.

신학적으로, 나는 나 자신을 보수적 복음주의와 은사주의의 혼합이라고 말하고 싶다. 하지만 나의 뿌리는 천주교다. 임상적 실천과 관련된 내 신학의 두 가지 측면은 변화와 본질적 관련성이다. **본질적 관련성**essential relatedness이라고 하는 것은 하나님의 형상대로 창조된 인간을 의미한다. 성부와 성자와 성령의 친밀한 관계도 그 형상의 일부다. 이와 마찬가지로, 인간은 자기(육체와 영혼과 정신의 차원), 타자, 하나님 그리고 창조세계와 밀접하게 연관되도록 창조되었다.

발전적으로, 그리고 임상적으로, 이러한 이해는 앨시아 호너(1984, 1990, 1991)가 표명한 대상관계이론 영국학파(페어베언 1952; 건트립 1949, 1953, 1956; 위니캇 1958, 1971)에게로 나를 이끌어 준다. 사실 나는 내 신학에 따라 형성된 정신역동적 구조를 사용한다. 따라서 나는 어떤 식으로든 표출될 수 있는 내 환자들의 영성생활에 관심이 있다. 최고의 경우, 심리치료는 성육신의 은유일 수 있다(베너 1983). 치료사가 환자의 변화에 동참하기 때문이다. 정신역동이론의 용어, 통찰과 회복(훈습)은 신학적 패러다임에서 말하는 계시와 구속이다. 어떤 면에서는 방법론이 아주 비슷해 보이지만, 그 결과는 단순한 변경이 아니라 치유와 변화이다.

영성지도: 베네타 로레인-포이리어

나는 영성지도자로서 지난 12년간 그 교역을 이행하고 또 영성지도자 양성에도 참여해 왔다. 나는 15세기 로욜라의 이니고(개종 이전의 이냐시오 성)가 일으킨 이냐시오 전통을 따른다.

신앙과 나의 교단적 연관성은(나는 예수 그리스도를 믿는 신자다) 내 형성기의 통전적인 부분이었다. 마치 우리 대가족 중에서 맏딸로서의 생물학적 자리를 차지했던 것처럼 말이다. 20대 초반에 나는 "하나님을 위해 일하는" 사람이 되기를 소망했었다. 아내와 어머니로서 내 역할이 허락하는 범위 내에서 최대한 많은 기회를 붙잡으려 애썼다. 하지만 실제로 그 교역을 맡게 된 것은 내가 인격적으로 훨씬 더 성장하고, 더 많은 지식과 지혜를 갖춘 다음이었다.

나는 영성지도란 하나님의 목소리를 경청하도록 훈련받은 사람과, 하나님과 친밀하고도 개인적인 관계를 발달시키고 싶어 하는 사람 사이의 상호작용이라고 생각한다. 이 과정에는 개방성과 정직성이 요구된다. 영성지도 훈련은 상상, 꿈, 복음이나 그 밖의 신앙 이야기, 기억, 삶의 위기, 그리고 특히 기도와 묵상과 신학적 성찰 같은 여러 가지 통로를 통해서 통찰과 이해에 도달한다. 영성지도의 핵심은 이러한 통로들이 피지도자의 삶에서 조장하는 감각적이고 감정적인 체험이다. 그리고 이 통로들의 영향을 받아 피지도자가 자신이 무엇인지, 하나님은 누구신지, 자기는 다른 사람들과 어떤 관계에 있는지를 깨닫게 되는 것이다.

영성지도에서 나의 개인적인 접근방법은 피지도자가 자신에게 있는 하나님에 대한 "유효한 상"$^{operative\ images}$(내가 만든 용어)을 인식할 수 있도록 돕는 것이다. 기본적인 전제는, 인간이 하나님을 이해하는 방법은 자신을 이해하는 방법, 자신이 생각하는 인간으로서의 가치, 그리고 다른 사람을 평가하는 것과 밀접하게 연관되어 있다는 것이다. 히브리 성서와 그리스도교 성서에 묘사된 하나님이 누구신가에 비추어볼 때, 그리고 하나님은 우리가 혼자서 완성할 수 없는 것들을 우리에게 바라신다고 믿을 때, 삶의 모든 측면은 변화의 무대가 된다.

목회상담: 캐리 도링

나는 심리치료사이며, 덴버의 아일리프신학대학원에서 목회적 돌봄과 상담을 가르치는 조교수다. 나는 천주교 가정에서 자라났지만, 지금은 장로교 목사다. 내 가르침과 연구는 특히 종교/영성과 성폭력, 가정폭력의 관계를 밝히는 데 집중되었다.

심리치료적, 종교적, 신학적 연구에서 나는 특별히 여러 분야와 관련이 있는 이야기, 상황의 방법론을 사용하였다. 이것은 위기나 과도기의 개인과 가족, 공동체, 문화의 이야기에 경험적 토대를 둔 것이다. 이 방법론을 사용하는 목회상담가들은 그들 자신의 이야기가 임상 연구의 원천이냐 또는 장애물이냐를 곰곰이 생각한다. 특별히 관심을 두고 있는 것은 상담가와 내담자의 사회적 정체성(예를 들면, 종교/영성, 성별, 성적 취향, 사회계급, 인종과 관련된 것들)이 갖는 유사점과 차이점이다.

이러한 방법론은 또한 상호적이기도 하다. 심리치료적, 종교적 연구는 각 분야의 목소리가 내는 협화음과 불협화음을 둘 다 가치 있게 여기는 대화를 시작하였다. 목회신학자들이 사용해 온 상호적 방법론은 역사적으로 자유주의 개신교 종교전통과 일치한다(브라우닝 1991; 힐트너 1958; 폴링과 밀러 1985; 폴링 1996; 도링 1999). 이런 상호적 대화는 여성이나 동성애자의 성직 안수처럼 논란의 소지가 많은 종교적인 이론과 실천을 재구성하기 위한 논쟁으로 치달을 때가 많다. 하지만 통합의 방법론은 "진리의 합일"을 모색하며, 이것은 논란 가운데 있는 종교적인 이론과 실천을 보호하기 위하여 열심인 그리스도교 심리치료사와 정신건강 전문가들이 사용하는 방법론이다(에크 1996; 102).

내가 이 방법론을 사용하는 데서, 상호적인 대화의 목표가 있다면, 개인과 가족, 공동체, 문화를 위해 치유와 정의를 추구하는 전략들의 토대가 될 만한 잠정적인 진리 주장에 도달하는 것이다. 이러한 진리 주장은 일반적이거나 보편적일 필요가 없다. 또한 이것은 상대주의적일 필요도 없다. 다문화적, 학제간 연구와 실천의 비판적 상관관계에서 의미 있는 것이어야 하기 때문이다.

혼란에 빠진 목사의 사례

다음 이야기에 등장하는 사람은 실제 인물이다. 정체를 숨기기 위해 몇 가지 구성요소를 바꾸기는 했지만 말이다. 물론 이 정보는 본인의 허락을 받은 것이다.

마크(가명)는 50살의 백인이며, 우울증과 성기능장애 증상을 보이고 있다. 그가 어떤 식으로든 치료를 받으려고 시도한 건 이번이 처음이다. 마크는 보통 키에 보통 체격을 지녔으며, 아주 매력적이고 매너도 훌륭하다. 그는 지역교회 목사이고, 결혼한 지 20년이 넘었다. 그에겐 성장한 딸이 둘 있다.

마크는 지난 20년 동안 매우 성공적인 교역활동을 해왔다. 그러다가 최근 들어서 아주 큰 교회를 떠나 어느 가난한 지역의 훨씬 더 작은 교회로 자리를 옮겼다. 이전에 있던 교회와 현재의 교회는 지리적으로 굉장히 멀기 때문에, 그를 후원해 주는 단체도 상당히 달라졌다. 요즘 그는 그 지역 교회협의회에서 책임자 역할을 맡고 있다.

마크는 약 6개월 전부터 부부생활에서 성적인 문제(발기부전)를 겪기 시작했다. 그는 목사로서 직업 선택에 대해 무척 슬프고 혼란스러운 기분이 들었다. 이제 더 이상은 자신이 하나님에 관해 무엇을 믿는지, 자신이 이 일을 왜 하나님의 소명이라고 믿었는지도 모르겠다. 아내 역시 최근에 이곳으로 이사 온 것을 불만스럽게 여기고 있으며, 두고 온 친구들을 그리워하고 있다. 딸들은 둘 다 집을 떠나 대학교에 입학했다. 게다가 한 명은 다음 달에 결혼예식을 올릴 예정이다.

치료과정에서 그는 예전 교인 한 명과의 불륜관계를 최근에 그만두게 되었다고 밝혔다. 아내가 이러한 가능성에 대해 몇 번 언급했었지만, 마크는 2주 전쯤에 그것을 밝히기 전까지 애써 부인해 왔다. 그는 아내를 떠나고 싶지 않지만, 현 교회를 떠나는 것에 대해서는 심각하게 고려하고 있다. 어쩌면 목사직을 그만두게 될지도 모른다.

각 관점으로부터의 개념화와 접근방법

심리치료

사례평가를 위한 접근방법. 이 사례에 대하여, 나는 마크와의 작업 과정과 내용 요소에 대한 내 접근방법을 설명할 것이다. 마크가 내 내담자라면 실제로 어떻게 할 것인지, 마크가 겪고 있는 문제의 본질과 원인이 무엇이라고 가정할 것인지, 그리고 어떻게 치료할 것인지 생각해 볼 것이다.

도입과정. 마크를 만나기 전, 우선 나는 그를 위해 기도부터 할 것이다. 우리의 만남을 이끄신 하나님의 목적이 무엇인지, 내가 어떻게 마크의 삶에서 치유의 도구로 쓰임 받을지, 그리고 그는 지금 하나님과의 여정에서 어디쯤 와 있는지를 알고 싶다. 또 나는 우리 두 사람의 작업이 마크를 위한 하나님의 총체적 목적에 잘 들어맞을 것인지도 궁금하다. 나는 그와의 첫 만남에서 분별력과 지혜를 주시라고 기도드릴 것이다.

접수과정. 나는 둘이서 함께 작업할 만한 성스러운 공간을 마련하고 싶다. 그를 향한 온정과 연민을 전달하고 싶다. 그가 안전하다고 느꼈으면 좋겠고, 내가 그의 말을 잘 경청하고 이해한다는 사실을 알았으면 좋겠다. 나는 그의 이야기에 귀를 기울일 것이다. 그 방에 하나님이 함께 하시기를, 그리고 내가 무슨 말을 어떻게 해야 할지 성령께서 인도해 주시기를 기도할 것이다.

접수내용. 접수과정부터 나는 철저한 평가 작업을 시작할 것이다. 최우선 관심사는 마크의 우울증이 어느 수준에 있는지, 혹시 자살시도의 가능성은 없는지 알아보는 것이다. 위험성 측정 결과, 자살충동에 대한 즉각적 개입이 필요 없다고 판명될 경우, DSM-IV(1994)를 사용하여 마크의 우울증 정도를 평가할 것이다. 그리고 증상의 정도에 따라 정신과 전문의에게 의뢰하여 약물치료를 받을지 말지 마크와 논의할 것이다. 또 나는 그가 마지막으로 건강검진을 받은 날짜를 확인한 다음, 병원 진료를 받고 우울증의 기질적 원인을 제거하라고 권할 것이다. 아무래도 그의 우울증(과 그에 수반되는 발기부전)의 원인은 상황에 기인한 것 같다. 하지만 그런 추측 때문에 혹시라도 생물학적 요소나 원인을 놓치는 일이 없어야 할 것이다.

일단 마크의 현 관심사와 그 역사를 추적한 다음에는, 그의 배경을 여러 모로 살피기 시작할 것이다. 내가 살펴보고자 하는 분야는 그의 원가족과 현재 가족의 별자리(어쩌면 심리치료적 가계도까지), 그가 맺고 있는 중요한 관계들의 유형과 성격을 포함한 사회적 역사, 민족적 배경, 교육적 배경, 발달사(유년기 성장과정의 중요한 이정표들), 직업 역사, 종교사(과거와 현재의 종교적 소속), 영적 역사(개인적인 영성생활과 형성), 도덕적 발달(예를 들면, 옳고 그름을 어떻게 배웠는가, 사회적 책임은 뭐라고 생각하는가), 법적인 역사(법을 지키는 데 어려움이 있었는지 여부), 그리고 의료 역사(약물치료를 받고 있는지, 심각한 질병이나 수술 경험이 있는지 여부)다.

마크의 역사에서 이런 분야들을 살펴보면서 우리는 그의 인생사를 이어 맞추기 시작할 것이다. 이야기를 나누는 동안, 다음과 같은 질문들에 대한 답을 찾아볼 수도 있다: 그의 삶에서 중요한 사람은 누구인가? 그가 중대한 결정을 내려야만 했던 갈림길이나 결단의 순간은 언제였는가? 의미 있는 사람들에 대한 마크의 경험은 어땠는가? 그의 원가족은 그가 자유롭게 자신의 존재를 표출하고 탐험할 수 있는 곳이있는가, 아니면 사랑받고 인정받기 위해서 어떤 인물의 가면을 (내외적으로) 써야만 했던 곳인가?

현재 그가 처한 위기 때문에 우리는 더더욱 그의 원가족 관계와 초기의 영적 역사를 살펴보게 될 것이다. 그런 것들이 아무래도 목사로서 소명의식에 영향을 미쳤을 것이기 때문이다. 마크의 영적인 역사에 관하여, 나는 그가 언제 처음으로 하나님을 의식적으로 인식하게 되었는지, 그의 소명을 둘러싼 환경에 대해 알아볼 것이다. 또 나는 그의 영성생활이 어떤 식으로 전개되었는지 알아보고, 그가 어떻게 영적인 성장을 촉진시키는지 살펴볼 것이다. 지금 그의 인생사가 흐릿하고 모호해 보인다면, 마지막으로 확실했던 때는 언제일까? 무엇이, 언제부터 변해 버린 것일까?

그의 원가족에 관하여, 나는 특히 아버지와의 관계가 궁금하다. 아버지로부터 남성성과 삶의 목적에 관한 생각을 물려받았을 것이기 때문이다. 마크의 아버지는 아들이 고유한 성격과 재능을 발달시키도록 격려해 주었을까, 아니면 인정을 받기 위해서는 특별한 방식으로 행동해야만 한다는 메시지를 전달해 주었을까? 마크의 하나님상과 경험은 어머니를 더 닮았을까, 아버지를 더 닮았을까, 아니면 둘 다 닮았을까?

우리는 그가 맺은 관계들의 본질도 살펴볼 것이다. 그가 다른 사람들과 의미 있는 관계를 맺어왔는지 여부도 살펴볼 것이다. 신도들 가운데서 자신이 갖고 있는 이미지를 잘 아는 목사에게는 이것이 특별한 도전일 수 있다. 또한 우리는 그가 지닌 자기-응집성의 성질과 범위를 살펴볼 것이다. 그가 내적으로 자신이라고 생각하는 인물이 외적인 그와 동일인물일까? 만일 그렇지 않다면, 왜일까? 나는 그의 하나님 묘사에도 관심이 있다 (리주토 1979 참조). 그**에게** 하나님은 누구신가? 그를 **위한** 하나님은 누구신가? 그는 하나님이 자신에 대해 어떻게 **느끼시고** 어떻게 **생각하신다고** 여길까? 지금의 그를 위한 하나님은 어디 계실까?

나는 마크의 삶에 이런 위기를 가져온 게 무엇인지를 최대한 이해하려고 노력하는 과정에서 이런 질문들을 대화에 끼워 넣고 싶다. 마크의 이야기를 밝혀나가는 동안, 우리는 그가 하나님, 자기, 타자, 그리고 세상과 맺고 있는 관계들 간의 연결점을 찾아내게 될 것이다.

물론 이런 문제들이나 관심 영역들을 접수과정에서 완전히 알아낼 수는 없다. 이것들은 치료과정에서도 계속적으로 다루게 될 것이다. 또한 접수과정에서 나는 마크와 아내를 위한 부부치료를 의뢰할 것이며, 그가 혼란스러운 감정과 교역이나 소명에 대한 환멸감을 살펴보도록 도와줄 성직자 후원단체도 추천해 줄 것이다.

사례의 개념화. 마크의 이야기와 역사를 통해서 나는 다음과 같은 세부사항들을 알게 되었다: 나이(쉰 살); 그에겐 성상한 딸이 둘 있고, 한 명은 곧 결혼예식을 올릴 것이다; 그는 발기부전이다; 그는 목사로서 자기 역할에 대해 슬프고 혼란스럽다; 그는 자신의 하나님 이해와 교역에 대한 소명을 둘 다 의심하고 있다; 그리고 그는 지난 몇 년 동안 몇 차례 불륜을 저질렀다.

이 정보에 입각하여 나는 마크가 일찍이 자존감과 자기-응집성의 발달 시기에 방해를 받았다고 가정할 것이다. 이런 잘못된 발달은 마크 안에서, 위니캇(1965)이 참 자기와 거짓 자기라고 묘사한 이분법을 만들어 냈다.[2] 나는 마크가 혹시 집안에서 특별한 방식으로 존재하고 특별한 행동을 하는 것으로 부모의 칭찬을 받는 "엄친아"는 아니었는지 궁금하다. 1960년대였으니, 마크가 다소 이상주의적으로 목사직을 선택했을 가능성이 크다. 카리스마적인 성격 덕분에 그는 사람들로부터 금방 인정과 존경을 받았을 것이다. 그렇지만 그의 근본적인 허약함이 아마도 양심의 가책을 느낄 수 없게 만들었던 것 같다. 그는 다른 사람들의 칭찬을 들으면 자신을 멋진 사람으로 생각하고, 다른 사람들의 비판을 받으면 자신을 끔찍한 사람으로 여겼을 것이다. 그는 목사직을 아주 잘 수행하고 있었기에, 그의 근본적인 상처는 다른 사람들에게 드러나지 않았다. 물론 그 자신과 (내 생각에) 아내만은 그것을 정확히 알고 있었지만 말이다.

이러한 가정과 마크의 이야기 사이에는 다음과 같은 연관성이 있다.

그의 나이: 마크는 쉰 살이고, 이 나이는 에릭슨(1963)이 말한 "생산성 대 침체성"의 시기에 속한다. 이 단계의 성공적인 협상은 자신이 훌륭한 유산을 남기고 있다는 느낌으로 끝난다. 마크는 쉰 살이 되었는데, 자신의 삶이 자기가 원하던 게 전혀 아니라는 사실을 깨닫고 위기에 봉착했을 것이다. 그는 다른 사람들에게 책임감을 느끼면서도 정작 자기에게 필요하다고 여기는 것은 얻을 수 없는 현실에 대해 염증을 느꼈는지도 모른다.

그에겐 성장한 딸이 둘 있고, 한 명은 곧 결혼예식을 올릴 것이다: 이러한 현실 역시 어쩌면 그의 위기와 연관이 있을지도 모른다. 그의 아버지 역할마저도 이제 곧 바뀔 것이다. 이것은 슬픔이나 안도감, 또는 두 가지 모두의 원인이 될 수 있다. 마크는 두 딸과 가족에게 자신이 지금 어떤 존재인지 불안할 수도 있고, 아니면 이제 두 딸이 떠나갈 테니 자신은 지금부터 인생을 맘껏 즐기리라 생각할 수도 있다.

그는 발기부전이다: 이것의 의학적 원인을 밝히는 데서, 마크

가 발기부전이라는 사실은 어쩌면 심오한 상징적 의미를 지니고 있는지도 모른다. 마크는 자기 삶에 대해 무력감을 느끼고 있는가? 자신의 삶에서 원하는 것들을 성취하는 데 무력감을 안고 있는가? 자신이 충족감을 누리기 위해 필요한 것들을 획득하거나 성취할 수 없다는 느낌을 갖고 있는가? 그는 자기 아내와 정부에게, 또는 아내에게만 무력감을 느끼는가? 이런 게 죄책감에서 비롯된 것일 수 있을까?

그는 목사로서 자기 역할에 대해 슬프고 혼란스럽다: 마크는 "훌륭한 목사"가 되기 위해 어떤 이해와 모델을 가지고 행동해 왔던 게 틀림없다. 그는 칭찬과 감탄을 열망하고 있기에, "모든 사람의 비위를 맞추는" 일에 많은 시간을 쏟았을 것이다. 이 때문에 자신이 얼마나 소모감과 공허감을 느끼게 될지는 짐작도 못한 채 말이다. 그는 자신이 "모든 규칙을 지켰는데도" 여전히 충족감을 느낄 수 없다고 생각했을 것이다. 그리고 이런 점 때문에 무척이나 화가 나고 분했을 것이다. 그래서 결국은 자신의 욕구를 나쁜 방식(불륜)으로 충족시키기로 작정하게 된 것이다.

그는 자신의 하나님 이해와 교역에 대한 소명을 둘 다 의심하고 있다: 마크가 어떻게 하나님 이해를 발전시켰는지 들여다보면, 그가 당면한 위기의 이러한 측면이 확연히 드러난다. 그는 자신이 믿는 하나님이 선행에 대해 보상해 줄 것이라고 생각했을 것이다. 자신이 무슨 행동을 취하면 하나님도 그에 대해 보답해 주는 언약관계를 생각했을지도 모른다. 그리고 이러한 이해가 흔들리기 시작하자, 마크는 혼란에 빠져 분노를 폭발시키게 된 것이다.

그는 지난 몇 년 동안 몇 차례 불륜을 저질렀다: 이러한 도덕적 결함과 명백한 권력 남용은 마크 안에서 무의식적인 힘이 행사하고 있을 가능성이 크다는 사실을 시사해 준다. 다른 사람들에게 사랑받고 존경받는 "완벽한 목사"로서 지내온 역사 때문에, 그렇게 노골적으로 아내와 하나님을 향한 성스러운 맹세로부터 도피해 버린 행위는 어쩌면 엄청난 고통과 분노와 격정이 축적된 결과일지도 모른다. 나는 마크가 어떤 식으로든 하나님께 "이용당했다는" 느낌을 가졌는지, 그래서 하나님이 자기에게 돌보라고 맡긴 교인을 자신도 "이용하기로" 작정한 게 아닌지 궁금하다.

사례치료를 위한 접근방법: 치료과정. 이러한 가정에 입각하여, 나는 마크가 자신에 대한 내 생각을 잘 알고 있을 것이고 관심도 많을 것이라는 가능성에 주의를 기울일 것이다. 그는 나를 기쁘게 해줄 필요가 있다고 여길 것이고, 그러면 "건강으로의 비행"을 시작할지도 모른다. 그에 상응하는 좀 더 심오한 변화가 결여된 비행을 말이다. 마크가 우리 관계를 걱정하고 있다고 느껴지면 나는 이것에 대해 알아볼 것이다. 최근의 불법행위에 대해서도 나는 치료과정에서 성 문제를 인식하게 될 것이고, 필요한 순간에 그것을 알아볼 것이다.

나는 상담을 시작하기 전과, 상담 중에, 그리고 상담이 끝난 후에도 늘 마크를 위해 기도할 것이다. 그리고 그 과정에 하나님을 모실 것이다. 하나님이 나보다는 마크를 더 걱정하고 계신다는 믿음 아래, 그리고 하나님이 마크의 치유에 깊은 관심을 갖고 계시리라는 믿음 아래 말이다. 나는 치료과정을 통해서 마크가 변화의 기회와 초대를 받게 되리라고 확신한다.

치료내용. 상담이 시작되고 횟수가 거듭됨에 따라 나는 마크가 자신의 심리치료적, 도덕적, 영적 삶에 대해 뭐라고 말하는

지 귀담아 들을 것이다(도허티 1999 참조). 나는 마크가 가장 조용한 방에 들어가도록 격려해 줄 것이다. 그리고 필요하다면, 그가 말을 꺼낼 때까지 침묵 속에서 기다릴 것이다. 물론 이런 게 마크에게는 무척이나 힘겨울 것이다. 그는 내가 침묵하는 동안 자신에 대해 어떤 생각과 느낌을 갖고 있는지 궁금할 것이다. 하지만 이러한 기다림은 그의 참 자기가 드러나게 하기 위해서 무척이나 중요하다. 조만간 그는 안도감을 느낄 것이다. 자신의 가장 깊숙한 자아를 발견하고 드러낼만한 안전한 장소를 찾아냈다는 것, 여기서는 다른 사람을 신경쓰지 않아도 된다는 것을 알게 될 것이다(물론 습관적으로 다른 사람을 신경쓰려고 들겠지만).

치료기간 동안 나는 우리가 접수과정에서 다뤘던 문제와 영역을 전부 염두에 두고서 기회가 될 때마다 털어놓고 애기하고자 노력할 것이다. 주요 관심사는 그의 어린 시절 경험과 현재의 존재방식이 어떻게 연관되어 있느냐이다. 그의 내부 질서 어디에신가 행동이 의미를 지니며, 우리는 그 연관성을 밝히기 위해 함께 탐색해 나갈 것이다. 우리는 그의 삶과 역사에 관련된 진상을 밝힐 것이며, 그것이 현재와 어떻게 관련되어 있는지도 밝혀낼 것이다.

나는 그가 이 세상에서 존재하는 방식을 보여주는 비유들에 귀를 기울일 것이다. 그리고 그것들이 어떻게 형성되었는지도 살펴볼 것이다. 나는 그에게 꿈과 환상을 기억하라고 권할 것이며, 이런 것들을 공개적으로 표출하라고 격려할 것이다. 그리고 적당한 때가 오면, 그의 경험을 좀 더 상세히 추적하고자 노력 힘으로씨 그의 꿈과 과거와 우리의 관계를 연관 짓고 그것을 해석해 볼 것이다. 그 과정에서 드러나는 건 무엇이든지 치유와 변화에 도움이 될 것이다.

나는 또한 부모님에 관한 그의 경험과 하나님에 관한 경험, 다른 사람들(특히 아내와 교인들)과 나에 관한 경험들 사이의 관련성에 주의를 기울일 것이다. 만일 마크가 부모님과의 안전한 관계 속에서 자기 자신이 될 수 있도록 격려 받지 못했다면, 다른 사람들에 관한 경험 역시 마찬가지일 것이다. 어쩌면 그는 하나님이 정말로 자기가 무럭무럭 성장하길 바라시는지 궁금할지도 모른다. 어쩌면 그는 다른 사람들이 자기에게 활력을 주는 후원자가 아니라 자기 존재를 소모시키는 존재들이라고 생각하는지도 모른다. 둘 중 하나든 아니면 둘 다든 간에, 그가 만일 다른 사람들의 욕구와 감정에 과도한 책임을 지도록 배웠다면, 이것은 엄청난 부담이 되어 그에게 상실감과 공허감만 안겨주었을 것이다. 그는 어쩌면 이제 "자기 차례"라고 생각했는지도 모른다. 하나님을 위해 일하느라 너무 지쳐 버려서 이제는 자기도 좀 쉴만한 자격이 있다고 느꼈는지도 모른다.

작업은 서서히 진행될 것이다. 나는 마크가 가능하면 일주일에 두 번씩 자발적으로 치료를 받으러 와주기를 바란다. 그래야 우리가 그의 내면생활에 충분히 지속적으로 접근할 수가 있다. 이렇게 자주 만나야만 자신의 가장 심오한 감정과 욕구를 지속적으로 인식할 수 있으며, 그가 (그리고 다른 사람들이) 부적절한 방식으로 행동하지 않을 수 있다.

우리의 작업은 그의 도덕적 결함에 관한 탐색까지도 포함할 것이다. 무엇이 그로 하여금 이 교인과 불륜관계를 맺게 했을까? 그는 이러한 관계가 그 교인과, 아내와, 자기 사역과, 하나님과의 관계에 어떤 영향을 미치리라고 생각했을까? 나는 이해와 폭로를 조장하는 개방적인 방식으로 이것을 탐색해 보려고 한다. 그의 가장 심오한 욕구가 어떤 면에서 그의 행동을 부채질하고 있으며, 앞으로도 계속 그가 이러한 동기를 못 알아챌 정도로 지배할 것이다. 우리의 목표는 그가 창조된 상태 그대로 온전히 존재할 수 있는 자유를 누리는 것이다.

나는 마크와 계속 작업해 나가면서 그의 삶에 관한 진실을 밝힐 것이다. 그가 과거와 현재와 미래의 자기 삶을 직면함으로써 진리를 발견해 낸다면, 그 진리가 그를 자유케 할 것이다. 진리를 발견하고 포용할 수 있는 마크의 능력은 고백과 회개, 용서, 은총, 그리고 자비의 능력으로부터 기인한다. 바라건대, 그 과정을 통한 변화 덕분에 그가 진정으로 살아갈 수 있는 능력, 자기 직무에 관해 신중한 선택을 할 수 있는 능력, 자기가 잘못을 저질렀던 사람들에게 용서를 구하고 용서받을 수 있는 능력, 하나님과 자신과 타자와 주변세계와의 관계를 심화시킬 수 있는 능력을 길렀으면 좋겠다.

영성지도

사례평가를 위한 접근방법. 마크가 영성지도를 받으러 왔을 때 가장 먼저 해야 할 일은 그가 과연 영성지도에 적합한 상태인가를 평가하는 것이다. 영성지도는 하나님과 자신과 타자와의 관계에 대한 상당한 수준의 인식과 정직성을 요구하므로, 마크의 개방성 정도를 알아내는 것은 아주 중요한 일이다. 이것을 알아내기 위해서 우선은 그가 하나님을 어떻게 이해하고 있는지, 과거에는 하나님을 어떻게 경험했는지, 아주 어린 시절로 거슬러가서 살펴볼 것이다. 그의 어린 시절을 들여다보고 관계적 신앙 발달에 관한 것을 밝혀내는 것은 중요한 일이다. 하나님과의 관계는 우리의 중요한 초점이 될 것이다. 이그나티우스가 말한 것처럼, 마크는 자신의 신앙체계와 하나님과의 조우(플레밍 1978)를 통합시키거나, 적어도 그러길 원해야 한다. 나는 그의 신앙 이야기와 어린 시절의 하나님 경험 요소들, 그의 가족사, 자기 자신에 대한 인식에 귀를 기울일 것이다. 그리고 그가 하나님을 묘사할 때 어떤 언어를 사용하는지, 그의 신체적 반응과 새로운 것들에 대한 그의 욕구는 어떤지도 주의 깊게 살필 것이다. 나는 신뢰와 연속성을 확립하기 위하여 처음에는 2~3주에 한 번씩 만날 것을 제안할 것이다.

마크의 성인기 발달에 관하여 이야기할 때에는, 그의 나이와 중년의 진정성, 자기-개발 성장의 권유 가능성을 고려하여, 지금이 그의 영성생활에서 최고의 전성기인지 아닌지를 평가할 것이다. 이 영성지도에서 그가 원하는 것은 관계의 욕구를 정확히 밝히는 것이다. 그리하여 하나님과의 관계 속에서, 하나님에 대한 신앙 속에서 움직이길 원하는 것이다. 그가 갈등을 겪고 있는 곳, 그가 자기 교회, 결혼 생활, 자기 자신, 그리고 하나님과의 관계에 대해 의심하고 있는 곳을 찾아내는 것도 평가 과정에 속한다.

영성지도를 위한 준비가 되어 있는가 아닌가를 결정짓는 또 하나의 중요한 문제는 마크가 기도를 하느냐 안 하느냐이다. 그는 자신의 기도 내용과 삶에 대해 어떻게 생각할까? 그는 하나님을 치유의 출처로 여기는가? 바로 이러한 성찰과 기도의 상황에서, 그는 하나님이 보시기에 자신이 개인적 가치를 지닌 존재임을 깨닫게 된다. 이런 종류의 기도를 통하여 영성지도의 치유 과정은 시작된다. 기도와 삶에 대한 성찰 능력이 없다면 영성지도에서 나눌만한 대화의 소재가 거의 없을 것이다. 또한 그가 진정성을 추구할만한 자아의 힘을 충분히 지니고 있는지도 고려해볼 필요가 있다. 특히 현재의 정체성 문제에 비추어서 말이다. 만일 그렇지 않다면, 그는 영성지도 관계를 시작하기 전에 우선 치료부터 받든가, 아니면 그 둘을 병행해야 한다.

영성지도는 심리치료적 문제들을 직접적으로 언급하지 않는다. 이 문제들이 두드러질 경우엔 우선 거기부터 관심을 기울여야 한다. 영성지도를 시작하려면 자신이 정말로 원하는 게 무엇인가를 들여다볼 수 있는 능력이 있어야 한다. 그러려면 개인의 정체성이 전혀 손상되지 않아야 하고, 또 자아가 이러한 욕구들을 밝히고 실패와 한계를 포용할만한 능력을 충분히 갖추어야만 한다. 만일 마크의 자아가 지나치게 부풀려져 있거나 망가져 있다면, 또는 그의 초자아가 지나치게 가혹하다면, 그의 자아가 비판을 견뎌내지 못하고 무너져 버릴 것이다. 초자아와 무너진 자아는 둘 다 영적인 문제가 될 수 있다. 이런 발달 시점에서 심리치료의 통찰력이 좀 더 도움을 줄 수 있다. 마크는 영성지도자와 만나는 동시에 치료를 받을 수도 있다. 물론 자아가 힘을 얻기까지는 혼란스러운 감정을 겪게 되겠지만 말이다.

사례의 개념화. 마크의 자존감에 영향을 미치는 몇 가지 문제들은 그의 영적 여정에서 매우 중요하다. 이 문제들은 분명히 영적인 동시에 심리치료적인 성격을 띠고 있다. 영성지도의 관점에서는 영적인 문제와 심리치료적인 문제의 차이점이 좀 더 확실히 드러난다. 나는 우선 내가 보기에 명백한 문제부터 열거한 다음, 그의 영적 여정에 가장 중요한 것 같은 문제들을 찾아낼 것이다. 이 문제들 중에서 가장 절박한 — 가장 마음을 끌거나 가장 긴장하게 만드는 — 문제를 그와 함께 살펴볼 것이다. 하나님이 인도하시는 이 변화의 과정에서 우리가 3화음을 이루고 있다는 확신을 가지고 말이다. 그러므로 가장 절박한 것은 사실 치유를 위한 하나님의 초대일 수도 있다.

여기에서 첫 번째 문제는 마크가 소명에 대한 정체감을 상실했다는 것이다. 그는 익숙하고 후원적이고 훌륭한 교회의 목사직을 떠나 과도기를 겪고 있다. 그는 매우 큰 교회를 떠나 작고 가난하고 낯설고 먼 곳으로 옮겨왔다. 그의 후원단체는 이제 더 이상 존재하지 않는다. 가능하다면 다시금 만들어야만 한다. 그는 예전 목사직의 보상뿐만 아니라 정체성까지 상실하고 말았다. 이사 때문에 그는 지원체제로부터 분리되었으며, 좀 더 정직한 방식으로 현실에 직면해야 한다는 사실을 깨달았다. 이제는 그의 내적 현실을 감출만한 구조가 전혀 없는 것이다.

여기에서 결혼생활 문제가 표면에 떠오른다. 그의 불성실함과 아내의 불행에 대한 책임감이 명확해진다. 이제 그는 두 개의 영역에서 아내를 고립시킨 현실을 직시해야만 한다: 주거지를 바꾼 것과 그의 불성실함. 이 문제들 외에도 아버지로서 정체감과 역할 상실 문제가 있다. 그의 딸들은 어른이 되었고, 대학과 결혼 때문에 집을 떠나버렸다. 이제 그에게는 오직 아내밖에 없다.

그가 자신의 통전성 문제를 제기하기 시작하면서부터 목사로서 개인적 정체감 역시 문제에 봉착하게 된다. 그는 아내에게 정직하지 못했고, 간접적으로는 교인들에게도 정직하지 못했다. 그는 불륜을 저질렀다. 이제 그는 자신의 외적 역할과 내적 삶의 모순을 인정한다. 이러한 불일치는 극도로 어려운 문제다. 그는 자신의 죄 때문에 하나님과 친밀감을 상실했다고 여긴다. 그리고 자신의 불성실 때문에 아내와도 친밀감을 상실했다고 여기며, 이곳이 새로운 교구이기 때문에 교회와도 친밀감을 상실했다고 여긴다. 그는 지원체제가 있던 곳에서 섬기던 교역을 그만두고, 자신이 지도자 겸 목사로서 전혀 알려져 있지 않은 곳, 아직 중요한 인간관계가 형성되지 않은 곳으로 옮겨왔다.

마크에게는 약간의 개방성과 정직성이 있다. 아내에게 자신의 불륜을 털어놓은 것을 보면 확실히 알 수 있다. 그렇지만 자신의 불륜 사실을 공동체에 밝히는 것은 아직 불가능하다. 그의 의사결정 과정에 영향을 미치는 것이 아직 부족하다. 가장 무난한 해결책은 아내 곁을 떠나는 게 아니라 교회를 떠나는 것이라고 여겨진다. 그는 좀 더 근거가 확실하다고 여겨지는 쪽을 고수한다. 그리고 이번 경우에는 결혼생활이 그렇다. 그는 공개적으로 드러낼 수 있는 것, 곧 그의 교역을 포기하지 않으려고 애쓴다.

사례치료를 위한 접근방법. 마크는 지금 영적인 여정에서 경이로운 순간을 겪고 있다. 그는 변화, 통합, 진정성, 성숙의 선택과 기회를 붙잡을 수 있는 중대한 교차점에 도달하였다. 통찰과 명료와 진실의 순간인 "계시"는 신선하다. 그것은 뭔가 새로운 것, 그가 가장 간절히 원하는 사람, 좀 더 총체적이고 거룩한 사람, 좀 더 관계적이고 통전적인 사람과 좀 더 제휴할 수 있는 것을 결정하라는 의미심장한 초대다. 그는 정말로 내적인 힘과 진정성을 지닌 지도자이길 원하는가? 그가 진정한 지도자가 될 수 있을까? 그것은 모두 목사, 남편, 하나님의 자녀로서 실패를 내면화하고 인정할 수 있는 능력, 그런 다음 그 실패로부터 성장해 나갈 수 있는 그의 능력에 달려 있다.

무조건적인 사랑이신 하나님이 마크를 보시는 것처럼 그가 자신을 볼 수 있도록 돕는 것, 이것이 바로 영성지도의 목표다. 전통적인 그리스도교 영성은, 하나님으로부터 인정받고, 사랑받고, 하나님께 알려지고 싶은 기초적이고 기본적인 욕구가 모든 사람에게 있다고 본다. 하지만 그것은 우리의 경험을 통해서 명확히 표명된다. 영성지도의 목표는 마크가 이런 사랑을 경험할 수 있는 상황을 추구하도록 격려해 주는 것이다. 기도는 친밀, 선함, 정직, 진실, 연민, 또는 지혜가 만나는 곳에서 하나님과 연결되는 순간이다. 이 기도가 마크의 과거 기억들을 재구성하도록 도와줄 것이다.

마크가 하나님을 다른 식으로 경험하기 시작하고 또 자기를 향한 하나님의 무조건적인 사랑을 인정하기 시작할 때, 이러한 인정은 하나님과의 관계에서 생겨나는 정반대의 내적 이미지와 갈등을 일으킬 것이다. 아마도 어린 시절에 삶과 신앙전통과 생활경험의 지각으로부터 익힌 이러한 내적 갈등의 이미지가 마크에게 선택을 강요했을 것이다. 내적인 작업과 변화 과정에 그냥 맡길 것인가, 아니면 도망쳐서 다른 시기에 이 이미지들과 직면할 것인가를 말이다.

마크가 이것들의 만남을 알아채고, 이것들이 사랑이신 분으로부터 생겨난 것임을 인정하며, 나아가 이것들을 초대로 간주하고 기꺼이 내적 갈등의 긴장을 이겨낼 수 있도록 도와주는 것, 이것이 바로 변화의 출발점이다. 마크는 내적으로 변화할 필요가 전혀 없다. 하지만 기꺼이 자기 안에서 변화가 일어나게 해야 한다.

이 단계의 영성지도에서 발견되는 것은 마크의 유효한 하나님상이다. 마크의 신체적 기억(의식이나 신앙체계가 아니라 신체에 남아 있는 감정과 반응) 속에 살아 숨 쉬는 신은 누구인가? 마크를 돌보기 위한 접근법은, 어떤 하나님상이 그의 내적 삶 속에서 기능하고 있는지, 그리고 그가 하나님과의 관계에서 가장 간절히 원하는 게 무엇인지를 곰곰이 생각해 보도록 돕는 것이다.

이 발견 과정이 진행됨에 따라 마크는 자신이 하나님에 관하여 믿고 있는 것, 곧 사고 기능과, 자신의 유효한 하나님상, 곧 감정 기능이 보여주는 게 서로 다르다는 사실을 인정하게 될 것이다. 영성지도는 진정성의 내적 투쟁 같은 문제를 해결하는 일에 반드시 연루될 필요가 없다. 그러므로 마크의 내적 현실 속에서 하나님은 어떤 분인가에 우선 중점을 둘 것이다.

이런 이미지들이 드러나면서, 마크는 이것들에 관하여 하나님과 대화를 나누도록 초대받는다. 좀 더 진실한 하나님상과 자기가 되고 싶은 진정한 인간에게로 좀 더 가까이 이끌어 줄 통찰에 귀를 기울이도록 말이다. 긴장 속에서 견뎌내기, 기다리기, 심사숙고하기, 그리고 경청하기라는 관상적인 방법을 취하면, 마크의 경험을 바꿀 수 있는 상황이 만들어질 것이다. 그리하여 그가 그리스도 안에서 진정한 정체성 — 하나님이 사랑하시는 이라는 사실 — 을 좀 더 확실히 인식할 수 있게 될 것이다.

토마스 머든의 "참 사기" true self (핀리 1994) 개념에 따르면, 사랑받는 이로서 마크의 정체성은 그가 목사와 남편으로서 실패한 현실, 그리고 자신이 가장 원하는 것 — 알려지는 것 — 을 갖출 수 있는 능력이 부족하다는 사실을 인정함으로써 분명해진다. 그러고 나면 자신과의 심오한 친밀감을 발견할 수 있는 능력, 그리고 아내와 공동체와의 관계로 전환되는 하나님과의 친밀감과 참된 인정을 발견할 수 있는 능력을 지니게 된다. 게다가 그는 내적으로 자유로운 존재가 되어, 아무리 큰 대가가 따른다 할지라도 자신의 진정성을 유지해 주는 가치들은 긍정할 수 있게 된다.

이것은 우리를 최종지점으로 이끌어 준다. 치료과정에서 종종 마크는 자신이 목사로서 저지른 비윤리적이고 부도덕한 행동에 대해 책임을 져야만 한다. 통전성이 깊어질수록 그 요구는 커질 것이다. 여기에는 무조건적으로 사랑해 주시는 하나님에 대한 굳건한 믿음과 신앙이 요구된다. 그리고 총체성에 대한 강한 욕구가 있어야 한다. 이것은 무척 미묘한 문제다. 하지만 그의 진정성과, 그의 삶에 대한 하나님의 참된 소명, 곧 거룩함을 긍정할 수 있는 자유의 지속적인 통합에 아주 중요한 문제다.

마크에게 하나님이 바라시는 것은 그의 행복이다. 마크가 좀 더 믿을만하고 통전적인 사람이 될수록 그의 행복도 커질 것이다. 하지만 자신의 불륜을 밝히는 어려움도 과소평가할 수는 없다. 여기에는 너무도 큰 위험이 따른다. 이렇게 심오한 통전성의 욕구가 자리 잡고 있을 때에는, 로욜라의 이그나티우스와 그리스도교 신비주의 전통 전체의 특징이 큰 도움이 될 수 있다. 이그나티우스는 우리가 정말로 원하는 변화를 가져다줄 수 있는 은총을 구하라고 권한다 — 다시 말해서, 우리 힘으로는 성취할 수 없는 일을 우리 안에서 성취하시는 하나님께 간구하라는 것이다(플레밍 1978). 현재의 마크에게는 자신의 불륜 사실을 드러내는 게 너무도 어려운 일일 수 있다. 하지만 하나님의 은총으로 말미암아 그가 결심하는 순간이 올 것이다.

마크 혼자서 제대로 할 수 없는 일을 성취시켜 주시는 하나님께 의지할 때, 이 도덕적 삶의 차원에서 치료를 완성할 수 있는 통로가 열릴 것이다. 이것은 다른 치유 방식들과 확실히 구별되는 영성지도의 한 가지 측면을 부각시킨다: 오직 은총 — 하나님의 개입 — 으로만 정말로 자유로워질 수 있다는 믿음.

목회상담

사례평가를 위한 접근방법. 마크에 대한 생물학적-심리적-사회적-영성적 평가에서 나는 우선 그의 신체적, 정신적 건강을 점검할 것이다. 정신건강 진단은 DSM-IV 우울증 범주와 성기능장애 범주를 사용할 것이다. 나는 그의 형성 관계를 설명하기 위해 정신역동적 관점과 가족체계 관점을 이용할 것이다. 특히 나는 가족체계와 심리치료적 발달의 일부인 격렬한 권력 투쟁에 관심을 집중시킬 것이다. 그런 투쟁 때문에 폭력이나 무시가 발생했는가, 아니면 그런 투쟁이 마크의 공감 능력과 자기 스스로 행위할 수 있는 감각을 더욱 더 심화시켜 주었는가? 이 질문에 대한 대답은, 목회돌봄을 받으러 온 여인을 압도하기 위해 직업상의 경계선을 무너뜨리고 성적인 관계를 이용했을 당시 그가 겪고 있었던 극심한 내적 갈등을 좀 더 잘 이해할 수 있도록 도와줄 것이다(도허링 1995).

마크에 대한 영적인 평가에서 나는 우선 마크에게 신앙의 여정(특히 교역에 대한 소명)과 하나님과의 관계에 대한 실문을 할 것이다. 나는 그의 어린 시절과 초기 종교 경험의 형성적 원동력이 어떻게 하나님과의 관계를 형성했는지 귀담아 들을 것이다. 그의 영성실천과 신앙실천에 대한 질문을 할 때에는, 그가 스트레스 상황에서는 하나님과 어떻게 관계를 맺는지 주의 깊게 살펴볼 것이다. 때때로 하나님은 무조건 복종해야 하는, 유리된, 가혹한 부모와도 같은가? 때때로 그는 피상적으로만 하나님과 관계를 맺는가? 마치 그가 곤란해질 때마다 늘 구해 줘야 하는 친구처럼 여기는가? 마크가 자신의 약점과 욕구, 재능을 널어놓을 수 있는 존재, 공감할 수 있고 권한을 부여해 주는 존재로 하나님을 경험한 것은 언제인가? 사람들이 스트레스를 해소하기 위해 종교를 어떤 식으로 이용하는지에 관한 유용한 언급과 이해는 파거먼트 1997에 실려 있다. 또 하나의 자료는 사람들과 하나님의 관계에서 힘의 역학 이해에 관한 내 연구다(도허링 1993, 1995).

나는 마크가 자신의 위기를 묘사하기 위해 사용하는 신학적 언어를 나 자신의 영적, 신학적 평가에 따라 이해하려 할 것이다. 그래야만 내가 이 언어를 유창하게 사용할 수 있기 때문이다. 그는 자신의 위기를 죄의 차원에서, 특히 자신의 개인적 죄와 공동체, 문화의 집합적 죄 차원에서 이해하고 있는가? 그는 회개의 필요성을 깨닫고 있는가? 이 대화를 통해서 나는 마크가 위기와 과도기 동안 신앙을 얼마나 키웠는지 주의 깊게 살펴볼 것이다. 그 시기에 그는 신앙을 재구성해야만 했을지도 모른다. 마크의 신앙체계를 평가하고 그것이 삶의 위기를 이해하는 데 얼마나 도움이 되었는가를 평가하는 데 유용한 자료는, 제임스 파울러(1996)의 신앙발달이론, 그리고 고통 속에서 하나님이 새로운 방식으로 드러나실 때 인간의 종교적 상징들이 어떻게 무너지는가에 관한 로버트 네빌(1996)의 논의다.

마크의 지원체제, 특히 그의 영적, 종교적 정체성과 연관된 것들 역시 평가에 포함시켜야 한다. 마크는 다른 사람들과 신학적인 대화를 나눌 기회가 있는가? 이 대화를 통해서 그는 자신의 신앙체계를 어떤 식으로 현실화시키고 있는지 솔직히 성찰할 수 있는가? 예를 들면, 그의 결혼생활에는 영적인 친밀감이 존재하는가? 아내와 둘이서 신앙체계를 이용하여 관계와 삶을 이해할만한 영적 친밀감이 존재하는가? 그는 이런 종류의 영적 친밀감을 친구들이나 동료들 사이에서 경험하고 있는가? 그는 동료들과 함께 자신의 종교적 신념을 탐구하고 어떻게 그것을 실천할지 탐색할 수 있는 후원단체의 일원인가?

문화적 체계 속에서 마크를 이해하기 위해 나는 그의 성별이나 나이, 민족적 배경, 사회적 계급, 성적 취향, 종교적 신앙 같은 사회적 정체성이 어떤 식으로 위기를 형성하고 있는지 살펴볼 것이다. 자신이 돌보고 있는 여인과 경계선을 넘었을 당시, 그는 삶의 다른 영역에서 압도당한 듯한 느낌을 갖고 있었는가? 겉으로 보기에 마크는 자신의 성별이나 인종, 직업적 정체성 때문에 사회적 특권을 누려온 사람처럼 보이지만, 과연 그의 가족이나 공동체, 문화적 체계 속에는 그가 압도당한 듯한 느낌을 받도록, 그래서 자신도 모르는 사이에 자기가 돌보고 있는 사람을 압도하도록 만든 원동력이 없었는가?

그의 사회적 정체성에 관한 또 다른 질문들은 현재 순간과 관련된 것이다. 지금 그의 나이는 새로운 교역이나 새로운 직업을 찾기 쉬운가? 불륜 사실이 공개되면 그는 성적 약탈자로 낙인찍힐 것인가? 현재 그 꼬리표에 붙은 온갖 의미를 다 포함한? 그 꼬리표 때문에 많은 사람들은 그의 완전한 인성으로부터·물러서게 될 것이고 또 그를 괴물처럼 여기게 될 것이다. 그의 심리치료적, 가족적, 공동체적, 문화적 원동력을 탐색함으로써 이루어지는 생물학적-심리적-사회적-영성적 평가가 목회상담의 토대를 제공해줄 것이다.

사례의 개념화. 마크에 대한 평가와 지속적인 목회상담에서 나는 주로 다음의 이론들에 의존할 것이다. 나는 마크의 심리내적 체계와 가족체계, 특히 그 체계에서 발생하는 권력투쟁에 대한 정신역동적 관점을 이용할 것이다. 그런 관점은 마크가 나에게서 경험하는 지속적인 권력역학을 평가하고, 또 그에게 이 치료가 얼마만큼 공감할 수 있고 권한을 부여하는 경험이 될 것인지를 평가하는 데에도 도움이 될 것이다.

나는 마크와 함께 하나님은 누구시며 어디 계시는가에 대한 새로운 신학적 이해 방식을 형성할 수 있길 바란다. 마크의 신앙체계를 존중하면서도 나의 신학적 관점에 의존할 수 있는 방식을 말이다. 예를 들면, 나는 마크의 위기를 이해하기 위해 죄와 악에 대한 나 자신의 신학적 관점을 이용할 것이다. 과정신학자 마조리 수하키(1994)는 죄가 개인적 교만이라는 전통적인 그리스도교 이해를 재검토한다. 그리고 원죄는 개인적으로나 집단적으로나 폭력에 대한 굴복으로 이해해야 한다고 주장한다. 사람들을 학대하고 무시하는 체계에서는, 집단적인 죄를 악으로 볼 수 있다(폴링 1996).

나는 마크의 사회적 정체성에 대해 심리치료적 관점을 사용할 것이다. 사회적 이익이나 불이익이 어떤 식으로 그의 위기를 개선하거나 악화시킬 수 있는지 살펴볼 것이다. 우리는 특히 사회적 불이익과 이익에 관한 그의 경험이 어떻게 그의 공감 의식을 심화시킬 수 있는지 주의 깊게 살펴볼 것이다. 그리고 마지막으로 나는 성직자의 불륜에 관하여 신학적, 심리치료적 관점을 사용할 것이다. 그럼으로써 마크가 교인들의 신뢰를 저버린 것을 함께 이해하고자 노력할 것이다.

나는 특히 강력한 권력역학에 대처하기 위하여 건전하거나, 폭력적이거나, 부주의한 방법들의 영역에서 이 이론적 관점들 간의 협화음과 불협화음에 귀를 기울임으로써 이것들을 연결시키기 위해 상호관계적인 방법론을 사용할 것이다. 이러한 권력역학은 그의 신체와 결혼생활, 직업적 관계, 사회적 정체감, 하나님과의 관계에 관한 경험들을 형성하는 방법과 분명히 유사점이 있을 것이다. 이런 상호관계적 대화를 통해서 나는 몇 가지 진리주장을 이끌어 낼 것이다.

나는 그런 신앙주장이 상황에 따른 신학적 평가와 치료계획을 위한 신학적 근거 제공의 잠정적 조건이고(그레이엄 1996) 또 실용적으로도 필요하다고 생각한다. 또한 나는 오로지 하나의 성찰과 특정 상황만을 토대로 한 신앙주장이 얼마나 위험한가도 잘 안다. 나는 목회신학자 겸 상담가로서 책임 집단 안에서 작업한다. 여기에는 임상적, 교회적, 학문적 배경의 동료들도 포함된다. 이 집단 안에서 나는 내담자 평가와 치료를 위한 신학적 토대를 마련해 줄 신앙주장을 끌어내기 위해 심리치료적, 신학적 자료와 진정성의 개념을 어떻게 사용할지 스스로 책임져야 한다.

한 가지 잠정적 신앙주장은, 다른 사람들에 대한 책임을 위임받은 이가 권력을 남용하는 것을 하나님은 몹시 싫어하신다는 것, 그리고 그런 권력 남용이 개인적, 집단적 죄의 상호작용으로부터 비롯된다는 것이다. 또 하나의 주장은 구원이 곧 개인적, 집단적 죄를 밝히고, 폭력에 맞서 싸우고 저항하며, 생명을 주는 관계와 체계에 본질적인 안전과 신뢰를 확립하는 것이라는 주장이다. 이런 잠정적 진리주장은 아래에 설명된 돌봄을 위한 계획의 토대가 되어줄 수 있다.

사례치료를 위한 접근방법. 나의 최우선 목표는 마크의 우울증 증상과 신앙, 소명의 위기를 파악함으로써 그에게 안전감과 견제의 느낌을 안겨주는 것이다. 나는 그의 위기에 관한 심리치료적, 종교적 이해, 그리고 치료과정에서 하나님이 맡으신 역할에 관한 공유된 의식에 기초하여 그와의 결속을 확고히 다질 것이다. 또 나는 마크가 자신의 우울증 증상과 성기능장애, 그리고 결혼과 소명의 위기를 심리적, 영성적으로 잘 처리할 수 있는 건전한 방법을 찾도록 도울 것이다. 그가 스트레스에 대처하기 위해 사용하는 영적 전략들은 그가 하나님과 관계를 맺을 수 있도록 도와줄 것이다.

치료의 두 번째 목표는 마크가 자기 상실의 깊이, 특히 자기가 슬퍼하지 않았던 상실의 깊이를 체험하게 하는 것이다. 그러려면 과거에 압도당했거나, 공격받았거나, 무시당했던 고통스런 사건으로 되돌아가야 할지도 모른다. 이 치료단계의 난제는 마크와 상담가인 나의 관계, 마크와 하나님의 관계, 마크와 이 기간 동안 지원체제를 형성할 수 있는 사람들의 관계를 토대로 하여 공감할 수 있고 권한을 부여하는 과정을 유지하는 것이다. 공감이 유지되는 한, 마크는 자기 자신과 상담가, 그리고 다른 사람들과 좀 더 깊은 관계를 맺게 될 것이다.

그러한 공감은 그동안 그가 상처받고 상처입혀 온 방법을 기꺼이 인정할 수 있게 해줄 것이다. 그에게 중요한 것은, 자신의 권력 남용이 오직 하나의 직업적 관계에서만 발생한 것인지 아니면 다른 식의 권력 남용 형태가 존재했는지를 털어놓는 것이다. 그리고 가능하다면, 마크가 앞으로도 목회돌봄의 강력한 원동력에 필요한 직업적 경계선을 유지하는 데 어려움을 겪게 될지 말지를 둘이서 함께 평가할 것이다. 그의 소명에 관한 이 같은 논의는 그가 자신의 소명과 나머지 직업적 삶에 대해 건전한 결정을 내릴 수 있도록 도와줄 것이다.

치료가 종결 국면에 접어들면, 삶의 일상적인 미덕과 재결합하는 쪽으로 나아갈 것이다. 마크가 자신과의 관계, 타자와의 관계, 하나님과의 관계를 발전시키는 방식으로 권력 투쟁을 수행하게 해줄만한 공감적 관계를 좀 더 잘 유지하면 할수록, 좀 더 많은 치료 외 기능을 수행할 수 있을 것이다.

이 치료적 접근법은 마크에게 초점을 맞춘다. 그러므로 마크가 불륜 사실을 털어놓은 것과 최근의 이사 문제로 아내가 불행하다는 것, 그리고 두 딸이 집을 떠남으로써 가족체계에 변동이 생긴 것 등, 여러 가지 위기에 대해 마크와 아내가 이야기할 수 있는 부부상담 시간을 보완할 필요가 있다. 그런 상담을 통해서 그들은 서로가 상실한 것들을 슬퍼할 수 있으며, 자신들의 결혼생활이 지닌 원동력을 설명할 수 있고, 나아가 부부관계의 미래에 대한 상호 결정에 도달할 수 있게 될 것이다. 필요할 경우, 정신약리학적 우울증 치료와 영성지도를 받고, 나아가 적절한 성적 경계선을 유지하는 데 어려움을 겪고 있는 사람들과 함께 집단치료를 받을 수 있도록 위탁할 수도 있다.

위의 목회상담 설명은 이야기와 문맥, 상호관계, 포스트모더니즘의 방법론에 기초한 것이다. 이러한 방법론은 주로 현재 논쟁 중인 종교적 교리의 관점들을 재구성하는 일에 연관된 목회신학자와 상담가들이 사용하는 것이다. 창조세계의 가부정적 실서처럼 선동적인 해석을 보호하려는 신학직 규범들을 사용하는 목회신학자라면, 마크를 위한 자신의 목회상담을 아주 다른 식으로 설명할 것이다.

예컨대, 토마스 오덴(1984)은 성직자가 제공할 수 있는 후원적 돌봄의 차원에서 목회상담을 설명하였다. 그는 초대교회 교부들의 저술에서 끌어모은 규범들을 토대로 하여 그러한 돌봄을 설명하고자 했다. 목회돌봄의 역사적 뿌리라고 간주되는 것을 그대로 보존하는 것은 그에게 특별히 가치 있는 일이었다. 그는 상담보다도 돌봄의 필요성을 더 강조하였다. 그러므로 그는 20세기에 들어서서 사유주의 개신교 신학진통과 합쳐진 목회상담의 치료적 전통, 그리고 좀 더 최근의 상황적 전통(패튼

1993)을 받아들이지 않았다. 이처럼 신학적 규범을 재구성하려는 목회상담가들과 신학적 규범을 유지하려는 목회상담가들 간의 틈새가 존재하는 문화적 기후에서, 나에게 중요한 것은 내가 사용하는 재구성 개념들을 확인하고, 목회상담에 대한 대안적 접근방법이 존재한다는 사실을 겸허히 인정하는 것이다.

학제간 성찰과 반응

심리치료에서 영성지도 및 목회상담으로

공동 집필자들의 사례연구를 읽고서 나(테레사 티스데일)는 우리의 대화가 만들어 낸 화음과 멜로디에 감명을 받았다. 우리의 목소리는 제각각이지만, 우리 목소리가 모여 아주 심오하고 충만한 노래를 만들어 낸 것이다.

첫 부분을 읽고 있자니, 리처드 포스터의 저서 『생명수 물줄기』$^{Streams\ of\ Living\ Water}$(1998)가 떠올랐다. 그 책에서 그는 그리스도교 주요 전통들의 역사를 추적한다. 대체로 베네타는 관상의 전통에, 캐리는 사회정의의 전통에, 그리고 나는 복음주의와 은사주의 전통의 혼합에 해당한다. 이 관점들은 우리가 삶과 상황과 치유를 어떻게 보는지에도 영향을 미친다. 포스터가 주장한 것처럼, 저마다의 물줄기는 그리스도교 신앙의 중요한 부분을 대표한다. 이 논문에서 저마다의 물줄기는, 돌봄에 관하여 독특하고도 중요한 관점을 지닌 하나의 목소리를 담고 있다.

마크를 돌보기 위한 접근방법에서, 우리 모두는 공통의 목표를 지닌 것처럼 보인다: 마크의 심리적, 영성적 행복 말이다. 이와 같이 우리의 목표는 똑같지만, 그 목표에 도달하기 위한 방

표 12.1. 영혼의 돌봄에 관한 관점들의 특징

차 원	영성지도	심리치료	목회상담
당면문제	소명과 결혼생활과 아버지 역할의 정체감 상실, 예전의 목사직 상실; 불륜	우울증; 성기능장애; 자신과 하나님으로부터 소외; 도덕적 가치의 부인	우울증; 성기능장애; 자신과 타자와 하나님으로부터 감정적, 영적 이탈; 권력 남용
목표	변화; 진정성 강화; 외적 역할과 내적 삶의 통합; 불륜에 대한 원상회복	통찰력/계시; 회복/회개; 통과/구원; 변경/변화; 심리치료적, 영적 행복	자신과 하나님과 타자와 관계 치유를 포함한 온갖 치유, 그리고 적어도 권력 남용 측면에서의 정의 추구와 치유
절차	인식과 개방성의 수준 평가하기; 치료 욕구 평가하기; 2-3주에 한 번씩 만나기; 주된 초점은 하나님과의 관계에 두기; 기도생활의 본질과 내용에 주목하기; 내적 삶과 거기에 영향을 미치는 하나님상을 찾아내기 위해 이미지, 꿈, 기억, 성찰을 이용하기	포괄적인 영적, 심리치료적, 신체적 평가; 주1-2회 만남; 통찰-지향적 이야기 접근법; 자신과 타자와 하나님과 환경의 관계에서 균열이 생긴 곳을 명확히 알기; 표면과의 관계를 치료하고, 내부와 외부의 균열을 치유하기	이야기, 상황, 상호관계 중심의 학제간 방법론; 이것은 (1) 생물학적-심리적-사회적 평가, 신학적 평가로부터 (2) 안전감과 신뢰감을 확립하고, 상실을 슬퍼하고, 정신적 외상과 권력 남용을 인정하고, 신앙인으로서의 정체감을 재형성함으로써 치유와 정의를 추구하는 돌봄의 계획으로 나아간다.
자원	기도; 묵상; 신학적 성찰; 치료; 하나님의 사랑을 가장 실감할 수 있는 체험	약물치료; 부부치료; 성직자후원단체; 영성지도; 목회돌봄	약물치료; 부부치료; 성직자후원단체; 영성지도; 목회돌봄; 교단적 자원; 직업상담

법은 저마다 다르다. 그의 삶에서 관심과 초점의 대상이 되어야 할 중요한 측면에 대해서도 우리는 저마다 다르게 평가하였다.

영성지도는 신앙, 그리고 하나님과의 관계를 주요 초점으로 삼는 게 특징이다. 신앙은 의미를 부여하는 주요 원칙 또는 틀이다. 신앙의 목표는 변화다. 나는 베네타의 사례연구를 읽으면서 떼이야르 드 샤르댕(월시 1993: 3에서 인용)의 말을 떠올렸다: "우리는 영적 경험을 지닌 인간적 존재가 아니다. 인간적 경험을 지닌 영적 존재다." 영성지도는 모든 인간에 대한 영성의 중심적 역할을 중요시한다.

베네타의 사례 접근방법은 마크와 하나님의 관계가 돌봄의 원칙을 형성해 주는 것이라 여기고 그것에 의도적으로 초점을 모으는 것이었다. 나는 위기나 상황이 우리에게 변화의 기회를 가져다주기는 하지만 우리가 그 과정에 굴복하는 쪽을 선택하고 만다는 그녀의 주장을 특히나 잘 이해한다.

여기에서 주목해야 할 점은, 영성지도는 심리치료적 건강 상태와 정직성, 진정성의 능력을 전제로 한다는 것이다. 아마도 이 함축적 전제조건들은 돌봄을 위한 자기 선택으로 귀착될 것이다. 영성지도에 부적합하거나 불충분한 사람들은 영성지도를 추구하지 않도록 말이다. 그렇지만 이제는 영성지도자가 심리치료사나 목회상담가와 공동으로 연구할 수 있는 분위기가 무르익은 것 같다.

대부분의 이론적, 경험적 심리치료 문헌들을 보면, 인간의 관계가 하나님상을 어떻게 반영하거나, 형성하거나, 변화시키는지를 강조해 왔다(버키와 볼 1988; 브로코 1992; 브로코와 에드워즈 1994; 꼬르조 1981; 데이 1980; 홀, 브로코, 에드워즈, 파이크 1998; 스피어 1996; 티스데일 1998; 티스데일 외 1997; 우튼 1991). 그렇지만 모쉐 스페러(1992, 1996)가 지적한 것처럼, 하나님과의 관계는 인간관계의 변화일 수도 있다. 이러한 실천을 좀 더 잘 이해하고 표명하기 위한 학제간 공동연구는 영혼의 돌봄 응용 모델을 계발하고 어쩌면 의미심장한 방식으로 치유과정을 강화시킬 수 있다.

캐리의 목회상담 접근방법은 여러 모로 마음을 끈다. 그녀의 연구에는 신학과 심리치료와 목회돌봄이 통찰력 있게, 포괄적으로, 복잡하게 엮여 있다. 그녀는 분명히 자신이 설명한 대로 실천했다.

성직자로서의 배경과 사회정의 전통에 속한 캐리의 위치는 학대의 권력역학과 시기에 관한 독특한 관점을 제공해 준다. 마크를 개념화하는 과정에서, 캐리는 권력 남용에 대한 가족체계 분석이 어떻게 해서 그런 폭력이 다른 사람들의 인간성을 이탈한 데서 기인한다는 결론을 이끌어 내는지에 주목한다. 이런 개념화는 교회의 가족체계 안에서 마크의 도덕적 타락이 어쩌면 자기 교인의 인간성 이탈을 반영한 것인지도 모른다고 가정한다. 심리적, 영성적으로 말하자면, 이러한 위반이 점점 자신과 하나님과 타자(특히 아내)로부터의 이탈을 이끈 것이 아닌가 궁금할 수도 있다.

나는 캐리의 고무적이고도 흥미로운, 명백한 신학적 개념화를 발견했다. 그녀는 신학적, 심리치료적 요인을 명확히 밝히는 데서 분명하고도 체계적이다. 나는 그녀의 주의 깊은 설명을 읽는 동안, 내 모델에서는 이런 사항들이 지극히 함축적이라는 사실을 깨달았다. 그래서 앞으로는 병리학, 건강과 치유의 신학적 개념화에 관하여 다른 사람들과 나 자신에게 좀 더 명확해야겠다고 다짐하였다. 나의 신학은 물론 캐리의 신학과 다르다. 하지만 나는 돌봄의 신학적, 심리치료적 측면들을 명백히 한 다음 두 학문의 협화음과 불협화음을 강조함으로써 그것들을 마크의 사례에 적용시킨 그녀의 훌륭한 방법론에 깊은 인상을 받았다.

영성지도에서 심리치료 및 목회상담으로

이 논문의 작성은 그야말로 명료화 연습이었다. 나(베네타 로레인-포이리어)는 각 양식의 차이점이 주로 문제와 문제해결의 상이한 초점에 달려 있음을 이미 알고 있었다. 그럼에도 불구하고 이 논문은 그러한 인식에 포괄적인 명쾌함을 안겨주었다. 그동안 영성지도자들, 특히 내가 얼마나 문제해결에 무관심했는지가 점점 더 분명해진다. 나는 개인의 행동을 무시하고, 하나님과의 관계를 발전시키는 것에만 주로, 그리고 의도적으로 관심을 쏟았다. 하지만 학문들 간의 유사점 역시 포괄적이다. 내담자의 역사적 상황, 내담자의 신앙 발달과 하나님 이해 ― 이것들은 모든 학문에 동시적으로 존재한다. 저마다의 양식은 특별한 지혜를 사용한다. 그리고 그 지혜의 출처는 내담자를 치유할 수 있다.

나는 이제 심리치료와 목회상담이 영성지도보다 더 전체론적인 접근방법을 사용한다고 확신한다. 영성지도는 여러모로 제약이 많다. 물론 마크 같은 사람을 돌볼 때에는, 영성지도만이 지닌 고유한 이점도 많다. 영성지도는 모든 사람이 하나님의 사랑하는 자녀라는 정체성을 또 다른 렌즈를 통해 들여다보도록 해준다. 마치 공관복음서에서 예수님이 자신이 어떤 존재인가를 알고 계셨던 것처럼 말이다.

나는 테레사의 심리치료적 발췌문을 읽으면서, 어린 시절의 발달과 마크의 어린 시절 경험이 현재의 행동에 미친 영향을 매우 강조하고 있음을 깨달았다. 캐리의 목회상담은 현재의 행동 인식과 그것에 본질적으로 연루된 신학적/도덕적 함의를 강조하고 있다. 영성지도는 무조건적인 사랑을 이해하고 받아들일 수 있는 능력과 그 실재를 현실화시키려는 내담자의 욕구에 가장 큰 강조점을 둔다.

　나는 돌봄에 대한 저마다의 접근방법을 읽고 또 읽었다. 그리하여 저마다의 양식이 지닌 고유한 지혜와 차이점을 이해하는 데 도움이 될 만한 기본적인 성향을 파악하게 되었다. 심리치료이론은 **과거와 현재를 연결**시키려는 주된 성향을 갖고 있는 반면, 목회상담은 주로 내담자의 삶에 나타나는 **현재** 상태에 주목하고, 영성지도는 내담자의 현실을 위해 **미래 상황**을 만들어 내는 데 좀 더 초점을 모은다.

　이러한 통찰을 지지하는 것은 각 학문의 접수과정에서 아주 중요하고 소중하다. 심리치료의 경우, 역사적 상황을 강조한 다음 체계적으로 검토한다. 목회상담의 경우, 역사적 상황과 신학적 상황을 자세히 조사한 뒤 잇따른 대화 속에 끼워 넣는다. 영성지도에는 접수과정을 위해 훨씬 더 많은 비공식적 실천이 존재한다. 영성지도는 중요한 기초적 정보를 요구하지만, 상세한 접수 구조를 사용하지 않을 때도 많다.

　영성지도 과정에는 기본적인 전제가 한 가지 있다. 영성지도란 한 사람이 자기 자신을 소개하는 그대로 인정하는 것이라는 전제다. 그 사람이 기본적인 신앙의 성향과 영적 인식을 심화시키려는 정직한 욕망을 갖고 영성지도자를 찾아왔다고 인정해야 한다. 하지만 이러한 인정은 눈앞에 있는 모든 것들이 가치 있다고 여길 정도로 고지식하지는 않다. 저항과 부인, 전이와 역전이는 영성지도의 사전에 깊이 새겨져 있다. 그러나 영성지도는 하나님과의 관계를 원하고 하나님이 자신의 경험 속에서 주도하시기를 원하는, 그러면서도 그 주도권의 성장 잠재력을 분별하려고 노력하는 내담자의 솔직한 욕구의 맥락 속에서 이루어진다. 영혼과 환경, 타자, 상징, 예식, 이야기 등을 통해, 그리고 그것들 안에서 역사하시는 분은 바로 하나님이시다. 그분이 내담자에게 정말로 중요한 게 무엇인가를 가르쳐 주신다. 계획은 어디까지나 내담자가 주도적으로 세우며, 그 다음에 영성지도자가 합세하게 된다. 내담자는 소재를 선택하여 대화를 시작하고, 영성지도자는 그 새로운 사실에서 하나님이 표명하시는 바를 찾아낸다. 영성지도자 쪽에서 보면, 기본적인 심리치료적 건강의 확신이 있다. 따라서 영성지도자는 삶의 세부사항으로부터 무슨 문제가 존재하는지를 살피는 것이 아니라, 이 사람이 어떤 성장이나 미덕이나 가치를 획득하기를 하나님이 원하시는가를 살펴야 한다. 이것은 치료사에게 투사되는 전이를 위해 안전한 환경을 조성하려는 심리치료적 초점과 상당히 차이가 나는 것 같다.

이 프로젝트가 나에게 새로이 안겨준 중요한 통찰은 모든 형태의 지식을 인정하고 확인하는 것의 중요성이다: 우리 자신과 내담자들의 학구적, 직관적, 또는 "본능적" 신앙 지식. 저마다가 치유에서 자리를 차지하며, 모두가 꼭 필요하고 소중하다. 여러 가지 형태로 우리에게 찾아오는 지혜는 진실성을 지니며, 총체감과 치유능력을 갖고 있다. 저마다의 양식은 이 지혜로 둘러싸여 있다. 배운 것이긴 하지만, 우리를 총체감으로 인도하시는 하나님의 선물이기도 한 지혜에 둘러싸여 있는 것이다. 나는 테레사와 캐리의 교역과 연구를 통해 알게 된 모든 것들에 대해 깊이 감사드린다.

목회상담에서 심리치료 및 영성지도로

나(캐리 도허링)는 "화음 셋, 노래 하나"라고 하는 제목에 포함된 이미지가 우리 관점들의 공통점을 묘사해 준다고 확신한다. 우리는 사실 하나의 노래를 부르고 있다. (테레사가 지적한 대로) 우리에게 돌봄을 위탁한 사람들의 심리치료적, 영성적 행복에 집중된 노래를 말이다.

우리가 하나의 근본적인 노래를 부를 때 목소리가 화음을 이루는 또 하나의 이유는, 우리 모두가 하나님과의 관계를 토대로 하여 다른 사람들을 돌보는 신앙의 여인들이기 때문이다. 우리는 신앙의 노래를 부른다. 우리가 사용하는 특별한 심리치료적, 신학적 관점들은 공통된 가정을 지니고 있다: 하나님과의 관계야말로 사람들의 심리치료적, 영성적 생활의 핵심요소인 동시에 이 세상이 창조된 방법의 핵심적인 특징이라고 생각하는 것이다.

우리들은 저마다 두 개의 목소리로 노래를 부른다. 저마다의 심리치료적 음성과 신학적 음성으로 노래 부른다. 따라서 결국은 여섯 개의 목소리가 하나의 노래를 이루는 셈이다. 우리는 저마다 신학적 교육을 받았으며, 신학의 노래를 부르는 법을 배웠다. 우리는 마크의 종교적 전통을 공유하고 있는 돌보미이며, 따라서 그 전통 안에서 노래를 부를 수 있다. 우리는 제임스 그리피스와 멜리사 그리피스(2002: 19)가 지적한 대로, 신학적 자원과 권위의 규범(그리스도교 성서와 그것을 해석하는 데 사용된 성서적–비판적 방법론)을 사용할 수 있는 내부인이다. 나는 내담자와 하나님의 관계를 평가하는 신학적 방법에 대해 좀 더 확실해진 반면, 내 동료들처럼 신학적 훈련을 받은 임상심리치료사와 영성지도자들은 내담자의 하나님상을 평가할 수 있는 배경을 지니고 있다. 좀 더 명확한 신학적 평가가 "내부인"인 임상심리치료사들과 영성지도자들, 목회상담가들의 연구를 강화시켜 주리라고 나는 확신한다.

우리는 저마다 심리적-영성적 돌봄과 관련된 소명을 완수하기 위해 상이한 길을 걷고 있다. 그렇지만 우리에게는 공통점이 아주 많다. 우리는 서로의 관점과 실천을 강화시켜 줄 수 있다. 우리는 종교에 대한 접근방법을 유지하는 것이 종종 재구성의 접근방법과 조화되지 않는, 심지어는 반목하는 시대, 그래서 신학적 차이를 극복할 수 없는 시대를 살고 있다. 신학적 차이점을 초월한 대화에 개방적인 자세로 임할 때, 우리는 신앙 이야기들 간의 심오한 화음을 좀 더 잘 인식할 수 있다. 우리가 하나의 노래를 부르고 있다는 사실을 깨닫고 우리는 깜짝 놀라게 될 것이다.

맺는 생각들

이 논문의 목적은 심리치료사, 영성지도자, 목회상담가가 돌봄을 제공하는 데 대한 관점을 공유하도록 하는 것이다. 이 장은 심리치료와 영성지도에 초점을 모은 채로 시작했지만, 목회상담 분야 역시 영혼의 돌봄에 관한 대화에서 중요한 목소리를 담당하고 있다. 그리고 첫 번째 저자와 세 번째 저자는 이 소중한 목소리를 논문에 추가하자고 제안한 편집자들에게 감사를 드린다. 표 12.1은 마크의 사례에서 돌봄에 관한 관점들의 특징을 짧게 요약한 것이다. 이 관점들은 화음과 멜로디를 반영해 준다.

여기에는 각 분야의 실천 측면들에 관한 몇 가지 조심스러운 주석과 비평이 실려 있다. 예를 들면, 영성지도자의 훈련과 자격취득을 표준화시켜야 할 필요성이다. 이것은 다른 분야의 전문가들이 영성지도자에게 위탁을 하거나 공동 작업을 할 경우 이 요인들을 조사하는 것이 아주 중요하다는 점을 시사해 준다. 이와 마찬가지로, 영성지도자나 목회상담가가 심리치료사에게 위탁을 할 때에는, 영적인 문제를 지닌 내담자를 치료할 만한 훈련 경험이 있는지 조사해 봐야 한다. 종교는 다양성의 영역이지만, 대학원의 심리치료 훈련 프로그램에서 합당한 주목을 받지 못하는 경우가 많다(야하우스와 피셔, 2002 참조). 이 특정 사례에서는 경험이 매우 중요하다. 그렇지만 인간과 영혼의 돌봄에 관한 시각에 따라, 어느 정도의 영성생활 훈련은 다른 분야의 전문가들도 모든 내담자들과의 작업에서 사용할 수 있어야 할 것이다.

이 논문의 조화로운 특징은 명백하다. 세 저자 모두가 기본적으로 통찰-지향적인 심리치료적 패러다임을 가지고 작업한다. 이것은 각 관점들을 초월하여 하나의 협화음을 만들어 냈다. 게다가 세 저자는 모두 백인 여성이며 예수 그리스도를 믿는 신앙인에서 성장하였다. 비록 지금은 다양한 곳에서 일하고 있지만 말이다. 만일 심리치료사가 정신역동적 패러다임이 아니라 인식-행동적 패러다임을 가지고 작업했다면, 또 만일 목회상담가가 단기적인 해결-중심의 돌봄 모델을 가지고 작업했다면, 이 논문과 대화는 아주 다른 방향으로 흘렀을지도 모른다. 아마 성별이나 나이, 민족적 배경, 또는 종교적 전통이 다른 식으로 섞였더라도, 이 연구에 색다른 방식으로 영향을 미쳤을 것이다.

이 요인들은 이 논문의 가장 중요한 메시지들 중 하나를 분명히 밝혀준다: 돌봄에 대한 한 사람의 접근방법이 그 사람의 일대기나 역시의 영향을 상당히 많이 받으며, 그것은 그 사람의 이론적, 신학적 성향에도 영향을 미친다는 것. 이것은 돌봄의 이론적 모델과 응용 모델 간의 중요한 차이점일 수 있다. 이론적 모델은 학문의 내용과 개념의 통합 방법에 초점을 맞추는 반면(에크 1996 참조), 돌봄의 응용 모델은 당연히 돌봄을 제공하는 사람과 그 사람의 접근 방법을 강조한다. 이 논문에서 주장하듯이, 한 사람의 역사와 이론적 성향과 신학적 전통은 돌봄에 대한 그 사람의 접근방법에 상당한 영향을 미친다. 도허링의 연구가 열거한 것처럼, 역사는 인종과 계급, 성별, 민족적 배경 등 여러 가지 요인들에 관한 고려를 포함한다. 이 요인들의 복잡성은 좀 더 광범위하게 규정된 돌봄의 응용 모델을 충분히 설명하는 게 가능한가 안한가에 관한 문제를 제기할 수 있다. 분명히 이것은 아직까지 충분히 탐구하지 못한 미개척 분야이지만, 탐구할만한 가치가 충분한 풍요로운 영역이다.

이러한 탐구의 구성요소로서 돌봄의 접근방법에 관한 대화를 조장하고 격려해 주는 학제간 연구단체를 개발할 수도 있다. 위에서 지적한 바와 같이, 우리는 이 프로젝트만 가지고도 진행하는 과정 속에서 서로에게 많은 것을 배웠다. 분야를 초월하고, 분야 내 관점과 흐름을 초월한 공동연구를 시작함으로써 그 분야를 발전시킬 수 있는 가능성이 무진장 확실하다. 이런 형태의 공동연구와 더불어 영혼 돌봄의 노래는 급기야 충만하게 울려 퍼져 마침내 최고조에 달할 수 있을 것이다.

참고문헌

American Psychiatric Association. 1994. *Diagnostic and statistical manual of mental disorders.* 4th. ed.

Washington, D.C.: American Psychiatric Association.

Banner, David G. 1983. The incarnation as a metaphor for psychotherapy. *Journal of Psychology and Theology* 11:287-94.

Banner, David G. 1998. *Care of souls: Revisioning Charistian nurture and counsel.* Grand Rapids, Mich.: Baker.

Birky, Ian T., and Samuel Ball. 1988. Parental trait influence on God as an object representation. *Journal of Psychology* 122:133-37.

Brokaw, Beth F. 1992. The relationship of God image to level of object relations development. Ph. D. diss., Rosemead School of Psychology, Biola University. *Dissertation Abstracts International* 52:6077.

Brokaw, Beth F, and Keith J. Edward. 1994. The relationship of God image to level of object relations development. *Journal of Psychology and Theology* 22:352-71.

Browning, Donald S. 1991. *A fundamental pactical theology: Descriptive and strategic proposals.* Minneapolis: Fortress.

Corzo, Diana M. 1981. Perceptions of God, parents and self as a function of depression and Christian faith. Ph. D. diss., Rosemead School of Psychology, Biola University. *Dissertation Abstracts International* 42:1164-65.

Day, David N. 1980. Religious orientation, God

concept, religious experience, social interest and self-concept. Ph. D. diss., Rosemead School of Psychology, Biola University. La Mirada, Calif.

Doehring, Carrie. 1993. The absent God: When neglect follows sexual viloence. *Journal of Pastoral Care* 47:3-12.

Doehring, Carrie. 1995. *Taking care: Monitoring power dynamics and relational boundaries in pastoral care and counseling.* Nashville: Abingdon.

Doehring, Carrie. 1999. A method of feminist pastoral theology. In *Feminist and womanist pastoral theology,* ed. Brita Gill-Austern and Bonnie Miller-McLemore, pp. 95-111. Nashville: Abingdon.

Doherty, William J. 1999. Morality and spirituality in therapy. In *Spiritual resources in family therapy,* ed. F. M. Walsh, pp. 179-92. New York: Guilford.

Eck, Brian E. 1996. Integrating the integrators: An organizing framework for a multifaceted process of integration. *Journal of Psychology and Christianity* 15:101-15.

Erickson, Erik H. 1963. *Childhood and society.* 2nd ed. New York: W. W. Norton.

Fairbairn, W. Ronald D. 1952. *Psychoanalytic studies of the personality.* London: Tavistock.

Finley, James. 1994. *Merton's palace of nowhere: A search for God through awareness of the true self.* Notre

Dame, Ind.: Ave Maria.

Fleming, David L. 1978. *Spiritual exercises of St. Ignatius: A literal translation and contemporary reading.* St. Louis: Institute of Jesuit Sources.

Foster, Richard J. 1998. *Streams of living water.* New York: HaperCollins.

Fowler, James W. 1996. *Faithful change: The personal and public challenges of postmodern life.* Nashville: Abingdon.

Graham, Elaine. 1996. *Transforming practice: Pastoral theology in an age of uncertainty.* London: Mowbray.

Griffith, James L., and Melissa E. Griffith. 2002. *Encountering the sacred in psychotherapy: How to talk with people about their spiritual lives.* New York: Guilford.

Guntrip, Harry. 1949. *Psychology for ministers and social workers.* London: Independent.

Guntrip, Harry. 1953. *The therapeutic factor in psychotherapy.* British Journal of Medical Psychology 26:115-32.

Guntrip, Harry. 1956. *Psychotherapy and religion.* New York: Harper & Brothers.

Hall, Todd W., Beth F. Brokaw, Keith J. Edwards and Patricia L. Pike. 1998. An empirical exploration of psychoanalysis and religion: Spiritual maturity and object relations development. *Journal for the Scientific Study of*

Religion 37:303-13.

Hiltner, Seward. 1958. *Preface to pastoral theology*. Nashville: Abingdon.

Horner, Althea J. 1984. *Object relations and the developing ego in therapy*. Northvale, N.J.: Jason Aronson.

Horner, Althea J. 1990. *The primacy of structure: Psychotherapy of underlying character pathology*. Northvale, N.J.: Jason Aronson.

Horner, Althea J. 1991. *Psycho-analytic object relations therapy*. Northvale, N.J.: Jason Aronson.

Neville, Robert C. 1996. *The truth of broken symbols*. New York: State University of New York Press.

Oden, Thomas. 1984. *Care of souls in the classic tradition*. Philadelphia: Fortress.

Pargament, Kenneth I. 1997. *The psychology of religion and coping: Theory, research, practice*. New York: Guilford.

Patton, John. 1993. *Pastoral care in context: An introduction to pastoral care*. Louisville, Ky.: Westminster John Knox.

Poling, James N. 1996. *Deliver us from evil*. Nashville: Abingdon.

Poling, James N, and Donald E. Miller 1985. *Foundations for a practical theology of ministry*. Nashville: Abingdon.

Rizzuto, Ann Marie. 1979. *The birth of the living God.* Chicago: University of Chicago Press.

Spear, Kathy. 1996. Conscious and preconscious God representation: An object relations perspective. Ph. D. diss., Fuller Theological Seminary, School of Psychology. *Dissertation Abstracts International* 56:4609.

Spero, Moshe H. 1992. *Religious objects as psychological structures: A critical integration of object relations theory, psychotherapy, and Judaism.* Northvale, N.J.: Jason Aronson.

Spero, Moshe H. 1996. *Psychotherapy of the religious patient.* Northvale, N.J.: Jason Aronson.

Suchocki, Marjorie H. 1994. *The fall to violence: Original sin in relational theology.* New York: Continuum.

Tisdale, Theresa C. 1998. A comparison of Jewish, Muslim, and Protestant faith groups on the relationship between level of object relations development and experience of God and self. Ph. D. diss., Rosemead School of Psychology, Biola University. *Dissertation Abstracts International* 58:5144.

Tisdale, Theresa C., Teresa L. Kay, Keith J. Edwards, Beth F. Brokaw, Steve R. Kwmperman, Henry Cloud, John Townsend and T. Okamoto. 1997. Impact of treatment on God image and personal adjustment, and correlations of God image to Personal adjustment and object relations development. *Journal of Psychology and*

Theology 25:227-39.

Walsh, Froma M., ed. 1999. *Spiritual resources in family therapy*. New York: Guilford.

Winnicott, Donald W. 1958. *Collected papers: Through paediatric to psycho-analysis*. London: Tavistock.

Winnicott, Donald W. 1965. *The maturational process and the facilitating environment*. London: Hogarth.

Winnicott, Donald W. 1971. *Playing and reality*. London: Tavistock.

Wootton, Raymond J. 1991. God-representation and its relation to object relations and defensive functioning. Ph. D. diss., Boston University. *Dissertation Abstracts International* 51:5600.

Yarhouse, Mark A., and Wyatt Fisher. 2002. Levels of training to address religion in clinical practice. *Psychotherapy* 39:171-76.

나가는 말

최근 급부상하고 있는 영성에 관한 관심의 중요성을 평가하기엔 아직 너무 이르다 — 사회나 교회뿐만 아니라 심리치료나 목회상담 같은 영혼의 돌봄 전문직에서도 역시 마찬가지다. 우리는 그것이 하나님의 성령의 생생한 숨결을 의미한다고 믿고 싶다. 심오한 인간적 개입과 하나님께 순종함으로써 변화하고픈 굶주림의 부흥을 표명한다고 믿고 싶다. 또 우리는 목회상담가와 심리치료사가 여기에 기울이고 있는 관심이 일시적인 호기심 이상의 것이기를 바란다.

하지만 이러한 발전에는 늘 변덕스러운 요소가 뒤따르기 마련이다. 교회가 얼마나 쉽게 현대 유행에 사로잡히고 마는지! — 특히 몇몇 분야가 다른 영역들보다 훨씬 더 취약했다. 목회상담과 심리치료 역시 종종 똑같은 잘못을 저질러 왔다. 그 모든 분야가 한 번 더 그런 잘못을 저지른다면 얼마나 슬플까! 이제 막 영성지도에 관심을 기울이기 시작한 교회 분야들이, 그동안 눈에 띄게 발달한 영성형성 프로그램식 접근들로만 딱딱 고정된다면 얼마나 슬플까!

그러므로 다른 사람의 영적 성장을 돕고 싶은 사람은 그리스도교의 영성형성과 영성지도의 매우 풍요로운 전통 이해에 실천의 근거를 두어야만 한다. 또한 우리는 영혼의 돌봄과 관련된 주요 전문직들의 영역과 차이점을 존중해 주는 방식으로 우리의 교역을 실천해야 한다. 이것이 바로 이 책의 목적이다.

우리가 공유하고 있는 유산의 이 풍요로운 측면과의 접촉을 상실해 버린 그리스도교 전통이 영성지도를 재발견한 것은, 우리 생각에, 그리스도교 영혼 돌봄의 왕관에서 잃어버린 보석을 되찾은 것이나 마찬가지다. 영혼의 돌봄은 너무도 오랫동안 정신건강 전문가들에게 지배당해 왔다. 그 결과 교회는 내면세계의 자기를 돌보고 치유하는 일에서 우위를 상실해 버렸다. 최근 영성지도에 관한 관심이 급증하고 있는 것은 이러한 잘못을 바로잡을 수 있는 가능성이 있음을 시사해 준다. 또한 그것은 목회상담과 심리치료가 둘 다 인간 경험의 영적 차원에 적절히 참여할 수 있는 고유한 방법을 찾아내도록 도와줄만한 가능성도 보여 준다. 모두가 인간의 내면세계에 대한 관심을 공유하고 있다 ― 이 내면세계는 인위적으로 심리적 부분과 영성적 부분으로 분리할 수가 없다. 하지만 저마다 중요한 특징을 지니고 있으며, 그리스도교 영혼의 돌봄이라는 폭넓은 영역에서 저마다 고유하고도 본질적인 역할을 담당하고 있다.

영성지도는 21세기 그리스도인들에게 오래되고 유서 깊은 관계, 곧 그리스도의 길을 걷는 책임과 동행의 관계를 제공해 준다. 영성지도는 우리가 진짜 알려진 그대로 우리 자신을 알 수 있는 장소를 제공해 준다. 또 영성지도는 우리가 하나님을 만날 수 있는 장소를 제공해 준다. 더 나아가 영성지도는, 심리치료와 목회상담이 인간의 내적인 삶에 관여하고 영혼의 돌봄 전문직 동료에게 배우면서 저마다 최선을 다할 수 있게 해준다.

주

제1장

1) 이 범주들은 마티 괴링이 제안한 것이다. 더 많은 정보를 위해서는 괴링 1985를 보라.

제4장

1) 젤조르게^{Seelsorge}는 "영혼의 돌봄"이다 — 이것은 대륙 신학교육 과정의 독특한 학문 분야다.

2) 이 용어는 신적인 진리를 파악하기 위해 언어나 이미지에 의존하지 않는, 또는 그런 것들을 모두 부인하는 기도와 영성의 방법을 가리킨다. 여러분이 만일 묵상과 관상을 구별한다면, 관상이 이 무념적 방법에 가깝다고 나는 확신한다.

3) 고요함과 신의 자존적인 빛을 관상하기 위한 노력을 포함하는 훈련에 근거한 수도원 운동의 한 형태. 이 용어는 "고요한"을 뜻하는 그리스어 ^{hesychos}에서 파생된 것이다.

4) 유념적 기도와 영성은 언어와 이미지, 음성기도, 기도서 등을 좀 더 신뢰하고, 신조와 교리기 기도생활에 유용한 보충물이라고 여긴다.

5) 이 비교에 관한 좀 더 충분한 논의는 템플(2001)을 참고하여라.

6) 이런 식으로 표를 작성하는 것이 너무 지나친 단순화라고 비난하는 사람들에게, 나는 다음과 같은 마더 이브의 말을 들려줄 수밖에 없다. "편집자의 유혹에 따랐을 뿐입니다."

제8장

1) 오순절주의와 은사주의에는 비슷한 점이 많이 있다. 하지만 이 둘 사이에는 차이점도 아주 많은데, 특히 역사적으로, 상이한 종교적 실천과 기반을 지니고 있다. 역사적으로 오순절주의 운동은 20세기가 동틀 무렵 시작되었다. 반면에 은사주의 운동은 1960년대 후반과 1970년대 초반에 시작되었다. 오순절주의자들은 신속하게 독립적인 집단을 형성하였다. 그리고 그 집단은 결국 국제적인 교단으로 성장하였다. 은사주의 운동은 주류 교단 안에서 시작되었으며, 많은 이들이 주류 교단 속에서 그 운동을 지속해 왔다. 한편 일부 은사주의자들이 독립적인 교회, 독자적이면서도 회중 중심적인 교회를 형성하였는데, 그들은 새로운 교단을 창립하는 것은 피했다. 또 포도원 운동을 비롯한 일부 은사주의 단체들은 교단 모임을 형성하였다. 오순절주의의 종교적 실천은 공식적인 예배에서부터 개방적이고 체계가 따로 없는 예배까지 매우 다양하다. 반면에 은사주의자들은 대체로 아주 개방적이고 자발적인 예배 형태를 취했다. 오순절주의자들은 의복이나 오락, 신학에 관해 좀 더 보수적인 신앙을 고수하는 경향이 있었다. 반면에 은사주의자들은 좀 더 개방적이어서, 자신의 신념과 실천도 얼마든지 변화시킬 수가 있었다. 마지막으로, 오순절주의 교회의 기반은 좀 더 빈곤에 허덕이는 사회 계층에 있었던 데 비해, 은사주의 교회의 기반은 좀 더 풍요로운 지역에 있었다. 이러한 차이점들은 시간이 흐르면서 점점 더 커졌다. 그러나 오순절주의와 은사주의는 성령의 역사를 강조한다는 점에서 서로 하나가 된다.

제9장

1) 실천의 범위를 확장시킬 수 있는 훈련과 경험에 대한 윤리적 성찰은 무척 중요한 문제이지만, 여기에서는 공간적인 제약 때문에 검토하지 않고 그냥 넘어갈 것이다.

제10장

1) 이 글은 저자가 2002년 8월 23일 시카고에서 열린 제110회 미국심리학협회 컨벤션에서 강연한 윌리엄 C. 비어 어워드(Division 36, 종교심리학)의 증보판이다.

제12장

1) 테레사 클레멘트 티스데일이 작성한 이 논문의 일부는 2002년 5월 아주사퍼시픽대학교에서 개최된 회의, "가치관, 신앙, 임상적 실천의 통합: 학제간 통합에 대한 교수들의 관점"에서 발표한 내용이다.

2) D. W. 위니캇은 어머니의 장기 침해가 유아의 경험을 분열시킨다고 주장한다. 이러한 분열은 자발적인 욕구와 이미지와 몸짓의 출처인 참 자기와, 어머니의 기대로부터 생겨난 존재의 환상을 제공하는 거짓 자기 간의 틈이다. 아이는 어머니가 기대하는 대로 변해 간다. 거짓 자기는, 무관심 때문에 정신적 소멸이 두려워 숨어 지내는 참 자기의 통전성을 보호한다.

이 책에 기고해 주신 분들

● **진 배럿**은 1967년에 안수를 받은 라 살레트 선교회의 성직자다. 그는 보스턴대학교에서 영문학으로 석사학위를 받았으며, 또 이탈리아 로마의 그레고리안대학교에서 영성학으로 석사학위를 받았다. 그는 신학대학원에서 학생들을 가르쳤고, 15년간 이탈리아 로마의 라 살레트 제너럴 어드미니스트레이션에서 일했다 ― 그 중 6년은 라 살레트 국제연합의 수도회 총장을 역임하였다. 그리고 1989년 이후로는 교구활동을 펼쳐왔다. 그는 특히 영성지도와 영성수련 교역, 성인 신앙형성에 전력을 기울이고 있다. 현재 그는 조지아 주 스미르나에서 성 사도 도마 교구의 소교구 목사직을 맡고 있다. 그의 글을 읽고 문의사항이 있는 사람은 다음 주소로 연락하면 된다: 진 배럿, M.S., St. Thomas the Apostle Parish, 4300 King Springs Rd., Smyrna, GA, 30082. 이메일 주소: EGBarrette@aol.com

● **데이비드 G. 베너**는 심리학 박사학위를 지닌 작가 겸 강사이며 영성수련 인도지이기도 하다. 지난 30년간 그의 연구는 영적으로 민감한 심층심리학의 발달과 실천, 그리고 심리학적 토

대를 지닌 그리스도교 영성의 발달에 초점을 맞춰 왔다. 베너 박사는 현재 심리학연구소(조지아 주 애틀랜타)에서 저명한 심리학과 영성 교수로 활동하고 있으며, 심리영적 건강연구소 (http://psy.edu/iph)의 창립 이사직도 겸하고 있다.

• **캐리 E. 도허링**은 맥길대학교에서 음악석사와 목회학석사 과정을 밟았으며, 윌프리드로리어대학교에서 신학석사학위를, 그리고 보스턴대학교에서 신학박사학위를 취득하였다. 그녀는 현재 덴버의 일리프신학대학원에서 목회 돌봄과 상담 분야의 조교수로 활동하고 있다. 그녀가 특별히 관심을 기울이고 있는 영역은 목회 돌봄, 종교적 토대를 지닌 돌봄 모델, 여성주의 목회신학, 성직자의 성적인 위법행위, 그리고 상담심리학과 종교다. 그녀의 연락처는 Iliff School of Theology, 2201 S. University Blvd., Denver, CO 80210-4798이다.

• **이즈라엘 갤린도**는 리치몬드침례신학대학원의 그리스도교 교육학 교수다. 그는 저서를 여러 권 집필하였고, Leadership in Ministry Workshops(www.leadershipinministry.com)과 보웬의 체계이론에 따라 만들어진 성직자 리더십 훈련프로그램의 교수진으로도 활동 중이다. 또한 갤린도 박사는 교육 컨설턴트(www.galindoconsultants.com)의 전무 이사직도 맡고 있다.

• **제리 A. 글랫슨**은 밴더빌트대학교에서 신학박사학위를 취득하였으며, 현재 조지아 주 마리에타의 제일크리스찬교회(그리스도의 제자회)에서 원로목사로 시무하고 있다. 그는 크리스

찬교회(그리스도의 제자회)와 그리스도연합교회 양쪽에서 안수를 받았다. 그는 목회 임무 외에도, 애틀랜타의 심리학연구소에서 종교학 외래교수직을 담당하고 있으며, 조지아 주 디케이터의 컬럼비아신학대학원에서도 구약학 외래교수직을 맡고 있다. 그의 글을 읽고 연락을 취하고 싶은 사람은 다음 주소로 편지를 쓰면 된다: Jerry A. Gladson, First Christian Church, 569 Fraiser St., Marietta, GA 30060. 이메일 주소는 jagladson@prodigy.net이다.

● **벤 캠벨 존슨**은 조지아 주 디케이터의 컬럼비아신학대학원에서 그리스도교 영성 명예교수직을 맡고 있다. 그는 30권이 넘는 저서를 집필했는데, 모두 그리스도교 영성과 교회부흥, 복음주의에 초점을 맞춘 것이다. 그의 신학적 훈련은 애즈버리대학, 남부침례신학대학원, 샌프란시스코신학대학원, 그리고 에모리대학교의 학위를 통해 이루어졌다. 그는 에모리대학교에서 신학박사학위를 받았다. 또 컬럼비아신학대학원에서 그리스도교 영성 박사학위를 받았고, 영성형성 자격증까지 취득하였다. 그와 아내 낸은 다섯 명의 자녀와 일곱 명의 손자손녀들을 두고 있다. 이메일 주소: bjohn1923@aol.com

● **베네타 로레인-포이리어**는 성공회신학대학원에서 목회신학 석사학위를 취득하였다. 그녀의 연구는 영성과 영성지도, 그리고 여성의 영성에 초점을 맞춘 것이다. 그녀는 Our Lady of Peace Spiritual Life Center(PO Box 507, Narragansett, RI 02882)에서 영성수련 인도자 겸 영성지도자, 그리고 프로그램 관리자로 활동하고 있다.

● **올리버 맥머헌**은 테네시 주 클리블랜드의 하나님의교회신학대학원에서 목회 돌봄과 상담 교수 겸 부총장 직을 맡고 있다. 그는 브라이트신학원에서 신학석사와 목회학박사 학위를 취득하였고, 조지아주립대학교에서 신학박사 학위를 취득하였다. 그는 25년이 넘도록 목사와 부목사, 복음전도자로 활동하였다. 또한 그는『돌봄의 교회』(2002, Pathway)를 포함하여 여러 권의 저서를 집필하였다. 그의 글에 관하여 문의사항이 있는 사람은 다음 주소로 연락하면 된다: Oliver McMahan, Church of God Theological Seminary, PO Box 3330, Cleveland, TN 37320. 이메일 주소: omcmahan@cogts.edu.

● **게리 W. 문**은 목회학 석사학위와 박사학위를 지닌 심리학자 겸 작가이며, 애틀랜타의 심리학연구소에서 영성발달 부총장 직, 그리고 심리학과 영성 교수직을 맡고 있다. 또 그는 LifeSprings Resources를 통하여 그리스도교 형성 자원의 작가 겸 편집자로도 활동하고 있다.

● **F. 그레고리 로저스**는 사우스캐롤라이나 주 에이컨에 있는 성캐더린안디옥정교회와 사우스캐롤라이나 주 렉싱턴에 있는 성바나바안디옥정교회를 섬기고 있다. 또 그는 에이컨기술대학에서 비교종교와 사회학 강사로 활동하고 있다. 그는 링컨크리스천대학에서 그리스도교 선교학 학사학위를 취득하였으며, 발파라이소대학교에서 문학석사학위를, 그리고 시카고대학교에서 신학으로 석사학위를 취득하였다. 현재는 시카고대학교에서 그리스도교 역사에 관한 박사논문을 준비하고 있다. 그의 글을 읽고 연락이 필요한 사람은 다음 주소로 연락하면 된다: F.

Gregory Rogers, St. Catherine Orthodox Church, 1085 Brookhaven Dr., Aiken, SC 29803. 이메일 주소는 fgrogers@aol.com이다.

● **렌 스페리**는 성마리아대학교에서 학사학위를, 로욜라대학교에서 문학석사학위를 받았으며, 배리대학교에서 목회학박사학위를, 그리고 노스웨스턴대학교에서 신학박사학위를 취득하였다. 현재 그는 위스콘신의과대학에서 정신과 임상 교수를 맡고 있으며, 또 플로리다애틀랜틱대학교에서 상담학 박사과정의 교수 겸 책임자로 활동하고 있다. 그가 특별히 관심을 기울이고 있는 분야는 성격장애, 그리고 영성과 심리치료의 통합이다. 그와 연락을 취하고 싶으면 Bldg. 47, Rm. 270, Florida Atlantic University, 777 Glades Rd., Boca Raton, FL 33431-0991로 연락하면 된다.

● **샹-양 탄**은 맥길대학교에서 학사학위와 신학박사학위를 취득하였다. 그는 풀러신학대학원의 심리학대학원에서 심리학 교수로 활동하고 있으며, 인지-행동치료, 종교적 심리치료, 개인고찰적 통합과 영성, 평신도 상담, 통증, 간질, 그리고 비교문화 상담, 특히 아시아계 미국인에게 관심을 기울이고 있다. 그는 또 캘리포니아 주 글렌데일에 있는 First Evangelical Church Glendale의 원로목사이기도 하다. 그의 연락처는 다음과 같다: Dr. Siang-Yang Tan, Graduate School of Psychology, Fuller Theological Seminary, 180 N. Oakland Ave., Pasadena, CA 91101.

● **그레이 템플 주니어**는 1975년부터 계속 애틀랜타 성패트릭교회의 교구목사로 활동해 왔다. 그는 버지니아감리교신학대학원에서 목회학석사학위를 취득하였고, 괴팅엔대학교와 옥스퍼드대학교에서 특수대학원 과정을 끝마쳤다. 그는 『노숙자들을 도울 수 있는 52가지 방법』(1990)과 『녹아버린 영혼』(2001)의 저자이기도 하다. 그의 글을 읽고 연락을 취할 사람은 다음 주소로 연락하면 된다: Gray Temple, St. Patrick's Episcopal Church, 4755 N. Peachtree Rd., Atlanta, GA 30338. 이메일 주소: grayt1@mindspring.com

● **테레사 클레멘트 티스데일**은 래드포드대학에서 학사학위를 딴 다음, 비올라대학교의 로즈미드심리학대학원에서 석사학위와 박사학위를 취득하였다. 그녀는 아주사퍼시픽대학교의 심리학대학원에서 부교수로 활동하고 있다. 그녀가 특별히 관심을 쏟고 있는 분야는 현대 심리분석과 종교 경험, 그리고 심리학과 종교의 임상적 통합이다. 그녀가 캐리 도허링, 베네타 로레인-포이리어와 함께 기고한 글을 읽고 문의사항이 있는 사람은 다음 주소로 연락하면 된다: Theresa Clement Tisdale, Department of Graduate Psychology, Azusa Pacific University, 701 E. Foothill Blvd., PO Box 7000, Azusa, CA 91702-5015. 이메일 주소: tctisdale@apu.edu.

● **웨슬리 D. 트레이시**는 신학박사학위와 응용신학박사학위를 지닌 나사렛교회 목사다. 그는 캔자스, 인디애나, 펜실베이니아에서 목사로 활동하였다. 그가 편집한 8권의 그리스도교 정기간행물에는 2개의 나사렛 신문도 포함된다: Preacher's

Magazine과 Herold of Holiness. 트레이시는 중앙아메리카나사렛대학교와 나사렛신학대학원에서 교수직을 역임했으며, 10개국의 성인교육 프로젝트를 교육하기도 했다. 그는 25여 권의 저서를 집필 또는 공동집필하였고, 천여 편의 대중적, 학문적 출판물에 논문을 발표하였다. 은퇴한 뒤 트레이시는 현재 Wesleyan Theological Society에서 회장 및 몇 가지 직무를 맡고 있다. 그의 연락처는 12603 W. Keystone Dr., Sun City West, AZ 85375이고, 이메일 주소는 drwdt@cox.net다.

영성지도, 심리치료, 목회상담, 그리고 영혼의 돌봄

지 은 이   게리 W. 문·데이비드 G. 베너
옮 긴 이   신현복
펴 낸 날   2011년 6월 20일(초판1쇄)
펴 낸 이   길청자
펴 낸 곳   아침영성지도연구원
등 록 일   1999년 1월 7일(제7호)
홈페이지   www.achimhope.or.kr
총   판   선교햇불(전화 02-2203-2739)
주   문   팩스 02-2203-2738

* 파본은 교환해 드립니다.
* 책값은 뒷표지에 표시되어 있습니다.